Das Recht der Arbeitnehmerüberlassung in Spanien und Deutschland
und sein Verhältnis zu der geplanten europäischen Regelung

Schriften der Deutsch-Spanischen Juristenvereinigung

Band 14

PETER LANG
Frankfurt am Main · Berlin · Bern · Bruxelles · New York · Oxford · Wien

Thomas Reineke

Das Recht der Arbeitnehmerüberlassung in Spanien und Deutschland und sein Verhältnis zu der geplanten europäischen Regelung

PETER LANG
Europäischer Verlag der Wissenschaften

Bibliografische Information Der Deutschen Bibliothek
Die Deutsche Bibliothek verzeichnet diese Publikation in der Deutschen Nationalbibliografie; detaillierte bibliografische Daten sind im Internet über <http://dnb.ddb.de> abrufbar.

Zugl.: Freiburg (Breisgau), Univ., Diss., 2004

D 25
ISSN 1433-884X
ISBN 3-631-53209-1

www.peterlang.de

Vorwort

Die vorliegende Arbeit wurde im Juli 2004 von der Juristischen Fakultät der Albert-Ludwigs-Universität Freiburg im Breisgau als Dissertation angenommen und mit dem Südwestmetall-Preis ausgezeichnet.

Mein besonderer Dank gilt meinem verehrten Doktorvater, Prof. Dr. Dr. h.c. Manfred Löwisch. Seine umfassende Unterstützung sowie sein Vertrauen wurden mir nicht nur im Rahmen dieses Dissertationsprojektes, sondern auch während meiner Tätigkeit als wissenschaftlicher Mitarbeiter am Institut für Arbeitsrecht stets zuteil und haben meinen bisherigen beruflichen Werdegang entscheidend geprägt.
Herzlich danken möchte ich Prof. Dr. Johannes Peter Francken für die zügige Erstellung des Zweitgutachtens.
Mein Dank gebührt auch Dr. Christian Gohm für seine überaus wertvollen Anregungen.
Bedanken möchte ich mich zudem bei der Wissenschaftlichen Gesellschaft in Freiburg im Breisgau für die Unterstützung meines Promotionsvorhabens.

Besonderen Dank schulde ich meiner Familie, insbesondere meinen Eltern, die mir in jeder Hinsicht stets fördernd zur Seite standen, sowie Frauke Göbbert, die mir Rückhalt gab und zum Gelingen dieser Arbeit mit Rat und Tat wesentlich beitrug. Ihnen ist dieses Buch in Liebe und Dankbarkeit gewidmet.

Freiburg im Breisgau, Juli 2004 *Thomas Reineke*

Inhaltsverzeichnis

Abkürzungsverzeichnis

a.A.	anderer Ansicht
a.a.O.	am angegebenen Ort
a.F.	alte Fassung
Abl.	Amtsblatt
ABlEG	Amtsblatt der europäischen Gemeinschaften
Abs.	Absatz
ACETT	Asosiació Catalana d'Empreses de Treball Temporal
AcP	Achiv für die civilistische Praxis
AEntG	Arbeitnehmerentsendegesetz
AETT	Asociación Estatal de Empresas de Trabajo Temporal
AktG	Aktiengesetz
AL	Actualidad Laboral (Zeitschrift)
Alt.	Alternative
ANBA	Amtliche Nachrichten der Bundesanstalt für Arbeit
Anm.	Anmerkung
AP	Arbeitsrechtliche Praxis - Nachschlagewerk des Bundesarbeitsgerichts
Ar.	Aranzadi (Entscheidungssammlung)
ARGE	Arbeitsgemeinschaft
Art.	Artikel
AS	Aranzadi Social (Zeitschrift)
AuA	Arbeit und Arbeitsrecht (Zeitschrift)
AÜG	Arbeitnehmerüberlassungsgesetz
AuR	Arbeit und Recht
Az.	Aktenzeichen
B.O.E.	Boletín Oficial del Estado (Staatsanzeiger)
B.O.N.	Boletín Oficial de Navarra (Amtsblatt der Provinz Navarra)
BAG	Bundesarbeitsgericht
BB	Betriebsberater (Zeitschrift)
Bd.	Band
BetrVG	Betriebsverfassungsgesetz
BGB	Bürgerliches Gesetzbuch
BGH	Bundesgerichtshof
BSG	Bundessozialgericht
BT-Drs.	Bundestagsdrucksachen
BVerfG	Bundesverfassungsgericht
BVerwG	Bundesverwaltungsgericht

BZ	Badische Zeitung
BZA	Bundesverband Zeitarbeit - Personal - Dienstleistungen e.V.
bzgl.	bezüglich
Bzw.	beziehungsweise
CC	Código Civil (Spanisches Bürgerliches Gesetzbuch)
CC.OO.	Comisiones Obreras (Gewerkschaft)
CCETT	Convenio Colectivo Estatal de Empresas de Trabajo Temporal (landesweit geltender Tarifvertrag für den Sektor der Verleihunternehmen)
CCom	Código de Comercio (Handelsgesetzbuch)
CE	Constitución Española
CEEP	Europäischer Zentralverband der öffentlichen Wirtschaft
CGB	Christlicher Gewerkschaftsbund
CGZP	Tarifgemeinschaft Christliche Gewerkschaften Zeitarbeit und PSA
D/K/K	Däubler/Kittner/Klebe, Kommentar zum Betriebsverfassungsgesetz
DB	Der Betrieb (Zeitschrift)
ders.	derselbe
DGB	Deutscher Gewerkschaftsbund
d.h.	das heißt
DL	Documentación Laboral
DVBl.	Deutsche Verwaltungsblätter
EG	Vertrag zur Gründung der Europäischen Gemeinschaft
EGB	Europäischer Gewerkschaftsbund
ErfK	Erfurter Kommentar zum Arbeitsrecht
EStG	Einkommensteuergesetz
ET	Estatuto de los Trabajadores (Arbeitnehmerstatut)
EuGH	Europäischer Gerichtshof
EuroAS	Informationsdienst Europäisches Arbeits- und Sozialrecht (Zeitschrift)
EuZW	Europäische Zeitung für Wirtschaftsrecht
EWG	Europäische Wirtschaftsgemeinschaft
EWR	Europäischer Wirtschaftsraum
EzA	Entscheidungssammlung zum Arbeitsrecht
EzAÜG	Entscheidungssammlung zum AÜG, Loseblattsammlung, herausgegeben von Leinemann und Düwell (zitiert nach laufender Nummer)

f.	folgende (Seite)
FAZ	Frankfurter Allgemeine Zeitung
FEDETT	Federación de Empresas de Trabajo Temporal
ff.	folgende (Seiten)
Fn.	Fußnote
FS	Festschrift
GdP	Gewerkschaft der Polizei
GEESTA	Asociación Española de Empresas de Trabajo Temporal
GEW	Gewerkschaft Erziehung und Wissenschaft
GewArch	Gewerbearchiv (Zeitschrift)
GG	Grundgesetz
h.M.	herrschende Meinung
HGB	Handelsgesetzbuch
HS.	Halbsatz
i.d.S.	in diesem Sinne
i.S.d.	im Sinne des
i.V.m.	in Verbindung mit
IG BAU	Industriegewerkschaft Bauen - Agrar - Umwelt
IG BCE	Industriegewerkschaft Bergbau, Chemie, Energie
IG Metall	Industriegewerkschaft Metall
IGZ	Interessenverband deutscher Zeitarbeitsunternehmen e.V.
ILO	International Labour Organization
INZ	Interessengemeinschaft Nordbayerischer Zeitarbeitunternehmen
JZ	Juristenzeitung
KasselerHandb	Kasseler Handbuch zum Arbeitsrecht
KJ	Kritische Justiz (Zeitschrift)
KOM	Dokumente der EG-Kommission
KSchG	Kündigungsschutzgesetz
LAGE	Entscheidungen des Landesarbeitsgerichts, herausgegeben von Stahlhacke
LETT	Ley 14/1994, de 1 de junio por la que se regulan las Empresas de Trabajo Temporal (Gesetz zur Regelung der Zeitarbeitsunternehmen)
LISOS	Ley sobre Infracciones y Sanciones en el Orden Social (Gesetz über Verstöße und Sanktionen im Sozialrecht)
lit.	litera (Buchstabe)

LOLS	Ley Orgánica de Libertad Sindical (Gesetz zur Gewerkschaftsfreiheit)
LPL	Ley de Procedimiento Laboral (Arbeitsgerichtsgesetz)
MünchArbR	Münchener Handbuch zum Arbeitsrecht
m.w.N.	mit weiteren Nachweisen
MVZ	Mittelstandsvereinigung Zeitarbeit e.V.
n.F.	neue Fassung
NachwG	Nachweisgesetz
NGG	Gewerkschaft Nahrung - Genuss - Gaststätten
NJW	Neue Juristische Wochenschrift
Nr.	Nummer
NZA	Neue Zeitschrift für Arbeitsrecht
NZS	Neue Zeitschrift für Sozialrecht
R.D.	Real Decreto (Königliches Dekret)
R.D.L.	Real Decreto Ley
R.D.Leg.	Real Decreto Legislativo
RdA	Recht der Arbeit
RDETT	Real Decreto 4/1995, de 13 de enero, por el que se desarrolla la LETT (Durchführungsverordnung zum Gesetz zur Regelung der Zeitarbeitsunternehmen)
REDT	Revista Española de Derecho de Trabajo (Zeitschrift)
RIW	Recht der internationalen Wirtschaft (Zeitschrift)
RL	Relaciones Laborales (Zeitschrift)
2. RL-Entw.	Geänderter Vorschlag für eine Richtlinie des Europäischen Parlaments und des Rates über die Arbeitsbedingungen von Leiharbeitnehmern (KOM [2002] 701 endgültig)
RTSS	Revista de Trabajo y Seguridad Social (Zeitschrift)
S.	Seite
SAE	Sammlung arbeitsrechtlicher Entscheidungen (Zeitschrift)
SGB IV	Sozialgesetzbuch, 4. Buch: Gemeinsame Vorschriften für die Sozialversicherung
Slg.	Gerichtshof der Europäischen Gemeinschaften, Sammlung der Rechtsprechung
STC	Sentencia del Tribunal Constitucional (Urteil des Verfassungsgerichtshofs)
STCT	Sentencia del Tribunal Central de Trabajo (Urteil des höchsten Arbeitsgerichts, 1986 aufgelöst)

STS	Sentencia del Tribunal Supremo (Urteil des obersten Gerichtshofs, seit 1986 höchste arbeitsgerichtliche Instanz)
STSJ	Sentencia del Tribunal Superior de Justicia (Urteil des höchsten Gerichts einer autonomen Region)
TL	Temas Laborales (Zeitschrift)
TS	Tribuna Social (Zeitschrift)
TVG	Tarifvertragsgesetz
TzBfG	Teilzeit- und Befristungsgesetz
UGT	Unión General de los Trabajadores (Gewerkschaft)
UNICE	Union der Industrie- und Arbeitgeberverbände Europas
Unterabs.	Unterabsatz
ver.di	Vereinte Dienstleistungsgewerkschaft e.V.
vgl.	vergleiche
WSI	Wirtschafts- und Sozialwissenschaftliches Institut des deutschen Gewerkschaftsbundes
z.B.	zum Beispiel
ZESAR	Zeitschrift für europäisches Sozial- und Arbeitsrecht
ZfA	Zeitschrift für Arbeitsrecht
ZTR	Zeitschrift für Tarif-, Arbeits- und Sozialrecht des öffentlichen Dienstes

Einleitung

I. Arbeitnehmerüberlassung als Mittel der Beschäftigungsförderung und der flexiblen Personalstandssteuerung in Europa

Die Flexibilisierung des Arbeitsmarktes und seiner rechtlichen Rahmenbedingungen ist ein Kernmotiv aktueller gesetzgeberischer Reformbestrebungen sowohl auf nationaler[1] wie auch auf europäischer Ebene[2]. Lange Zeit als „normal" geltende Standards wie Arbeitnehmerstatus, unbefristete Vollzeittätigkeit, Kündigungsschutz und Sozialversicherungspflicht erweisen sich zunehmend als Hindernisse in dem Bestreben, den in den letzten Jahren entstandenen Trend der negativen Beschäftigungsentwicklung umzukehren, bestehende Arbeitsplätze zu erhalten und neue Beschäftigung zu schaffen[3]. Die Entwicklung und Förderung flexiblerer Beschäftigungsformen, etwa in Gestalt von Teilzeitarbeit oder befristeten Arbeitsverhältnissen, wird hierbei als ein wesentliches Mittel zur Verbesserung der Beschäftigungssituation angesehen. In diesem Zusammenhang wird insbesondere auch der Arbeitnehmerüberlassung (auch Leiharbeit oder Zeitarbeit genannt[4]) als einem der umstrittensten Phänomene des Arbeits- und Soziallebens wachsende Bedeutung zugemessen. Von den einen als moderner Menschenhandel qualifiziert, der mit einem umfassenden Verbot zu belegen sei[5], werden mittlerweile zunehmend die in dem Instrument der Arbeitnehmer-

---

1 Vgl. für das deutsche Recht etwa die Begründung zum Ersten Gesetz für moderne Dienstleistungen am Arbeitsmarkt vom 20.12.2002 (BT-Drs. 15/25, S. 24); zum spanischen Recht vgl. die Präambel (*Exposición de Motivos*) zur *Ley* 14/1994 vom 1.6.1994 (B.O.E. vom 2.6.1994).

2 Vgl. die beschäftigungspolitischen Leitsätze des Vorsitzes des Europäischen Rates von Lissabon am 23. und 24.3.2000 (Bulletin EU 3-2000 unter Nr. 28 ff.), den Beschluss des Rates vom 22.7.2003 über die Leitlinien für beschäftigungspolitische Maßnahmen der Mitgliedstaaten (AblEG Nr. L 197 vom 5.8.2003, S. 14, 18) sowie die Begründung zum „Vorschlag für eine Richtlinie des Europäischen Parlaments und des Rates über die Arbeitsbedingungen von Leiharbeitnehmern" (KOM[2002] 149 endgültig, S. 2) (AblEG Nr. C 203 E vom 27.8.2002, S. 1).

3 Ausführlich zu negativen Folgen der aktuellen Arbeitsmarktordnung: Rieble, Arbeitsmarkt und Wettbewerb, S. 1 ff.

4 Zur Terminologie sogleich unter II.

5 Insbesondere von Gewerkschaftsseite wurde der Arbeitnehmerüberlassung in Anlehnung an das aus der römischen und griechischen Antike überlieferte Instrument der Sklavenmiete (hierzu Altes, Grenzüberschreitende Arbeitnehmerüberlassung, S. 5 f.; Becker/ Wulfgramm, AÜG, Einleitung, Rn. 17) vielfach der Stempel eines „modernen Sklavenhandels", aufgedrückt (vgl. etwa die Stellungnahmen zum 6. Bericht der Bundesregierung über Erfahrungen bei der Anwendung des Arbeitnehmerüberlassungsgesetzes (AÜG) sowie über die Auswirkungen des Gesetzes zur Bekämpfung der illegalen Beschäftigung (BT-Drs. 11/2629, S. 22) sowie die Nachweise bei Mogge, Die verliehene Arbeitskraft, S. 1; Debus,

überlassung begründeten Chancen in den Vordergrund gerückt, Arbeitnehmerüberlassung hat einen Imagewandel „vom einstigen Schmuddelkind zum Hoffnungsträger" vollzogen[6].

So kommen der Arbeitnehmerüberlassung zum einen unter beschäftigungspolitischen Gesichtspunkten positive Effekte zu. Insbesondere sonst kaum vermittelbare Geringqualifizierte, Langzeitarbeitslose oder sonstige Problemgruppen finden über Leiharbeit den Weg zurück auf den Arbeitsmarkt[7], sei es dass sie im Rahmen der Arbeitseinsätze bei Entleihern ihre beruflichen Qualifikationen verbessern und so ihre Einstellungschancen bei anderen potentiellen Arbeitgebern erhöhen können[8], sei es dass sie von Entleiherunternehmen selbst später übernommen werden[9]. Die Beschäftigung von Leiharbeitnehmern dient Unternehmen mittlerweile vielfach als kostengünstiger Weg zur Rekrutierung neuer Mitarbeiter. Kosten- und zeitintensive Personalauswahlverfahren können vermieden werden, wenn ein Leiharbeitnehmer, der sich während des Überlassungszeitraums bewährt hat, später in ein festes Beschäftigungsverhältnis beim Entleiher übernommen wird[10]. Zum anderen bietet die Arbeitnehmerüberlassung Unternehmen aber auch die Möglichkeit, bei Bedarf ihr Arbeitskräftepotential einfach und schnell an vielfach kaum vorhersehbare, veränderte Beschäftigungs-

---

Leiharbeit, S. IX; Gick, Gewerbsmäßige Arbeitnehmerüberlassung zwischen Verbot und Neugestaltung, S. 17 und Altes, Grenzüberschreitende Arbeitnehmerüberlassung, S. 10 f.).

6 Vgl. Walwei, EuroAS 2002, 149.

7 So ergab eine von der Unternehmensberatung McKinsey im Auftrag des Verbandes der Leiharbeitsunternehmen in Spanien (*Asociación Estatal de Empresas de Trabajo Temporal* [AETT]) im November 2000 durchgeführte Umfrage unter 700 Leiharbeitnehmern, dass 39% der befragten Leiharbeitnehmer dauerhaft keine feste Beschäftigung finden konnten und 26% über den Weg der Leiharbeit berufliche Qualifikationen bzw. Berufserfahrung erwerben wollten (vgl. die Auswertung der Umfrage in Ortega Márquez, Capital Humano 2001, S. 64, 67 Schaubild 3); ein ähnliches Bild enthielt der 9. Bericht der Bundesregierung über Erfahrungen bei der Anwendung des Arbeitnehmerüberlassungsgesetzes (AÜG) sowie über die Auswirkungen des Gesetzes zur Bekämpfung der illegalen Beschäftigung, BT-Drs. 14/4220, S. 11; vgl. hierzu auch Jahn/Rudolph, IAB-Kurzbericht Nr. 20, S. 3 ff. und Walwei, EuroAS 2002, 149, 160 (Tabelle 7 und 8).

8 Vgl. hierzu Bothfeld/Kaiser, WSI-Mitteilungen 2003, 484 ff.

9 Der Bundesverband der Zeitarbeitsunternehmen schätzt die Übernahmequote von Leiharbeitnehmern durch Entleiher auf 30% (vgl. den 9. Bericht der Bundesregierung über Erfahrungen bei der Anwendung des Arbeitnehmerüberlassungsgesetzes (AÜG) sowie über die Auswirkungen des Gesetzes zur Bekämpfung der illegalen Beschäftigung, BT-Drs. 14/4220, S. 15); in diese Richtung zielt insbesondere der europäische Gesetzgeber mit den Regelungen in Art. 6 des geänderten Richtlinienentwurfes (hierzu S. 104 und 182); Pérez Pérez, Empresas de trabajo temporal y relaciones laborales, S. 155 ff.

10 Cabrián/Felgueroso/Moreno/Toharia, Un análisis económico de las empresas de trabajo temporal, S. 21, 23; Hamann, Erkennungsmerkmale der illegalen Arbeitnehmerüberlassung in Form von Scheindienst- und Scheinwerkverträgen, S. 33; Witten, Vertragsgestaltung und Gesetzesbindung im Recht der Zeitarbeit, S. 45.

situationen anzupassen, ohne ständig eine eigene, kostenintensive Personalreserve vorhalten zu müssen[11]. Feste Lohnkosten können insoweit in variable Kosten umgestaltet und so die Lohnkosten insgesamt gesenkt werden[12].

In den einzelnen Mitgliedstaaten der europäischen Gemeinschaft entwickelte sich die Arbeitnehmerüberlassung als arbeitsmarktpolitisches Regelungsinstrument in der Vergangenheit allerdings durchaus unterschiedlich. Während in einigen Mitgliedstaaten die gewerbsmäßige Arbeitnehmerüberlassung bereits seit Jahrzehnten in einem bestimmten gesetzlichen Rahmen legalisiert ist[13], bestand in anderen Mitgliedstaaten bis vor kurzem noch ein umfassendes Verbot gewerblicher Arbeitnehmerüberlassung[14]. Aktuell reicht die Spannweite nationaler Regelungssysteme in Bezug auf die Arbeitnehmerüberlassung in Europa von weitgehender Liberalisierung[15] bis zu umfassender Beschränkung[16].

Um einerseits dem Bedürfnis nach Flexibilisierung der Arbeitsorganisation Rechnung zu tragen und so gemäß den Zielen des Europäischen Rates von Lissabon Beschäftigung zu fördern, andererseits aber auch einen europaweiten rechtlichen Mindeststandard zugunsten der Arbeitnehmer festzusetzen, nahm

---

11 Ausführlich Picker, ZfA 2002, 469, 479 f.; Klebeck, Gleichstellung der Leiharbeitnehmer als Verfassungsverstoß, S. 14 ff.; Hamann, Erkennungsmerkmale der illegalen Arbeitnehmerüberlassung, S. 30 ff.; Kadel/Koppert, BB 1990, 2331, 2332 ff.; Jahn/Rudolph, IAB-Kurzbericht Nr. 20, S. 3.

12 Serrano Argüello, RL 1999, Band 2, 570, 575; Molina Navarrete, Nuevas reglas de competencia en el mercado de las empresas de trabajo temporal, S. 27.

13 So etwa in den Niederlanden durch das Gesetz vom 31.7.1965 (vgl. zum niederländischen Recht Waas, RIW 2003, 265 ff.; Feuerborn, in: Schüren, AÜG, Einleitung Rn. 547 ff. m.w.N sowie Sandmann/Marschall, AÜG Einleitung Rn. 42) und in Deutschland durch das am 12.10.1972 in Kraft getretene Gesetz zur Regelung der gewerblichen Arbeitnehmerüberlassung (Arbeitnehmerüberlassungsgesetz), welches als Reaktion des Gesetzgebers auf die Entscheidung des BVerfG vom 4.4.1967 zur Verfassungswidrigkeit des Verbots der gewerblichen Arbeitnehmerüberlassung entstand (vgl. hierzu S. 52 ff.).

14 So wurde etwa in Spanien das generelle Verbot der Arbeitnehmerüberlassung in Art. 43 ET (1980) erst durch die *Ley* 10/1994 vom 19.5.1994 und das R.D.Leg. 1/1995 vom 24.3.1995 aufgehoben (hierzu S. 14 ff.); in Italien wurde das fast 40 Jahre lang bestehende Verbot gewerblicher Arbeitnehmerüberlassung erst 1997 durch das Gesetz Nr. 196/1997 beseitigt (Feuerborn, in: Schüren, AÜG, Einleitung Rn. 536 ff.; Sandmann/Marschall, AÜG, Einleitung Rn. 46 und Art. 1 § 3 Rn. 64). In Griechenland war Arbeitnehmerüberlassung bis 2001 als private Arbeitsvermittlung verboten (Feuerborn, in: Schüren, AÜG, Einleitung Rn. 525; Sandmann/Marschall, AÜG Art. 1 § 3 Rn. 62a).

15 So etwa in Großbritannien (vgl. die Übersichten bei Feuerborn, in: Schüren, AÜG, Einleitung Rn. 526 ff. m.w.N sowie Sandmann/Marschall, AÜG, Einleitung Rn. 43 und Art. 1 § 3 Rn. 67) und Irland (Feuerborn, in: Schüren, AÜG, Einleitung Rn. 533 ff. sowie Sandmann/Marschall, AÜG Einleitung Rn. 44 und Art. 1 § 3 Rn. 63).

16 So etwa in Belgien (vgl. zum belgischen Recht Humblet, "Leiharbeit in Belgien", EuroAS 2002, 183 ff.; Feuerborn, in: Schüren, AÜG, Einleitung Rn. 507 ff; Sandmann/Marschall, AÜG, Einleitung Rn. 40 und Art. 1 § 3 Rn. 60).

sich der europäische Gesetzgeber in den letzten Jahren verstärkt der Regelung atypischer („prekärer") Arbeitsverhältnisse an, zu denen neben Teilzeitarbeit und befristeter Arbeit auch die Leiharbeit zählt. Während die Bestrebungen des europäischen Gesetzgebers in Bezug auf die beiden erstgenannten Beschäftigungsformen in die Europäischen Richtlinien 97/81/EG[17] und 1999/70/EG[18] mündeten, liegt in Bezug auf die Leiharbeit derzeit ein geänderter Vorschlag für eine Richtlinie des Europäischen Parlaments und des Rates über die Arbeitsbedingungen von Leiharbeitnehmern[19] vor.

II. Gegenstand und Ziel der vorliegenden Arbeit

Im Rahmen dieser Arbeit sollen die nationalen Regelungen der gewerblichen[20] Arbeitnehmerüberlassung in Spanien und Deutschland sowie der Inhalt der geplanten europäischen Regelung zunächst näher beleuchtet werden. Anhand eines Vergleichs ausgewählter Komplexe der spanischen und deutschen Regelungen sollen rechtliche Gemeinsamkeiten und Unterschiede herausgearbeitet werden. In diesem Zusammenhang soll untersucht werden, ob und inwieweit bestimmte Regelungen eines Vergleichsstaates auch vom Gesetzgeber des anderen Vergleichstaates fruchtbar gemacht werden könnten.

Anknüpfungspunkt des Rechtsvergleichs soll hierbei insbesondere das Verhältnis der nationalen Arbeitnehmerüberlassungsregeln in Spanien und Deutschland zu der geplanten europäischen Regelung sein. Ergibt sich im Rahmen dieser Vergleichsbetrachtung ein potentieller Anpassungsbedarf nationalen Rechts an die europäische Regelung, sollen Ansätze aufgezeigt werden, wie der Anpassungsbedarf bewältigt werden könnte. Nationale Regelungen eines Vergleichsstaats, die dem europäischen Richtlinienentwurf bereits entsprechen, können in diesem Zusammenhang gegebenenfalls dem Gesetzgeber des anderen Vergleichsstaats als Anschauungsbeispiel vorgestellt werden. Kommen geltende nationale Bestimmungen den Zielen der geplanten europäischen Richtlinie eher entgegen als die dort vorgesehenen Regelungsentwürfe, sollen Erstere dem europäischen Gesetzgeber als Anregung vorgehalten werden.

Voraussetzung für die Entstehung von Anpassungsbedarf nationalen Rechts an europäische Vorgaben ist freilich, dass der genannte europäische Richtlinienvorschlag tatsächlich verabschiedet wird und damit die in seinem Art. 11 verankerte Umsetzungspflicht Platz greift.

Gerade die spanischen Regelungen dem deutschen Arbeitnehmerüberlassungsrecht gegenüberzustellen, bietet sich an, da die beiden nationalen Gesetz-

---

17 Vgl. hierzu S. 73 ff.

18 Vgl. hierzu S. 73 ff.

19 KOM(2002) 701 endgültig (hierzu S. 73 ff.).

20 Die nichtgewerbliche Arbeitnehmerüberlassung soll nicht Gegenstand dieser Arbeit sein.

geber über Jahrzehnte hinweg völlig unterschiedliche Positionen in Bezug auf die Arbeitnehmerüberlassung vertreten haben: Im europäischen Vergleich wurde die Arbeitnehmerüberlassung in Deutschland bereits sehr früh legalisiert, während Spanien als einer der letzten europäischen Mitgliedstaaten erst vor zehn Jahren das vollständige Verbot der Arbeitnehmerüberlassung beseitigte. Ob und inwieweit sich diese unterschiedlichen Grundeinstellungen gegenüber der Arbeitnehmerüberlassung in den jeweiligen nationalen Regelungen niedergeschlagen haben, soll im Folgenden untersucht werden.

III. Terminologie

Um die spanischen, deutschen und europäischen Regelungen sinnvoll zueinander in Bezug setzen zu können, sind die in den drei Rechtsordnungen für die Arbeitnehmerüberlassung verwendeten Oberbegriffe zunächst terminologisch auf eine Ebene zu bringen[21].

Charakteristikum der Arbeitnehmerüberlassung als Form drittbezogenen Personaleinsatzes ist eine dreipolige Rechtsbeziehung, im Rahmen derer ein Verleiher einen bei ihm angestellten Leiharbeitnehmer gegen Entgelt an einen Entleiher zur Arbeitsleistung überlässt.

Der spanische Gesetzgeber knüpft seine Terminologie an das die Überlassung betreibende Subjekt an. Dieses erhält die gesetzliche Bezeichnung *empresa de trabajo temporal*, also *Zeitarbeitsunternehmen*. Arbeitnehmerüberlassung fällt somit unter den Oberbegriff *trabajo temporal*, also *Zeitarbeit*. Mit dieser Bezeichnung steht die spanische Rechtsordnung in Einklang mit der im angloamerikanischen Rechtskreis für Arbeitnehmerüberlassung verwandten Bezeichnung *temporary work* sowie der im frankophonen Sprachraum gebräuchlichen Bezeichnung *travail temporaire* bzw. *travail intérimaire*[22]. Da auch die direkte Beschäftigung aufgrund eines befristeten Arbeitsvertrages (*contrato de duración determinada*) in Spanien teilweise mit *trabajo temporal* bezeichnet wird, können sich insoweit allerdings gewisse Abgrenzungsschwierigkeiten ergeben[23].

Der europäische Gesetzgeber verwendet für die oben genannte Konstellation in seiner Terminologie den Begriff *Leiharbeit*, was sowohl in der Richtlinie 91/383/EWG[24] als auch im aktuellen Richtlinienentwurf[25] zum Ausdruck

---

21 Die terminologische Einordnung der jeweiligen Rechtssubjekte und Rechtsbeziehungen der Arbeitnehmerüberlassung erfolgt im Rahmen der Einzeldarstellungen.

22 Becker/Kreikebaum, Zeitarbeit, S. 39.

23 Hennezel de Franco, Le droit du travail temporaire, S. 5 ff.; vgl. zu den Begriffsbestimmungen im spanischen Recht ausführlich Pérez Pérez, Empresas de trabajo temporal y relaciones laborales, S. 30 ff.

24 „Richtlinie des Rates vom 25.6.1991 zur Ergänzung der Maßnahmen zur Verbesserung der Sicherheit und des Gesundheitsschutzes von Arbeitnehmern mit befristetem Arbeitsver-

kommt. Beteiligte sind das *Leiharbeitunternehmen*, das *entleihende Unternehmen* sowie der *Leiharbeitnehmer*[26].

Im deutschen Rechtsraum werden für die oben genannte Konstellation neben dem Begriff *Arbeitnehmerüberlassung* auch die Bezeichnungen *Leiharbeit*, *Personalleasing* und *Zeitarbeit* verwendet[27]. Der Gesetzgeber geht grundsätzlich in dem am 12.10.1972 in Kraft getretenen Gesetz zur Regelung der gewerblichen Arbeitnehmerüberlassung (Arbeitnehmerüberlassungsgesetz)[28] vom Begriff der *Arbeitnehmerüberlassung* aus, bezeichnet jedoch in Art. 1 § 1 S. 1 den überlassenden Arbeitgeber als *Verleiher* und den betroffenen Arbeitnehmer als *Leiharbeitnehmer*, der seine Arbeit bei einem *Entleiher* zu leisten hat, und führt damit auch den Begriff der *Leiharbeit* ein, der umgangssprachlich entstanden ist[29]. Da Leihe im Rechtssinne die unentgeltliche Überlassung von Sachen zum Gebrauch umschreibt (§§ 598 ff. BGB), ist die Übertragung dieses Begriffes auf die Konstellation der gewerbsmäßigen und damit entgeltlichen[30] Überlassung eines Arbeitnehmers, also einer natürlichen Person, nach deutschem Rechtsverständnis juristisch zwar nicht korrekt[31]. Dennoch soll der Begriff *Leiharbeit*, da er auch von der Rechtsprechung[32] sowie insbesondere auch vom europäischen Gesetzgeber verwandt wird, im Folgenden synonym zu *Arbeitnehmerüberlassung* gebraucht werden.

Der Begriff *Zeitarbeit* wird zwar vom deutschen Gesetzgeber nicht verwandt, im Hinblick auf den internationalen Sprachgebrauch findet er jedoch in der

---

hältnis oder Leiharbeitsverhältnis“ (AblEG Nr. L vom 29.7.1991, S. 19), vgl. hierzu S. 67 ff.

25 Vgl. etwa die Begriffsbestimmungen in Art. 3 des „Geänderten Vorschlags für eine Richtlinie des Europäischen Parlaments und des Rates über die Arbeitsbedingungen von Leiharbeitnehmern“ (KOM[2002] 701 endgültig).

26 In den ersten Entwürfen zur Regelung atypischer Arbeitsverhältnisse waren befristete Beschäftigung und Leiharbeit unter dem Begriff der *Zeitarbeit* zusammengefasst (vgl. den Vorschlag für eine Richtlinie des Rates zur Regelung der Zeitarbeit vom 7.5.1982 [AblEG Nr. C 128 vom 19.5.1982, S. 2]; vgl. hierzu S. 65 f.

27 Debus, Leiharbeit, S. 8 ff.; Witten, Vertragsgestaltung und Gesetzesbindung im Recht der Zeitarbeit, S. 25 ff.; Kadel/Koppert, BB 1990, 2331; A. Schaub, Arbeitnehmerüberlassung, S. 2 Fn. 13.

28 BGBl. I, S.1393.

29 Vgl. die amtliche Begründung der Bundesregierung zum Entwurf des AÜG, BT-Drs. 6/2303, S. 10, Witten, Vetragsgestaltung und Gesetzesbindung im Recht der Zeitarbeit, S. 27.

30 Zum Begriff der Gewerbsmäßigkeit vgl. S. 53.

31 So auch Ramm, DB 1973, 1170.

32 BAG vom 16.4.2003, AP Nr. 1 zu § 9 BetrVG 2002 = DB 2003, 2128; vom 21.3.1990, AP Nr. 15 zu § 1 AÜG = NZA 1991, 269.

Rechtsliteratur teilweise Berücksichtigung[33] und soll deshalb gerade im Hinblick auf die Terminologie in der spanischen Rechtsordnung ebenfalls synonym zum Begriff der *Arbeitnehmerüberlassung* angewendet werden. Der Begriff des *Personalleasing* hat sich dagegen bisher weder auf nationaler noch auf internationaler Ebene in der offiziellen Rechtsterminologie letztlich durchgesetzt und soll deshalb im Folgenden unberücksichtigt bleiben[34].

IV. Wirtschaftliche Bedeutung der Arbeitnehmerüberlassung in Spanien und Deutschland

Wirtschaftlich nimmt die Arbeitnehmerüberlassung in Spanien und Deutschland inzwischen einen ähnlichen Stellenwert ein: In beiden Ländern erlebte der Bereich der Leiharbeit in den letzten Jahren ein dynamisches Wachstum. So hat sich die Zahl der Leiharbeitnehmer in Deutschland im Zeitraum von 1996 bis 2001 auf 357.000 verdoppelt[35], während sie in Spanien im gleichen Zeitraum um ein Drittel auf 552.000 stieg[36]. Mit 0,8 % bzw. 0,7 % bezogen auf das Jahr 1999[37] stellen Leiharbeitnehmer in Spanien und Deutschland im Vergleich zu anderen Mitgliedstaaten der Europäischen Gemeinschaft[38] insgesamt jedoch nur einen sehr geringen Teil der gesamten Arbeitnehmerschaft dar. Während in Spanien die größte Nachfrage nach Leiharbeitskräften im Dienstleistungssektor besteht[39], ist dies in Deutschland im Industriesektor der Fall[40].

---

33 Vgl. Becker/Kreikebaum, Zeitarbeit, S. 39 ff.; Schneider, Zeitarbeit, Rn. 1 ff.; vgl. auch die Nachweise bei Kadel/Koppert, DB 1990, 2331.

34 Zur Kritik am Begriff *Personalleasing* vgl. Becker/Kreikebaum, Zeitarbeit, S. 40 f.; a.A. etwa Oltmanns, Personalleasing, S. 34 ff.; Krellmann, Personalleasing, S. 5 ff.

35 Arbeitnehmerüberlassungsstatistik der Bundesagentur für Arbeit abgedruckt bei Walwei, EuroAS 2002, 149, 160 Tabelle 6.

36 Arbeitnehmerüberlassungsstatistik im statistischen Jahrbuch (*Anuario de estadisticas laborales y de asuntos sociales*) des spanischen Arbeits- und Sozialministeriums (*Ministerio de Trabajo y Asuntos Sociales)* von 1996 und 2001 (im Internet abrufbar unter http://www.mtas.es/estadisticas/Inicioa01.htm).

37 Storrie, Temporary agency work in the European Union, S. 28, Tabelle 3.

38 So betrug der Anteil der Leiharbeitnehmer an den Gesamtbeschäftigtenzahlen 1999 in den Niederlanden 4,0 %, in Frankreich 2,7 % und in Schweden 2,1 % (Storrie, a.a.O.).

39 Im Jahr 1999 wurden 55 % der Leiharbeitnehmer im Dienstleistungssektor beschäftigt (vgl. die Übersicht der im Jahre 1999 abgeschlossenen Überlassungsverträge des *Ministerio de Trabajo y Asuntos Sociales*, abgedruckt bei Elordi Dentici/del Rey Guanter/Serrano Martínez/Gala Duran, Trabajo, temporalidad y empresas de trabajo temporal en España, Tabelle Nr. 38).

40 So wurden 1999 50 % der Leiharbeitnehmer in Deutschland vom Industriesektor nachgefragt (vgl. Storrie, a.a.O. Tabelle A12).

1. Kapitel: Die rechtliche Entwicklung der Arbeitnehmerüberlassung in Spanien und Deutschland

I. Die rechtliche Entwicklung der Arbeitnehmerüberlassung in Spanien

„Die *Ley*[41] 14/1994 vom 1.6.1994 ‚zur Regelung der Zeitarbeitsunternehmen' stellt eine wichtige, wenn auch nicht endgültige Entwicklungsstufe in dem langen und wechselhaften Evolutionsprozess dar, den das Recht der Zeitarbeitsunternehmen in Spanien vollzogen hat"[42]. Mit diesem Gesetz, das die Arbeitnehmerüberlassung unter engen Voraussetzungen erlaubt, legalisierte Spanien, als einer der letzten Mitgliedstaaten der EU[43] diese Erscheinungsform auf dem Arbeitsmarkt.

Geprägt war der rechtliche Entwicklungsprozess der Arbeitnehmerüberlassung insbesondere durch drei Phasen, in denen ihr jeweils eine unterschiedliche rechtliche Behandlung zuteil wurde:

1.) 1. Phase: Zulässigkeit der Arbeitnehmerüberlassung

Vor dem Jahre 1952 existierte in Spanien keine spezifische Regelung in Bezug auf die Arbeitnehmerüberlassung. Die zeitweise entgeltliche Überlassung von Arbeitskräften wurde jedoch als grundsätzlich zulässig angesehen und anhand von Normen des Arbeitsvertragsrechts sowie allgemeiner Rechtsgrundsätze, die den Abtretungsregeln des Zivilgesetzbuches (Art. 1175, 1198, 1526 ff. *Código Civil* [CC][44]) entnommen wurden, rechtlich gehandhabt[45]. Hiernach übernahm der Entleiher vollständig die Rechte und Pflichten als Arbeitgeber für den Abtretungszeitraum vom Verleiher, der insoweit von seinen Verpflichtungen gegenüber den verliehenen Arbeitnehmern frei wurde. Der Entleiher musste jedoch Einreden und Einwendungen der Arbeitnehmer gegen den Verleiher aus dem Arbeitsverhältnis gegen sich gelten lassen[46].

Mit zunehmender Bedeutung der Arbeitnehmerüberlassung in der Praxis zu Beginn der fünfziger Jahre erwiesen sich die zivilrechtlichen Abtretungsregeln

---

41 *Ley* ist der spanische Begriff für „Gesetz".

42 Rodríguez-Piñero Royo, Las Empresas de Trabajo Temporal en España, S. 15.

43 In Italien wurde das Verbot der Arbeitnehmerüberlassung erst durch das Gesetz 196/1997 vom 24.6.1997 aufgehoben; in Griechenland ist die Gründung von Zeitarbeitsagenturen erst seit Erlass des Gesetzes 2956/2001 vom 6.11.2001 möglich.

44 *Real Orden* vom 29.7.1889 (der Gesetzestext ist im Internet abrufbar unter http://noticias.juridicas.com/base_datos/).

45 De la Villa Gil, Revista de Trabajo Nr. 74 (1984), 9; Rodríguez Ramos, La cesion ilegal de trabajadores, S. 59.

46 Gala Durán, Derechos y obligaciones entre los trabajadores cedidos por las Empresas de Trabajo Temporal y las empresas usuarias, S. 31.

jedoch als unzureichendes Regelungskonzept in Bezug auf die Arbeitnehmerüberlassung. Die vollständige Übertragung der Rechte und Pflichten aus dem Arbeitsvertrag während des Überlassungszeitraums vom Verleiher auf den Entleiher hatte zur Folge, dass die Arbeitnehmer das Insolvenzrisiko des Entleihers zu tragen hatten und sie ihre Ansprüche aus dem Arbeitsvertrag bei Zahlungsunfähigkeit des Entleihers nicht realisieren konnten. Der Verleiher selbst haftete nicht für Ansprüche der Arbeitnehmer während ihres Einsatzes beim Entleiher[47].

Aufgrund dieser Entwicklung sah sich der Gesetzgeber veranlasst, den Schutz der Arbeitnehmer im Fall von Arbeitnehmerüberlassung normativ zu verstärken.

Im Rahmen des *Decreto-Ley*[48] vom 15.2.1952[49] wurde das Phänomen der Arbeitnehmerüberlassung erstmalig gesetzlich umschrieben und einer, wenn auch nur rudimentären, Regelung unterworfen[50].

Nach Art. 1 des *Decreto-Ley* vom 15.2.1952 war die zeitweise Überlassung von Arbeitnehmern, unabhängig davon, ob sie entgeltlich oder unentgeltlich erfolgte, grundsätzlich zulässig. Abweichend von den bis zu diesem Zeitpunkt geltenden zivilrechtlichen Abtretungsregeln wurde daneben aber ausdrücklich festgeschrieben, dass der Verleiher auch während des Überlassungszeitraums verpflichtet war, Ansprüchen des Leiharbeitnehmers und der Sozialversicherung aus dem Arbeitsverhältnis nachzukommen. Auch für den Überlassungszeitraum verblieb der Verleiher nach dieser gesetzlichen Regelung in der Arbeitgeberrolle. Verleiher und Entleiher wurde gesetzlich eine gesamtschuldnerische Haftung für Forderungen des Leiharbeitnehmers aus dem Arbeitsvertrag mit dem Verleiher sowie in Bezug auf Sozialversicherungsbeiträge auferlegt[51]. Art. 2 des *Decreto-Ley* vom 15.2.1952 stellte daneben die Errichtung von Scheinfirmen ohne Organisationsstruktur und ohne Vermögen „zur Umsetzung betrügerischer Absichten" unter Strafe[52].

---

47 Gala Durán, Derechos y obligaciones entre los trabajadores cedidos por las Empresas de Trabajo Temporal y las empresas usuarias, S. 31; Rodríguez Ramos, La cesion ilegal de trabajadores, S. 60; Rodríguez-Piñero Royo, Cesión de trabajadores y empresas de trabajo temporal, S. 314.

48 Das *Decreto-Ley*, übersetzt „Gesetzesverordnung", stellt einen gesetzgeberischen Akt der Regierung dar, der nur in besonderen Eilfällen ergehen darf und unverzüglich dem Parlament (*Congreso de los Diputados*) zur Prüfung vorzulegen ist (Cañizares Planelles/González Gutiérrez, Diccionario Básico Jurídico).

49 B.O.E. vom 1.3.1952.

50 De la Villa Gil, Revista de Trabajo Nr. 74 (1984), 9; Rodríguez Ramos, La cesión ilegal de trabajadores, S. 60; Rodríguez-Piñero Royo, Cesión de trabajadores y empresas de trabajo temporal, S. 315 f..

51 Gala Durán, Derechos y obligaciones entre los trabajadores cedidos por las Empresas de Trabajo Temporal y las empresas usuarias, S. 32; De la Villa Gil, Revista de Trabajo Nr. 74 (1984), 9, 10; Rodríguez Ramos, La cesión ilegal de trabajadores, S. 60.

52 Rodríguez-Piñero Royo, Cesión de trabajadores y empresas de trabajo temporal, S. 314; González Velasco, Proyecto Social Nr. 3 (1995), S. 57 f.; Gala Durán, Derechos y obliga-

2.) 2. Phase: Unzulässigkeit der Arbeitnehmerüberlassung

Die zweite Phase der rechtlichen Entwicklung der Arbeitnehmerüberlassung in Spanien war geprägt durch einen Prozess, der sich in gleicher Weise in Italien vollzog[53] und der das vollständige und ausnahmslose Verbot der Arbeitnehmerüberlassung zur Folge hatte. Gerechtfertigt wurde dieser gesetzgeberische Gesinnungswandel in erster Linie mit der „Moralisierung des Arbeitsmarktes“: Jegliche wirtschaftliche Aktivität, die darauf gerichtet war, Gewinn aus fremder Arbeit zu ziehen, wurde nunmehr als verboten angesehen, menschliche Arbeit sollte nicht den Status einer handelbaren Ware haben[54]. Zudem haftete der Arbeitnehmerüberlassung der Verdacht an, die ihr eigentümliche, durch Zwischenschaltung des Verleihers entstehende dreipolige Rechtsbeziehung könne als geschicktes Instrument zur Unterwanderung gesetzlich oder vertraglich bestehender Mindeststandards zum Schutze von Arbeitnehmern eingesetzt werden[55].

Ziel des Verbots der Arbeitnehmerüberlassung war letztlich auch die Sicherung der Koalitionsfreiheit[56]: Die Errichtung effektiver gewerkschaftlicher Arbeitnehmervertretungsstrukturen in Bezug auf die Leiharbeitnehmer, die ihre Arbeitsleistung bei ständig wechselnden Entleihern zu erbringen haben, sei nicht möglich. Hierdurch würden letztlich auch der Betätigung der Gewerkschaften unzulässige Grenzen gesetzt.

Durch das *Decreto*[57] 3677/1970 vom 17.12.1970[58] wurde die Arbeitnehmerüberlassung vollständig verboten. Wie sich aus den Gesetzesmotiven ergibt, sollten durch diese Rechtsvorschrift die Normen des *Decreto-Ley* vom 15.2.1952 an die geänderten Umstände in der Rechtspraxis angepasst und Konstellationen einbezogen werden, die im *Decreto-Ley* von 1952 noch keine Berücksichtigung fanden[59]. Tatsächlich beinhaltete das *Decreto* 3677/1970, im Gegensatz zum *Decreto-Ley* von 1952, aber ein vollständiges Verbot der Arbeit-

---

ciones entre los trabajadores cedidos por las Empresas de Trabajo Temporal y las empresas usuarias, S. 32.

53 Rodríguez-Piñero Royo, Cesión de trabajadores y empresas de trabajo temporal, S. 322.

54 Rodríguez-Piñero Royo/Calvo Gallego/González Rendón, El impacto de las empresas de trabajo temporal en España: de la legalización a la reforma, S. 36.

55 López-Roméro González, Revista de Estudios Europeos Nr. 25 (2000), 71, 82 f.; Rodríguez-Piñero Royo/Calvo Gallego/González Rendón, El impacto de las empresas de trabajo temporal en España: de la legalización a la reforma, S. 36; Rodríguez-Piñero Royo, Las empresas de trabajo temporal en España, S. 23.

56 López-Roméro González, Revista de Estudios Europeos Nr. 25 (2000), 71, 83.

57 Hierunter versteht man eine von einem Exekutivorgan erlassene Rechtsverordnung (Cañizares Planelles/González Gutiérrez, Diccionario Básico Jurídico).

58 B.O.E. vom 4.1.1971.

59 De la Villa Gil, Revista de Trabajo Nr. 74 (1984), 9, 11; Rodríguez Ramos, La cesión ilegal de trabajadores, S. 63; Rodríguez-Piñero Royo, Cesión de trabajadores y empresas de trabajo temporal, S. 322 Fn. 92.

nehmerüberlassung, hob also letztlich seine Vorgängernorm inhaltlich auf, obwohl das *Decreto* 3677/1970 aufgrund seiner niedrigeren Stellung in der Normenhierarchie verfassungsrechtlich hierzu eigentlich nicht in der Lage war[60].

In Art. 1 Abs. 1 sanktionierte das *Decreto* 3677/1970 die Vermittlung bzw. Überlassung von Arbeitnehmern als rechtswidrige Aktivitäten des Verleihers sowie die Übernahme der Arbeitnehmer, ohne diese gleichzeitig als Beschäftigte in die eigene Belegschaft integrieren zu wollen, als rechtswidrige Handlung des Entleihers. Jede Form der Arbeitnehmerüberlassung war hiernach verboten und wurde Sanktionen, insbesondere dem Strafkatalog in Art. 4 des *Decreto* 3677/1970, unterworfen[61]. Für den Fall verbotswidrig vorgenommener Arbeitnehmerüberlassung wurde eine gesamtschuldnerische Haftung von Verleiher und Entleiher für Ansprüche des Leiharbeitnehmers aus dem Arbeitsvertrag und für Sozialversicherungsbeiträge, wie sie schon im *Decreto-Ley* vom 15.2.1952 vorgesehen war, festgeschrieben.

Zudem wurde in Art. 1 Abs. 2 des *Decreto* 3677/1970 im Falle verbotswidriger Arbeitnehmerüberlassung dem Leiharbeitnehmer qua lege die Stellung eines unbefristet beim Entleiher Beschäftigten zugeordnet[62].

In der Folgezeit wurden die Regelungen des *Decreto* 3677/1970 durch Art. 19 der *Ley* 16/1976 vom 8.4.1976[63] „zur Regelung der Arbeitbeziehungen" teilweise modifiziert, das vollständige Verbot der Arbeitnehmerüberlassung aber aufrechterhalten. Die bedeutsamste Neuregelung bestand darin, dass die automatische Eingliederung der unerlaubt entliehenen Arbeitnehmer in die feste Belegschaft des Entleihers qua lege in ein Optionsrecht zugunsten des Leiharbeitnehmers umgestaltet wurde, wahlweise beim Ver- oder Entleiher die Stellung eines unbefristet Beschäftigten erlangen zu können[64].

Das Verbot der Arbeitnehmerüberlassung wurde im Jahre 1980 auch in den Wortlaut von Art. 43 Abs. 1 des neu geschaffenen Arbeitnehmerstatuts (*Estatuto de los Trabajadores* [ET]) (*Ley* 8/1980 vom 10.3.1980[65]) aufgenommen und damit die schon bestehende Rechtslage weiter manifestiert:

---

60 Das *Decreto* (Rechtsverordnung) steht in der Normhierarchie unterhalb des *Decreto-Ley* (Gesetzesverordnung); vgl. zu dieser Problematik ausführlich De la Villa Gil, Revista de Trabajo Nr. 74 (1984), 9, 11; Rodríguez Ramos, La cesión ilegal de trabajadores, S. 63.

61 Rodríguez-Piñero Royo/Calvo Gallego/González Rendón, El impacto de las empresas de trabajo temporal en España: de la legalización a la reforma, S. 36.

62 Gala Durán, Derechos y obligaciones entre los trabajadores cedidos por las Empresas de Trabajo Temporal y las empresas usuarias, S. 33; De la Villa Gil, Revista de Trabajo Nr. 74 (1984), 9, 11 f.; Rodríguez Ramos, La cesión ilegal de trabajadores, S. 62 f.

63 B.O.E. vom 21.4.1976.

64 Gala Durán, Derechos y obligaciones entre los trabajadores cedidos por las Empresas de Trabajo Temporal y las empresas usuarias, S. 35; De la Villa Gil, Revista de Trabajo Nr. 74 (1984), 9, 12; Rodríguez-Piñero Royo, Cesión de trabajadores y empresas de trabajo temporal, S. 326.

65 B.O.E. vom 14.3.1980.

„Die Rekrutierung und Untervertragnahme von Arbeitnehmern zu dem Zweck, sie zeitweise an ein anderes Unternehmen zu verleihen oder zu überlassen, egal auf welcher Grundlage die Übertragung der Arbeitskraft beruht, ist verboten. Ebenso ist die Inanspruchnahme der Dienste dieser Arbeitnehmer verboten, sofern nicht eine Eingliederung in die Belegschaft des Unternehmens, in dem sie arbeiten sollen, erfolgt."

Die Überlassung von Arbeitskräften war hiernach, unabhängig davon, ob sie gewerblich oder ohne Gewinnerzielungsabsicht verfolgt wurde, per se als Geschäftsgegenstand von der spanischen Rechtsordnung nicht zugelassen[66].

Als Rechtsfolgen einer unerlaubten Arbeitnehmerüberlassung sah Art. 43 ET (1980) die bereits in den Vorgängernormen enthaltene solidarische Haftung von Ver- und Entleiher sowie das Optionsrecht des verliehenen Arbeitnehmers, die Stellung und Rechtsposition eines fest Angestellten im Ver- oder Entleiherunternehmen erlangen zu können, vor. Allerdings enthielt Art. 43 ET (1980) die Neuerung, dass dieses Optionsrecht erst nach Ablauf einer Frist, entsprechend der gesetzlich maximal zulässigen Probezeit, entstehen sollte[67]. Daneben setzte Art. 43 ET (1980) für die unerlaubte Arbeitnehmerunterlassung eine Strafdrohung in Form eines Bußgeldes fest und verwies zusätzlich auf den Straftatbestand des Art. 499 des Strafgesetzbuches (*Código Penal* [CP]) von 1973, der die Arbeitnehmerüberlassung in bestimmten Fällen noch härter sanktionierte[68].

Die gesetzliche Regelung der Arbeitnehmerüberlassung war damit zu Beginn der achtziger Jahre in Spanien zwar nur sehr rudimentär ausgeprägt, aber im Vergleich zu den Regelungen anderer europäischer Staaten in hohem Maße restriktiv. Dieser rechtliche Zustand wurde als „Anomalie des spanischen Rechtssystems in Bezug auf die Zeitarbeit"[69] charakterisiert, die erst durch die Gesetzesreformen zu Beginn der neunziger Jahre beseitigt wurde.

3.) 3. Phase: Teilweise Legalisierung der Arbeitnehmerüberlassung

a) Die restriktive Auslegung des Art. 43 ET (1980) durch Teile der Rechtsprechung

Das Verbot der Arbeitnehmerüberlassung verhinderte nicht, dass seit den siebziger Jahren heimlich Verleiher von Arbeitskräften ihre Aktivitäten auf dem

---

66 Rivero Lamas, La cesión de trabajadores en el derecho español del trabajo, S. 437 ff.; Rodríguez-Piñero Royo, Las empresas de trabajo temporal en España, S. 22.

67 De la Villa Gil, Revista de Trabajo Nr. 74 (1984), 9, 13; Rodríguez Ramos, La cesion ilegal de trabajadores, S. 63.

68 Gala Durán, Derechos y obligaciones entre los trabajadores cedidos por las Empresas de Trabajo Temporal y las empresas usuarias, S. 36, insbesondere in Fn. 67; De la Villa Gil, Revista de Trabajo Nr. 74 (1984), 9, 13.

69 Rodríguez-Piñero Royo, Las empresas de trabajo temporal en España, S. 23.

spanischen Markt aufnahmen und besonders in den achtziger Jahren, bedingt durch den auf Arbeitgeberseite zunehmenden Wunsch nach Flexibilisierung der Arbeitskraft, einen bemerkenswerten Aufschwung nahmen[70].

Die Art der Auslegung und Anwendung des Art. 43 ET (1980) durch Teile der Rechtsprechung, die sich vom engen Wortlaut der Norm entfernte, begünstigte diesen Prozess[71]: So wurden in der Rechtsprechung zum Teil für die Annahme verbotener Arbeitnehmerüberlassung neben dem Vorliegen der objektiven Tatbestandsmerkmale des Art. 43 ET (1980) ungeschriebene subjektive Merkmale, insbesondere das Ziel, sich zu Lasten der Rechte der Arbeitnehmer zu bereichern und Arbeitgeberpflichten zu umgehen, gefordert[72]. Teilweise wurde der Verbotstatbestand des Art. 43 ET (1980) einschränkend dahingehend ausgelegt, dass die Überlassung einen tatsächlichen Nachteil für die Rechte der Arbeitnehmer nach sich ziehen müsse[73]. Zunehmend wurde von der Rechtsprechung für die Annahme von Art. 43 ET (1980) als ungeschriebenes Tatbestandsmerkmal auch verlangt, dass es sich beim Verleiher um eine „Scheinfirma“ ohne „produktive Organisationsstruktur“ sowie ausreichende personelle, materielle und finanzielle Ausstattung handeln müsse, deren einziges Geschäftsziel die Verleihung von Arbeitnehmern sei[74]. Auf diese Weise sollte die Arbeitnehmerüberlassung von der nach Art. 42 ET noch heute zulässigen Rechtsfigur

---

70 Rodríguez-Piñero Royo/Calvo Gallego/González Rendón, El impacto de las empresas de trabajo temporal en España: de la legalización a la reforma, S. 37.

71 Cruz Villalón, El marco jurídico de las empresas de trabajo temporal, S. 45, 47 f.; Rodríguez-Piñero Royo, Las empresas de trabajo temporal en España, S. 24.

72 Vgl. hierzu Palomeque López, Empresas de trabajo temporal y cesión ilegal de trabajadores in: Escudero Rodríguez, Reforma de la legislación laboral, S. 33, 36; Rodríguez-Piñero Royo, Las empresas de trabajo temporal en España, S. 24; Cruz Villalón, El marco jurídico de las empresas de trabajo temporal, S. 45, 47; zum ersten Mal ausdrücklich wurde die Möglichkeit einer legalen Arbeitnehmerüberlassung im Urteil des *Tribunal Superior de Justicia* (STSJ) *del País Vasco* vom 24.2.1992 (AS 610/1992) angesprochen: Dieses ging für den Fall einer Scheinfirma, zu der kein stabiles Beschäftigungsverhältnis und damit eine Gefahr der Unsicherheit für Ansprüche der Arbeitnehmer bestehen kann, vom Eingreifen des Verbots des Art. 43 ET (1980) aus.

73 Gala Durán, Derechos y obligaciones entre los trabajadores cedidos por las Empresas de Trabajo Temporal y las empresas usuarias, S. 37; Rodríguez-Piñero Royo, Las empresas de trabajo temporal en España, S. 25.

74 STS vom 17.7.1993 (Ar. 5688/1993); STS vom 11.10.1993 (Ar. 7586/1993); STS vom 19.1.1994 (Ar. 352/1994); Román de la Torre, RL 1991, Band 2, 432, 434; Gala Durán, Derechos y obligaciones entre los trabajadores cedidos por las Empresas de Trabajo Temporal y las empresas usuarias, S. 37; Rodríguez-Piñero Royo, Las empresas de trabajo temporal en España, S. 25; kritisch gegenüber dem Abgrenzungskriterium der "produktiven Organisationsstruktur" Goerlich Peset, AL 2001, Band 1, Rn. 39, 45 ff., der zu Recht darauf hinweist, dass viele Unternehmen im Dienstleistungssektor keine "produktive Organisationsstruktur" aufweisen, weil dies für die Durchführung ihrer Geschäftstätigkeit, z.B. bei Reinigungsunternehmen, nicht erforderlich ist.

der „Vergabe bzw. Untervergabe von Werk- oder Dienstleistungen" abgegrenzt werden[75].

Folge dieser Entwicklung war ein fortschreitendes, heimliches Auseinanderfallen der vom Wortlaut des Art. 43 ET (1980) und der nach den Kriterien der Rechtsprechung verbotenen Arbeitnehmerüberlassung und damit eine teilweise Legalisierung „de facto" der Arbeitnehmerüberlassung in der dazwischen liegenden Grauzone[76].

Diese Situation wurde allgemein als in höchstem Maße unbefriedigend empfunden.

Zum einen hing die Einordnung der Arbeitnehmerüberlassung als erlaubte oder verbotene Tätigkeit von unbestimmten Wesensmerkmalen der jeweiligen Zeitarbeitsfirma sowie von der individuellen Haltung der einzelnen Gerichte ab, so dass faktisch ein Zustand der Rechtsunsicherheit herrschte[77]. Zum anderen ergab sich die paradoxe Situation, dass, wegen der bestehenden rechtlichen Grauzone, die Arbeitnehmerüberlassung in Spanien, obwohl nach dem Wortlaut des Gesetzes verboten, faktisch einem weniger rigiden und kontrollierenden Rechtsregime unterlag, als es in anderen Rechtsordnungen, die sie ausdrücklich legalisiert hatten, der Fall war: Weder wurden inhaltliche oder zeitliche Grenzen für die Inanspruchnahme der Dienste von Zeitarbeitsfirmen gesetzt, noch waren administrative Kontroll- und Schutzmechanismen für die Rechte der Arbeitnehmer vorhanden[78].

---

75 Zur Abgrenzung von Arbeitnehmerüberlassung und Werk- bzw. Dienstleistungsverträgen i.S.d. Art. 42 ET vgl. Goerlich Peset, AL 2001, Band 1, Rn. 39, 44; Rodríguez-Piñero Royo/Calvo Gallego/González Rendón, El impacto de las Empresas de Trabajo Temporal en España: de la legalización a la reforma, S. 37; Rodríguez-Piñero Royo, Las empresas de trabajo temporal en España, S. 25; vgl. für die Schwierigkeiten der Abgrenzung von Verleihertätigkeit und Erbringung von Serviceleistungen auch den Fall des STSJ del País Vasco vom 13.10.1998 (Ar. 4725/1998); zur Abgrenzung von Arbeitnehmerüberlassung und Arbeitsleistung auf Werkvertrags- bzw. Dienstvertragsbasis im deutschen Recht vgl. BAG vom 22.6.1994, AP Nr. 16 zu § 1 AÜG = DB 1995, 981; BGH vom 21.1.2003, EzAÜG Nr. 12 zu § 9 AÜG = NZA 2003, 616; Hamann, in: Schüren, AÜG, § 1 Rn. 117 ff., 248 ff.; Sandmann/Marschall, AÜG, Art. 1 § 1 Rn. 12 ff., 21; Boemke, AÜG § 1 Rn. 67 ff., 81 ff.; Witten, Vertragsgestaltung und Gesetzesbindung im Recht der Zeitarbeit, S. 65 ff., 78 ff. sowie die umfassende Darstellung bei A. Schaub, Arbeitnehmerüberlassung, S. 7 ff., 60 ff.

76 Rodríguez-Piñero Royo, Las empresas de trabajo temporal en España, S. 27; Rodríguez-Piñero Royo/Calvo Gallego/González Rendón, El impacto de las empresas de trabajo temporal en España: de la legalización a la reforma, S. 37.

77 Molina Navarrete, Nuevas reglas de competencia en el mercado de las empresas de trabajo temporal, S. 32 f.; Rodríguez-Piñero Royo/Calvo Gallego/González Rendón, El impacto de las empresas de trabajo temporal en España: de la legalización a la reforma, S. 40 f.

78 Rodríguez-Piñero Royo, Las empresas de trabajo temporal en España, S. 29.

b) Die Legalisierung der Arbeitnehmerüberlassung durch die Reformen von 1993 und 1994

Der spanische Gesetzgeber vollzog daraufhin zu Beginn der neunziger Jahre einen erneuten Gesinnungswandel in Bezug auf die Arbeitnehmerüberlassung und ließ sie, in engen Grenzen, gesetzlich zu. So regelte Art. 2 Abs. 1 des *Real Decreto-Ley* (R.D.L.)[79] 18/1993 vom 3.12.1993[80]:

„Die Untervertragnahme von Arbeitnehmern, um diese zeitweise einem anderen Unternehmen zu überlassen, darf nur durch Zeitarbeitsunternehmen geschehen, die dazu gemäß den zwingenden gesetzlichen Bestimmungen autorisiert wurden."

Hierbei unterschied der Gesetzgeber, wie schon zuvor ein Teil der Arbeitsgerichte, zwischen erlaubter und verbotener Arbeitnehmerüberlassung und erkannte erstmalig die Existenz von Zeitarbeitsunternehmen an[81]. Zudem wurde die Beschränkung des Optionsrechts der Leiharbeitnehmer in Art. 43 Abs. 3 ET (1980), bei unzulässig vorgenommener Arbeitnehmerüberlassung die Stellung von fest Angestellten im Ver- oder Entleiherunternehmen erst nach Ablauf einer Frist, die der gesetzlich maximal zulässigen Probezeit entsprach, erlangen zu können, wieder aufgehoben.

Der Wortlaut des Art. 2 Abs. 1 R.D.L. 18/1993 vom 3.12.1993 wurde durch die *Ley* 10/1994 vom 19.5.1994[82] in die Form eines Gesetzes überführt und durch das *Real Decreto Legislativo* (R.D.Leg.)[83] 1/1995 vom 24.3.1995[84] zum Inhalt von Art. 43 ET n.F.[85] gemacht. Hierdurch wurde der Verbotstatbestand des Art. 43 Abs. 1 ET (1980) auch formell beseitigt.

---

79 Gemäß Art. 62 lit. f) der spanischen Verfassung (*Constitución Española* [CE]) vom 27.12.1978, der Text ist im Internet unter http://noticias.juridicas.com/base_datos/ abrufbar) kommt dem spanischen König als Staatschef (so die Formulierung in Art. 56 Abs. 1 CE) die Aufgabe zu, Verordnungen der Regierung auszufertigen und dadurch zu legitimieren.

80 B.O.E. vom 7.12.1993.

81 Palomeque López, Empresas de trabajo temporal y cesión ilegal de trabajadores, S. 33, 35; Rodríguez-Piñero Royo/Calvo Gallego/González Rendón, El impacto de las empresas de trabajo temporal en España: de la legalización a la reforma, S. 41; Rodríguez-Piñero Royo, Las empresas de trabajo temporal en España, S. 36; Rodríguez Ramos, La cesión ilegal de trabajadores, S. 68.

82 B.O.E. vom 23.5.1994.

83 Unter einem *Real Decreto Legislativo* versteht man eine einem Gesetz im formellen Sinne gleichwertige Rechtsverordnung der Regierung, die aufgrund entsprechender parlamentarischer Ermächtigung in bestimmten Fällen (Art. 82 Abs. 1 und 85 CE) ergehen kann (Cañizares Planelles/González Gutiérrez, Diccionario Básico Jurídico).

84 B.O.E. vom 29.3.1995.

85 Der Text des neugefassten *Estatuto de los Trabajadores* (ET n.F.) ist im Internet abrufbar unter http://noticias.juridicas.com/base_datos/).

Nach dem Willen des Gesetzgebers war die Leiharbeit, vermittelt durch ein autorisiertes Zeitarbeitsunternehmen, die einzige zulässige Form der Arbeitnehmerüberlassung. Anders als Art. 43 ET (1980) unterscheidet Art. 43 ET n.F. zwischen der gesetzlich zulässigen Arbeitnehmerüberlassung, die sich, mit oder ohne Gewinnerzielungsabsicht, zwingend über eine autorisierte Zeitarbeitsfirma vollziehen muss, und der gesetzlich unzulässigen Arbeitnehmerüberlassung in den übrigen Fällen[86].

Bemerkenswert ist hierbei die angewandte Gesetzestechnik: Im Gegensatz zu den Normen anderer europäischer Staaten, fügte der spanische Gesetzgeber an das grundsätzliche Verbot der Arbeitnehmerüberlassung, wie es in Art. 43 ET (1980) verankert war, nicht einen weiteren Absatz mit einer Ausnahmeregelung für den Fall der Überlassung durch gesetzeskonform gegründete Leiharbeitsfirmen an. Vielmehr ergibt sich das fortbestehende grundsätzliche Verbot der Arbeitnehmerüberlassung erst durch eine Auslegung „sensu contrario" des Art. 43 Abs. 1 ET n.F.: Wenn die Überlassung von Arbeitnehmern nur über Zeitarbeitsfirmen geschehen kann, ist sie in allen übrigen Fällen illegal[87].

Letzte Norm in diesem Regulierungsprozess war die *Ley* 14/1994 vom 1.6.1994 „zur Regelung der Zeitarbeitsunternehmen" (LETT)[88]. In ihr wurde die Grundregel, dass Arbeitnehmerüberlassung nur durch staatlich zugelassene Zeitarbeitsfirmen geschehen darf, nochmals festgeschrieben und ein Regelungssystem für die Zulassung von Zeitarbeitsunternehmen sowie die Durchführung der Arbeitnehmerüberlassung eingeführt. Insbesondere enthält die LETT auch Regelungen zum Rechtsverhältnis zwischen Verleiher und Entleiher, zwischen Verleiher und Leiharbeitnehmer sowie zwischen Entleiher und Leiharbeitnehmer. Dieses Regelungssystem ist sehr restriktiv ausgestaltet und enthält zum Schutze der Rechte der Leiharbeitnehmer enge Vorgaben[89]. Die damalige sozialistische Regierung in Spanien kam so den Gewerkschaften, die bis zuletzt massiven Widerstand gegen die Legalisierung der Arbeitnehmerüberlassung geleistet hatten, entgegen[90].

Da erst im Rahmen der *Ley* 14/1994 die Voraussetzungen für eine staatliche Zulassung als Zeitarbeitsunternehmen im Einzelnen festgelegt wurden, fand die

86 Rodríguez-Piñero Royo/Calvo Gallego/González Rendón, El impacto de las empresas de trabajo temporal en España: de la legalización a la reforma, S. 41.

87 Palomeque López, Empresas de trabajo temporal y cesión ilegal de trabajadores, S. 33, 36; Rodríguez-Piñero Royo, Las empresas de trabajo temporal en España, S. 36 f.

88 B.O.E. vom 2.6.1994. (Der Gesetzestext ist im Internet abrufbar unter http://noticias.juridicas.com/base_datos/).

89 Zu den Motiven des Gesetzgebers vgl. die *Exposición de Motivos* der *Ley* 14/1994 sowie des R.D. 4/1995.

90 Einen Überblick über inhaltliche Diskussionen im Rahmen des Gesetzgebungsverfahren gibt García-Perrote Escartín, La cesión de trabajadores en el ordenamiento laboral español (II): Tipos de cesiones licitas. Empresas de trabajo temporal, S. 127, 134 ff.

Beseitigung des generellen Verbots der Arbeitnehmerüberlassung faktisch erst durch dieses Regelungswerk statt.

Im Rahmen des *Real Decreto* 4/1995 vom 13.1.1995[91] (RDETT) erließ die spanische Regierung dann ergänzende Durchführungsbestimmungen zu einzelnen Regelungen der *Ley* 14/1994.

Einfluss auf den Prozess der Legalisierung der Arbeitnehmerüberlassung in Spanien hatte, neben den bereits angesprochenen beschäftigungsfördernden Aspekten der Leiharbeit, auch die Tätigkeit des europäischen Gesetzgebers. Auf der Ebene der Europäischen Gemeinschaft kam es seit Beginn der achtziger Jahre zu Bestrebungen, die Unterschiede in den nationalen Regelungen der Leiharbeit zu reduzieren und ein einheitliches Schutzniveau für die Rechte der Leiharbeitnehmer zu schaffen [92]. Ein erster Erfolg war diesen Bestrebungen mit dem Erlass der Richtlinie 91/383/EWG des Rates vom 25.6.1991 „zur Ergänzung der Maßnahmen zur Verbesserung der Sicherheit und des Gesundheitsschutzes von Arbeitnehmern mit befristetem Arbeitsverhältnis oder Leiharbeitsverhältnis“ beschieden[93].

Die Auswirkungen dieser Richtlinie auf das spanische Rechtssystem waren Gegenstand einer heftigen Debatte in Literatur und Rechtsprechung. Aus der Verabschiedung der europäischen Richtlinie wurde teilweise unmittelbar die Rechtmäßigkeit der Arbeitnehmerüberlassung in Spanien, entgegen dem Wortlaut von Art. 43 ET (1980), abgeleitet. Mit der Verabschiedung der europäischen Richtlinie wäre der Auftrag an den spanischen Gesetzgeber verbunden, diese Form der Beschäftigung zu legalisieren. Bis zu ihrer Umsetzung käme der europäischen Richtlinie insoweit direkte Wirkung zu[94]. Jedoch gab es auch gegenteilige Auffassungen, nach denen aus der Tatsache des Bestehens einer europäischen Richtlinie zur Regelung eines Teilbereichs der Zeitarbeit keine rechtliche Verpflichtung des spanischen Gesetzgebers zur Legalisierung der Arbeitnehmerüberlassung an sich abgeleitet werden konnte. Dies bliebe vielmehr der politischen Entscheidung des einzelnen Mitgliedstaates überlassen[95]. Verwiesen wurde in diesem Zusammenhang insbesondere auf Italien, das zum damaligen Zeitpunkt das generelle Verbot der Arbeitnehmerüberlassung aufrechterhielt und

---

91 B.O.E. vom 1.2.1995. (Der Gesetzestext ist im Internet abrufbar unter http://noticias.juridicas.com/base_datos/).

92 Thüsing, DB 2002, 2218; Rodríguez-Piñero Royo, Las empresas de trabajo temporal en España, S. 30; Chacartegui Jávega, Empresas de trabajo temporal y contrato de trabajo, S. 42; vgl. dazu ausführlich unten S. 65 ff.

93 AblEG Nr. L 206 vom 29.7.1991, S. 19 ff.

94 STSJ de Galícia vom 20.5.1993 (AS 2405/1993); Rodríguez-Piñero Royo/Calvo Gallego/González Rendón, El impacto de las empresas de trabajo temporal en España: de la legalización a la reforma, S. 40; Castro Argüelles, DL Nr. 44, 29, 31 f.

95 Cruz Villalón, El marco jurídico de las empresas de trabajo temporal, S. 45, 49.

es erst in jüngster Zeit aufhob[96]. Der europäischen Regelung könnte lediglich die Verpflichtung entnommen werden, dass der spanische Gesetzgeber, sollte er sich zur Legalisierung der Arbeitnehmerüberlassung entschließen, Normen nur im Einklang mit den europäischen Vorgaben schaffen könnte, nicht dagegen ein Gebot der Legalisierung selbst[97].

Weiterer Anlass für die gesetzliche Legalisierung der Arbeitnehmerüberlassung war auch die Erkenntnis des Gesetzgebers, „...dass sich die Risiken in Bezug auf Aktivitäten von Zeitarbeitsfirmen nicht notwendigerweise aus ihrem Handeln an sich, sondern vielmehr aus ihrem Agieren im Verborgenen ergeben...“[98].

c) Wichtige Reformen der *Ley* 14/1994 (LETT)

Mit dem Ziel, die Stellung der Leiharbeitnehmer und insbesondere ihren Schutz zu verbessern, wurde die *Ley* 14/1994 durch die *Ley* 29/1999 vom 16.7.1999[99] in wesentlichen Punkten reformiert: Insbesondere wurden Genehmigungsvoraussetzungen für die Gründung von Verleihunternehmen sowie Informationspflichten des Entleihers gegenüber seiner Arbeitnehmervertretung in Bezug auf den Einsatz von Leiharbeitnehmern verschärft, die abschließenden Befristungsgründe für Arbeitsverträge auf den Abschluss eines befristeten Überlassungsvertrages übertragen und die Leiharbeitnehmer mit vergleichbaren Beschäftigten des Entleiherbetriebs im Wege einer Mindestgarantie finanziell gleichgestellt[100].

Mit der *Ley* 45/1999 vom 29.11.1999[101] wurden, in Umsetzung der EU-Richtlinie 96/71/EG des Europäischen Parlaments und des Rates vom 16.12.1996[102], Regeln in Bezug auf die grenzüberschreitende Überlassung von Leiharbeitnehmern innerhalb von Staaten der Europäischen Gemeinschaft in die LETT eingefügt.

Im Rahmen des R.D.L. 5/2001 vom 2.3.2001[103] und der *Ley* 12/2001 vom 9.7.2001[104] wurden die zeitlichen Rahmenbedingungen für die Wiederbesetzung

96 Pérez Pérez, Empresas de trabajo temporal y relaciones laborales, S. 159.

97 Rodríguez-Piñero Royo, Las empresas de trabajo temporal en España, S. 32 f.

98 Gesetzesbegründung (*Exposicion de Motivos*) zur *Ley* 14/1994.

99 B.O.E. vom 17.7.1999.

100 Ausführlich zum Gesetzgebungsverfahren in Bezug auf die Ley 29/1999: Pérez Pérez, Empresas de trabajo temporal y relaciones laborales, S. 105 ff.; Escudero Rodríguez/Mercader Uguina, RL 2000, Band 1, 633, 635 f.; Cabeza Pereiro, AL 2001, Band 1, Rn. 301 ff.

101 B.O.E. vom 30.11.1999.

102 „Richtlinie 96/71/EG des Europäischen Parlaments und des Rates vom 16.12.1996 über die Entsendung von Arbeitnehmern im Rahmen der Erbringung von Dienstleistungen“ (AblEG Nr. L 018 vom 21.1.1997, S. 1).

103 B.O.E. vom 3.3.2001.

eines durch Kündigung freigewordenen Arbeitsplatzes mit einem Leiharbeitnehmer verschärft[105]. Die *Ley* 12/2001 führte zudem Art. 10 Abs. 3 LETT ein, wonach der Abschluss eines Arbeitsvertrages zwischen Verleiher und Leiharbeitnehmer für mehrere, bereits feststehende Arbeitseinsätze bei verschiedenen Entleihern ermöglicht wurde.

d) Regelungsübersicht

Im Folgenden wird nun ein einführender Überblick über die wesentlichen Regelungen zur Arbeitnehmerüberlassung durch LETT und RDETT gegeben.

aa) Behördliche Zulassung

Für den Verleih eines Leiharbeitnehmers (*trabajador puesto a disposición*[106]) bedarf der Verleiher (*empresa de trabajo temporal*) einer vorherigen behördlichen Zulassung (Art. 2 LETT i.V.m. Art. 1 ff. RDETT). Diese ist an die Erfüllung bestimmter Voraussetzungen geknüpft: Das Verleihunternehmen muss über eine organisatorische Struktur verfügen, die darauf schließen lässt, dass es seinen Verpflichtungen gegenüber Leiharbeitnehmer und Sozialversicherungsträger nachkommt. Um dem Auftreten von Scheinfirmen entgegenzuwirken, muss das Verleihunternehmen insbesondere ein Minimum an Personal in Verwaltungsfunktionen beschäftigten, aber auch anhand anderer Faktoren, wie z.B. Anzahl und Ausstattung von Filialen, eine gewisse organisatorische Verfestigung erkennen lassen. Eine weitere Zulassungsvoraussetzung ist, dass sich der Verleiher ausschließlich der Verleihtätigkeit widmet. Die staatliche Zulassung stellt keine Tätigkeitsgenehmigung dar, sondern begründet einen Status als Verleihunternehmen. Daneben sind Zulassungsvoraussetzungen, dass der Antragsteller den Begriff *empresa de trabajo temporal* (*Zeitarbeitsunternehmen*) in seine Firma aufnimmt und er eine finanzielle Sicherheitsleistung i.S.d. Art. 3 LETT i.V.m. Art. 7 f. RDETT zur Absicherung von Verpflichtungen gegenüber Arbeitnehmern bzw. Sozialversicherung hinterlegt. Einer Zulassung steht entgegen, wenn Altschulden des Antragstellers gegenüber den Steuerbehörden oder dem Sozialversicherungsträger bestehen oder dem Antragsteller in der Vergangenheit in zwei oder mehr Fällen wegen Gesetzesverstößen die behördliche Zulassung als Verleiher entzogen wurde.

Die behördliche Zulassung wird zunächst auf ein Jahr befristet und kann dann auf Antrag zweimal um jeweils ein Jahr verlängert werden, bis nach insgesamt

---

104 B.O.E. vom 10.7.2001.

105 Vgl. hierzu S. 120 f.

106 In Rechtsprechung und Literatur werden teilweise auch die Bezeichnungen "*trabajador cedido*" (wörtlich übersetzt "abgetretener Arbeitnehmer") und "*trabajador en misión*" verwendet.

drei Jahren eine unbefristete Zulassung erteilt werden kann. Überlässt der Verleiher trotz Fehlens einer behördlichen Zulassung Leiharbeitnehmer, hat dies unter anderem die Begründung einer gesamtschuldnerischen Haftung von Verleiher und Entleiher (*empresa usuaria*) für die Vergütungsansprüche des Leiharbeitnehmers und Sozialversicherungsbeiträge sowie ein Wahlrecht des Leiharbeitnehmers, den Status eines unbefristet Beschäftigten beim Ver- oder Entleiher erlangen zu können, zur Folge (Art. 43 Abs. 2 und 3 ET).

bb) Das Rechtsverhältnis zwischen Verleiher und Entleiher

Verleiher und Entleiher sind durch den handelsrechtlich geprägten[107] Überlassungsvertrag (*Contrato de puesta a disposición*), der der Schriftform bedarf und einen gesetzlich vorgeschriebenen Mindestinhalt, insbesondere eine Beschreibung des zu besetzenden Arbeitsplatzes, aufweisen muss, miteinander verbunden (Art. 6 LETT). Vertragsgegenstand ist die Überlassung des Leiharbeitnehmers zum Zwecke der Erbringung von Arbeitsleistungen im Entleiherunternehmen. Ein Überlassungsvertrag kann in denselben Fällen und unter denselben Voraussetzungen, insbesondere unter Beachtung der für die jeweilige Fallgruppe gesetzlich vorgesehenen Höchstlaufzeit, geschlossen werden wie ein befristeter Arbeitsvertrag. Fallgruppen sind hiernach die Erstellung einer bestimmten Werk- oder Dienstleistung, das Vorliegen besonderer Produktionsumstände, etwa Kapazitätsüberlastung aufgrund unerwartet starken Auftragseingangs beim Entleiher, die vorübergehende Vertretung von Arbeitnehmern mit Arbeitsplatzschutz sowie die vorübergehende Besetzung eines Arbeitsplatzes während eines laufenden Auswahl- oder Beförderungsverfahrens. Der Abschluss eines unbefristeten Überlassungsvertrages ist nach dem Gesetz nicht möglich. Für einzelne Fallgruppen sind Überlassungsverträge gesetzlich ausdrücklich ausgeschlossen (Art. 8 LETT), etwa zum Zwecke der Ersetzung streikender Arbeitnehmer beim Entleiher oder für die Durchführung von gesetzlich als besonders risikobehaftet und gesundheitsgefährdend eingestuften Tätigkeiten wie z.B. im Bergbau. Unzulässig ist der Abschluss eines Überlassungsvertrages auch, wenn der zu beset-

---

107 Crespan Echegoyen/Gonzalez Martin/Lopez Parada, Empresas de Trabajo Temporal, Rn. 511; Chacartegui Javega, La *Ley* 1997, Band VI, 1473; Godino Reyes/Sagardoy de Simón, Contrata y subcontrata de obras y servicios. La cesión de trabajadores a través de las empresas de trabajo temporal, S. 114; Valdés Dal-Ré, Las relaciones juridicas entre empresas de trabajo temporal y la empresa usuaria: el contrato de puesta a disposición, S. 77, 82; Del Rey Guanter, REDT Nr. 100, Band 1, 903, 909; Sánchez Pego, La relacion interempresarial de trabajo temporal: el contrato de puesta a disposicion, S. 131, 137; a.A. wohl Pérez Pérez, Empresas de trabajo temporal y relaciones laborales, S. 280 f.; teilweise wird neben der Qualifizierung als handelsrechtlicher Vertrag auch eine Einstufung des Überlassungsvertrages als allgemein zivilrechtlich für möglich gehalten, ohne allerdings die dann erforderliche Abgrenzung vorzunehmen: so z.B. Rodríguez Ramos, La cesion ilegal de trabajadores, S. 43; Valdés de la Vega, Las Empresas de Trabajo Temporal, S. 51.

zende Arbeitsplatz innerhalb der vorangegangenen zwölf Monate aus einem der in Art. 8 lit. c) LETT genannten Gründe vom Entleiher abgebaut wurde oder wenn die Überlassung an ein anderes Verleihunternehmen erfolgen soll. Ein Verstoß gegen diese Verbotsgründe führt gemäß Art. 6 Abs. 3 CC zur Nichtigkeit des Überlassungsvertrages.

Auch Vertragsklauseln, die dem Entleiher nach Ablauf des Überlassungsvertrages untersagen, mit dem Leiharbeitnehmer einen Arbeitsvertrag zu schließen, sind nichtig (Art. 7 Abs. 3 LETT).

Der Entleiher muss seine Arbeitnehmervertretung innerhalb von zehn Tagen über jeden abgeschlossenen Überlassungsvertrag sowie über den Grund für den Rückgriff auf Leiharbeit informieren und ihr eine Kopie des Arbeitsvertrages zwischen Verleiher und Leiharbeitnehmer bzw. die vom Verleiher an den Leiharbeitnehmer ausgegebene Arbeitsanweisung für den Einsatz beim Entleiher aushändigen (Art. 9 LETT). Zudem hat der Entleiher den Verleiher über den zu besetzenden Arbeitsplatz, insbesondere im Hinblick auf Anforderungen der Arbeitssicherheit, zu informieren (Art. 12 Abs. 3 und 16 LETT sowie Art. 28 *Ley* 31/1995 vom 8.11.1995[108]).

Der Verleiher hat dem Entleiher eine Kopie seines Arbeitsvertrages mit dem Leiharbeitnehmer oder der dem Leiharbeitnehmer für den Arbeitseinsatz erteilten Arbeitsanweisung zu übermitteln (Art. 17 RDETT).

Für den Fall der Nichteinhaltung der genannten gesetzlichen Vorgaben, z.B. bei Abschluss eines Überlassungsvertrages für einen gesetzlich nicht vorgesehenen Fall durch Verleiher und Entleiher, geben die Art. 18 ff. LISOS[109] der Arbeitsverwaltung Sanktionsmöglichkeiten in Form von Geldbußen oder Lizenzentzug.

cc) Das Rechtsverhältnis zwischen Verleiher und Leiharbeitnehmer

Gegenstand des Arbeitsvertrages (*contrato de trabajo*) zwischen Verleiher und Leiharbeitnehmer ist die Erbringung von Arbeitsleistungen durch den Leiharbeitnehmer bei einem Entleiher gegen Vergütung durch den Verleiher[110]. Der

---

108 B.O.E. vom 10.11.1995.

109 Durch das R.D.Leg. 5/2000 vom 4.8.2000 (B.O.E. vom 8.8.2000) wurde die *Ley sobre Infracciones y Sanciones en el Orden Social* (LISOS), die einen Katalog von Verstößen gegen arbeits- und sozialrechtliche Normen enthält und entsprechende Sanktionen vorsieht, neu verkündet.

110 Zum Streit, wer während des Überlassungszeitraums als Arbeitgeber im Rechtssinne zu qualifizieren ist, vgl. Monteiro Fernandes, REDT Nr. 18 (1984), 173, 177; Molero Marañon, La responsabilidad empresarial frente al personal de las Empresas de Trabajo Temporal, S. 30 f.; Castro Argüelles, DL Nr. 44, 29, 51 f.; Rodríguez-Piñero Royo, Las empresas de trabajo temporal en España, S. 100 f.; López Balaguer, La relación laboral de los trabajadores puestos a disposición, S. 24 f. m.w.N.

Arbeitsvertrag mit dem Leiharbeitnehmer kann unbefristet oder befristet geschlossen werden, wobei im letztgenannten Fall die Laufzeit des Arbeitsvertrages mit der des befristeten Überlassungsvertrages übereinstimmen muss (Art. 10 Abs. 1 LETT i.V.m. Art. 15 Abs. 1 RDETT). Nach überwiegender Auffassung besteht nicht nur eine zeitliche, sondern auch eine kausale Übereinstimmungspflicht zwischen Überlassungs- und befristetem Arbeitsvertrag. Beide Verträge müssen also auf demselben Befristungsgrund basieren[111].

Auch der Abschluss eines befristeten Arbeitsvertrages zur Abdeckung mehrerer aufeinanderfolgender, bereits feststehender Überlassungsfälle bei verschiedenen Entleihern wegen besonderer Produktionsumstände ist gesetzlich möglich (Art. 10 Abs. 3 LETT).

Dagegen sind Ausbildungsverträge zwischen Verleiher und Entleiher nach Art. 10 Abs. 2 LETT unzulässig.

Der Arbeitsvertrag bedarf der Schriftform, der dreifachen Ausfertigung und eines gesetzlich vorgegebenen Mindestinhalts (Art. 15 RDETT). Sein Inhalt muss der Arbeitsbehörde innerhalb von zehn Tagen nach Abschluss mitgeteilt werden. Vertragsklauseln, die den Leiharbeitnehmer verpflichten, für ein Auswahlverfahren, Weiterbildungsmaßnahmen oder für einen Vertragsschluss Zahlungen an den Verleiher zu leisten, sind nichtig (Art. 12 Abs. 4 LETT).

Der Verleiher ist dem Leiharbeitnehmer gegenüber zur Zahlung der Vergütung verpflichtet. Während des Überlassungszeitraumes schuldet der Verleiher nach Art. 11 Abs. 1 LETT mindestens die Vergütung, die für den auszufüllenden Arbeitsplatz von dem beim Entleiher geltenden Tarifvertrag vorgesehen ist, berechnet nach Zeiteinheiten und einschließlich des entsprechenden Anteils der Vergütung für arbeitsfreie Wochentage, Feiertage und Urlaubstage sowie an Sonderzahlungen. Die Höhe der entsprechenden Vergütung beim Entleiher ist von diesem zu berechnen und dem Verleiher mitzuteilen. Sieht der beim Verleiher geltende Tarifvertrag oder der Leiharbeitsvertrag für die Tätigkeit des Leiharbeitnehmers eine höhere Vergütung vor, bestimmt sich der Vergütungsanspruch des Leiharbeitnehmers hiernach.

Nach Ablauf eines befristeten Arbeitsvertrages hat der Leiharbeitnehmer einen (anteiligen) Anspruch auf Abgangsentschädigung in Höhe des Gehalts für zwölf Tage pro Jahr der Überlassungsdauer, der neben etwaige sonstige Entschädigungsansprüche nach dem ET tritt.

Der Verleiher ist gemäß Art. 12 LETT verpflichtet, unbeschadet der sonstigen gesetzlichen Verpflichtungen zur Finanzierung von Weiterbildungsmaßnahmen, jährlich ein Prozent der Gehaltssumme des Unternehmens in Weiterbildungsmaßnahmen zugunsten der Leiharbeitnehmer zu investieren und dafür Sorge zu tragen, dass die Leiharbeitnehmer über die, für ihren jeweiligen Arbeitseinsatz

111 Hierzu ausführlich auf S. 146 ff..

erforderlichen Kenntnisse, insbesondere auf dem Gebiet des Arbeitsschutzes, verfügen.

Die Zuständigkeit für den Abschluss von Kollektivvereinbarungen für Leiharbeitnehmer richtet sich grundsätzlich nach den allgemeinen Regeln der Art. 87 ff. ET. Fehlt es beim Verleiher, insbesondere verursacht durch dessen Unternehmensstruktur, an einer Arbeitnehmervertretung, sieht Art. 13 LETT eine Sonderregel für die Zuständigkeit zum Abschluss von Kollektivvereinbarungen auf Betriebs- bzw. Unternehmensebene vor. Hiernach wird der Gewerkschaft mit dem höchsten Organisationsgrad auf Ebene der autonomen Region bzw. des gesamten Staatsgebietes die Zuständigkeit zum Abschluss solcher betriebs- bzw. unternehmensbezogenen Kollektivvereinbarungen verliehen.

Gemäß Art. 18 LISOS können die dort aufgeführten Verstöße gegen Verpflichtungen im Verhältnis des Verleihers zum Leiharbeitnehmer, etwa eine Verletzung des Schriftformerfordernisses in Bezug auf den Arbeitsvertrag oder die Aufnahme unzulässiger Vertragsklauseln, durch die Arbeitsverwaltung in Form von Geldbußen oder Lizenzentzug geahndet werden.

dd) Das Rechtsverhältnis zwischen Leiharbeitnehmer und Entleiher

Leiharbeitnehmer und Entleiher sind nicht vertraglich miteinander verbunden. Teilweise wird ihr Verhältnis als Rechtsbeziehung sui generis qualifiziert[112]. Überwiegend wird jedoch von einer arbeitsrechtlichen Beziehung ausgegangen[113], genauer gesagt von einer faktischen, arbeitsrechtrechtlich geprägten Rechtsbeziehung[114], die maßgeblich durch den Überlassungsvertrag zwischen Verleiher und Entleiher sowie den Arbeitsvertrag des Verleihers mit dem Leiharbeitnehmer bestimmt wird[115]. Der Überlassungsvertrag ermöglicht dem Entleiher, über die Dienste des Leiharbeitnehmers zu verfügen, während sich der Leiharbeitnehmer im Arbeitsvertrag gegenüber dem Verleiher verpflichtet, seine Arbeit bei einem Dritten, dem Entleiher, zu verrichten[116].

---

[112] Gala Durán, Derechos y obligaciones entre los trabajadores cedidos por las Empresas de Trabajo Temporal y las empresas usuarias, S. 67.

[113] Rodríguez-Piñero Royo, Las empresas de trabajo temporal en España, S. 126; Del Rey Guanter/Leal Peralvo, RL 1996, Band 2, 117, 121; Varela Autrán, La cesión de trabajadores considerada lícita. Configuración y efectos, S. 57, 82.

[114] González Velasco, Desconcertante relación jurídica entre el trabajador temporal y el empresario cesionario, Proyecto Social 1995, 65 f.; Del Rey Guanter/Leal Peralvo, RL 1996, Band 2, 117, 121; Godino Reyes/Sagardoy de Simón, Contrata y subcontrata de obras y servicios. La cesión de trabajadores a través de las empresas de trabajo temporal, S. 110; a.A. wohl Pérez Pérez, Empresas de trabajo temporal y relaciones laborales, S. 278.

[115] Del Rey Guanter/Leal Peralvo, RL 1996, Band 2, 117, 121; López Balaguer, La relación laboral de los trabajadores puestos a disposición, S. 162.

[116] González Velasco, Desconcertante relación jurídica entre el trabajador temporal y el empresario cesionario, Proyecto Social Nr. 3 (1995), 57, 65 f.

Der Tatsache, dass im Zusammenhang mit der Arbeitnehmerüberlassung der Leiharbeitnehmer seine Arbeitsleistung beim Entleiher zu erbringen hat, trägt die LETT Rechnung, indem gemäß Art. 15 Abs. 1 LETT die Ausübungsmöglichkeit in Bezug auf das Direktions- und Kontrollrecht (Art. 20 ET) (*facultad de dirección y control*) gegenüber dem Leiharbeitnehmer während des Überlassungszeitraumes auf den Entleiher übergeht[117]. Ob der Entleiher auch ermächtigt ist, über das Direktionsrecht hinaus nach Maßgabe des Art. 41 ET einseitig wesentliche Abänderungen von Arbeitsbedingungen vorzunehmen, ist umstritten[118].

Die Ausübung der Disziplinargewalt (*poder disciplinario*) in Bezug auf den Leiharbeitnehmer, die ihre Grundlage im Arbeitsvertrag zwischen Verleiher und Leiharbeitnehmer hat[119], wird dagegen gemäß Art. 15 Abs. 2 LETT während des Überlassungszeitraumes nicht auf den Entleiher übertragen, sondern der Verleiher bleibt zu jedem Zeitpunkt Inhaber und alleiniger Ausübungsberechtigter in Bezug auf die Disziplinargewalt. Der Entleiher ist darauf beschränkt, Fehlverhalten des Leiharbeitnehmers während der Überlassung festzustellen und dem Verleiher zum Zwecke der Ergreifung geeigneter Maßnahmen nach Maßgabe des Art. 58 ET mitzuteilen[120]. In diesem Zusammenhang ist umstritten, wie zu verfahren ist, wenn Verleiher und Entleiher ein Verhalten des Leiharbeitnehmers unterschiedlich bewerten, insbesondere ob der Verleiher als Ausübungsberechtigter in Bezug auf das Sanktionsrecht an die Bewertung des Verhaltens des Leiharbeitnehmers durch den Entleiher gebunden ist[121].

---

117 Zum Inhalt des Direktionsrechts vgl. Román de la Torre, Poder de dirección y contrato de trabajo, S. 91 ff.; Montoya Melgar, Derecho del Trabajo, S. 326 f.

118 Für ein solches Recht Pérez Yáñez, RL 1998, Band 1, 133, 144 ff.; López Balaguer, La relación laboral de los trabajadores puestos a disposición, S. 169 ff.; Pérez Pérez, Empresas de trabajo temporal y relaciones laborales, S. 326; a.A. García Fernández, AL 1996, Band 1, Rn. 1, 16; Gala Durán, Derechos y obligaciones entre los trabajadores cedidos por las Empresas de Trabajo Temporal y las empresas usuarias, S. 76; dies., in: Calvo Gallego, Relaciones laborales y empresas de trabajo temporal, S. 232 ff.; Olmo Gascón, AL 1996, Band 4, Rn. 881, 884; dies.; Temas Laborales Nr. 39, 95, 107 f.; Sala Franco, Las empresas de trabajo temporal tras cuatro años de su implantación legal, S. 89, 106; Chacartegui Jávega, Empresas de Trabajo Temporal y Contrato de Trabajo, S. 404.

119 Pérez Pérez, Empresas de trabajo temporal y relaciones laborales, S. 241.

120 Vgl. hierzu Pérez Yáñez, El despido disciplinario de los trabajadores en misión de las ETT, S. 481, 489 f.; Pérez Pérez, Empresas de trabajo temporal y relaciones laborales, S. 241 f.

121 Die überwiegende Auffassung lehnt dies ab: Sagardoy Bengoechea, Las relaciones jurídicas entre la empresa usuaria y el trabajador de la empresa de trabajo temporal, S. 97, 103; Cruz Villalón, El marco jurídico de las empresas de trabajo temporal, S. 45, 103; García Fernández, AL 1996, Band 1, Rn. 1, 19; López Balaguer, La relación laboral de los trabajadores puestos a disposición, S. 209; Pérez Pérez, Empresas de trabajo temporal y relaciones laborales, S. 241 f.; a.A. González Velasco, Proyecto Social Nr. 3 (1995), 57, 63.

Der Entleiher muss den Leiharbeitnehmer vor dessen Arbeitsaufnahme über Risiken am Arbeitsplatz und entsprechende Arbeitsschutzmaßnahmen informieren, er trägt die Verantwortung für die Unfallverhütung sowie die Einhaltung der Hygienevorschriften am Arbeitsplatz. Bei Eintritt eines Arbeitsunfalls bzw. einer Berufskrankheit, verursacht durch unzureichende Sicherheits- und Hygienemaßnahmen, haftet der Entleiher gegenüber Regressforderungen des Sozialversicherungsträgers (Art. 16 Abs. 1 und 2 LETT).

Setzt der Leiharbeitnehmer trotz zeitlichen Ablaufs des Überlassungsvertrages seine Arbeit beim Entleiher fort, entsteht kraft Gesetzes ein unbefristetes Arbeitsverhältnis zwischen Entleiher und Leiharbeitnehmer (Art. 7 Abs. 2 LETT).

In Bezug auf Gehaltsansprüche des Leiharbeitnehmers und Sozialversicherungsbeiträge haftet der Entleiher während der Laufzeit des Überlassungsvertrages subsidiär zur entsprechenden Verpflichtung des Verleihers. Im Falle rechtswidriger Arbeitnehmerüberlassung, etwa wenn dem Überlassungsvertrag keine gesetzlich zulässige Fallgruppe zugrunde liegt, wandelt sich die subsidiäre Haftung des Entleihers für die genannten Ansprüche in eine gesamtschuldnerische Haftung um (Art. 16 Abs. 3 LETT).

Gemäß Art. 17 Abs. 1 LETT haben die Leiharbeitnehmer das Recht, Beschwerden in Bezug auf ihre Arbeitsbedingungen beim Entleiher gegenüber dessen Arbeitnehmervertretung vorzubringen. Die Arbeitnehmervertretung des Entleihers wird ermächtigt, die Leiharbeitnehmer bei Problemen im Zusammenhang mit den Arbeitsbedingungen beim Entleiher diesem gegenüber zu vertreten. Für Beschwerden, die das Verhältnis des Leiharbeitnehmers zum Verleiher betreffen, ist ausschließlich die Arbeitnehmervertretung des Verleihers zuständig. In Bezug auf die Arbeitnehmervertretung beim Entleiher sind Leiharbeitnehmer mangels arbeitsvertraglicher Bindung an den Entleiher aber weder aktiv noch passiv wahlberechtigt. Sie werden auch nicht über Art. 72 Abs. 2 lit. a) und b) ET bei den Schwellenwerten im Entleiherbetrieb mitgezählt.

Während der Laufzeit des Überlassungsvertrages haben die Leiharbeitnehmer gemäß Art. 17 Abs. 2 LETT das Recht, Transportmittel und kollektive Einrichtungen des Entleihers zu benutzen.

Nach Art. 19 LISOS können die dort aufgeführten Verstöße des Entleihers gegen Verpflichtungen in seinem Verhältnis zum Leiharbeitnehmer, etwa bei unzureichender Aufklärung des Leiharbeitnehmers über Fragen der Arbeitssicherheit, von der Arbeitsverwaltung mit Geldbuße geahndet werden.

II. Die rechtliche Entwicklung der Arbeitnehmerüberlassung in Deutschland

1.) Die rechtliche Situation der Arbeitnehmerüberlassung vor der Entscheidung des Bundesverfassungsgerichts vom 4.4.1967

Das juristische Phänomen der Arbeitnehmerüberlassung in seiner heutigen Form hat in Deutschland einen gemeinsamen Ursprung mit dem Phänomen der Arbeitsvermittlung und entwickelte erst im Laufe des 20. Jahrhunderts Eigenständigkeit, so dass eine Darstellung der geschichtlichen Entwicklung der Arbeitnehmerüberlassung bei der Entwicklung der Arbeitsvermittlung ansetzen muss.

In der frühen Neuzeit wurde Arbeitsvermittlung von den Zünften betrieben, die Arbeitsnachweise vor allem für reisende Handwerksgesellen vergaben[122].

In nicht zünftisch verfassten Bereichen, insbesondere bei der Vermittlung von Arbeitskräften für Landwirtschaft und Privathaushalte (Gesinde), entwickelte sich eine private gewerbsmäßige Stellenvermittlung, die sich im Zuge der Industrialisierung auch auf den Industriebereich ausdehnte[123]. Die private Arbeitsvermittlung brachte jedoch negative Erscheinungen mit sich: Zum einen wurden den vermittelten Arbeitnehmern häufig horrende Vermittlungsprovisionen abverlangt, die diese in wirtschaftliche Schwierigkeiten führen konnten. Zum anderen wurden Arbeitgeber von Vermittlern zum Bruch gültiger Arbeitsverträge verleitet, um so die Arbeitnehmer kostenpflichtig neu vermitteln zu können[124]. Der Gesetzgeber bemühte sich, diesen negativen Entwicklungen durch die Einführung einer behördlichen Zulassungspflicht für private Arbeitsvermittler im Rahmen des Stellenvermittlergesetzes vom 2.6.1910[125] entgegenzuwirken. Mit seiner Vorgabe, die behördliche Zulassung zu versagen, wenn an dem betreffenden Ort kostenfreie Arbeitsvermittlung durch öffentliche Stellen bereits in ausreichender Form bestehe, leitete das Gesetz die staatliche Monopolisierung der Arbeitsvermittlung ein, die dann im Arbeitsnachweisgesetz vom 22.7.1922[126] (ANG) manifestiert wurde. In § 48 Abs. 1 ANG wurde jede gewerbsmäßige Stellenvermittlung mit Wirkung zum 1.1.1931 verboten.

§ 48 Abs. 5 ANG stellte eine bestimmte Form der gewerblichen Arbeitnehmerüberlassung, nämlich die gewerbsmäßige Zuweisung von Arbeitnehmern an Dritte „ohne selbst die Ausrüstung mit den erforderlichen Werkzeugen und die sozialen Versicherungslasten des Arbeitgebers für die vermittelten Personen zu übernehmen“ der gewerbsmäßigen Arbeitsvermittlung gleich und unterwarf sie

---

122 Pieroth, Arbeitnehmerüberlassung unter dem Grundgesetz, S. 27.

123 Schüren, in: Schüren, AÜG, Einleitung Rn. 20, 22; Pieroth, a.a.O., S. 27.

124 Schüren, in: Schüren, AÜG, Einleitung Rn. 23; Pieroth, a.a.O., S. 27.

125 RGBl. I, S. 860.

126 RGBl. I, S. 657.

damit ebenfalls dem Verbot des § 48 Abs. 1 ANG[127]. Nur wenn der Verleiher den gerade genannten gesetzlichen Anforderungen nachkam, war gewerbliche Arbeitnehmerüberlassung zulässig und wurde hauptsächlich im Bereich der Metall- und Bauindustrie sowie des Bergbaus in Anspruch genommen[128]. Im Rahmen des Gesetzes über Arbeitsvermittlung und Arbeitslosenversicherung vom 16.7.1927[129] (AVAVG) wurde eine staatliche Arbeitslosenversicherung eingeführt und organisatorisch mit der staatlichen Arbeitsvermittlung verbunden. Die Regelung des § 48 Abs. 5 ANG wurde jedoch wörtlich in § 54 Abs. 3 AVAVG übernommen, so dass gewerbliche Arbeitnehmerüberlassung, die den oben genannten gesetzlichen Vorgaben nicht entsprach, als Form gewerblicher Arbeitsvermittlung verboten blieb.

Die Notverordnung des Reichspräsidenten vom 6.10.1931[130] hielt das Verbot gewerblicher Arbeitnehmerüberlassung als Form gewerblicher Arbeitsvermittlung für den Fall aufrecht, dass der Verleiher nicht allen Arbeitgeberpflichten nachkam.

Das nach der Machtergreifung durch die Nationalsozialisten erlassene Gesetz über Arbeitsvermittlung, Berufsberatung und Lehrstellenvermittlung vom 5.11.1935[131] schrieb in seinem § 1 Abs. 1 das staatliche Arbeitsvermittlungsmonopol zugunsten der Reichsanstalt für Arbeit fort. § 1 Abs. 3 ermächtigte jedoch den Reichsarbeitsminister zusammen mit dem Präsidenten der Reichsanstalt für Arbeit, für einzelne Berufe eine private, gewerbliche Arbeitsvermittlung zuzulassen, wovon etwa in Bezug auf private Konzert- und Künstleragenturen Gebrauch gemacht wurde. Im Rahmen der Durchführungsverordnung zum Gesetz über Arbeitsvermittlung, Berufsberatung und Lehrstellenvermittlung[132] wurde § 54 AVAVG aufgehoben. Dadurch entfiel die Einbeziehung der gewerbsmäßigen Arbeitnehmerüberlassung in die Arbeitsvermittlung und damit in das staatliche Monopol. Mit Beginn der Kriegswirtschaft und der dazugehörenden Zwangsbewirtschaftung des Arbeitsmarktes spielten die gewerbliche Arbeitsvermittlung und Arbeitnehmerüberlassung jedoch keine große Rolle mehr[133]. Durch Erlass des Reichsarbeitsministers vom 20.12.1941[134] wurden die Arbeitsämter dennoch angewiesen, dem Phänomen der Arbeitnehmerüberlas-

127 Bethge, Die Arbeitsvermittlung im sozialen Rechtsstaat, S. 40; Schüren, in: Schüren, AÜG, Einleitung Rn. 28 f.; Pieroth, Arbeitnehmerüberlassung unter dem Grundgesetz, S. 27 f.

128 Debus, Leiharbeit, S. 13.

129 RGBl. I, S. 187.

130 RGBl. I, S. 538.

131 RGBl. I, S. 1281.

132 RGBl. I, S. 1361.

133 Bethge, Die Arbeitsvermittlung im sozialen Rechtsstaat, S. 45 ff.; Schüren, in: Schüren, AÜG, Einleitung Rn. 31; Pieroth, Arbeitnehmerüberlassung unter dem Grundgesetz, S. 29.

134 RABl. I, S. 6.

sung entgegenzutreten und diese nur zur Bewältigung „einer augenblicklichen Notlage oder von Arbeitsspitzen“ zuzulassen. Die gewerbliche Arbeitnehmerüberlassung in Deutschland war von da an grundsätzlich unzulässig. Die Tatsache, dass im Rahmen der Arbeitnehmerüberlassung der Leiharbeitnehmer zwar beim Entleiher arbeite, zu ihm aber kein „rechtliches Gefolgschaftsverhältnis“ bestehe, widersprach grundsätzlich dem nationalsozialistischen Verständnis eines Arbeitsverhältnisses[135].

Nach Kriegsende wurde durch Kontrollratsbefehl Nr. 3 vom 17.1.1946[136] den wiedererrichteten Arbeitsämtern das Monopol in Bezug auf die Verfügung über Arbeitskräfte übertragen und damit der Arbeitsmarkt weiterhin staatlich zwangsbewirtschaftet[137]. In der Neufassung des AVAVG vom 3.4.1957[138] wurde in § 37 Abs. 3 gewerbliche Arbeitnehmerüberlassung mit Arbeitsvermittlung gleichgestellt, in das staatliche Arbeitsvermittlungsmonopol einbezogen[139] und das seit dem Erlass des Reichsarbeitsministers vom 20.12.1941 bestehende Verbot gewerblicher Arbeitnehmerüberlassung somit fortgeschrieben[140].

2.) Die Entscheidung des Bundesverfassungsgerichts vom 4.4.1967 und ihre Folgen für die Arbeitnehmerüberlassung

Im Zuge der Entscheidungen des Bundesverfassungsgerichts vom 4.4.1967[141] sowie später des Bundessozialgerichts vom 29.7.1970[142] änderte sich diese Rechtslage umfassend, das Verbot der gewerblichen Arbeitnehmerüberlassung wurde aufgehoben.

Dem Urteil des Bundesverfassungsgerichts lag eine Verfassungsbeschwerde der schweizerischen Firma „Adia Interim“ zugrunde. Deren Geschäftstätigkeit bestand darin, Bürokräfte als „freie Mitarbeiter“ anzuwerben und diese aushilfsweise Kunden gegen ein Überlassungsentgelt zur Verfügung zu stellen, etwa als Vertretung in Krankheitsfällen. Die Arbeitnehmer erhielten dabei nur für den Zeitraum des Einsatzes beim Kunden eine Entlohnung von „Adia Interim“.

Die Bundesanstalt für Arbeitsvermittlung und Arbeitslosenversicherung qualifizierte diese Geschäftstätigkeit als Arbeitsvermittlung, ging in Folge von einem Verstoß gegen das staatliche Arbeitsvermittlungsmonopol des § 37 Abs. 3

---

135 Sturn, RABl. 1942, Teil V, 235 ff.

136 Abl. Nr. 6, S. 131.

137 Pieroth, Arbeitnehmerüberlassung unter dem Grundgesetz, S. 29 f..

138 BGBl. I, S. 322.

139 Schüren, in: Schüren, AÜG, Einleitung Rn. 39; Pieroth, Arbeitnehmerüberlassung unter dem Grundgesetz, S. 9 f., 30; Debus, Leiharbeit, S. 13.

140 Pieroth, a.a.O., S. 30; Schüren, in: Schüren, AÜG, Einleitung Rn. 38.

141 AP Nr. 7 zu § 37 AVAVG = NJW 1967, 974; ausführlich zu dieser Entscheidung Pieroth, a.a.O., S. 10 ff.

142 AP Nr. 9 zu § 37 AVAVG = NJW 1971, 166.

AVAVG aus und ordnete gegenüber „Adia Interim“ an, ihren Arbeitskräfteverleih einzustellen.

Nach Erschöpfung des Rechtsweges erhob „Adia Interim“ Verfassungsbeschwerde gegen die Regelung in § 37 Abs. 3 AVAVG. Das Bundesverfassungsgericht erklärte daraufhin das Verbot der Arbeitnehmerüberlassung in § 37 Abs. 3 AVAVG wegen Verletzung der Berufsfreiheit in Art. 12 Abs. 1 GG für nichtig. Nach dem Bundesverfassungsgericht stellte die Einbeziehung der Arbeitnehmerüberlassung in das staatliche Arbeitsvermittlungsmonopol ein objektives Berufszulassungshindernis[143] dar. Die Möglichkeit, gewerbliche Arbeitnehmerüberlassung als berufliche Tätigkeit betreiben zu können, werde so vollständig unterbunden. Die Verhinderung einer beruflichen Tätigkeit durch eine objektive Berufszulassungsschranke sei jedoch für den Gesetzgeber nur dann zulässig, wenn dies zum Schutze eines überragenden Gemeinschaftsgutes unerlässlich sei[144]. Diese Voraussetzung sei in Bezug auf die gewerbliche Arbeitnehmerüberlassung nicht erfüllt. Insbesondere müsse Arbeitnehmerüberlassung rechtlich und wirtschaftlich von Arbeitsvermittlung unterschieden werden. Die Arbeitnehmerüberlassung übe eine ganz andere Funktion aus als die Arbeitsvermittlung, sie diene der Befriedigung vorübergehenden Arbeitskräftebedarfs. Möglichen negativen Auswirkungen der Arbeitnehmerüberlassung insbesondere auf die Leiharbeitnehmer, etwa im Bereich der Vergütung, könne durch die Schaffung von Berufsausübungsregeln begegnet werden, welche gegenüber dem Verbot als objektiver Berufszulassungsschranke ein milderes Mittel darstellten.

Zur Überprüfung der Frage, ob es sich bei der Tätigkeit von „Adia Interim“ um Arbeitsvermittlung i.S.d. § 37 Abs. 1 AVAVG handelte, verwies das Bundesverfassungsgericht den Rechtsstreit an die Sozialgerichtsbarkeit zurück. Das Bundessozialgericht befand abschließend, dass das von „Adia Interim“ betriebene Geschäftsmodell verbotene gewerbliche Arbeitsvermittlung und nicht Arbeitnehmerüberlassung darstelle[145]. Merkmal der Arbeitnehmerüberlassung sei, dass der Leiharbeitnehmer zwar seine Arbeitsleistung beim Entleiher zu erbringen habe, mit dem Verleiher aber ein, den Überlassungszeitraum überdauerndes und davon unabhängiges Arbeitsverhältnis bestehen müsse, was bei „freier Mitarbeiterschaft“ nicht vorliege. „Adia Interim“ habe keine Arbeitgeberpflichten

---

143 Zur Stufensystematik in Art. 12 Abs. 1 GG vgl. Jarass, in: Jarass/Pieroth, GG, Art. 12 Rn. 24 ff.

144 BVerfG a.a.O.

145 BSG a.a.O.; ausführlich zur Abgrenzung von Arbeitsvermittlung und Arbeitnehmerüberlassung: Hamann, in: Schüren, AÜG, § 1 Rn. 344 ff.; Sandmann/Marschall, AÜG, Art. 1 § 1 Rn. 39 ff.; Boemke, AÜG, § 1 Rn. 65 ff; zur Neuregelung der privaten Arbeitsvermittlung vgl. Kossens, DB 2002, 843 ff.

145 Boemke, AÜG, § 1 Rn. 65.

wahrgenommen, sondern sei lediglich als „Durchgangsstelle für die Lohnzahlung“ tätig geworden[146].

3.) Das Gesetz zur Regelung der gewerbsmäßigen Arbeitnehmerüberlassung (Arbeitnehmerüberlassungsgesetz – AÜG)

a) Die Entstehung des AÜG

Nach der Aufhebung des Art. 37 Abs. 3 AVAVG gewann die Arbeitnehmerüberlassung sprunghaft an Bedeutung. Die konjunkturbedingte steigende Nachfrage nach Arbeitskräften zu Beginn der siebziger Jahre sowie die Vorteile des Rückgriffs auf Leiharbeitnehmer gegenüber der direkten Einstellung von Arbeitnehmern aus Arbeitgebersicht begünstigten diesen Prozess.

Um den arbeits- und sozialversicherungsrechtlichen Schutz der Leiharbeitnehmer zu verbessern und aufgetretenen Missbräuchen entgegenzuwirken, schuf die sozial-liberale Bundesregierung 1971 den Entwurf eines Gesetzes zur Regelung der gewerbsmäßigen Arbeitnehmerüberlassung[147]. Dieser Gesetzentwurf wurde am 21.6.1972 vom Parlament einstimmig angenommen[148], vom Bundesrat gebilligt, am 7.8.1972 als Gesetz verkündet[149] und trat zum 12.10.1972 in Kraft.

Da diese Norm als Artikelgesetz ausgestaltet wurde, in dessen Rahmen Art. 1 den eigentlichen Kern der Arbeitnehmerüberlassungsregeln enthält, während die Artikel 2 bis 5 auf die Arbeitnehmerüberlassung bezogene Ergänzungen zum Sozialgerichtsgesetz, Sozialversicherungsrecht sowie zum Ausländergesetz beinhalten, wurde die Norm als „Gesetz zur Regelung der gewerbsmäßigen Arbeitnehmerüberlassung (Arbeitnehmerüberlassungsgesetz – AÜG) und zur Änderung anderer Gesetze“ bezeichnet[150]. Artikel 1, der mit dem ersten Teil des Gesetzesnamens überschrieben wurde, beinhaltet gewerberechtliche Vorschriften für die Ausübung der gewerbsmäßigen Arbeitnehmerüberlassung, Regelungen über den Leiharbeitsvertrag zwischen Verleiher und Leiharbeitnehmer, den Überlassungsvertrag zwischen Verleiher und Entleiher, das Rechtsverhältnis zwischen Entleiher und Leiharbeitnehmer, sowie Straf- und Bußgeldvorschriften und damit den eigentlichen Kern der Arbeitnehmerüberlassungsregeln. Seit seinem Inkrafttreten unterlag das Arbeitnehmerüberlassungsgesetz ständigen Re-

---

146 BSG vom 29.7.1970, AP Nr. 9 zu § 37 AVAVG = NJW 1971, 166.

147 Hierzu Kindereit, AuR 1971, 327 ff.; Becker/Wulfgramm, AÜG, Einleitung, Rn. 111 ff.

148 BGBl. I, S. 1393; vgl. zu den Einzelheiten des Gesetzgebungsverfahrens Sandmann/ Marschall, AÜG, Einleitung Rn. 19 f.; Schüren, in: Schüren, AÜG, Einleitung Rn. 46 ff.

149 BGBl. I, S. 1393.

150 Die Abänderung der ursprünglichen Gesetzesüberschrift, in der der Hinweis auf die Änderung anderer Gesetze fehlte, erfolgte durch Art. 63 des Arbeitsförderungs-Reformgesetzes vom 24.3.1997 (BGBl. I, S. 594).

formen[151], zuletzt umfassend durch das „Erste Gesetz für moderne Dienstleistungen am Arbeitsmarkt“ vom 23.12.2002[152].

b) Regelungsübersicht

aa) Geltungs- und Anwendungsbereich des AÜG

Der sachliche Geltungsbereich des AÜG beschränkt sich auf die gewerbsmäßige Arbeitnehmerüberlassung[153]. Nicht anwendbar sind die meisten Regelungen des AÜG, wenn die Arbeitnehmerüberlassung zwischen Arbeitgebern desselben Wirtschaftszweigs zur Vermeidung von Kurzarbeit oder Entlassungen erfolgt und ein für Ver- und Entleiher geltender Tarifvertrag dies vorsieht (Art. 1 § 1 Abs. 3 Nr. 1 AÜG[154]), nach Maßgabe des § 1 Abs. 3 Nr. 2 AÜG zwischen Konzernunternehmen im Sinne des § 18 des Aktiengesetzes (AktG) sowie dann, wenn der Leiharbeitnehmer in das Ausland an ein deutsch-ausländisches Gemeinschaftsunternehmen verliehen wird, an dem der Verleiher beteiligt ist (§ 1 Abs. 3 Nr. 3 AÜG). Keine Arbeitnehmerüberlassung stellt unter den Voraussetzungen des § 1 Abs. 1 S. 2 AÜG die Abordnung von Arbeitnehmern an eine zur Herstellung eines Werks gebildete Arbeitsgemeinschaft dar, so dass die Regelungen des AÜG insoweit keine Anwendung finden .

bb) Erlaubnispflicht

Um seitens des Staates den Schutz der Leiharbeitnehmer durch vorbeugende Kontrolle der Verleiher zu gewährleisten, ist gewerbsmäßige Arbeitnehmerüberlassung nur mit einer Erlaubnis der Bundesagentur für Arbeit zulässig (§§ 1

---

151 Hierzu ausführlich Schüren, in: Schüren, AÜG, Einleitung Rn. 51 ff.; Sandmann/Marschall, AÜG, Einleitung Rn. 33 ff.; Ulber, AÜG, Einleitung B, Rn. 15 ff.; Witten, Vetragsgestaltung und Gesetzesbindung im Recht der Zeitarbeit S. 39 ff.

152 BGBl. I, S. 4607; vgl. zu dieser Reform den Überblick bei Lembke, BB 2003, 98 ff.; Wank, RdA 2003, 1 ff.

153 Der Begriff der Gewerbsmäßigkeit ist im AÜG nicht gesetzlich definiert, wird aber nach überwiegender Auffassung im gewerberechtlichen Sinne als „jede, nicht nur gelegentliche, sondern auf gewisse Dauer angelegte und auf die Erzielung unmittelbarer oder mittelbarer wirtschaftlicher Vorteile gerichtete selbständige Tätigkeit“ verstanden (vgl. BAG vom 10.2.1977, AP Nr. 9 zu § 103 BetrVG 1972 = DB 1977, 1273; vom 15.6.1983, AP Nr. 5 zu § 10 AÜG = DB 1983, 2420; Hamann, in: Schüren, AÜG, § 1 Rn. 282 f. m.w.N.; Sandmann/Marschall, AÜG, Art. 1 § 1 Rn. 26 ff. jeweils mit Nachweisen auch zu anderen Auffassungen); zu weiteren begrifflichen Abgrenzungen, etwa zwischen „echter“ und „unechter“ Leiharbeit vgl. Erdlenbruch, Die betriebsverfassungsrechtliche Stellung gewerbsmäßig überlassener Arbeitnehmer, S. 5 ff.

154 Paragraphenangaben ohne Nennung des Artikels des AÜG sind im Folgenden solche des Art. 1 AÜG.

Abs. 1 S. 1, 17 AÜG), in Bezug auf gewerbliche Arbeitnehmerüberlassung besteht ein präventives Verbot mit Erlaubnisvorbehalt. Keine Rolle spielt in diesem Zusammenhang, ob die angestrebte Geschäftstätigkeit des Antragstellers ausschließlich bzw. überwiegend auf gewerbliche Arbeitnehmerüberlassung gerichtet ist, oder ob diese nur als Nebengeschäft betrieben werden soll. Eine Ausnahme vom Erlaubnisvorbehalt enthält § 1a AÜG zugunsten wirtschaftlich angeschlagener Unternehmen mit weniger als 50 Beschäftigten, die zur Vermeidung von Kurzarbeit oder Entlassungen zeitlich begrenzt Arbeitnehmer verleihen dürfen und dies dem für sie zuständigen Landesarbeitsamt nur anzeigen müssen.

Einzige materielle Voraussetzung der Erlaubniserteilung bzw. der späteren Erlaubnisverlängerung ist, dass keiner der drei abschließenden Versagungsgründe des § 3 AÜG vorliegt. Die Versagungsgründe des § 3 Abs. 1 AÜG zielen insbesondere darauf ab, Bewerber, die aufgrund ihrer Persönlichkeit, ihrer Betriebsorganisation oder ihres Verhaltens gegenüber den Leiharbeitnehmern nicht die Gewähr für die Einhaltung der gesetzlichen Vorschriften bieten, von der Verleihtätigkeit abzuhalten[155].

§ 3 Abs. 2 AÜG steht der Erteilung einer Verleiherlaubnis entgegen, wenn der Verleiher seine Verleihtätigkeit über Betriebe, Betriebsteile bzw. Nebenbetriebe, die außerhalb der Europäischen Wirtschaftsgemeinschaft bzw. des Europäischen Wirtschaftsraumes liegen, ausüben will.

Ist Antragsteller eine natürliche Person oder juristische Person bzw. Gesellschaft, die nicht nach Maßgabe des § 3 Abs. 3 bis 5 AÜG Deutschland oder einem anderen Staat der Europäischen Union oder Europäischen Wirtschaftsgemeinschaft zugehörig ist und der auch nicht durch ein internationales Abkommen für den Fall der Niederlassung in Deutschland Inländergleichbehandlung gewährleistet ist[156], kann die Verleihererlaubnis versagt werden, insoweit besteht Ermessen.

Die Verleiherlaubnis wird, gegebenenfalls verbunden mit Auflagen oder Bedingungen, zunächst befristet auf ein Jahr erteilt und kann dann anschließend zweimal, jeweils für ein weiteres Jahr, verlängert werden, bis nach insgesamt drei Jahren eine unbefristete Zulassung erfolgen kann (§ 2 Abs. 4 und 5 AÜG). Wird eine Verleiherlaubnis erteilt, obwohl zum Zeitpunkt der Zulassungsentscheidung Versagungsgründe vorlagen und diese auch noch fortbestehen, kann die Erlaubnis behördlicherseits zurückgenommen werden (§ 4 AÜG). Eine

---

155 Im Zuge der Reform durch das „Erste Gesetz für moderne Dienstleistungen am Arbeitsmarkt“ vom 23.12.2002 wurden vier Versagungsgründe des Art. 3 Abs. 1 AÜG a.F. gestrichen (vgl. S. 172 f.) und die Verletzung des Gleichbehandlungsgrundsatzes gegenüber Leiharbeitnehmern als neuer Versagungsgrund eingeführt (vgl. hierzu die Übergangsvorschrift des Art. 19 AÜG für das Jahr 2003).

156 Eine Aufzählung bestehender Abkommen findet sich bei Feuerborn, in: Schüren, AÜG, § 3 Rn. 153.

rechtmäßig erteilte Verleiherlaubnis ist unter den Voraussetzungen des § 5 AÜG widerrufbar. Dem Verleiher obliegen gegenüber der Erlaubnisbehörde in diesem Zusammenhang umfangreiche Anzeige-, Auskunfts- und Meldepflichten (§§ 7 und 8 AÜG). Fehlt dem Verleiher die Verleiherlaubnis und überlässt er dennoch Arbeitnehmer an Dritte, zieht dies unterschiedliche Rechtsfolgen nach sich, etwa die Fiktion eines Arbeitsverhältnisses zwischen Entleiher und Leiharbeitnehmer nach § 10 Abs. 1 S. 1 AÜG bzw. ein Bußgeld nach Maßgabe von § 16 Abs. 1 Nr. 1 und 1a AÜG.

cc) Das Rechtsverhältnis zwischen Verleiher und Entleiher

Verleiher und Entleiher sind durch den Überlassungsvertrag miteinander verbunden, welcher die rechtliche Grundlage der Arbeitnehmerüberlassung bildet. Gegenstand des Überlassungsvertrages ist die Verpflichtung des Verleihers, dem Entleiher vorübergehend die Arbeitsleistung eines entsprechend qualifizierten Leiharbeitnehmers (Gattungsschuld) oder, in seltenen Fällen, die eines bestimmten Leiharbeitnehmers (Stückschuld) zu verschaffen und die Verpflichtung des Entleihers, hierfür ein Überlassungsentgelt zu zahlen[157]. Seiner Rechtsnatur nach wird der Überlassungsvertrag als gegenseitiger Vertrag eigener Art qualifiziert[158]. Liegen die Voraussetzungen der §§ 343 ff. HGB vor, stellt der Überlassungsvertrag ein Handelsgeschäft dar[159].

Der Überlassungsvertrag hat gemäß § 12 Abs. 1 S. 1 AÜG die Schriftform nach § 126 BGB bzw. elektronische Form nach § 126 a BGB zu wahren. § 12 Abs. 1 AÜG enthält daneben in S. 2 und 3 gewisse inhaltliche Mindestanforderungen an den Überlassungsvertrag.

Grundsätzlich unzulässig ist nach § 1b S. 1 AÜG der Abschluss eines Überlassungsvertrages zum Zwecke der Arbeitnehmerüberlassung in Betriebe des Baugewerbes, wenn nicht ein Ausnahmetatbestand nach S. 2 oder 3 greift.

Unwirksam ist ein Überlassungsvertrag, wenn der Verleiher nicht über die nach § 1 AÜG erforderliche Erlaubnis verfügt (§ 9 Nr. 1 AÜG). Unwirksam sind nach § 9 Nr. 3 AÜG auch Vereinbarungen im Überlassungsvertrag, die dem Entleiher untersagen, mit dem Leiharbeitnehmer zu einem Zeitpunkt, in dem dieser nicht mehr arbeitsvertraglich an den Verleiher gebunden ist, ein Arbeitsverhältnis zu begründen.

Ein Überlassungsvertrag kann befristet, unter einer auflösenden Bedingung oder, nach dem Wegfall der Höchstüberlassungsdauer in § 3 Abs. 1 Nr. 6 AÜG a.F. durch das „Erste Gesetz für moderne Dienstleistungen am Arbeitsmarkt“,

---

157 Schüren, in: Schüren, AÜG, Einleitung Rn. 81.

158 BAG vom 26.4.1995, NZA 1996, 92; Schüren, in: Schüren, AÜG, Einleitung Rn. 259; Sandmann/Marschall, AÜG, Art. 1 § 12 Rn. 3.

159 Hierzu im Einzelnen K. Schmidt, Handelsrecht, S. 515 ff.

auf unbestimmte Zeit abgeschlossen werden. Die engen Voraussetzungen für die Befristung von Arbeitsverträgen gelten für die Befristung des Überlassungsvertrages nicht[160].

dd) Das Rechtsverhältnis zwischen Verleiher und Leiharbeitnehmer

Der Arbeitsvertrag zwischen Verleiher und Leiharbeitnehmer enthält die Besonderheit, dass der Leiharbeitnehmer sich als Gegenleistung für die Vergütung durch den Verleiher zur Erbringung seiner Arbeitsleistung bei einem Dritten, dem Entleiher, verpflichtet und sich insoweit dessen Direktionsrecht unterstellt. In Ausnahme zu § 613 S. 2 BGB kann der Verleiher seinen Anspruch auf die Arbeitsleistung auf den Entleiher übertragen[161].

Zwar besteht für den Leiharbeitsvertrag grundsätzlich kein Schriftformerfordernis i.S.d. § 126 BGB, außer wenn er befristet geschlossen wird (§§ 620 Abs. 3 BGB, 14 Abs. 4 TzBfG), jedoch hat der Verleiher dem Leiharbeitnehmer eine Niederschrift mit den wesentlichen Punkten in Bezug auf den Inhalt des Arbeitsverhältnisses auszuhändigen (§§ 11 Abs. 1 AÜG, 2 Abs. 1 NachwG). Nach § 11 Abs. 3 AÜG muss der Verleiher den Leiharbeitnehmer gegebenenfalls unverzüglich über den Zeitpunkt des Wegfalls der Verleiherlaubnis und damit des Endes des Leiharbeitsverhältnisses informieren.

Unwirksam sind Vereinbarungen im Rahmen des Arbeitsvertrages, die dem Leiharbeitnehmer untersagen, nach Beendigung des Arbeitsvertrages mit dem Verleiher ein Arbeitsverhältnis mit dem Entleiher zu begründen (§ 9 Nr. 4 AÜG), oder die für den Leiharbeitnehmer während des Überlassungszeitraums schlechtere als vergleichbaren Arbeitnehmern des Entleihers zustehende wesentliche Arbeitsbedingungen einschließlich des Arbeitsentgelts vorsehen (§ 9 Nr. 2 AÜG).

Der Leiharbeitnehmer kann vom Verleiher die Gewährung der vergleichbaren Arbeitnehmern des Entleihers zustehenden wesentlichen Arbeitsbedingungen einschließlich des Arbeitsentgelts verlangen (§ 10 Abs. 4 AÜG). Vom letztgenannten Gleichbehandlungsgrundsatz sieht das Gesetz für die Fälle Ausnahmemöglichkeiten vor, dass der Leiharbeitnehmer zuvor arbeitslos war, oder ein Tarifvertrag abweichende Regelungen enthält.

Unwirksamkeit des gesamten Leiharbeitsvertrages und nicht nur einzelner Vereinbarungen tritt ein, wenn der Verleiher nicht über eine Verleiherlaubnis verfügt (§ 9 Nr. 1 AÜG). Bei Unwirksamkeit des Leiharbeitsvertrages wegen Fehlens der Verleiherlaubnis entsteht zwischen Entleiher und Leiharbeitnehmer ein Arbeitsverhältnis kraft Gesetzes (§ 10 Abs. 1 S. 1 AÜG), dessen Inhalt sich nach den Vorgaben des § 10 Abs. 1 S. 2 bis 5 AÜG richtet. In diesem Fall steht

160 Schüren, in: Schüren, AÜG, Einleitung Rn. 282.

161 Schüren, in: Schüren, AÜG, Einleitung Rn. 144 ff.

dem Leiharbeitnehmer, der das Fehlen der Verleiherlaubnis nicht kannte, auch ein Anspruch auf Ersatz seines Vertrauensschadens gegen den Verleiher zu (§ 10 Abs. 2 AÜG).

Das Leiharbeitsverhältnis kann unbefristet oder für einen bestimmten Zeitraum geschlossen werden. Nach dem Wegfall des besonderen Befristungsverbots in §§ 3 Abs. 1 Nr. 3, 9 Nr. 2 AÜG a.F. und des Synchronisationsverbots in § 3 Abs. 1 Nr. 5 AÜG a.F. durch das „Erste Gesetz für moderne Dienstleistungen am Arbeitsmarkt" vom 23.12.2002 richtet sich die Möglichkeit, Leiharbeitsverträge zu befristen, nunmehr nach den allgemeinen Regelungen der §§ 14 ff. TzBfG.

Eine einzelvertraglich vereinbarte Verkürzung der Kündigungsfristen für Aushilfskräfte im Falle des § 622 Abs. 5 Nr. 1 BGB ist gegenüber Leiharbeitnehmern grundsätzlich ausgeschlossen (§ 11 Abs. 4 S. 1 AÜG). § 11 Abs. 4 S. 2 AÜG verwehrt es dem Verleiher zudem, das Recht des Leiharbeitnehmers auf Annahmeverzugslohn durch Vertrag aufzuheben oder zu beschränken, entsprechende Vereinbarungen sind nichtig. § 11 Abs. 4 S. 2 AÜG verlagert somit das Risiko, für einen Leiharbeitnehmer keine Beschäftigung bei einem Entleiher zu finden, unabdingbar auf den Verleiher.

Eine Regelung der betriebsverfassungsrechtlichen Stellung des Leiharbeitnehmers beim Verleiher findet sich in § 14 Abs. 1 AÜG, wonach der Leiharbeitnehmer auch während des Überlassungszeitraums betriebsverfassungsrechtlich Angehöriger des Verleihbetriebs bleibt. Leiharbeitnehmer sind deshalb auch während eines Einsatzes bei einem Entleiher im Rahmen der Schwellenwerte des BetrVG beim Verleiher mitzuzählen, sie sind beim Verleiher unter den Voraussetzungen der § 7 und 8 BetrVG aktiv und passiv wahlberechtigt und ihnen stehen alle Rechte aus der Betriebsverfassung im Verleihbetrieb zu.

ee) Das Rechtsverhältnis zwischen Entleiher und Leiharbeitnehmer

Entleiher und Leiharbeitnehmer sind nach einhelliger Auffassung nicht unmittelbar arbeitsvertraglich verbunden[162]. Streitig ist, ob Ersterem ein eigenes Forderungsrecht in Bezug auf die Arbeitsleistung des Leiharbeitnehmers zukommt, etwa durch Qualifizierung des Leiharbeitsvertrages als echten Vertrag zugunsten des Entleihers (§ 328 Abs. 1 BGB)[163]. Während des Einsatzes des Leiharbeit-

---

[162] Zu früher vertretenen abweichenden Auffassungen, die auch den Entleiher neben dem Verleiher als Arbeitgeber qualifizierten vgl. Mayer-Maly, ZfA 1972, 23 f.; Ramm, ZfA 1973, 263, 275 ff., 294; Nikisch, Arbeitsrecht, Band 1, § 24 V 1, S. 241, sowie den ausführlichen Überblick bei A. Schaub, Arbeitnehmerüberlassung, S. 282 ff.

[163] So Richardi, in: Staudinger, vor § 611 BGB ff., Rn. 366; Schüren, in: Schüren, AÜG, Einleitung Rn. 88 ff., 129 ff.; ausführlich Walker AcP Nr. 194 (1994), 295, 309 ff., 318; Wank, in: ErfK, Einleitung AÜG, Rn. 48 f.; Düwell, in: KasselerHandb, 4.5 Rn. 442; Niebler/Biebl/Roß, AÜG, Rn. 411; a.A. Gick, Gewerbsmäßige Arbeitnehmerüberlassung

nehmers beim Entleiher ist Letzterer ermächtigt, das Direktionsrecht in Bezug auf die Erbringung der Arbeitsleistung durch den Leiharbeitnehmer auszuüben[164]. Somit kann der Entleiher die vom Leiharbeitnehmer zu erbringende Arbeitsleistung hinsichtlich Ort, Zeit und Inhalt näher konkretisieren und Einzelanweisungen erteilen[165]. Ihre Grenze findet die Ausübungsbefugnis in Bezug auf das Direktionsrecht zum einen im Überlassungsvertrag, der konkrete Vorgaben zur Tätigkeit des Leiharbeitnehmers beim Entleiher enthält, zum anderen aber auch im Arbeitsvertrag zwischen Verleiher und Leiharbeitnehmer. Der Umstand, dass der Entleiher das Direktionsrecht des Verleihers geltend macht, führt dazu, dass er insoweit den gleichen rechtlichen Schranken wie dieser unterliegt, welche sich aus dem Arbeitsvertrag des Verleihers mit dem Leiharbeitnehmer ergeben. Die Disziplinargewalt, Fehlverhalten des Leiharbeitnehmers zu sanktionieren, kommt auch während des Überlassungszeitraums dem Verleiher zu[166]. Weil aber dem Entleiher während des Überlassungszeitraums das Weisungsrecht bezüglich der Erbringung der Arbeitsleistung übertragen wird, kann auch der Entleiher bei Schlechtleistungen des Leiharbeitnehmers diesem gegenüber eine Abmahnung aussprechen, auf die sich der Verleiher im Kündigungsfall berufen kann[167]. Eine Kündigung des Leiharbeitnehmers kann aber nur vom Verleiher als dessen Arbeitgeber vorgenommen werden.

§ 11 Abs. 6 AÜG erlegt dem Entleiher auf, zusätzlich zu den für den Verleiher bestehenden Verpflichtungen verschiedene Maßnahmen in Bezug auf den Arbeitsschutz des Leiharbeitnehmers zu treffen.

Soll der Leiharbeitnehmer seine Arbeitsleistung bei einem Entleiher verrichten, der durch einen Arbeitskampf unmittelbar betroffen ist, steht ihm gemäß

---

zwischen Verbot und Neugestaltung, S. 99 ff.; Becker/Wulfgramm, AÜG, Art. 1 § 11 Rn. 23, 59, die im Leiharbeitsvertrag nur einen unechten Vertrag zugunsten des Entleihers sehen; abweichend auch Windbichler, Arbeitsrecht im Konzern, S. 84 f.; Konzen, ZfA 1982, 259, 282; Raab, ZfA 2003, 389, 392, die von einer bloßen Ermächtigung des Entleihers zur Ausübung des Verleiheranspruchs auf die Arbeitsleistung ausgehen; ausführlich zu Streitstand und weiteren vertretenen Auffassungen A. Schaub, Arbeitnehmerüberlassung, S. 274 ff.

164 Als dogmatische Begründung einer solchen Ausübungsermächtigung wird teilweise auf den Rechtsgedanken des § 185 BGB mit dem Überlassungsvertrag als Grundlage zurückgegriffen (so Rüthers/Bakker, ZfA 1990, 245, 275; Windbichler, Arbeitsrecht im Konzern, S. 84 ff.). Bei Annahme eines echten Vertrages zugunsten des Entleihers wird sie teilweise aber auch als Ausfluss des eigenen Forderungsrechts des Entleihers angesehen (Schüren, in: Schüren, AÜG, Einleitung Rn. 142, so für die ARGE auch Knigge, Die Abstellung von Arbeitnehmern an eine baugewerbliche Arbeitsgemeinschaft, S. 217).

165 Niebler/Biebl/Roß, AÜG, Rn. 548.

166 Schüren, in: Schüren, AÜG, Einleitung Rn. 239; Niebler/Biebl/Roß, AÜG, Rn. 499.

167 BAG vom 18.1.1980, AP Nr. 3 zu § 1 KSchG 1969 Verhaltensbedingte Kündigung = AuR 1981, 221.

Art. 11 Abs. 5 AÜG ein Leistungsverweigerungsrecht zu, auf das ihn der Verleiher hinweisen muss.

Ist der Überlassungsvertrag wegen fehlender Verleiherlaubnis nach § 9 Nr. 1 AÜG unwirksam, fingiert § 10 Abs. 1 AÜG die Entstehung eines Arbeitsverhältnisses zwischen Entleiher und Leiharbeitnehmer, dessen Inhalt sich nach den dort genannten gesetzlichen Vorgaben richtet. Infolge dieses fingierten Arbeitsverhältnisses schuldet der Entleiher unter anderem Vergütung mindestens in Höhe des zwischen Verleiher und Leiharbeitnehmer vereinbarten Arbeitsentgelts gegenüber dem Leiharbeitnehmer und ist dann auch zu Einziehung und Abführung von Sozialversicherungsbeitrag und Lohnsteuer verpflichtet. Zahlt der Verleiher trotz Unwirksamkeit des Leiharbeitsvertrages und gesetzlicher Fiktion eines Arbeitsvertrages zwischen Entleiher und Leiharbeitnehmer weiterhin das Arbeitsentgelt an den Leiharbeitnehmer aus, haftet der Entleiher gesamtschuldnerisch für die mit dem Gehalt des Leiharbeitnehmers in Zusammenhang stehenden Gesamtsozialversicherungsbeiträge (§ 28e Abs. 2 S. 4 SGB IV) sowie für sonstige Teile des Arbeitsentgelts, die mit Ansprüchen Dritter belegt sind (§ 10 Abs. 3 S. 2 AÜG). In Bezug auf die abzuführende Lohnsteuer besteht eine Ausfallhaftung des Entleihers (§ 42d Abs. 6 EStG).

Bei rechtmäßiger Arbeitnehmerüberlassung trifft den Entleiher eine subsidiäre Haftung für Gesamtsozialversicherungsbeitrag und Lohnsteuer gemäß §§ 28e Abs. 2 S. 1 und 2 SGB IV, 42d Abs. 6 EStG.

Leiharbeitnehmer bleiben auch während ihres Einsatzes beim Entleiher betriebsverfassungsrechtlich dem Verleiher zugeordnet und sind bei Wahlen zur Arbeitnehmervertretung beim Entleiher nicht wählbar (§ 14 Abs. 1 und 2 S. 1 AÜG). Allerdings gesteht § 7 S. 2 BetrVG in der Fassung des BetrVG-Reformgesetzes vom 23.7.2001[168] Leiharbeitnehmern auch beim Entleiher ein aktives Wahlrecht bei Betriebsratswahlen zu, sofern sie das 18. Lebensjahr vollendet haben und länger als drei Monate beim Entleiher eingesetzt werden. Bei den Schwellenwerten des BetrVG werden Leiharbeitnehmer beim Entleiher jedoch trotz aktiven Wahlrechts nach überwiegender Auffassung nicht berücksichtigt[169].

§ 14 Abs. 1 S. 2 und 3 AÜG führt exemplarisch einige betriebsverfassungsrechtliche Rechte der Leiharbeitnehmer beim Entleiher an.

---

168 BGBl. I, S. 1852.

169 Hierzu ausführlich unten S. 263.

2. Kapitel: Das Recht der Arbeitnehmerüberlassung auf der Ebene der Internationalen Arbeitsorganisation und der Europäischen Gemeinschaft

I. Regelungen der Internationalen Arbeitsorganisation (ILO)

Auf der Ebene der 1919 gegründeten Internationalen Arbeitsorganisation (ILO)[170], der Deutschland und Spanien angehören, bestehen verschiedene Regelungen, die auch den Bereich der Arbeitnehmerüberlassung berühren:

Von Beginn an stand die ILO Ansätzen, die Arbeitskraft als handelbares Wirtschaftsgut zu betrachten, kritisch gegenüber. In Konsequenz wurde auch die Tätigkeit von gewerblichen Arbeitsvermittlern und gewerblichen Verleihern, die mit fremder Arbeitskraft Handel treiben, abgelehnt. Im Rahmen des Übereinkommens Nr. 34 vom 29.3.1933[171] wurden deshalb umfassende Beschränkungen der gewerblichen Arbeitsvermittlung und Arbeitnehmerüberlassung festgeschrieben[172]. Ziel war es letztlich, die Vermittlung von Beschäftigung zu einer nicht von Gewinnstreben geprägten staatlichen Tätigkeit zu machen. Dieses Abkommen wurde von Spanien[173], nicht aber von Deutschland ratifiziert.

Im Übereinkommen Nr. 88 vom 9.7.1948[174], das Spanien[175] und Deutschland[176] ratifizierten, wurde dieser Gedanke dahingehend weiter verfolgt, dass man eine Pflicht der dem Abkommen beitretenden Staaten zur flächendeckenden Einrichtung kostenloser, öffentlicher Arbeitsvermittlungsstellen verankerte. Private Arbeitsvermittlung bzw. Arbeitnehmerüberlassung sollte dagegen nur noch in besonderen Ausnahmefällen durch die Behörden zugelassen werden können[177].

In der Praxis erwiesen sich die staatlichen Beschäftigungsförderungseinrichtungen im Vergleich zu privaten Einrichtungen jedoch als zu unflexibel und ineffektiv[178]. Dies verursachte einen Richtungsumschwung in Bezug auf die Be-

---

170 Zu den Einzelheiten bzgl. Funktionen und Zusammensetzung der ILO vgl. Morhard, Die Rechtsnatur der Übereinkommen der Internationalen Arbeitsorganisation, S. 1 ff.

171 In Kraft trat das Übereinkommen Nr. 34 am 18.10.1936.

172 Hierzu ausführlich Pérez Pérez, Empresas de trabajo temporal y relaciones laborales, S. 70 f.; Avila Romero, Relaciones laborales del trabajador con la empresa usuaria. La responsabilidad de la empresa usuaria, S. 229, 230 ff.

173 Die Ratifizierung erfolgte in Spanien am 27.4.1935. Am 5.5.1971 kündigte Spanien das Abkommen.

174 In Kraft trat das Übereinkommen Nr. 88 am 10.8.1950.

175 Am 30.5.1960.

176 Am 22.6.1954.

177 Rodríguez-Piñero Royo, Cesión de trabajadores y empresas de trabajo temporal, S. 47 f.; Pérez Pérez , Empresas de trabajo temporal y relaciones laborales, S. 71 f.

178 Rodríguez-Piñero Royo, Cesión de trabajadores y empresas de trabajo temporal, S. 48 Fn. 13.

handlung privater Arbeitsvermittler bzw. Verleiher, der auf Ebene der ILO mit dem Abschluss des Übereinkommens Nr. 96 vom 1.7.1949[179] einsetzte: Hierin wurde den Unterzeichnerstaaten ein Optionsrecht zugestanden, anstelle des staatlichen Beschäftigungsvermittlungsmonopols in engen Grenzen und unter staatlicher Kontrolle gewerbliche Arbeitsvermittlung und Arbeitnehmerüberlassung zuzulassen. Spanien ratifizierte das Abkommen Nr. 96[180] und entschied sich für die Aufrechterhaltung des staatlichen Arbeitsvermittlungsmonopols[181]. Dagegen ratifizierte Deutschland das Abkommen Nr. 96[182] zunächst, kündigte es aber mit Wirkung zum 10.7.1993 wieder, um sich so „weitergehende Gestaltungsoptionen des Rechts der Arbeitsvermittlung" zu erhalten[183]. Im Rahmen des Übereinkommens Nr. 181[184] und der Empfehlung Nr. 188 jeweils vom 19.6.1997 wurden die Beschränkungen der gewerblichen Arbeitsvermittlung und Arbeitnehmerüberlassung grundsätzlich noch weiter gelockert. In Bezug auf die Arbeitnehmerüberlassung wurden allerdings bestimmte Regelungen zum Schutze der Leiharbeitnehmer eingeführt, etwa das Verbot gegenüber Verleihern, von Leiharbeitnehmern eine „Überlassungsprämie" zu verlangen[185]. Während Spanien das Übereinkommen Nr. 181 ratifizierte[186], ist Deutschland ihm bisher nicht beigetreten.

II. Das Recht der Arbeitnehmerüberlassung auf Ebene der Europäischen Gemeinschaft

1.) Europäisches Primärrecht: Die Grundfreiheiten der Europäischen Gemeinschaft

Werden Leiharbeitnehmer von einem Mitgliedstaat der Europäischen Gemeinschaft in einen anderen durch einen gewerblichen Verleiher überlassen, wird hierdurch der Bereich der Grundfreiheiten des EG-Vertrages (EG), insbesondere der Niederlassungsfreiheit, der Dienstleistungsfreiheit und der Arbeitnehmerfreizügigkeit, die nunmehr auch in Art. 15 Abs. 2 der Charta der Grundrechte der Europäischen Union verankert wurden[187], berührt.

179 In Kraft trat das Übereinkommen zum 18.7.1951.

180 Am 5.5.1971.

181 Pérez Pérez , Empresas de trabajo temporal y relaciones laborales, S. 73 Fn. 8.

182 Am 15.4.1954.

183 Feuerborn, in: Schüren, AÜG, Einleitung Rn. 441.

184 In Kraft trat das Übereinkommen zum 25.5.1999.

185 Ausführlich Pérez Pérez , Empresas de trabajo temporal y relaciones laborales, S. 74 ff.

186 Am 15.6.1999.

187 AblEG Nr. C 364 vom 18.12.2000, S. 1.

a) Niederlassungsfreiheit

Die Niederlassungsfreiheit umfasst gemäß Art. 43 Abs. 2 EG die Aufnahme und Ausübung selbständiger Erwerbstätigkeiten sowie die Gründung von Unternehmen gemäß den Bestimmungen des Aufnahmestaates für seine Angehörigen. Kerngedanke der Niederlassungsfreiheit ist der Grundsatz der Inländergleichbehandlung, wonach Angehörige der Europäischen Gemeinschaft in Bezug auf die Aufnahme und Ausübung einer selbständigen Erwerbstätigkeit wie Inländer zu behandeln sind[188]. Nach der neueren Rechtsprechung des EuGH enthält Art. 43 EG darüber hinaus auch ein allgemeines Beschränkungsverbot[189].

Die Niederlassungsfreiheit kommt im Bereich der Arbeitnehmerüberlassung Verleihunternehmen zugute, die ihre Verleihtätigkeit dauerhaft in einem anderen Mitgliedstaat der Gemeinschaft ausüben wollen[190]. Ausfluss der Niederlassungsfreiheit nach Art. 43 EG und der Richtlinie 67/43/EWG[191] ist es etwa, dass Verleihunternehmen aus Mitgliedstaaten der Gemeinschaft unter denselben Voraussetzungen die Erlaubnis zur Arbeitnehmerüberlassung im Inland erlangen können wie inländische Verleiher[192]. Diesen europäischen Vorgaben hat der deutsche Gesetzgeber in § 3 Abs. 4 AÜG und der spanische Gesetzgeber in Art. 22 der *Ley* 14/1994 (LETT) Rechnung getragen.

Eine Befreiung der Verleiher von der Zulassungspflicht gebietet die Niederlassungsfreiheit nicht, die Erlaubnisbehörde des Aufnahmelandes muss allerdings bei der Erlaubniserteilung die Nachweise und Sicherheiten berücksichtigen, die der Antragsteller bereits in seinem Heimatland für die Ausübung der Verleihtätigkeit erbracht hat[193]. Unter dem Gesichtspunkt der Niederlassungsfreiheit sind nationalstaatliche Anforderungen unzulässig, die Verleihunternehmen aus Mitgliedstaaten im Falle grenzüberschreitender Arbeitnehmerüberlassung verpflichten, in dem Land, in dem Leiharbeitnehmer eingesetzt werden sollen, eine eigene Betriebsstätte zu unterhalten[194].

---

188 Bleckmann, Europarecht, Rn. 1592 ff..

189 Entscheidung vom 30.11.1995 („Gebhard“), Slg. 1995, 4165 = NJW 1996, 579; vom 9.3.1999 („Centros“), Slg. 1999, 1459 = NJW 1999, 2027; vom 1.2.2001, Slg. 2001, 837 = EuZW 2001, 282; ausführlich Tiedje/Troberg, in: von der Groeben/Schwarze, Art. 43 EG, Rn. 87 ff.; Randelzhofer/Forsthoff, in: Grabitz/Hilf, Art. 43 EGV, Rn. 83 ff.

190 Hierzu ausführlich Kort, NZA 2002, 1248, 1250; Feuerborn, in: Schüren, AÜG, Einleitung Rn. 448 ff.; Ulber, AÜG, Einleitung F, Rn. 11 ff.

191 „Richtlinie des Rates vom 12.1.1967 über die Verwirklichung der Niederlassungsfreiheit und des freien Dienstleistungsverkehrs auf dem Gebiet der Immobiliengeschäfte und einiger sonstiger Dienste für das Geschäftsleben“ (AblEG Nr. B 010 vom 19.1.1967, S. 140).

192 Ulber, AÜG, Einleitung F, Rn. 11 ff..

193 EuGH vom 17.12.1981, AP Nr. 9 zu § 177 EWG-Vertrag = NJW 1982, 1203; Feuerborn, in: Schüren, AÜG, § 3 Rn. 185 sowie Einleitung Rn. 580.

194 EuGH vom 25.10.2001, AP Nr. 3 zu Art. 49 EG = NJW 2001, 3767; Feuerborn, in: Schüren, AÜG, § 3 Rn. 157.

b) Dienstleistungsfreiheit

Die Dienstleistungsfreiheit nach Art. 49 ff. EG umfasst das Recht, eine selbständige Tätigkeit in einem anderen Mitgliedstaat vorübergehend auszuüben[195]. Die vorübergehende gewerbsmäßige Überlassung von Arbeitnehmern von einem Mitgliedstaat der Gemeinschaft in einen anderen fällt in den Schutzbereich der Dienstleistungsfreiheit[196]. Leiharbeitnehmern aus EU-Mitgliedstaaten, die vorübergehend bei einem Entleiher in einem anderen Mitgliedstaat tätig werden sollen, kommt die Dienstleistungsfreiheit dagegen nicht zugute, da sie keine selbständige Tätigkeit verrichten[197].

Art. 49 ff. EG i.V.m. der Richtlinie 67/43/EWG schützen zum einen vor diskriminierenden, da aufgrund der Staatsangehörigkeit erfolgenden Beschränkungen der Dienstleistungsfreiheit, also auch der Überlassungstätigkeit, und enthalten das Gebot der Inländergleichbehandlung (Art. 50 Abs. 3 EG)[198]. Daneben wird aber auch die Dienstleistungsfreiheit über das Diskriminierungsverbot hinaus als allgemeines Beschränkungsverbot angesehen[199]. Alle Beschränkungen, die geeignet sind, die Tätigkeiten des Dienstleistungserbringers zu unterbinden, zu behindern oder weniger attraktiv zu machen, sind hiernach grundsätzlich unzulässig. Gerechtfertigt sind Beschränkungen nur dann, wenn zwingende Gründe des Allgemeinwohls sie tragen, soweit dieses Allgemeinwohlinteresse nicht bereits durch Vorschriften geschützt wird, denen der Dienstleistende in dem Mitgliedstaat unterliegt, in dem er ansässig ist. Zudem müssen Reglementierungen zur Erreichung des mit ihnen verfolgten Zieles erforderlich sein[200].

In diesem Zusammenhang hielt es der EuGH aus Gründen des Schutzes der Leiharbeitnehmer mit der Dienstleistungsfreiheit nach Art. 49 EG vereinbar, wenn Verleihunternehmen, die in einem Mitgliedstaat der Gemeinschaft ansässig sind und in einem anderen Mitgliedstaat der Gemeinschaft tätig werden wollen, einer in diesem Zielstaat bestehenden Erlaubnispflicht für Verleiher unterfallen, sogar wenn in ihrem Herkunftsstaat keine Erlaubnispflicht besteht bzw.

---

195 Zum Anwendungsbereich der Dienstleistungsfreiheit vgl. ausführlich Bleckmann, Rn. 1672 ff.

196 EuGH vom 27.3.1990, Slg. 1990, 1417 = NZA 1990, 653; vom 17.12.1981, AP Nr. 9 zu Art. 177 EWG = NJW 1982, 1203; Ulber, AÜG, Einleitung F, Rn. 14 ff.

197 Feuerborn, in: Schüren, AÜG, Einleitung Rn. 452.

198 EuGH vom 27.3.1990, Slg. 1990, 1417 = NZA 1990, 653; Kort, NZA 2002, 1248, 1251.

199 EuGH vom 25.7.1991, Slg. 1991, 4221 Rn.12 = NJW 1991, 2693; vom 9.8.1994, Slg. 1994, 3803 = AP Nr. 1 zu Art. 59 EG; vom 25.10.2001, AP Nr. 3 zu Art. 49 EG = NJW 2001, 3767 = NZA 2001, 1299 = SAE 2002, 233 mit Anmerkung Boecken/Theiss; vom 24.1.2002, Slg. 2002, 787 = AP Nr. 4 zu Art. 49 EG = DB 2002, 430.

200 EuGH vom 17.12.1981, Slg. 1981, 3305 = AP Nr. 9 zu Art. 177 EWG-Vertrag = NJW 1982, 1203; vom 24.1 2002, Slg. 2002, 787 = AP Nr. 4 zu Art. 49 EG = DB 2002, 430; Kort, NZA 2002, 1248, 1251.

ihnen dort eine Erlaubnis erteilt wurde[201]. Im letzteren Fall müssen allerdings im Rahmen des Erlaubnisverfahrens im Heimatland erbrachte Nachweise auch im Rahmen des Erlaubnisverfahrens im Zielstaat berücksichtigt werden.

Auch nationale Mindestentgeltregelungen, die ausländische Arbeitgeber bei grenzüberschreitender Arbeitnehmerentsendung binden, sind nach Auffassung des EuGH mit der Dienstleistungsfreiheit vereinbar[202].

Dagegen sah der EuGH in seiner Entscheidung vom 25.10.2001[203] durch § 1b AÜG a.F. die Dienstleistungsfreiheit nach Art. 49 EG und die Niederlassungsfreiheit nach Art. 43 EG verletzt, da Bauunternehmen aus anderen Mitgliedstaaten gezwungen seien, in Deutschland Niederlassungen zu gründen, um die Voraussetzungen der Ausnahmeregelung des § 1b S. 2 AÜG a.F., insbesondere die dort verlangte Tarifbindung, zu erreichen.

c) Arbeitnehmerfreizügigkeit

Die Arbeitnehmerfreizügigkeit nach Art. 39 EG enthält das Gebot der Inländergleichbehandlung hinsichtlich Beschäftigung, Entlohnung und sonstigen Arbeitsbedingungen (Abs. 2) und sichert dieses Recht durch Zugangs-, Einreise- und Verbleiberechte zugunsten von Arbeitnehmern aus anderen Mitgliedstaaten der Gemeinschaft ab. Beschränkungen dieser zuletzt genannten Rechte sind nur aus Gründen der öffentlichen Ordnung, Sicherheit und Gesundheit zulässig (Abs. 3). Konkretisiert wird das Freizügigkeitsrecht der Arbeitnehmer innerhalb der Gemeinschaft durch verschiedene, auf der Grundlage des Art. 40 EG ergangene Verordnungen[204]. Unter den Arbeitnehmerbegriff des Art. 39 EG fallen alle Personen, die während einer bestimmten Zeit für einen anderen nach dessen Weisungen Leistungen erbringen und als Gegenleistung eine Vergütung erhal-

---

201 EuGH vom 17.12.1981, Slg. 1981, 3305 = AP Nr. 9 zu Art. 177 EWG-Vertrag = NJW 1982, 1203; vgl. hierzu Kienle/Koch, DB 2001, 922 ff.

202 Entscheidungen vom 23.11.1999, Slg. 1999 8453 = AP Nr. 1 zu Art. 59 EG-Vertrag = NZA 2000, 85 unter Rn. 41 f.; vom 15.3.2001, Slg. 2001, 2189 = AP Nr. 2 zu EWG-Richtlinie 96/71 = NZA 2001, 554; vom 25.10.2001 („Finalarte"), Slg. 2001, 7831 = AP Nr. 8 zu § 1 AEntG = NZA 2001, 1377; vom 24.1.2002, Slg. 2002, 787 = AP Nr. 4 zu Art. 49 EG = NZA 2002, 207.

203 Slg. 2001, 8163 = NJW 2001, 3767 = NZA 2001, 1299 = SAE 2002, 233 ff. mit Anmerkung Boecken/Theiss; hierzu auch Hamann, in: Schüren, AÜG § 1b Rn. 18.

204 So etwa die Verordnung 1612/68 des Rates vom 15.10.1968 (AblEG Nr. L 257 vom 19.10.1968, S. 2 ff) über die Freizügigkeit der Arbeitnehmer innerhalb der Gemeinschaft sowie die Verordnung 1408/71 des Rates vom 14.6.1971 (AblEG Nr. L 149 vom 5.7.1971, S. 2 ff, zuletzt geändert durch die Verordnung [EG] Nr. 3096/95 [AblEG Nr. L 335 vom 30.12.1995, S. 10]) über die Anwendung der Systeme der sozialen Sicherheit auf Arbeitnehmer und Selbständige sowie deren Familienangehörige, die innerhalb der Gemeinschaft ab- und zuwandern (hierzu ausführlich Feuerborn, in: Schüren, AÜG, Einleitung Rn. 445 f.; Ulber, AÜG, Einleitung F, Rn. 23 ff.).

ten[205]. Die Frage, ob auch von ihrem Arbeitgeber vorübergehend in einen anderen Mitgliedstaat entsandte Arbeitnehmer unter den Schutzbereich der Arbeitnehmerfreizügigkeit zu fassen sind, ist streitig, wird jedoch überwiegend verneint[206]. Der vorübergehende Arbeitseinsatz des entsandten Arbeitnehmers in einem anderen Mitgliedstaat geschehe nicht aufgrund einer freien Willensentschließung des Arbeitnehmers, sondern aufgrund einer Anordnung seines Arbeitgebers. Zudem verlangten von ihrem Arbeitgeber entsandte Arbeitnehmer keinen Zutritt zum Arbeitsmarkt des Einsatzstaates: Voraussetzung für ein Eingreifen des Art. 39 EG sei, dass der Arbeitnehmer im Einsatzland die Begründung eines Arbeitsverhältnisses anstrebe. Die von ihren Arbeitgebern entsandten Arbeitnehmer kehrten nach Beendigung ihrer Tätigkeit jedoch regelmäßig in ihr Herkunfts- und Wohnsitzland zurück[207]. Die kurzzeitige Entsendung von Arbeitnehmern falle daher nicht in den Anwendungsbereich des Art. 39 EG. Beschränkungen in Bezug auf vorübergehende grenzüberschreitende Arbeitnehmerüberlassung seien daher allein an der Dienstleistungsfreiheit der Verleiher zu messen.

2.) Sekundärrecht: Die Richtlinien und Richtlinienvorschläge der Europäischen Gemeinschaft

a) Einführung

Die Schaffung europaweit geltender einheitlicher Rechtsstandards für atypisch Beschäftigte, worunter insbesondere befristet Beschäftigte, Teilzeit- sowie Leiharbeitnehmer fallen, stellt schon seit Beginn der achtziger Jahre ein Ziel des europäischen Gesetzgebers dar. Entschließungen des Europäischen Parlaments und des Rates, in der die Notwendigkeit einer Gemeinschaftsaktion zur Schaffung einheitlicher Regelungen zum Schutze von Leiharbeitnehmern hervorgehoben wurden, gab es bereits im Jahre 1980[208]. In der Folgezeit legte die Kommission am 7.5.1982 einen Vorschlag für eine Richtlinie des Rates zur Regelung der

---

205 EuGH vom 3.7.1986, Slg. 1986, 2121; vom 12.5.1998, Slg. 1998, 2691= AP Nr. 6 zu Art. 48 EG-Vertrag = BB 1998, 1901.

206 EuGH vom 25.10.2001 („Finalarte"), Slg. 2001, 7831 = AP Nr. 8 zu § 1 AEntG = NZA 2001, 1377; Koberski/Sahl/Hold, AEntG, § 1 Rn. 154; Däubler, EuZW 1997, 613, 614; Kort, NZA 2002, 1248, 1250 m.w.N; a.A. EuGH vom 27.3.1990, Slg. 1990, 1417 = NZA 1990, 653; Gerken/Löwisch/Rieble, BB 1995, 2370, 2373; Hanau, NJW 1996, 1369, 1371; Roloff, Das Beschränkungsverbot des Art. 39 EG und seine Auswirkungen auf das nationale Arbeitsrecht, S. 166 ff.; im Ergebnis auch Feuerborn, in: Schüren, AÜG, Einleitung Rn. 447.

207 EuGH vom 27.3.1990, Slg. 1990, 1417 = NZA 1990, 653; vom 9.8.1994 (Vander Elst), Slg. 1994, 3803 = AP Nr. 1 zu Art. 59 EWG-Vertrag = AuR 1994, 424.

208 AblEG Nr. C 002 vom 4.1.1980, S. 1; AblEG Nr. C 260 vom 12.10.1981, S. 54; vgl. Raab, ZfA 2003, 389, 395; Thüsing, DB 2002, 2218.

Zeitarbeit[209] vor, dem am 6.4.1984 eine geänderte Fassung[210] folgte. Inhaltlich sah der geänderte Richtlinienvorschlag neben Regelungen zur Befristung von Arbeitsverhältnissen auch rechtliche Grenzen für die Arbeitnehmerüberlassung etwa dahingehend vor, dass Arbeitnehmerüberlassung nur in bestimmten, gesetzlich abschließend vorgegebenen Fallgruppen zulässig war[211]. Außerdem wurde zugunsten der Leiharbeitnehmer der Grundsatz der Lohngleichheit im Verhältnis zu vergleichbaren Beschäftigten des Entleihers festgeschrieben. Auch dieser geänderte Richtlinienvorschlag wurde jedoch nicht angenommen und später zurückgezogen.

Neue Aktualität erlangte das Ziel der Schaffung einheitlicher Mindestbedingungen auf europäischer Ebene mit der Verabschiedung der Gemeinschaftscharta der sozialen Grundrechte der Arbeitnehmer vom 9.12.1989[212]. Diese enthält die Zielvorgabe, dass die Verwirklichung des Binnenmarktes zu einer Verbesserung und Angleichung der Lebens- und Arbeitsbedingungen der Arbeitnehmer in der Gemeinschaft, namentlich unter anderem der Leiharbeitnehmer, führen solle. Veranlasst durch diese Vorgaben der Gemeinschaftscharta der sozialen Grundrechte legte die Kommission 1990 drei neue Richtlinienentwürfe zu atypischen Arbeitsverhältnissen, unter anderem auch zu Leiharbeitsverhältnissen, vor: Gegenstand dieser drei Richtlinienentwürfe waren Regelungen zu Arbeitsbedingungen[213], Regelungen im Hinblick auf Wettbewerbsverzerrungen[214] sowie Regelungen zur Verbesserung der Sicherheit und des Gesundheitsschutzes der Arbeitnehmer[215].

---

209 „Vorschlag für eine Richtlinie des Rates zur Regelung der Zeitarbeit" (AblEG Nr. C 128 vom 19.5.1982, S. 2); vgl. hierzu ausführlich M. Schmidt, Die Richtlinienvorschläge der Kommission der Europäischen Gemeinschaften zu den atypischen Arbeitsverhältnissen, S. 81 ff.; Becker/Bader, RdA 1983, 1 ff.

210 „Geänderter Richtlinienvorschlag der Kommission zur Regelung der Zeitarbeit und der befristeten Arbeitsverträge" (AblEG Nr. C 133 vom 21.5.1984, S. 1); vgl. hierzu ausführlich M. Schmidt, Die Richtlinienvorschläge der Kommission der Europäischen Gemeinschaften zu den atypischen Arbeitsverhältnissen, S. 125 ff.; Wank, RdA 1992, 103, 104 f.

211 Vgl. Feuerborn, in: Schüren, AÜG, Einleitung Rn. 458.

212 Abgedruckt in Neumann, Europäisches Arbeitsrecht, S. 61 ff.

213 „Vorschlag für eine Richtlinie des Rates über bestimmte Arbeitsverhältnisse hinsichtlich der Arbeitsbedingungen" (AblEG Nr. C 224 vom 8.9.1990, S. 4).

214 „Vorschlag für eine Richtlinie des Rates über bestimmte Arbeitsverhältnisse im Hinblick auf Wettbewerbsverzerrungen" (AblEG Nr. C 224 vom 8.9.1990, S. 6); M. Schmidt, Die Richtlinienvorschläge der Kommission der Europäischen Gemeinschaften zu den atypischen Arbeitsverhältnissen, S. 168 ff.; Feuerborn, in: Schüren, AÜG, Einleitung Rn. 474; Ulber, AÜG, Einleitung F Rn. 38 ff.

215 „Vorschlag für eine Richtlinie des Rates zur Ergänzung von Maßnahmen zur Verbesserung der Sicherheit und des Gesundheitsschutzes von Zeitarbeitnehmern" (AblEG Nr. C 224 vom 8.9.1990, S. 8).

Der Richtlinienvorschlag zur Regelung von Arbeitsbedingungen enthielt zugunsten der atypisch Beschäftigten, also auch der Leiharbeitnehmer, unter anderem ein Gleichbehandlungsgebot mit unbefristet beschäftigten Vollzeitarbeitnehmern in Bezug auf ihre sozialversicherungsrechtliche Stellung und einen Anspruch auf gleichen Zugang zu Sozialeinrichtungen. Um Leiharbeitnehmern einen Wechsel in feste, unbefristete Arbeitsverhältnisse zu erleichtern, wurden ihnen gegenüber Informationspflichten des Arbeitgebers in Bezug auf solche zu besetzenden Arbeitsplätze festgeschrieben[216]. Im Europäischen Parlament fand der genannte Richtlinienvorschlag jedoch keine Mehrheit und wurde deshalb nicht realisiert. An seine Stelle trat im Jahre 2002 ein neuer Vorschlag der Kommission für eine Richtlinie des Europäischen Parlaments und des Rates über die Arbeitsbedingungen von Leiharbeitnehmern[217].

Auch der Richtlinienvorschlag für Regelungen im Hinblick auf Wettbewerbsverzerrungen, der zum einen zugunsten der Leiharbeitnehmer die Schaffung eines sozialen Mindestschutzes vorsah, zum anderen aber untersagte, feste Beschäftigungsverhältnisse in flexiblere, atypische Arbeitsverhältnisse umzuwandeln, wurde nicht verabschiedet und später von der Kommission zurückgenommen[218].

Lediglich der dritte Vorschlag wurde in Gestalt der „Richtlinie 91/383/EWG des Rates zur Ergänzung von Maßnahmen zur Verbesserung der Sicherheit und des Gesundheitsschutzes von Arbeitnehmern mit befristetem Arbeitsverhältnis oder Leiharbeitsverhältnis vom 25.6.1991“ umgesetzt.

b) Die Arbeitsschutz-Richtlinie 91/383/EWG des Rates vom 25.6.1991

Nach den Erfahrungen der Praxis sind Arbeitnehmer mit befristetem Arbeitsverhältnis oder Leiharbeitsverhältnis bei ihrer Tätigkeit, häufig bedingt durch ihren kurzfristigen Einsatz ohne ausreichende Anlernphase, in höherem Maße als andere Beschäftigte der Gefahr von Arbeitsunfällen und Berufskrankheiten ausgesetzt[219]. Um ihren Schutz zu verbessern, erließ der Rat der Europäischen Gemeinschaft am 25.6.1991 eine „Richtlinie zur Ergänzung von Maßnahmen zur Verbesserung der Sicherheit und des Gesundheitsschutzes von Arbeitnehmern

216 Zu den Einzelheiten vgl. ausführlich M. Schmidt, Die Richtlinienvorschläge der Kommission der Europäischen Gemeinschaften zu den atypischen Arbeitsverhältnissen, S. 166 f.; Feuerborn, in: Schüren, AÜG, Einleitung Rn. 468 ff.

217 Vom 20.3.2002, KOM(2002) 149 endgültig (AblEG C 203 E vom 27.8.2002, S. 1) in der geänderten Fassung vom 28.11.2002, KOM(2002) 701 endgültig; hierzu sogleich S. 73 ff.

218 Entscheidung vom 4.2.1998 (AblEG Nr. C 40 vom 7.2.1998, S.4, 7); vgl. Feuerborn, in: Schüren, AÜG, Einleitung Rn. 474, 480.

219 Vierter und fünfter Erwägungsgrund zur Richtlinie 91/383/EWG.

mit befristetem Arbeitsverhältnis oder Leiharbeitsverhältnis“[220]. Ziel der Richtlinie in Bezug auf die Leiharbeitnehmer ist es, sie im Hinblick auf Sicherheit und Gesundheitsschutz am Arbeitsplatz mit anderen Arbeitnehmern des Entleihers gleichzustellen (Art. 2 Abs. 1 und 2). Zu diesem Zweck werden die Regelungen der Rahmenrichtlinie 89/391/EWG[221] zur Verbesserung der Sicherheit und des Gesundheitsschutzes von Arbeitnehmern ausdrücklich auch zugunsten von Leiharbeitnehmern für anwendbar erklärt (Art. 2 Abs. 3). Insbesondere durch eine angemessene Unterrichtung und Unterweisung der Leiharbeitnehmer in Bezug auf die beim Entleiher zu erfüllende Aufgabe und mit ihr verbundene Risiken zu Beginn des Arbeitsverhältnisses soll das Schutzniveau verbessert werden (Art. 3 und 4). Zu diesem Zweck muss der Entleiher den Verleiher vor der Überlassung über die besonderen Merkmale des zu besetzenden Arbeitsplatzes und die erforderliche berufliche Qualifikation informieren (Art. 7 Abs. 1). Der Verleiher seinerseits hat die erhaltenen Informationen an den Leiharbeitnehmer weiterzugeben (Art. 7 Abs. 2). Der Entleiher muss den Leiharbeitnehmer vor Tätigkeitsbeginn in seinen Arbeitsplatz einweisen und er trägt während des Arbeitseinsatzes die Verantwortung für die Bedingungen der Arbeitsausführung in Bezug auf Sicherheit, Hygiene und Gesundheitsschutz (Art. 8). Für besonders gefährliche Tätigkeiten kann der Einsatz von Leiharbeitnehmern verboten oder unter eine angemessene besondere ärztliche Überwachung gestellt werden (Art. 5).
Der deutsche Gesetzgeber trug diesen europäischen Vorgaben Rechnung[222], indem er unter anderem den Entleiher in § 12 Abs. 1 S. 3 AÜG verpflichtete, die besonderen Merkmale der für den Leiharbeitnehmer vorgesehenen Tätigkeit und die dafür erforderliche berufliche Qualifikation im Arbeitnehmerüberlassungsvertrag mit dem Verleiher anzugeben. Zudem wurden die Unterrichtungspflichten des Entleihers gegenüber dem Leiharbeitnehmer in § 11 Abs. 6 AÜG erweitert.

Auch der spanische Gesetzgeber setzte nach der Legalisierung der Arbeitnehmerüberlassung in der *Ley* 14/1994 die Regelungsvorgaben der Richtlinie 91/383/EWG um und verankerte hierin etwa die Pflicht des Entleihers, die zu verrichtende Tätigkeit, die erforderliche Qualifikation sowie etwaige Gefahren am Arbeitsplatz im Überlassungsvertrag anzugeben (Art. 6 Abs. 3 LETT i.V.m.

---

220 AblEG Nr. L 206 vom 29.7.1991, S. 19 ff.; vgl. hierzu Feuerborn, in: Schüren, AÜG, Einleitung Rn. 475 ff.; Ulber, AÜG, Einleitung F, Rn. 42 f.

221 „Richtlinie des Rates vom 29.6.1989 über die Durchführung von Maßnahmen zur Verbesserung der Sicherheit und des Gesundheitsschutzes der Arbeitnehmer bei der Arbeit“ (AblEG Nr. L 183 vom 29.6.1989, S. 1).

222 In Gestalt des Gesetzes zur Umsetzung der EG-Rahmenrichtlinie Arbeitsschutz und weiterer Arbeitsschutzrichtlinien vom 7.8.1996 (BGBl I, S. 1246); ausführlich zu Fragen der Umsetzung der Richtlinie 91/383/EWG in das deutsche Recht Ulber, AÜG, Einleitung F, Rn. 42 ff.; siehe auch Feuerborn, in: Schüren, AÜG, Einleitung Rn. 481 f.

Art. 14 lit. d) und e) RDETT). Zudem muss der Entleiher den Leiharbeitnehmer vor Aufnahme seiner Tätigkeit in Bezug auf Fragen des Arbeitsschutzes einweisen (Art. 16 Abs. 1 LETT). Der Verleiher wird verpflichtet, dem Leiharbeitnehmer die für die zu erfüllende Aufgabe entsprechende Qualifikation, auch bezogen auf den Bereich der Gefahrenprävention, zu verschaffen (Art. 12 Abs. 3 LETT). Anders als das deutsche Recht[223] greift das spanische Recht auch die Ermächtigung in der Richtlinie 91/383/EWG auf, Arbeitnehmerüberlassung in Bezug auf bestimmte, als besonders gefährlich eingestufte Tätigkeiten zu verbieten (Art. 8 lit. b). LETT i.V.m. Art. 8 R.D. 216/1999)[224].

c) Die Entsenderichtlinie 96/71/EG des Europäischen Parlaments und des Rates vom 16.12.1996 und ihr Einfluss auf die Arbeitnehmerüberlassung

aa) Entstehung und Inhalt der Richtlinie

Die Schaffung eines europäischen Binnenmarktes und die Gewährleistung von Dienstleistungsfreiheit und Arbeitnehmerfreizügigkeit als europäische Grundfreiheiten ermöglichen es den EU-Bürgern, ihre Arbeitsleistungen in der gesamten Europäischen Union anzubieten und in jedem der Mitgliedstaaten beruflich tätig zu werden. Jedoch brachte diese europaweite Mobilität von Arbeitnehmern auch gewisse Schwierigkeiten mit sich: Wurden Arbeitnehmer, die in einem Mitgliedstaat in einem Arbeitsverhältnis standen, von ihrem Arbeitgeber in einen anderen Mitgliedstaat zur Erbringung von Arbeitsleistungen entsandt, fanden die am Einsatzort für die entsprechenden Arbeiten geltenden Sozial-, Tarif- und Arbeitsbedingungen auf ihre Arbeitsverhältnisse keine Anwendung. Regelmäßig waren ausländische Arbeitnehmer so gegenüber ihren Kollegen am Einsatzort schlechter gestellt. Dieser Nachteil zulasten ausländischer Arbeitnehmer stellte sich zugleich als Vorteil für ihre ausländischen Arbeitgeber dar, die aufgrund der für sie geringeren Lohnkosten Leistungen in anderen europäischen Staaten mit höherem tariflichen Lohnniveau billiger anbieten konnten[225].

Um dieser Diskriminierung von entsandten Arbeitnehmern gegenüber Kollegen am Einsatzort sowie den Wettbewerbsverzerrungen zulasten von am Einsatzort ansässigen und an dortige tarifliche Regelungen gebundenen Unternehmern entgegenzutreten, legte die Europäische Kommission am 28.6.1991 einen

---

223 Das grundsätzliche Verbot der Arbeitnehmerüberlassung im Baugewerbe in § 1b AÜG ist nicht durch Gründe des Arbeitsschutzes in Bezug auf Leiharbeitnehmer motiviert (vgl. hierzu die Ausführungen auf S. 125 ff.).

224 Zur Umsetzung der Richtlinie 91/383/EWG durch den spanischen Gesetzgeber vgl. ausführlich Chacartegui Jávega, Empresas de Trabajo Temporal y Contrato de Trabajo, S. 178 f.; vgl. hierzu auch unten S. 118 f.

225 Ulber, AÜG, Einleitung F, Rn. 49; Feuerborn, in: Schüren, AÜG, Einleitung Rn. 484 ff.

ersten Vorschlag[226] und, nach entsprechenden Abänderungswünschen des Europäischen Parlaments[227], am 16.6.1993 einen geänderten Vorschlag für eine Richtlinie des Rates über die Entsendung von Arbeitnehmern im Rahmen der Erbringung von Dienstleistungen vor[228]. Nachdem die ablehnende Haltung, insbesondere von Italien und Portugal, überwunden werden konnte, wurde der Richtlinienvorschlag am 3.6.1996 im Ministerrat beschlossen und am 24.9.1996 vom Europäischen Parlament verabschiedet. Als Richtlinie 96/71/EG des Europäischen Parlaments und des Rates über die Entsendung von Arbeitnehmern im Rahmen von Dienstleistungen wurde sie schließlich zum 16.12.1996 für alle Mitgliedstaaten verbindlich[229]. Die Umsetzungsfrist für die Mitgliedstaaten endete am 16.12.1999 (Art. 7 der Richtlinie 96/71/EG).

Neben der grenzüberschreitenden Entsendung von Arbeitnehmern zur Ausführung von Werk- und Dienstleistungsaufträgen sowie innerhalb eines Unternehmens bzw. einer Unternehmensgruppe erfasst der Anwendungsbereich der Richtlinie 96/71/EG auch die grenzüberschreitende Arbeitnehmerüberlassung: Nach Art. 1 Abs. 3 lit. c) i.V.m. Abs. 1 ist die Richtlinie 96/71/EG anwendbar, wenn ein Leiharbeitsunternehmen oder ein einen Arbeitnehmer zur Verfügung stellendes Unternehmen mit Sitz in einem Mitgliedstaat der Europäischen Gemeinschaft einen Arbeitnehmer bei fortbestehendem Arbeitsverhältnis länderübergreifend einem verwendenden Unternehmen, das seinen Sitz in einem anderen Mitgliedstaat hat oder seine Tätigkeit dort ausübt, überlässt.

Gemäß Art. 3 Abs. 1 sind die Mitgliedstaaten dazu verpflichtet, Regelungen zu schaffen, die die Anwendung am Einsatzort der entsandten Arbeitnehmer aufgrund bestimmter kollektivrechtlicher Regelungen für die entsprechende Tätigkeit festgesetzter Arbeitsbedingungen, etwa in Bezug auf Arbeitszeit (Art. 3 Abs. 1 lit. a) oder Vergütung (Art. 3 Abs. 1 lit. c), auch auf die Arbeitsverhältnisse der entsandten Arbeitnehmer vorschreiben. Zugunsten entsandter Leiharbeitnehmer enthält Art. 3 Abs. 1 lit. d) der Richtlinie die ausdrückliche Verpflichtung an die Mitgliedstaaten, auch kollektivrechtlich geltende Bedingungen für die Überlassung von Arbeitskräften, insbesondere durch Leiharbeitsunternehmen, in Bezug auf entsandte Leiharbeitnehmer für anwendbar zu erklären.

bb) Das Recht der Arbeitnehmerentsendung in Spanien

In Umsetzung der Richtlinie 96/71/EG erließ der spanische Gesetzgeber die *Ley* 45/1999 vom 29.11.1999 „über die Entsendung von Arbeitnehmern im Zusam-

---

226 AblEG Nr. C 225 vom 30.8.1991, S. 6.
227 AblEG Nr. C 150 vom 15.6.1992, S. 119.
228 AblEG Nr. C 187 vom 9.7.1993, S. 5.
229 AblEG Nr. L 18 vom 21.1.1997, S. 1.

menhang mit der transnationalen Erbringung von Dienstleistungen"[230]. Werden Arbeitnehmer aus anderen Mitgliedstaaten der Gemeinschaft im Rahmen von Dienstleistungsaufträgen oder Überlassungsverträgen zeitweise nach Spanien entsandt und dort beschäftigt, gelten für ihre Arbeitsverhältnisse die in Art. 3 der *Ley* 45/1999 aufgeführten und in Rechtsnormen oder einschlägigen Tarifverträgen geregelten Bestimmungen des spanischen Arbeitsrechts, etwa Arbeitszeitregelungen oder das Arbeitsschutzrecht. Zugunsten entsandter Leiharbeitnehmer werden zusätzlich sämtliche Bestimmungen des spanischen Arbeitnehmerüberlassungsrechts in Bezug auf die Arbeitsbedingungen von Leiharbeitnehmern für anwendbar erklärt (Art. 3 Abs. 2 der *Ley* 45/1999 und Art. 22 Abs. 1 lit. c) LETT). Insbesondere wird nach Spanien entsandten Leiharbeitnehmern, wie innerhalb Spaniens überlassenen Arbeitnehmern, in den Zeiträumen, in denen sie bei Entleihern beschäftigt sind, ein Anspruch darauf begründet, mindestens die im Tarifvertrag des Entleiherunternehmens für die von ihnen zu verrichtende Arbeitstätigkeit vorgesehene Gesamtvergütung zu erhalten. Die Höhe dieser Gesamtvergütung ist bezogen auf die jeweilige Zeiteinheit und einschließlich des entsprechenden Teils der Vergütung für arbeitsfreie Wochentage, Sonderzahlungen, Vergütung an Feiertagen und während des Urlaubs (Art. 4 Abs. 2 der *Ley* 45/1999 und Art. 22 Abs. 1 lit. c). LETT) zu bestimmen[231].

cc) Das deutsche Recht der Arbeitnehmerentsendung

Der deutsche Gesetzgeber kam der Verabschiedung der Entsenderichtlinie auf der europäischen Ebene mit dem Gesetz über zwingende Arbeitsbedingungen bei grenzüberschreitenden Dienstleistungen (Arbeitnehmer-Entsendegesetz [AEntG]), welches zum 1.3.1996 in Kraft trat[232], zuvor. Das im Vergleich zu anderen Mitgliedstaaten der EU, etwa Portugal oder Großbritannien, wesentlich höhere tarifliche Lohnniveau führte in der deutschen Bauindustrie, in der die Lohnkosten etwa die Hälfte der Gesamtkosten ausmachen[233], zu massiven Schwierigkeiten für die Konkurrenzfähigkeit mit ausländischen Bauunternehmen, die verstärkt auf den deutschen Markt drängten[234].

---

230 B.O.E. vom 30.11.1999.

231 Ausführlich zum spanischen Recht der grenzüberschreitenden Arbeitnehmerüberlassung: Molina Navarrete, Nuevas reglas de competencia en el mercado de las empresas de trabajo temporal, S. 148 ff.; Pérez Pérez, Empresas de trabajo temporal y relaciones laborales, S. 88 ff.

232 BGBl. I, S. 227; zum Gesetzgebungsverfahren vgl. Selmayr, ZfA 1996, 617, 636 f.; zum grenzüberschreitenden Arbeitnehmereinsatz vgl. auch Löwisch/Flüchter, Arbeitnehmereinsatz über die Grenzen hinaus, S. 103 ff.

233 Däubler, DB 1995, 726; Ulber, AÜG, Einleitung F, Rn. 49.

234 Zu den Einzelheiten vgl. Selmayr, ZfA 1996, 617, 637.

Nach Maßgabe von § 1 Abs. 1 und 3 AEntG gelten bestimmte Normen, etwa in Bezug auf Mindestentgeltsätze oder Urlaubsgeld, die in für den Bereich der Bauindustrie allgemeinverbindlich erklärten Tarifverträgen enthalten sind, auch für ausländische Bauunternehmer und ihre in Deutschland Beschäftigten. Nach § 1 Abs. 3a AEntG kann in diesem Fall auf Antrag einer Tarifvertragspartei die Allgemeinverbindlicherklärung auch durch eine Rechtsverordnung des Bundesministeriums für Wirtschaft und Arbeit erfolgen, ohne dass die Voraussetzungen für die Allgemeinverbindlicherklärung von Tarifverträgen nach § 5 TVG vorliegen müssen.

Die Vereinbarkeit von § 1 Abs. 3a AEntG mit der Dienstleistungsfreiheit nach Art. 49 EG wurde teilweise in Frage gestellt[235]. Der EuGH bejahte eine Vereinbarkeit nationaler Mindestentgeltregelungen, wie sie auch in Art. 3 Abs. 1 lit. c der Richtlinie 96/71/EG vorgesehen sind, mit der Dienstleistungsfreiheit[236] und hielt deshalb auch § 1 Abs. 3a AEntG für europarechtskonform[237].

Obwohl über § 1 Abs. 3a AEntG bestimmte tarifliche Arbeitsbedingungen auch für Arbeitsverhältnisse zwischen anders- bzw. nichtorganisierten inländischen oder ausländischen Arbeitgebern und Arbeitnehmern vorgegeben werden, hat das BVerfG einen Verstoß gegen die positive bzw. negative Koalitionsfreiheit aus Art. 9 Abs. 3 GG verneint[238].

Dagegen sieht der EuGH in der Regelung des § 1 Abs. 4 AEntG eine unzulässige Ungleichbehandlung ausländischer Dienstleistungsunternehmen, da diese Norm in Bezug auf ausländische Arbeitgeber einen engeren Betriebsbegriff festsetze als für inländische Arbeitgeber[239]. Insbesondere für die Frage, ob bestimmte Tarifverträge, in der genannten Entscheidung die Sozialkassentarifverträge des Baugewerbes, nach ihrem Geltungsbereich auf einen Arbeitgeber Anwendung finden, könne der unterschiedliche Betriebsbegriff zu unterschiedlichen Auswirkungen für Arbeitgeber mit Sitz im Inland und Ausland führen[240].

Auch die Tatsache, dass es einem deutschen Arbeitgeber möglich sei, den durch einen für allgemeinverbindlich erklärten Tarifvertrag festgesetzten Mindestlohn durch den Abschluss eines spezielleren Haustarifvertrages zu unter-

---

235 Vgl. etwa Koenigs, DB 1995, 1710; Junker/Wichmann, NZA 1996, 505, 507 f.

236 Entscheidungen vom 23.11.1999, Slg. 1999, 8453 = AP Nr. 1 zu Art. 59 EG-Vertrag = NZA 2000, 85 unter Rn. 41 f.; vom 15.3.2001, Slg. 2001, 2189 = AP Nr. 2 zu EWG-Richtlinie 96/71 = NZA 2001, 554 unter Rn. 28ff; vom 24.1.2002, Slg. 2002, 787 = AP Nr. 4 zu § 49 EG = NZA 2002, 207 unter Rn. 21.

237 Entscheidung vom 25.10.2001(„Finalarte"), Slg.2001, 7831 = AP Nr. 8 zu § 1 AEntG = NZA 2001, 1377.

238 Entscheidung vom 18.7.2000, AP Nr. 4 zu § 1 AEntG =NJW 2000, 3704 f.; hierzu Löwisch, Das Arbeitnehmer-Entsendegesetz – ein ordnungspolitischer Irrweg, S. 221, 239 ff.

239 Entscheidung vom 25.10.2001(„Finalarte"), Slg. 2001, 7831 = AP Nr. 8 zu § 1 AEntG = NZA 2001, 1377.

240 Vgl. hierzu Schlachter, NZA 2002, 1242, 1247; Kort, NZA 2002, 1248, 1249.

schreiten, stelle eine mit Art. 49 EG nicht vereinbare Ungleichbehandlung zulasten ausländischer Arbeitgeber dar[241]. Letztere seien nämlich über § 1 Abs. 1 AEntG gegenüber den nach Deutschland entsandten Arbeitnehmern an den für allgemeinverbindlich erklärten Tarifvertrag gebunden.

Für den Bereich der Arbeitnehmerüberlassung enthält das AEntG mit § 1 Abs. 2a eine spezielle Regelung: Wird ein Leiharbeitnehmer von einem ausländischen Verleiher an einen Entleiher im Inland entsandt und hier mit Tätigkeiten betraut, die in den Bereich nach Maßgabe des § 1 Abs. 1, 2, 3 oder 3a AEntG allgemeinverbindlich geltender Tarifregelungen des Baugewerbes fallen, hat der ausländische Verleiher dem Leiharbeitnehmer die dort vorgeschriebenen Arbeitsbedingungen zu gewähren sowie die der gemeinsamen Einrichtung nach diesem Tarifvertrag zustehenden Beiträge zu leisten.

Durch die Erweiterung der Möglichkeiten für grenzüberschreitende Arbeitnehmerüberlassung in das Baugewerbe in § 1b S. 3 AÜG n.F.[242] kommt der Vergütungsregelung in § 1 Abs. 2a AEntG künftig größere praktische Bedeutung zu als bislang.

d) Der Vorschlag für eine Richtlinie des Europäischen Parlaments und des Rates über die Arbeitsbedingungen von Leiharbeitnehmern (2002/0072 [COD])

aa) Entstehungsgeschichte

Nachdem der Vorschlag der Europäischen Kommission für eine Richtlinie über Mindestarbeitsbedingungen zugunsten atypisch, also befristet, in Teilzeit oder in einem Leiharbeitsverhältnis beschäftigter Arbeitnehmer[243] aus dem Jahr 1990 nicht angenommen wurde, leitete die Kommission zur Weiterführung des Projekts am 27.9.1995 das Verfahren zur Beteiligung der europäischen Sozialpartnervereinigungen ein[244]. In Bezug auf Teilzeitarbeitsverhältnisse und befristete Arbeitsverhältnisse gelang den europäischen Sozialpartnern (Union der Industrie- und Arbeitgeberverbände Europas [UNICE], Europäischer Zentralverband der öffentlichen Wirtschaft [CEEP] und Europäischer Gewerkschaftsbund [EGB]) im Verfahren des sozialen Dialogs jeweils eine Einigung[245], die in Ges-

---

241 EuGH vom 24.1.2002, Slg. 2002, 787 = AP Nr. 4 zu § 49 EG = NZA 2002, 207 unter Rn. 34 f.

242 Hierzu ausführlich S. 126 f.

243 „Vorschlag für eine Richtlinie des Rates über bestimmte Arbeitsverhältnisse hinsichtlich der Arbeitsbedingungen“ (AblEG Nr. C 224 vom 8.9.1990, S. 4).

244 Verfahren gemäß Art. 3 des Abkommens über die Sozialpolitik im Anhang des Vertrages zur Gründung der Europäischen Gemeinschaft zum Protokoll (Nr. 14) über Sozialpolitik.

245 Sozialpartnervereinbarungen vom 6.6.1997 in Bezug auf Teilzeitarbeitsverhältnisse sowie vom 18.3.1999 in Bezug auf befristete Arbeitsverhältnisse.

talt der Richtlinie 97/81/EG vom 15.12.1997 über Teilzeitarbeit[246] sowie der Richtlinie 1990/70/EG des Rates vom 28.6.1999 über befristete Arbeitsverhältnisse[247] umgesetzt wurde[248].

Die Verhandlungen der europäischen Sozialpartnervereinigungen in Bezug auf die Festsetzung einheitlicher Mindestarbeitsbedingungen für Leiharbeitnehmer, deren Aufnahme im Mai 2000 beschlossen worden war, führten jedoch zu keinem Ergebnis und wurden am 21.5.2001 für gescheitert erklärt. Zwar erreichte man in vielen, zuvor streitigen Fragen einen Konsens. Insbesondere jedoch in der Frage, wer für die Feststellung der dem Leiharbeitnehmer zustehenden Mindestarbeitsbedingungen als Vergleichsmaßstab heranzuziehender „vergleichbarer Arbeitnehmer" ist, konnte keine Einigung erzielt werden[249]. Während die Gewerkschaften erreichen wollten, dass Leiharbeitnehmern in jedem Falle die gleichen Arbeitsbedingungen wie mit gleichen oder ähnlichen Tätigkeiten betrauten Arbeitnehmern beim Entleiher zukommen, lehnten die Arbeitgeber dies ab. Eine solche pauschale Gleichstellung werde insbesondere der Interessenlage in den Mitgliedstaaten, in denen der Verleiher das volle Arbeitgeberrisiko zu tragen habe, wenn er etwa mit dem Leiharbeitnehmer durch einen unbefristeten Arbeitsvertrag verbunden sei und diesen auch zwischen zwei Arbeitseinsätzen zu vergüten habe, nicht gerecht[250]. Der Grundsatz der Gleichbehandlung von Leiharbeitnehmern werde zwar anerkannt, allerdings sollte es den Mitgliedstaaten freigestellt werden, ob die Gleichbehandlung auf die Situation innerhalb eines Verleihunternehmens oder auf die Situation beim Entleiher zu beziehen sei.

Die Europäische Kommission griff daraufhin ihre frühere Gesetzgebungsinitiative wieder auf und legte auf der Grundlage der Punkte, in denen zwischen den Sozialpartnern Einigung erzielt worden war, am 20.3.2002 einen neuen Vorschlag für eine Richtlinie des Europäischen Parlaments und des Rates über die Arbeitsbedingungen von Leiharbeitnehmern[251] vor. Als Vergleichssubjekt im Rahmen des Gleichbehandlungsgrundsatzes sollte zwar grundsätzlich auf einen entsprechenden Arbeitnehmer des Entleihers abgestellt werden, jedoch enthielt der Vorschlag eine Ermächtigung an die Mitgliedstaaten, in bestimmten

246 AblEG Nr. L 131 vom 5.5.1998, S. 10.

247 AblEG Nr. L 175 vom 10.7.1999, S. 43.

248 Vgl. hierzu Raab, ZfA 2003, 389, 395; Wank, NZA 2003, 14, 15.

249 Begründung zum „Vorschlag für eine Richtlinie des Europäischen Parlaments und des Rates über die Arbeitsbedingungen von Leiharbeitnehmern", 2002/0072 (COD), KOM(2002), 149 endgültig (AblEG Nr.C 203 E vom 27.8.2002, S. 1), S. 10.

250 Begründung zum Vorschlag für eine „Richtlinie des Europäischen Parlaments und des Rates über die Arbeitsbedingungen von Leiharbeitnehmern" (KOM[2002], 149 endgültig); Raab, ZfA 2003, 389, 395 f.

251 KOM(2002), 149 endgültig.

Fällen Ausnahmen von dem so festgesetzten Gleichbehandlungsgrundsatz zuzulassen[252].

Der genannte Richtlinienvorschlag wurde dem Europäischen Parlament und dem Rat am 21.3.2002 im Rahmen des Verfahrens nach Art. 251 EG übermittelt. Nach der Stellungnahme des Wirtschafts- und Sozialausschusses vom 19.9.2002[253] nahm das Europäische Parlament am 21.11.2002 in erster Lesung zu dem Richtlinienvorschlag der Kommission Stellung und unterbreitete eine Reihe von Änderungsvorschlägen[254]. Die Europäische Kommission griff eine Vielzahl der vom Europäischen Parlament gemachten Abänderungsvorschläge auf[255] und legte am 28.11.2002 einen geänderten Vorschlag für eine Richtlinie des Europäischen Parlaments und des Rates über die Arbeitsbedingungen von Leiharbeitnehmern vor (Vorlage der Kommission gemäß Artikel 250 Absatz 2 EG-Vertrag)[256]. Dieser geänderte Richtlinienvorschlag wurde vom Ministerrat auf seinen Sitzungen am 3.12.2003 und 6.3.2003 diskutiert, wobei in einigen Fragen keine Einigung zwischen den Mitgliedstaaten erzielt werden konnte[257]. Diese offenen Fragen sollten weiter geprüft werden[258]. Auch auf der Sitzung des Rates am 3.6.2003 konnte in Bezug auf die streitigen Punkte, etwa die Frage der zeitlichen Anwendbarkeit des Gleichbehandlungsgrundsatzes sowie der Verpflichtung der Mitgliedstaaten, Beschränkungen der Leiharbeit grundsätzlich zu beseitigen und dies regelmäßig zu überprüfen, keine Einigung herbeigeführt werden[259]. Obwohl der Grundsatz der Gleichbehandlung von Leiharbeitnehmern mittlerweile in das deutsche AÜG aufgenommen wurde, lehnt Deutschland seine Festschreibung auf europäischer Ebene in der geplanten Form ab, um sich nationalen Handlungsspielraum in Bezug auf Modifizierungen des Gleichbehandlungsgrundsatzes, sollte dieser zu einer signifikanten Negativentwicklung im Leiharbeitssektor führen, offen zu halten[260]. Zuletzt wurde über den geänderten

---

252 Vgl. Art. 5 des Richtlinienentwurfs vom 20.3.2002 sowie die Erwägungsgründe 15 bis 19.

253 AblEG Nr. C 61 vom 14.3.2003, S. 124.

254 Vgl. den Bericht des Ausschusses für Beschäftigung und soziale Angelegenheiten des Europäischen Parlaments zum ersten Richtlinienentwurf (A5-0356/2002).

255 Vgl. die Aufzählung der von der Kommission akzeptierten Abänderungsvorschläge des Europäischen Parlaments in der Begründung zum „Geänderten Vorschlag für eine Richtlinie des Europäischen Parlaments und des Rates über die Arbeitsbedingungen von Leiharbeitnehmern" (Vorlage der Kommission gemäß Artikel 250 Absatz 2 EG-Vertrag), S. 2 ff.

256 KOM(2002) 701 endgültig.

257 Vgl. Raab, ZfA 2003, 389, 396.

258 Protokoll der 2492. Tagung des Rates am 6.3.2003, C/03/55, S.XII.

259 Pressemitteilung des damals für Beschäftigung und Soziales zuständigen Kommissionsmitglieds Anna Diamantopoulou vom 3.6.2003, IP/03/796.

260 Vgl. hierzu FAZ vom 4.3.2003, S. 19 („Deutsch-britische Koalition will Leiharbeitsgesetz bremsen").

Richtlinienentwurf im Rahmen der 2030. Tagung des Ausschusses der Ständigen Vertreter des Rates am 19. und 21.11.2003 verhandelt[261].

Ob und wann die geplante Richtlinie verabschiedet wird, ist offen.

bb) Übersicht über den Inhalt des geänderten Richtlinienvorschlags

Der Anwendungsbereich der geplanten Richtlinie umfasst nach Art. 1 des zweiten, geänderten Richtlinienentwurfs (2. RL-Entw.) die dreipolige Rechtsbeziehung von Leiharbeitnehmer, Leiharbeitunternehmen, zu dem der Leiharbeitnehmer in einem Arbeitsverhältnis steht, sowie entleihendem Unternehmen, dem der Leiharbeitnehmer zur Arbeitsleistung befristet zur Verfügung gestellt wird. Ob Ver- bzw. Entleiherunternehmen öffentlich-rechtlich oder privat-rechtlich organisiert sind und ob sie ihre wirtschaftliche Tätigkeit ausüben, um damit Erwerbszwecke zu verfolgen[262], spielt für die Anwendbarkeit der Richtlinie keine Rolle. Die Mitgliedstaaten werden ermächtigt, Arbeitsverhältnisse, die im Rahmen öffentlicher oder öffentlich geförderter Ausbildungs-, Eingliederungs- und Umschulungsprogramme geschlossen wurden, vom Anwendungsbereich der Richtlinie auszunehmen.

Ziel der geplanten Richtlinie ist es zum einen, rechtliche Mindestschutzstandards zugunsten von Leiharbeitnehmern zu statuieren und die Qualität der Leiharbeit zu verbessern, zum anderen aber auch, angemessene Rahmenbedingungen für Leiharbeit als Arbeitsmarktinstrument zu schaffen (Art. 2 des 2. RL-Entw.).

Nach Art. 4 sind die Mitgliedstaaten verpflichtet zu überprüfen, ob bei ihnen geltende Verbote oder Einschränkungen in Bezug auf die Beschäftigung von Leiharbeitnehmern, mit Ausnahme etwaiger Anforderungen im Rahmen des Zulassungsverfahrens, aus Gründen des Allgemeininteresses, insbesondere des Schutzes der Leiharbeitnehmer, gerechtfertigt sind. Ist dies nicht der Fall, sind die Beschränkungen aufzuheben.

Zentraler Gegenstand des Richtlinienvorschlags ist die Verankerung des Grundsatzes der Nichtdiskriminierung von Leiharbeitnehmern[263] in Art. 5 Abs. 1 des 2. RL-Entw.. Hiernach müssen die wesentlichen Arbeits- und Beschäftigungsbedingungen der Leiharbeitnehmer, insbesondere in Bezug auf Arbeitszeit, bezahlten Urlaub sowie Arbeitsentgelt, während der Überlassung mindes-

---

261 Vgl. die Tagesordnung für die 2030. Tagung des Ausschusses der Ständigen Vertreter des Rates (14866/03, S. 8).

262 Der Anwendungsbereich der Richtlinie erstreckt sich also auch auf die nicht-gewerbliche Arbeitnehmerüberlassung. Zu dem insoweit entstehenden Anpassungsbedarf des deutschen Arbeitnehmerüberlassungsrechts vgl. Thüsing, DB 2002, 2218, 2222.

263 Der Grundsatz der Nichtdiskriminierung von Leiharbeitnehmern knüpft an die Diskriminierungsverbote gegenüber in Teilzeit beschäftigten Arbeitnehmern (Paragraph 4 der Richtlinie 91/81/EG) sowie gegenüber befristet beschäftigten Arbeitnehmern (Paragraph 4 der Richtlinie 1999/70/EG) an.

tens denjenigen entsprechen, die für sie gelten würden, wenn sie vom Entleiher für den auszufüllenden Arbeitsplatz unmittelbar eingestellt worden wären. Bei der Anwendung des Grundsatzes der Nichtdiskriminierung von Leiharbeitnehmern sind daneben die beim Entleiher geltenden Regeln in Bezug auf den Mutter-, Kinder- und Jugendschutz, die Gleichbehandlung von Mann und Frau sowie weitere, in Art. 5 genannte Diskriminierungsverbote zu beachten.

Allerdings enthält Art. 5 auch eine Ermächtigung an die Mitgliedstaaten, für bestimmte Fälle Ausnahmen von der Gleichbehandlungspflicht zuzulassen: So kann der nationale Gesetzgeber nach Anhörung der Sozialpartner die Möglichkeit vorsehen, dass Leiharbeitnehmern, die mit dem Verleiher durch einen unbefristeten Arbeitsvertrag verbunden sind und die auch in der Zeit zwischen zwei Überlassungen bezahlt werden, nicht mindestens das nach den beim Entleiher geltenden Regelungen für ihre Tätigkeit vorgesehene Entgelt zukommen soll (Art. 5 Abs. 2). Auch sollen die Mitgliedstaaten den Sozialpartnern die Möglichkeit geben können, Tarifverträge zu schließen, die vom Grundsatz der Nichtdiskriminierung der Leiharbeitnehmer in Bezug auf die wesentlichen Arbeitsbedingungen abweichen, sofern ein angemessenes Schutzniveau für die Leiharbeitnehmer gewährleistet ist (Art. 5 Abs. 3). Des Weiteren werden die Mitgliedstaaten ermächtigt, Ausnahmen vom Grundsatz der Gleichbehandlung in Bezug auf das Arbeitsentgelt zuzulassen, wenn ein Leiharbeitnehmer bei einer oder mehreren Überlassungen an denselben Entleiher dort insgesamt nicht länger als sechs Wochen tätig ist (Art. 5 Abs. 4).

Um den Zugang von Leiharbeitnehmern in unbefristete und hochwertige Beschäftigungsverhältnisse im Entleiherunternehmen zu ermöglichen, enthält Art. 6 Abs. 1 des 2. RL-Entw. einen Unterrichtungsanspruch der Leiharbeitnehmer in Bezug auf derartige offene Stellen beim Entleiher. In die gleiche Richtung zielen die Vertragsklauselverbote in Art. 6 Abs. 2 und 3 des 2. RL-Entw. Klauseln im Überlassungsvertrag zwischen Verleiher und Entleiher bzw. im Leiharbeitsvertrag zwischen Verleiher und Leiharbeitnehmer, die eine Einstellung des Leiharbeitnehmers durch den Entleiher nach Beendigung der Überlassung verbieten oder auf andere Weise verhindern, sind nichtig (Art. 6 Abs. 2). Allerdings sieht Art. 6 Abs. 2 S. 2 Ausnahmen für Bestimmungen vor, die dem Verleiher für in Bezug auf Überlassung, Einstellung und Ausbildung erbrachte Dienstleistungen einen angemessenen Ausgleich zugestehen.

Nach Art. 6 Abs. 3 des 2. RL-Entw. sind vertragliche Vereinbarungen unzulässig, in denen sich der Leiharbeitnehmer verpflichtet, an den Verleiher für seine Überlassung an den Entleiher im Rahmen eines Arbeitseinsatzes oder für den Fall des Abschlusses eines Arbeitsvertrages mit dem Entleiher nach Beendigung des Arbeitseinsatzes ein Honorar zu zahlen.

Um die materiellen Arbeitsbedingungen der Leiharbeitnehmer zu verbessern, ist ihnen gemäß Art. 6 Abs. 4, unter den gleichen Bedingungen wie der Belegschaft des Entleihers, Zugang zu den Gemeinschaftseinrichtungen des Entleihers, etwa Gemeinschaftsverpflegungs-, Kinderbetreuungs- und Beförderungseinrichtungen, zu gewähren. Darüber hinaus werden die Mitgliedstaaten verpflichtet, die Möglichkeiten beruflicher Weiterbildung für Leiharbeitnehmer beim Verleiher sowie beim Entleiher zu fördern (Art. 6 Abs. 5 des 2. RL-Entw.).

In Art. 7 und 8 enthält der geänderte Richtlinienvorschlag Regelungen zu betriebsverfassungsrechtlichen Fragen in Bezug auf die Leiharbeitnehmer. So sind gemäß Art. 7 Abs. 1 Leiharbeitnehmer bei der Berechnung des Schwellenwertes für die Einrichtung von Arbeitnehmervertretungen im Verleihunternehmen verpflichtend mitzuzählen. Art. 7 Abs. 2 enthält eine Ermächtigung an die Mitgliedstaaten, eine Berücksichtigung der Leiharbeitnehmer auch bei den Schwellenwerten im Entleiherunternehmen vorzuschreiben. Gemäß Art. 8 hat der Entleiher die bei ihm bestehende Arbeitnehmervertretung über die Beschäftigung von Leiharbeitnehmern angemessen zu informieren. Art. 10 verpflichtet die Mitgliedstaaten, wirksame, verhältnismäßige und abschreckende Sanktionen für Verstöße gegen die einzelstaatlichen Vorschriften zur Umsetzung dieser Richtlinie einzuführen. In Art. 11 des 2. RL-Entw. wird schließlich die Pflicht der Mitgliedstaaten zur Umsetzung der Regelungsvorgaben der Richtlinie binnen zwei Jahren nach Erlass manifestiert.

3. Kapitel: Ausgewählte Fragen des Arbeitnehmerüberlassungsrechts

I. Das Erfordernis staatlicher Zulassung des Verleihers

1.) In Spanien

Eine Voraussetzung für die Ausübung rechtmäßiger Arbeitnehmerüberlassung ist, dass der Verleiher über eine staatliche Zulassung verfügt.

a) Erlaubnispflicht als Regelungsprinzip

Der Gesetzgeber, dem die Rechte der Leiharbeitnehmer im Rahmen der Aktivitäten der Verleihunternehmen gefährdet erschienen, gab verschiedene Instrumente vor, um die Tätigkeit der Verleiher staatlicher Kontrolle und staatlichem Einfluss zu unterwerfen, so insbesondere das Erfordernis staatlicher Zulassung für Verleihunternehmen, Informationspflichten gegenüber öffentlichen Stellen, aber auch ein Sanktionsinstrumentarium zugunsten der Arbeitsverwaltung[264].

Nach Art. 43 Abs. 1 ET und Art. 1 S. 2 LETT darf die zeitweise Überlassung von Arbeitnehmern an ein anderes Unternehmen ausschließlich durch ein staatlich zugelassenes Verleihunternehmen erfolgen, anderenfalls ist sie rechtswidrig.

Im Einzelnen soll durch das Erfordernis einer staatlichen Genehmigung, die an hohe Zulassungsvoraussetzungen geknüpft ist, der Marktzugang auf die Verleiher beschränkt werden, die bestimmten Mindestanforderungen an Organisation und finanzielle Ausstattung genügen. Mit der behördlichen Zulassung wird nicht eine bloße Tätigkeitsgenehmigung für ein Unternehmen erteilt, sondern vielmehr der Status dieses Unternehmens als Zeitarbeitsunternehmen (*empresa de trabajo temporal*) begründet[265]. Ein Zeitarbeitsunternehmen darf sich ausschließlich der Überlassung von Leiharbeitnehmern widmen und keine sonstigen Geschäftszwecke verfolgen[266].

b) Ausnahmen von der Erlaubnispflicht

Ausnahmen von der staatlichen Zulassungspflicht für Verleihunternehmen als Voraussetzung für die rechtmäßige Überlassung von Leiharbeitnehmern sind in Spanien gesetzlich nicht vorgesehen.

---

264 Pérez Pérez, Empresas de trabajo temporal y relaciones laborales, S. 105 ff.; Rodríguez-Piñero Royo/Calvo Gallego/González Rendón, El impacto de las empresas de trabajo temporal en España: de la legalización a la reforma, S. 52.

265 Rodríguez-Piñero Royo, Las empresas de trabajo temporal en España, S. 65; Gil Alburquerque, Temporary agency work in Spain, EuroAS 2002, 191.

266 Vgl. hierzu unten S. 85 f.

Rechtsprechung und Literatur gehen teilweise davon aus, dass die Überlassung von Arbeitnehmern innerhalb zweier Unternehmen derselben Unternehmensgruppe, von denen keines als Verleihunternehmen staatlich zugelassen ist, trotz des Wortlauts von Art. 43 Abs. 1 ET und Art. 1 S. 2 LETT rechtlich möglich sei[267]. Als kennzeichnend für eine solche Unternehmensgruppe wird in diesem Zusammenhang angesehen, dass für die beteiligten Unternehmen ein einheitliches Management zuständig ist und sie unter der gleichen Firma am Rechtsverkehr teilnehmen[268]. Aus arbeitsrechtlicher Sicht müsse eine Unternehmensgruppe als einheitlicher Arbeitgeber qualifiziert werden. Die zeitweise Überlassung von Arbeitnehmern innerhalb zweier Unternehmen einer Unternehmensgruppe falle nicht in den Anwendungsbereich von Art. 43 Abs. 1 ET und Art. 1 S. 2 LETT, da die Arbeitnehmer nicht „an ein anderes Unternehmen" im Sinne eines anderen Arbeitgebers überlassen würden[269].

c) Exkurs: Weitere staatliche Eingriffs- und Sanktionsinstrumente

Um die Einhaltung der Arbeitnehmerüberlassungsvorschriften auch außerhalb des Zulassungsverfahrens effektiv durchzusetzen, wird der Arbeitsverwaltung gesetzlich ein Sanktionsinstrumentarium an die Hand gegeben. Abschnitt 4 des R.D.Leg. 5/2000 vom 4.8.2000[270], welches das „Gesetz über Rechtsverstöße und Sanktionen im Bereich der Sozialordnung (*Ley sobre Infracciones y Sanciones en el Orden Social* [LISOS])" reformierte, enthält einen Katalog von Gesetzesverstößen im Zusammenhang mit der Arbeitnehmerüberlassung, die als leicht, schwer bzw. sehr schwer klassifiziert werden. Geahndet werden können diese Gesetzesverstöße zum einen mit Geldbuße, die zwischen 30 und 90.000 Euro betragen kann (Art. 40 Abs. 1 LISOS). Wenn ein als sehr schwer qualifizierter Gesetzesverstoß, z.B. bei Überlassung von Leiharbeitnehmern zur Verrichtung von gesetzlich als gesundheitsgefährdend eingestuften Tätigkeiten, binnen 365 Tagen nach Feststellung vom Verleiher erneut begangen wird, kann zum anderen auch die behördliche Zulassung des Verleihers aufgehoben und eine Sperrfrist von einem Jahr für die Wiedererteilung einer Zulassung verhängt werden (Art. 41 Abs. 1 und 3 LISOS). Die Aufhebung der Zulassung ist der Genehmigungsbehörde zum Zwecke der Registereintragung gemäß Art. 13 Abs. 3 RDETT mitzuteilen. Die Zuständigkeit zur Verhängung von Sanktionen hängt

---

267 García Murcia, in: Monereo Pérez, Commentario al Estatuto de los Trabajadores, S. 534; Gil Alburquerque, Temporary agency work in Spain, EuroAS 2002, 191; Gala Durán, Derechos y obligaciones entre los trabajadores cedidos por las Empresas de Trabajo Temporal y las empresas usuarias, S. 33; Calle, in: Henssler/Braun, Arbeitsrecht in Europa S. 1149.

268 Gil Alburquerque, Temporary agency work in Spain, EuroAS 2002, 191.

269 Gil Alburquerque, Temporary agency work in Spain, EuroAS 2002, 191.

270 B.O.E. vom 8.8.2000 (Der Gesetzestext ist im Internet abrufbar unter http://noticias.juridicas.com/base_datos/).

zum einen davon ab, ob die Aufhebung der behördlichen Zulassung oder eine Geldstrafe im Raum steht bzw., abhängig von der Schwere des Gesetzesverstoßes, aus welchem Strafrahmen die Geldbuße festzusetzen ist[271]. Art. 312 Abs. 1 des Strafgesetzbuches (*Ley Orgánica* 10/1995 vom 23.11.1995 *del Código Penal*[272]) begründet zudem eine strafrechtliche Haftung für den illegalen Handel mit Arbeitskraft[273].

d) Anforderungskriterien für die staatliche Zulassung von Verleihern

aa) Anforderungen an die Organisationsstruktur

Natürliche oder juristische Personen[274], die sich um eine staatliche Zulassung als Verleiher bewerben, müssen nach Art. 2 Abs. 1 lit. a) LETT über eine organisatorische Struktur verfügen, „die es ihnen erlaubt, den ihnen als Arbeitgeber aus ihrer Tätigkeit erwachsenden Verpflichtungen nachzukommen"[275]. Bei diesen Verpflichtungen handelt es sich insbesondere um Gehaltsansprüche der Arbeitnehmer aus dem Arbeitsvertrag und Sozialversicherungsbeiträge.

Dieses Anforderungskriterium erinnert an die frühere Rechtsprechung, die das Kriterium der „Scheinfirma", der es an organisatorischer Verfestigung fehle, für die Abgrenzung von rechtmäßig und unrechtmäßig betriebener Arbeitnehmerüberlassung verwandte[276].

---

271 Die Zuständigkeit zur Aufhebung der behördlichen Autorisierung liegt gemäß Art. 41 Abs. 3 LISOS beim Minister für Arbeit und Soziales bzw., wenn das Verleihunternehmen nur in einer autonomen Region zugelassen ist, beim Vorsitzenden des Beirats für Arbeitsfragen in der autonomen Region als entsprechend ermächtigtem Ausführungsorgan (hierzu Pérez Pérez, Empresas de trabajo temporal y relaciones laborales, S. 364 f.). Geldstrafen bis zu 6.000 Euro erlassen die Arbeitsbehörden auf Provinzebene auf Vorschlag der Gewerbeaufsicht, bis 30.000 Euro die dazu ermächtigte Generaldirektion, bis 60.000 Euro der Minister für Arbeit und Soziales und bis 90.000 Euro das Kabinett auf Vorschlag des Ministers für Arbeit und Soziales (Art. 48 Abs. 1 LISOS). Ist ein Verleiher nur in einer autonomen Region zugelassen, liegt die Zuständigkeit bei den dort entsprechend ermächtigten Behörden (Art. 48 Abs. 5 LISOS).

272 B.O.E. vom 24.11.1995, zuletzt geändert durch die *Ley Organica* 20/2003 vom 23.12.2003 (B.O.E. vom 26.12.2003) (Der Gesetzestext ist im Internet abrufbar unter http://noticias.juridicas.com/base_datos/).

273 Hierzu ausführlich Gala Durán, RL 1998, Band 2, 404, 416.

274 Zur Frage, inwieweit Genossenschaften eine Zulassung als Verleiher beantragen können vgl. Cruz Villalón, El marco jurídico de las empresas de trabajo temporal, S. 45, 58.

275 Hierzu ausführlich Valdés de la Vega, Las Empresas de Trabajo Temporal, S. 18; Rodríguez-Piñero Royo/Calvo Gallego/González Rendón, El impacto de las empresas de trabajo temporal en España: de la legalización a la reforma, S. 60 f.

276 Camps Ruiz, Las empresas de trabajo temporal, S. 21; Crespan Echegoyen/Gonzalez Martin/Lopez Parada, Empresas de Trabajo Temporal, Rn. 272 f.; vgl. hierzu die Darstellung auf S. 34 f.

Bei dem Merkmal der ausreichenden organisatorischen Struktur in der Form des ursprünglichen Textes der *Ley* 14/1994 handelt es sich um einen unbestimmten Rechtsbegriff, dessen Auslegung von den Verwaltungsorganen vorzunehmen ist[277]. Kriterien für eine hinreichend verfestigte Organisationsstruktur eines Unternehmens sind grundsätzlich seine Ausstattung mit personellen und Sachmitteln. Die zeitweise Überlassung von Leiharbeitnehmern erfordert auf Seiten eines Verleihunternehmens jedoch kaum personelle oder Sachmittel. Für seine Tätigkeit benötigt der Verleiher lediglich eine Büroausstattung mit modernen Kommunikationsmitteln und ein Minimum an Personal mit Administrations- und Organisationsaufgaben. Die konkrete Anwendung des Kriteriums der „ausreichenden organisatorischen Struktur" auf die Verleihunternehmen stellte sich deshalb in der Praxis als problematisch dar[278]. Es fehlte ein Maßstab, wann die organisatorische Struktur eines Bewerbers als ausreichend angesehen werden konnte.

Im Rahmen der Reform der LETT durch die *Ley* 29/1999 wurden dem Anforderungskatalog des Art. 2 Abs. 1 LETT zwei neue Abschnitte angefügt und in diesen das Kriterium der ausreichenden Organisationsstruktur in Art. 2 Abs. 1 lit. a) LETT vom Gesetzgeber konkretisiert[279].

Maßgebliche neue Prüfungskriterien für die ausreichende Organisationsstruktur eines Verleihers sind vor allem „Größe, Ausstattung und Verfügungsmacht in Bezug auf die Geschäftsräume der einzelnen Betriebe des Verleihunternehmens", wobei das Vorliegen mehrerer Betriebe nicht zwingend vorausgesetzt ist. Als weitere Prüfungskriterien wurden der organisatorische Aufbau des Unternehmens und die „für die Auswahl und Bildung der Leiharbeitnehmer verwandten technischen Prozesse" in den Gesetzestext aufgenommen. Des Weiteren wurde eine Mindestzahl an fest angestellten und in der Verwaltung des Verleihers beschäftigten Arbeitnehmern, abhängig von der Unternehmensgröße, als Kriterium eingeführt.

(1) „Größe, Ausstattung und Verfügungsmacht in Bezug auf Geschäftsräume"

Anhaltspunkte, die auf eine hinreichende organisatorische Verfestigung des Verleihunternehmens schließen lassen, werden zum einen der „Größe, Ausstattung und Verfügungsmacht in Bezug auf die Geschäftsräume der einzelnen Betriebe des Verleihunternehmens" entnommen. Es ist nicht erforderlich, dass die Ge-

---

277 Cruz Villalón, El marco jurídico de las empresas de trabajo temporal, S. 45, 59.

278 Cruz Villalón, El marco jurídico de las empresas de trabajo temporal, S. 45, 59; Pérez Pérez, Empresas de trabajo temporal y relaciones laborales, S. 117; Rodríguez-Piñero Royo/Calvo Gallego/González Rendón, El impacto de las empresas de trabajo temporal en España: de la legalización a la reforma, S. 62.

279 Vgl. zur parlamentarischen Diskussion Pérez Pérez, Empresas de trabajo temporal y relaciones laborales, S. 118.

schäftsräume der einzelnen Filialen eines Verleihunternehmens in dessen Eigentum stehen, jedoch deutet das Eigentum an den Geschäftsräumen zum einen darauf hin, dass es sich nicht um eine schnell auflösbare Scheinfirma handelt, zum anderen aber auch auf eine gewisse wirtschaftliche Ausstattung des Unternehmens und damit auf eine Sicherung der Arbeitnehmeransprüche[280]. Gleiches gilt bei Vorliegen einer entsprechenden Büroausstattung.

Ist der Verleiher in mehreren Provinzen aktiv, muss er in jeder Provinz, in der er seine Geschäftstätigkeit betreibt, in ausreichendem Maße über Personal- und Sachmittel verfügen[281]. Diese Notwendigkeit ist zwar nicht ausdrücklich dem Wortlaut des Art. 2 Abs. 1 LETT zu entnehmen. Sie ergibt sich jedoch aus dem Zusammenspiel mit Art. 2 Abs. 5 LETT in der Fassung des Reformgesetzes 29/1999, der das teilweise Entfallen der Zulassung vorsieht, wenn in einer Region die geforderte ausreichende Organisationsstruktur wegfällt[282].

(2) Ausgestaltung von Auswahl und Weiterbildung der Leiharbeitnehmer

Neben der äußerlichen organisatorischen Verfestigung sind auch die Gestaltung der betrieblichen Prozesse im Verleihunternehmen, insbesondere Kompetenzverteilung und Funktionsabläufe, sowie „die technischen Prozesse, die für Auswahl und Weiterbildung der Leiharbeitnehmer eingesetzt werden", Bewertungskriterien im Hinblick auf die gesetzlich geforderte Mindestunternehmensstruktur. Anhand der Ausgestaltung der unternehmensinternen organisatorischen Prozesse soll die Funktionsfähigkeit des Verleihunternehmens und damit letztlich auch seine organisatorische Verfestigung bewertet werden. Die Ausgestaltung der Prozesse für Auswahl und Weiterbildung der Leiharbeitnehmer liefert Anhaltspunkte für die Zukunftsfähigkeit des Unternehmens, nämlich in Bezug auf die Fähigkeit, sich Entwicklungen, etwa neuen Arbeitsmethoden, anzupassen[283].

Aufgrund der von Art. 38 der spanischen Verfassung (*Constitución Española* [CE]) geschützten Unternehmerfreiheit kann von Seiten der Verwaltung nur verlangt werden, dass organisatorische Prozesse sowie Auswahl- und Weiterbildungsprozesse Mindeststandards entsprechen, die eine Einhaltung der gesetzlichen Vorschriften und das Betreiben von Arbeitnehmerüberlassung grundsätz-

---

280 Valdés de la Vega, Las Empresas de Trabajo Temporal, S. 20 Fn. 26.

281 Escudero Rodríguez/Mercader Uguina, RL 2000, Band 1, 633, 639.

282 Pérez Pérez, Empresas de trabajo temporal y relaciones laborales, S. 120 f.; Rodríguez-Piñero Royo/Calvo Gallego/González Rendón, El impacto de las empresas de trabajo temporal en España: de la legalización a la reforma, S. 236.

283 Valdés de la Vega, Las Empresas de Trabajo Temporal, S. 21; Weiterbildungsmaßnahmen in Bezug auf die Arbeitnehmer muss der Verleiher nicht selbst durchführen, sondern kann sie gemäß Art. 3 Abs. 3 R.D. 216/1999 vom 5.2.1999 auf externe Einrichtungen übertragen.

lich ermöglichen[284]. Bei der Anwendung dieses Anforderungskriteriums muss auch die Größe des Verleihunternehmens, insbesondere sein Geschäftsgebiet und die Zahl der von ihm beschäftigten Leiharbeitnehmer beachtet werden. An einen landesweit agierenden Verleiher sind höhere Anforderungen zu stellen als an kleine lokale Verleiher.

(3) Mindeststamm an Verwaltungspersonal

Die gesetzliche Anforderung an einen Verleiher, einen Mindeststamm an dauerhaft in seiner Verwaltung beschäftigen Arbeitnehmern vorzuhalten, um auch auf diesem Wege das Vorliegen einer ausreichend verfestigten Organisationsstruktur zu gewährleisten, stellt wegen ihres großen Einflusses auf die Struktur der Verleihunternehmen eine der wichtigsten Neuerungen durch das Reformgesetz 29/1999 dar[285]. Der neugefasste Art. 2 Abs. 1 LETT verlangt, „dass jede Zeitarbeitsfirma im Jahr der Aufnahme ihrer Aktivitäten mindestens zwölf in ihrer Organisation selbst, befristet oder unbefristet, in Voll- oder Teilzeit arbeitende Beschäftigte aufweisen muss, bezogen auf tausend im vorhergehenden Jahr unter Vertrag stehende Arbeitnehmer oder anteilig, wobei bei der Berechnung der zuletzt genannten Zahl die Summe aller Tage, an denen Entleihern Leiharbeitnehmer überlassen wurden, durch 365 zu teilen ist".

Trotz der Klarheit im Wortlaut bringt die Anwendung der Vorschrift einige Auslegungsprobleme mit sich, die von der Arbeitsverwaltung gelöst werden müssen. So ist fraglich, ob bei der Bestimmung der Arbeitnehmerzahl als Bezugsgröße für den Mindeststamm an Verwaltungspersonal nur die beschäftigten Leiharbeitnehmer oder auch die in der Verwaltung beschäftigten Arbeitnehmer mitzuzählen sind. Aus dem Wortlaut sowie dem Sinn und Zweck der Vorschrift ergibt sich jedoch, dass nur auf die Zahl der Leiharbeitnehmer als Bezugsgröße abzustellen ist. Es soll ja gerade eine vernünftige Relation zwischen der Anzahl an überlassenen Arbeitskräften und dem für eine ordnungsgemäße Durchführung dieser Aktivitäten notwendigen Verwaltungspersonal geschaffen werden[286].

---

[284] Pérez Pérez, Empresas de trabajo temporal y relaciones laborales, S. 122; Rodríguez-Piñero Royo/Calvo Gallego/González Rendón, El impacto de las empresas de trabajo temporal en España: de la legalización a la reforma, S. 237; zu den Eingriffsschranken in Bezug auf die Unternehmerfreiheit grundlegend STC 225/1993 vom 8.7.1993 unter 3.B.

[285] Escudero Rodríguez/Mercader Uguina, RL 2000, Band 1, 633, 639; Rodríguez-Piñero Royo/Calvo Gallego/González Rendón, El impacto de las empresas de trabajo temporal en España: de la legalización a la reforma, S. 237; kritisch Pérez Pérez, Empresas de trabajo temporal y relaciones laborales, S. 119, 123.

[286] Escudero Rodríguez/Mercader Uguina, RL 2000, Band 1, 633, 639.

Bei Zeitarbeitsfirmen mit weniger als 1000 Leiharbeitnehmern ist nach dem Gesetzeswortlaut („anteilig") eine proportionale Absenkung der Mindestzahl an Arbeitnehmern, die in Verwaltungsfunktionen beschäftigt sind, vorzunehmen[287].

(4) Folgen des nachträglichen Entfalls einer ausreichenden Organisationsstruktur

Art. 2 Abs. 5 LETT verpflichtet in seiner durch die *Ley* 29/1999 geänderten Fassung den Verleiher, den genannten Anforderungen an eine ausreichende Organisationsstruktur auch nach Genehmigungserteilung weiter zu genügen. Anderenfalls kann von Seiten der Arbeitsverwaltung auf der Grundlage dieser Norm die Zulassung des Verleihunternehmens ganz oder teilweise aufgehoben werden[288].

bb) Ausschließliche Widmung in Bezug auf die wesenstypische Geschäftsaktivität eines Verleihunternehmens

Bewerber um die Zulassung als Verleihunternehmen müssen sich gemäß Art. 2 Abs. 1 lit. b) LETT ausschließlich den für diese wesenstypischen Geschäftsaktivitäten widmen. Wesenstypische Geschäftstätigkeit einer Zeitarbeitsfirma ist es, Arbeitnehmer mit dem Ziel unter Vertrag zu nehmen, diese anderen Unternehmen zur Verfügung zu stellen (Art. 43 Abs. 1 ET und Art. 1 LETT). Für die Erfüllung dieser Anforderung genügt nicht allein die Verankerung eines derartigen Geschäftsziels in den Unternehmensstatuten, vielmehr muss dieser Anforderung dann auch im Geschäftsverkehr tatsächlich entsprochen werden[289].

Art. 2 Abs. 1 lit. b) LETT sichert mit dem Erfordernis für Verleiher, sich ausschließlich den für Verleiher wesenstypischen Geschäftsaktivitäten zu widmen, insbesondere das Verbot privater Arbeitsvermittlungsagenturen mit Gewinnerzielungsabsicht in Art. 16 ET i.V.m. dem R.D. 735/1995 vom 5.5.1995[290] ab[291].

---

287 So auch Escudero Rodríguez/Mercader Uguina, RL 2000, Band 1, 633, 642 f; Rodríguez-Piñero Royo/Calvo Gallego/González Rendón, El impacto de las empresas de trabajo temporal en España: de la legalización a la reforma, S. 240 f.; a.A. Del Rey Guanter, REDT 100, Band 1, 903, 904 ff., der die Mindestzahl von Strukturarbeitnehmern i.S.d. Art. 2 Abs. 1 LETT zum Schutz kleinerer Verleiher erst ab einer Mindestunternehmensgröße von 1000 Arbeitnehmern anwenden will.

288 Ausführlich Pérez Pérez, Empresas de trabajo temporal y relaciones laborales, S. 120 f.

289 Crespan Echegoyen/Gonzalez Martin/Lopez Parada, Empresas de Trabajo Temporal, Rn. 275.

290 B.O.E. vom 8.5.1995.

291 Cruz Villalón, El marco jurídico de las empresas de trabajo temporal, S. 45, 60; Camps Ruiz, Las empresas de trabajo temporal, S. 21; auch die Möglichkeit, für andere Unternehmen Selektionsprozesse durchzuführen soll nach überwiegender Auffassung für Verleihunternehmen ausgeschlossen sein, ebenso wie die Zusammenarbeit von Verleihern mit Arbeitsvermittlungsagenturen ohne Gewinnerzielungsabsicht, vgl. hierzu Valdés de la Ve-

Die staatliche Zulassung stellt für ein Verleihunternehmen nicht eine bloße Tätigkeitserlaubnis zur Durchführung der Arbeitnehmerüberlassung dar, sondern begründet wegen der Beschränkung des Geschäftszwecks auf die Verleihtätigkeit einen Status des Unternehmens als Verleihunternehmen.

Gemäß Art. 18 Abs. 3 lit. c) LISOS stellt ein Verstoß gegen Art. 2 Abs. 1 lit. b) LETT eine als sehr schwer qualifizierte und mit Bußgeld oder Lizenzentzug ahndbare Gesetzesverletzung dar.

cc) Keine Altschulden des Antragstellers gegenüber Steuerbehörden und Sozialversicherung

Art. 2 Abs. 1 lit. c) der LETT verlangt, dass der Bewerber um eine Zulassung als Verleihunternehmen keine Altschulden gegenüber Steuerbehörden und Sozialversicherungsträgern hat, was dieser gemäß Art. 1 Abs. 2 lit. d) RDETT im Bewerbungsverfahren nachweisen muss. Andere Altschulden, insbesondere Forderungen aus Arbeitsverhältnissen, sind von der Vorschrift, obwohl zunächst vom Gesetzentwurf vorgesehen[292], nicht umfasst. Unter Steuerschulden i.S.d. Gesetzes fallen auch Verpflichtungen gegenüber der öffentlichen Verwaltung wie etwa Bußgelder[293].

dd) Hinterlegung einer finanziellen Sicherheitsleistung

Der Antragsteller muss gegenüber der Genehmigungsbehörde eine finanzielle Sicherheitsleistung stellen (Art. 2 Abs. 1 lit. d) LETT). Diese Sicherheitsleistung dient dazu, notfalls ausstehende Lohnforderungen, Entschädigungen und Sozialversicherungsbeiträge abzudecken (Art. 3 Abs. 5 LETT, Art. 9 Abs. 1 RDETT)[294]. Als Formen der Sicherheitsleistung sind gemäß Art. 3 Abs. 1 LETT die Hinterlegung von Bargeld oder öffentlicher Effekten sowie die Beibringung einer Bankbürgschaft oder einer zur Deckung dieses Risikos abgeschlossenen

---

ga, Las Empresas de Trabajo Temporal, S. 28; Rodríguez-Piñero Royo/Calvo Gallego/González Rendón, El impacto de las empresas de trabajo temporal en España: de la legalización a la reforma, S. 65.

292 Cruz Villalón, El marco jurídico de las empresas de trabajo temporal, S. 45, 60; Camps Ruiz, Las empresas de trabajo temporal, S. 64 f.

293 Crespan Echegoyen/Gonzalez Martin/Lopez Parada, Empresas de Trabajo Temporal, Rn. 283; Valdés de la Vega, Las Empresas de Trabajo Temporal, S. 27.

294 Molero Marañon, La responsabilidad empresarial frente al personal de las Empresas de Trabajo Temporal, S. 45, auch zu der Frage, ob die Sicherheitsleistung neben den Leiharbeitnehmern auch den in der Verwaltung des Verleihers Beschäftigten zugute kommen soll; Abele, RdA 1996, 243, 244; Pérez Pérez, Empresas de trabajo temporal y relaciones laborales, S. 150 f., 387.

Versicherung vorgesehen[295]. Zur erstmaligen Erlangung der behördlichen Genehmigung - die Genehmigung ist zunächst befristet[296] - ist eine Sicherheitsleistung in Höhe des fünfundzwanzigfachen der jährlichen Summe des gesetzlichen Mindestlohns erforderlich. Gemäß Art. 27 ET wird von der spanischen Regierung jährlich ein allgemeiner Mindestlohn für jegliche Art der Beschäftigung in Landwirtschaft, Industrie oder im Dienstleistungsbereich festgelegt (*salario mínimo interprofesional*). Legt man den für das Jahr 2002 in Art. 1 des R.D. 1466/2001 vom 27.12.2001[297] festgesetzten Mindestlohn von 14,74 Euro pro Tag oder 442,20 Euro pro Monat zugrunde und multipliziert ihn mit dem Faktor vierzehn (zwölf Monatsgehälter plus zwei Sonderzahlungen gemäß Art. 31 ET) ergibt sich ein jährlicher Mindestlohn von 6.190,80 Euro für das Jahr 2002. Multipliziert man diese Summe mit dem Faktor fünfundzwanzig, folgt daraus für das Jahr 2002 eine bei erstmaliger Bewerbung um eine Verleiherlaubnis zu stellende Sicherheitsleistung in Höhe von 154.770,00 Euro.

Für eine Folgegenehmigung muss eine Sicherheitsleistung in Höhe von 10 % der reinen Gehaltssumme ohne Abgangsentschädigungen des vorangegangenen Geschäftsjahres erbracht werden (Art. 8 RDETT). Verfügt der Verleiher über eine unbefristete Genehmigung, so muss die zu stellende Sicherheitsleistung gemäß Art. 3 Abs. 3 LETT jährlich an den Maßstab von 10 % der reinen Gehaltssumme des Verleihunternehmens ohne Entschädigungen angepasst werden.

Durch diesen veränderten Berechnungsmodus darf der Betrag der erstmaligen Sicherheitsleistung aber nicht unterschritten werden (Art. 3 Abs. 2 LETT), d.h. die erstmalige Sicherheitsleistung hat den Charakter einer Mindestgarantie[298]. Die jährliche Anpassung muss gemäß Art. 7 Abs. 4 RDETT der Genehmigungsbehörde mitgeteilt werden. Die Verletzung der Anpassungspflicht stellt gemäß Art. 18 Abs. 3 lit. a) LISOS einen als sehr schwer qualifizierten Gesetzesverstoß, eine Verletzung der Mitteilungspflicht gemäß Art. 18 Abs. 2 lit. b) LISOS einen als schwer qualifizierten Gesetzesverstoß dar.

Der Rückgriff auf die Sicherheitsleistung kann bei Zahlungsunfähigkeit des Verleihers nur erfolgen, wenn und soweit die Ansprüche, welche diese Garantie abdecken soll, durch ein (gerichtliches) Güteverfahren, durch eine rechtskräftige Gerichtsentscheidung oder mittels einer amtlichen Bescheinigung der Sozialversicherung über Außenstände des Verleihers (Art. 9 Abs. 1 RDETT) festgestellt wurden[299].

---

295 Ausführlich zu den einzelnen Formen der Sicherheitsleistung Pérez Pérez, Empresas de trabajo temporal y relaciones laborales, S. 138 ff.

296 Hierzu sogleich auf S. 89.

297 B.O.E. vom 31.12.2001.

298 Abele, RdA 1996, 243, 244; Pérez Pérez, Empresas de trabajo temporal y relaciones laborales, S. 146.

299 Ausführlich zum Antrags- und Verwertungsverfahren Pérez Pérez, Empresas de trabajo temporal y relaciones laborales, S. 233, 392 ff.

Reicht die Sicherheitsleistung nicht zur Befriedigung aller festgestellten Ansprüche aus, so gilt folgende Vorrangregel: Zunächst sind die Lohnansprüche für die letzten 30 Tage zu befriedigen, allerdings mit der Einschränkung, dass der einzelne Anspruch nicht das Doppelte des gesetzlichen Mindestlohns überschreiten darf. Darüber hinausgehende fällige Ansprüche kommen erst danach zum Zuge, wobei sich der Rang der Anspruchsberechtigung nach dem Eingang des Antrags auf Befriedigung aus der Sicherheitsleistung bemisst (Art. 9 Abs. 4 lit. a) RDETT). Nachrangig zu befriedigen sind die Ansprüche auf Abgangsentschädigung[300] (Art. 9 Abs. 4 lit. n) RDETT) und schließlich, an letzter Stelle, die Forderungen des Sozialversicherungsträgers (Art. 9 Abs. 4 lit. c) RDETT).

Für etwaige Ausgleichsansprüche, die dem Entleiher gegen den Verleiher zustehen können[301], kann auf die Sicherheitsleistung nach dem klaren Wortlaut von Art. 3 Abs. 5 LETT, 9 Abs. 1 RDETT dagegen nicht zurückgegriffen werden[302].

Die Sicherheitsleistung wird dem Verleiher gemäß Art. 3 Abs. 6 LETT zurückerstattet, wenn er seine Tätigkeit einstellt und keine Forderungen in Bezug auf Lohn- oder Entschädigungsforderungen bzw. Sozialversicherungsbeiträge mehr vorliegen.

ee) Nichtbestehen eines zweimaligen Tätigkeitsverbots

Weitere Zulassungsvoraussetzung ist gemäß Art. 2 Abs. 1 lit. e) LETT, dass gegenüber dem Antragsteller nicht mehr als einmal ein Tätigkeitsverbot verhängt wurde. Die Zulassung des Verleihers kann vom Arbeitsministerium oder den entsprechenden Organen auf Ebene der autonomen Regionen im Falle wiederholter schwerer Gesetzesverstöße gemäß Art. 18 Abs. 3 LISOS aufgehoben und eine Sperrfrist von einem Jahr verhängt werden. Um seine Tätigkeit danach wieder aufnehmen zu können, muss der Verleiher eine neue Zulassung beantragen (Art. 5 Abs. 1 lit. a) RDETT). Wurde die Zulassung bereits zweimal entzogen, scheidet eine erneute Wiederzulassung aus.

ff) Aufnahme des Begriffs „Zeitarbeitsunternehmen“ in die Firma

Der Antragsteller muss gemäß Art. 2 Abs. 1 lit. f) LETT den Begriff „Zeitarbeitsunternehmen“ in seine Firma aufnehmen. Diese Anforderung verfolgt zum einen das Ziel, Bewerber um ausgeschriebene Stellen frühzeitig darauf hinzuweisen, dass es sich hierbei regelmäßig um Leiharbeitsplätze mit ihren Beson-

---

[300] Siehe hierzu S. 169.

[301] Vgl. auch S. 204 und 223.

[302] Darauf weist López Balaguer, La relación laboral de los trabajadores puestos a disposición, S. 151 zu Recht hin.

derheiten, etwa dem häufigen Wechsel des Arbeitsortes, handelt[303]. Zum anderen erleichtert dieses Publizitätserfordernis die Durchführung staatlicher Kontrolle. In diese Richtung zielt auch Art. 4 Abs. 2 LETT, der das Zeitarbeitsunternehmen verpflichtet, in allen Werbeanzeigen und Stellenausschreibungen die Genehmigungsbehörde sowie das Aktenzeichen der Genehmigung anzugeben. Staatlicherseits kann so einfacher geprüft werden, ob das Zeitarbeitsunternehmen bei seiner Geschäftstätigkeit die gesetzliche Beschränkung auf wesenstypische Aktivitäten eines Verleihers (Art. 2 Abs. 1 lit. b) LETT) einhält[304].

e) Zuständigkeit für die Genehmigungserteilung

Die örtliche und sachliche Zuständigkeit der Zulassungsbehörde richtet sich danach, wo der Verleiher seinen Betrieb eröffnen will.

Plant der Antragsteller die Eröffnung eines Betriebes in einer Provinz, so liegt gemäß Art. 2 Abs. 2 LETT die örtliche und sachliche Zuständigkeit für die Zulassung bei der obersten Arbeitsbehörde der jeweiligen Provinz bzw. dem entsprechenden Organ auf Ebene einer autonomen Region (*Comunidad Autónoma*), die aus verschiedenen Provinzen besteht. Voraussetzung für Letzteres ist allerdings, dass dieser autonomen Region, wie z.B. der *Communidad Autónoma de Andalucía,* die Kompetenz zur Ausführung der Gesetze übertragen wurde[305].

Beabsichtigt der Antragsteller, Niederlassungen in verschiedenen Provinzen zu eröffnen, so wird die Genehmigung entweder von der *Dirección General de Empleo* in Madrid oder, falls sich alle Betriebe innerhalb einer autonomen Region befinden, von der entsprechenden Behörde auf Ebene der autonomen Region erteilt (Art. 2 Abs. 2 S. 2 LETT). Verlegt der Verleiher seinen Betrieb in eine andere Provinz, so benötigt er gemäß Art. 3 Abs. 4 LETT eine neue Genehmigung von der dort zuständigen Arbeitsbehörde, die alte Genehmigung verliert nach Art. 2 Abs. 2 RDETT ihre Gültigkeit[306].

f) Zeitlicher Umfang der behördlichen Genehmigung

Die behördliche Genehmigung ist gemäß Art. 2 Abs. 3 LETT zunächst auf ein Jahr befristet. Es besteht aber die Möglichkeit einer zweimaligen Verlängerung für jeweils ein weiteres Jahr. Die Verlängerung muss mindestens drei Monate vor Ablauf der Genehmigung beantragt werden. Eine unbefristete Genehmigung

303 Abele, RdA 1996, S. 243, 245 Rn. 16; a.A. Pérez Pérez, Empresas de trabajo temporal y relaciones laborales, S. 161.

304 Valdés de la Vega, Las Empresas de Trabajo Temporal, S. 30; Pérez Pérez, Empresas de trabajo temporal y relaciones laborales, S. 161.

305 Crespan Echegoyen/Gonzalez Martin/Lopez Parada, Empresas de Trabajo Temporal, Rn. 250; Pérez Pérez, Empresas de trabajo temporal y relaciones laborales, S. 125.

306 Abele, RdA 1996, 243, 245; Camps Ruiz, Las empresas de trabajo temporal, S. 24.

wird erteilt, wenn der Verleiher seine Tätigkeit drei Jahre lang mit Genehmigung ausgeübt hat. Die unbefristete Genehmigung erlischt, wenn der Verleiher seine Tätigkeit während der Dauer eines Jahres einstellt (Art. 2 Abs. 3 LETT)[307].

g) Anspruch auf Genehmigungserteilung

aa) Antrag auf erstmalige Zulassung bzw. Wiederzulassung

Für die Konstellation eines Antrags auf erstmalige Zulassung oder Wiederzulassung nach zeitweiliger Tätigkeitseinstellung bzw. behördlicher Aufhebung der Zulassung ist umstritten, ob der Arbeitsverwaltung ein Entscheidungsspielraum zusteht oder ob es sich um eine gebundene Entscheidung handelt.

Aus Art. 2 Abs. 2 LETT, der davon spricht, dass „die Zulassung von der Arbeitsbehörde der jeweiligen Provinz erteilt wird", lässt sich kein Argument für das Vorliegen einer gebundenen Entscheidung ableiten, da hierdurch nur die Zuständigkeit zur Genehmigungserteilung geregelt werden soll. Auch aus Art. 2 Abs. 4 LETT, wonach „über den Zulassungsantrag innerhalb von drei Monaten nach Einreichung zu entscheiden ist", lässt sich kein Hinweis auf eine gebundene Entscheidung entnehmen, vielmehr handelt es sich nur um eine gesetzlich geregelte Bearbeitungsfrist[308]. Entscheidet die Behörde nicht innerhalb dieser Frist, so gilt ein Erst- bzw. Wiederzulassungsantrag als abgelehnt (Art. 2 Abs. 4 S. 2 Alt.1 LETT). Jedoch ergibt ein Gegenschluss aus den Art. 1 und 11 des R.D. 735/1995 vom 5.5.1995[309], dass es sich bei der erstmaligen Zulassung bzw. Wiederzulassung als Zeitarbeitsunternehmen um eine gebundene Entscheidung handelt. Private Arbeitsvermittlungsagenturen „können" nach den zuletzt genannten Normen durch die Arbeitsbehörden zugelassen werden. Will also der Gesetzgeber der Arbeitsverwaltung einen Entscheidungsspielraum zugestehen, so bringt er dies im Gesetzeswortlaut deutlich zum Ausdruck[310]. Da eine ausdrückliche Gewährung eines Entscheidungsspielraums zugunsten der Arbeitsbehörde bei einem Antrag auf erstmalige Zulassung bzw. Wiederzulassung als Zeitarbeitsunternehmen fehlt, erfordert der Schutz der Unternehmerfreiheit (Art. 38 CE), die Zulassungsentscheidung nur an die Erfüllung der gesetzlich vorgesehenen Anforderungen zu knüpfen[311].

---

307 Ausführlich Pérez Pérez, Empresas de trabajo temporal y relaciones laborales, S. 130 f.; Abele, RdA 1996, 243, 245; Camps Ruiz, Las empresas de trabajo temporal, S. 24.

308 Anderer Ansicht ist Abele, RdA 1996, 243, 245.

309 B.O.E. vom 8.5.1995.

310 So auch Rodríguez-Piñero Royo/Calvo Gallego/González Rendón, El impacto de las empresas de trabajo temporal en España: de la legalización a la reforma, S. 74.

311 Cruz Villalón, El marco jurídico de las empresas de trabajo temporal, S. 45, 56; im Ergebnis für das Vorliegen einer gebundenen Entscheidung auch Valdés de la Vega, Las Empresas de Trabajo Temporal, S. 8 f.; a.A. Rodríguez-Piñero Royo/Calvo Gallego/González

bb) Antrag auf Verlängerung einer befristeten Genehmigung bzw. auf unbefristete Zulassung

Bei Vorliegen der oben genannten formellen und materiellen Genehmigungsanforderungen „wird die Zulassung (befristet oder unbefristet) verlängert" (Art. 2 Abs. 3 LETT i.V.m. Art. 4 Abs. 1 RDETT). Raum für behördliches Ermessen besteht in diesen Fällen nicht[312]. Bei Erfüllung der Zulassungsvoraussetzungen wird dem Bewerber ein subjektives Recht auf Zulassung zugestanden[313]. Die behördliche Entscheidung hat binnen einer Frist von drei Monaten nach Antragstellung zu ergehen. Entscheidet die Behörde innerhalb dieser Frist nicht, so wird gemäß Art. 2 Abs. 4 S. 2 Alt. 2. LETT das behördliche Schweigen als Zulassung fingiert.

h) Die Registrierung von Zeitarbeitsfirmen und gesetzliche Meldepflichten

aa) Registrierung

Die zuständige Arbeitsverwaltungsbehörde nimmt jedes Verleihunternehmen mit seinen wesentlichen Merkmalen (z.B. Rechtsform, Firmensitz, Namen der geschäftsführenden Personen usw.) in ein Register auf (Art. 4 LETT i.V.m. Art. 11-13 RDETT)[314]. Sinn dieses Registers ist es zum einen, öffentlichen oder privaten Stellen den Zugang zu den gespeicherten Informationen zu ermöglichen, zum anderen aber auch, dem Verleiher die Möglichkeit zu geben, sich anhand der Registernummer im Geschäftsverkehr als ordnungsgemäß gegründet und zugelassen zu legitimieren. Insbesondere für das Entleiherunternehmen, das bei Vorliegen eines nicht ordnungsgemäß legitimierten Verleiher weitreichende rechtliche Konsequenzen zu tragen hat[315], sind entsprechende Informationen über den Verleiher von besonderer Bedeutung[316].

bb) Meldepflichten

Art. 5 LETT erlegt den Verleihunternehmen verschiedene Informationspflichten gegenüber den Arbeitsbehörden auf. Gemäß Art. 5 Abs. 1 LETT muss jeder

---

Rendón, El impacto de las empresas de trabajo temporal en España: de la legalización a la reforma, S. 74.

312 So auch Rodríguez-Piñero Royo/Calvo Gallego/González Rendón, El impacto de las empresas de trabajo temporal en España: de la legalización a la reforma, S. 74.

313 Cruz Villalón, El marco jurídico de las empresas de trabajo temporal, S. 45, 56.

314 Ausführlich zu Aufbau und Inhalt des Registers Pérez Pérez, Empresas de trabajo temporal y relaciones laborales, S. 132 ff.

315 Vgl. hierzu S. 219 ff.

316 Rodríguez-Piñero Royo, Las empresas de trabajo temporal en España, S. 75 f.

Verleiher die zuständige Arbeitsbehörde über die abgeschlossenen Überlassungsverträge informieren, um dieser die Möglichkeit zu geben, die geschlossenen Überlassungsverträge auf ihre Rechtmäßigkeit hin zu überprüfen[317]. Im Rahmen der Reform durch die *Ley* 29/1999 wurden die Arbeitsbehörden verpflichtet, die so gewonnenen Informationen an die Unterabteilungen des *Instituto Nacional de Empleo*[318] auf Provinzebene weiterzugeben, um diesen Stellen die Beobachtung und Analyse der Beschäftigungsentwicklung in der Provinz zu ermöglichen[319].

Gemäß Art. 5 Abs. 2 LETT besteht auch eine Informationspflicht des Verleihers gegenüber den Arbeitsbehörden in Bezug auf eine Änderung des Firmennamens, eine Öffnung oder Schließung von Zweigstellen sowie die Einstellung der Verleihtätigkeit.

Eine Verletzung dieser Meldepflichten stellt einen als schwer qualifizierten und mit Bußgeld ahndbaren Gesetzesverstoß i.S.d. Art. 18 Abs. 2 lit. b) LISOS dar.

2.) In Deutschland

a) Erlaubnispflicht als Regelungsprinzip

Das Betreiben gewerbsmäßiger Arbeitnehmerüberlassung bedarf einer vorherigen Erlaubnis der Bundesagentur für Arbeit (§§ 1 Abs. 1 S. 1 i.V.m. 17 AÜG). Gewerbsmäßige Arbeitnehmerüberlassung unterliegt einem präventiven Verbot mit Erlaubnisvorbehalt, um so eine vorbeugende Kontrolle der Verleiher durch die Arbeitsverwaltung zu ermöglichen und Missbräuchen entgegenzuwirken[320]. Unerheblich für die Erlaubnispflicht ist, ob die Arbeitnehmerüberlassung Haupt- oder lediglich Nebenzweck des Verleihunternehmens ist. Die Erlaubnispflicht greift bereits dann ein, wenn im Einzelfall Arbeitnehmer überwiegend in Gewinnerzielungsabsicht an Dritte überlassen werden[321]. Auch sogenannte „Mischbetriebe“, deren eigentlicher Geschäftszweck nicht in der gewerbsmäßigen Überlassung von Arbeitnehmern liegt, die diese aber regelmäßig nebenbei betreiben, bedürfen der Erlaubnis nach § 1 Abs. 1 S. 1 AÜG. Anderenfalls würde einer Umgehung der Schutzzwecke des AÜG Tür und Tor geöffnet.

Die Verleiherlaubnis ist als bloße „Betätigungserlaubnis“ zu qualifizieren, da der Verleiher seine Geschäftstätigkeit nicht auf Arbeitnehmerüberlassung be-

---

317 Pérez Pérez, Empresas de trabajo temporal y relaciones laborales, S. 164; Rodríguez-Piñero Royo, Las empresas de trabajo temporal en España, S. 77.

318 Vergleichbar der deutschen Bundesagentur für Arbeit.

319 Escudero Rodríguez/Mercader Uguina, RL 2000, Band 1, 633, 647 f.

320 Boemke, AÜG, § 1 Rn. 5; Hamann, in: Schüren, AÜG, § 1 Rn. 3 f.

321 BAG vom 8.11.1978, AP Nr. 2 zu § 1 AÜG = DB 1979, 851; vom 18.2.1988, EzAÜG Nr. 4 zu § 613 a BGB; Hamann, in: Schüren, AÜG, § 1 Rn. 291 m.w.N.

schränken muss. Die Verleiherlaubnis begründet keinen Status als exklusives Verleihunternehmen.

b) Ausnahmen von der Erlaubnispflicht

Bestimmte Fälle drittbezogenen Personaleinsatzes, die unter den Tatbestand gewerbsmäßiger Arbeitnehmerüberlassung gefasst werden können, nimmt das AÜG aus einem großen Teil seines Anwendungsbereichs, etwa aus den Vorschriften über die Erlaubnispflicht, aus. In Bezug auf bestimmte andere Fälle ist das AÜG grundsätzlich einschlägig und es werden nur die Vorschriften über die Erlaubnispflicht für unanwendbar erklärt.

Von den meisten Vorschriften des AÜG, insbesondere auch von der Erlaubnispflicht, ausgenommen ist die Arbeitnehmerüberlassung zwischen Arbeitgebern desselben Wirtschaftszweiges, wenn sie zur Vermeidung von Kurzarbeit oder Entlassungen erfolgt und ein für den Entleiher und Verleiher anwendbarer Tarifvertrag diese Möglichkeit ausdrücklich vorsieht (§ 1 Abs. 3 Nr. 1 AÜG)[322]. Im Hinblick auf das in Art. 9 Abs. 3 GG enthaltene Diskriminierungsverbot erscheint es allerdings bedenklich, dass § 1 Abs. 3 Nr. 1 AÜG die Möglichkeit des Personaltausches allein für in einem Arbeitgeberverband organisierte Arbeitgeber zulässt[323].

Auch die Arbeitnehmerüberlassung zwischen Konzernunternehmen i.S.d. § 18 AktG, wenn der Arbeitnehmer seine Arbeit vorübergehend nicht bei seinem Arbeitgeber leistet (§ 1 Abs. 3 Nr. 2 AÜG)[324], ist vom Anwendungsbereich des AÜG weitgehend ausgenommen und unterfällt nicht der Erlaubnispflicht. Gleiches gilt für Arbeitnehmerüberlassung in das Ausland, wenn der Leiharbeitnehmer in ein auf der Grundlage zwischenstaatlicher Vereinbarungen begründetes deutsch-ausländisches Gemeinschaftsunternehmen verliehen wird, an dem der Verleiher beteiligt ist (§ 1 Abs. 3 Nr. 3 AÜG)[325].

Vom Anwendungsbereich des AÜG grundsätzlich erfasst und nur aus der Erlaubnispflicht ausgenommen ist die Arbeitnehmerüberlassung durch Kleinunternehmen i.S.d. § 1a AÜG: Hiernach bedarf ein Arbeitgeber mit weniger als 50 Beschäftigten, der zur Vermeidung von Kurzarbeit oder Entlassungen an einen Arbeitgeber einen Arbeitnehmer bis zur Dauer von 12 Monaten überlässt

---

[322] Zu den Einzelheiten vgl. Hamann, in: Schüren, AÜG, § 1 Rn. 497 ff.; Boemke, AÜG, § 1 Rn. 163 ff.; Wank, in: ErfK, § 1 AÜG, Rn. 71 ff.

[323] Vgl. Löwisch/Rieble, in: MünchArbR, Band 3, § 245 Rn. 75.

[324] Ausführlich hierzu Worpenberg, Die konzerninterne Arbeitnehmerüberlassung, S. 111 ff.; Wank, in: ErfK, § 1 AÜG, Rn. 82 ff; Hamann, in: Schüren, AÜG, § 1 Rn. 552 ff.; verfügt das Konzerntochterunternehmen, bei dem der Arbeitnehmer eingesetzt wird, über keine eigene Betriebsorganisation, liegt keine Arbeitnehmerüberlassung vor (BAG vom 3.12.1997, AP Nr. 24 zu § 1 AÜG = NZA 1998, 876).

[325] Boemke, AÜG, § 1 Rn. 192 ff; Hamann, in: Schüren, AÜG, § 1 Rn. 592 ff.

und die Überlassung vorher schriftlich dem für seinen Geschäftssitz zuständigen Landesarbeitsamt angezeigt hat, keiner Erlaubnis[326].

c) Materiellrechtliche Voraussetzungen der Erlaubniserteilung

Bei der Verleiherlaubnis handelt es sich um einen begünstigenden Verwaltungsakt, auf dessen Erteilung der inländische Antragsteller[327] einen Anspruch hat, soweit keine Versagungsgründe bestehen. Die Erlaubnis ist zu versagen, wenn Tatsachen die Annahme rechtfertigen, dass der Antragsteller einen der folgenden abschließenden[328] Versagungsgründe erfüllt (§ 3 Abs. 1 S. 1 HS. 1 AÜG):

aa) Mangelnde Zuverlässigkeit des Antragstellers

Nach § 3 Abs. 1 Nr. 1 AÜG ist die Verleiherlaubnis zu versagen, wenn der Antragsteller die für die Ausübung der Arbeitnehmerüberlassung erforderliche Zuverlässigkeit nicht besitzt. Mangels eigener Definition des Begriffs „Zuverlässigkeit“ im AÜG wird die im Gewerberecht gebräuchliche Definition als Grundlage herangezogen[329]: Unzuverlässig i.S.d. Gewerberechts ist derjenige, der keine Gewähr dafür bietet, dass er sein Gewerbe in Zukunft ordnungsgemäß ausüben wird[330]. § 3 Abs. 1 Nr. 1 AÜG liefert für die Frage, wann die geforderte Zuverlässigkeit nicht gegeben ist, einige Regelbeispiele: Hiernach deuten die Nichteinhaltung der Vorschriften des Sozialversicherungsrechts, also insbesondere der Arbeitgeberpflichten im Bereich der Kranken-, Pflege-, Unfall-, Renten- und Arbeitslosenversicherung[331], der Vorschriften über Einbehaltung und Abführung der Lohnsteuer (§§ 38 Abs. 3, 41a Abs. 1 Nr. 2 EStG), der Vorschriften über die Arbeitsvermittlung und über die Anwerbung im Ausland (§ 292 SGB III) oder über die Arbeitserlaubnis für Ausländer (§§ 284 ff. SGB III) auf mangelnde Zuverlässigkeit des Antragstellers hin. Gleiches gilt im Falle der

326 Sandmann/Marschall, AÜG, Art. 1 § 1a Rn. 3 ff; Hamann, in: Schüren, AÜG, § 1a Rn. 13 ff.

327 Inländischen natürlichen Personen, juristischen Personen des öffentlichen oder Privatrechts, Personengesellschaften und Personengesamtheiten stehen in Bezug auf die Anspruchsberechtigung bestimmte ausländische natürliche Personen, Gesellschaften oder juristische Personen gleich, die die Kriterien des § 3 Abs. 4 und 5 AÜG erfüllen.

328 Boemke, AÜG, § 3 Rn. 7; Sandmann/Marschall, AÜG, Art. 1 § 3 Rn. 1; Schüren, in: Schüren, AÜG, § 3 Rn. 24; Kaufmann, Arbeitnehmerüberlassung, Rn. 97; a.A. LSG Bremen vom 17.12.1975, EzAÜG Nr. 1 zu § 3 AÜG Versagungsgründe.

329 Schüren, in: Schüren, AÜG, § 3 Rn. 52; A. Schaub, Arbeitnehmerüberlassung, S. 135 f.

330 BVerwG vom 19.3.1970, DVBl. 1971, 277 = GewArch 1971, 200; vom 2.2.1982, DVBl. 1982, 699 = GewArch 1982, 334; Sandmann/Marschall, AÜG, Art. 1 § 3 Rn. 5; Schüren, in: Schüren, AÜG, § 3 Rn. 50 ff.

331 Schüren, in: Schüren, AÜG, § 3 Rn. 66; Niebler/Biebl/Roß, AÜG, Rn. 246 f.; Schneider, Handbuch Zeitarbeit, Rn. 70.

Verletzung von Vorschriften des Arbeitsschutzrechts, also insbesondere neben den öffentlichrechtlichen Arbeitsschutzbestimmungen einschließlich der Unfallverhütungsvorschriften die Bestimmungen des Arbeitszeit-, Ladenschluss-, Mutterschutz- und Jugendarbeitsschutzgesetzes[332] sowie bei Nichteinhaltung sonstiger arbeitsrechtlicher Pflichten durch den Antragsteller. Auch die unzulässige Befristung von Arbeitsverträgen, die nach dem Wegfall der besonderen Befristungsverbote in § 3 Abs. 1 Nr. 3 und 5 AÜG a.F. nun allein an den Vorgaben des § 14 TzBfG zu messen ist[333], erfüllt das Tatbestandsmerkmal der „Nichteinhaltung arbeitsrechtlicher Pflichten" und ist als Indiz für mangelnde Zuverlässigkeit i.S.d. § 3 Abs. 1 Nr. 1 AÜG zu fassen[334]. Bei dem Begriff der Zuverlässigkeit handelt es sich um einen unbestimmten Rechtsbegriff, dessen Auslegung und Anwendung durch die Behörde gerichtlich voll überprüfbar ist[335]. Aus seinem vergangenen und gegenwärtigen Verhalten wird seitens der Erlaubnisbehörde eine Zukunftsprognose in Bezug auf die Zuverlässigkeit des Antragstellers erstellt[336].

bb) Mangelhafte Betriebsorganisation

Gemäß Art. 3 Abs. 1 Nr. 2 AÜG ist die Erlaubnis auch zu versagen, wenn der Verleiher nach der Gestaltung seiner Betriebsorganisation nicht in der Lage ist, die üblichen Arbeitgeberpflichten ordnungsgemäß zu erfüllen. Unter den üblichen Arbeitgeberpflichten sind, wie in § 1 Abs. 2 AÜG, alle gesetzlich geregelten Arbeitgeberpflichten zu verstehen, neben den individualarbeitsrechtlichen Pflichten also auch solche des Sozialversicherungs-, Steuer-, Arbeitsvermittlungs- und Arbeitsschutzrechts[337]. Motiv des Gesetzgebers für diesen Versagungsgrund ist, „Sofa- und Rucksackunternehmen", die ohne feste Betriebsstätte mit entsprechender materieller Ausstattung gewerbliche Arbeitnehmerüberlassung betreiben wollen, im Interesse des sozialen Schutzes der Leiharbeitnehmer auszuschließen[338]. Eine ausreichende Betriebsorganisation setzt zwar keinen in kaufmännischer Weise eingerichteten Geschäftsbetrieb i.S.d. § 1 Abs. 2 HGB voraus. Jedoch muss eine feste Betriebsstätte von gewisser Dauer eingerichtet und der Zugang der üblichen Post sichergestellt werden. Ein Hotelzimmer, ein

332 Niebler/Biebl/Roß, AÜG, Rn. 250.
333 Vgl. hierzu S. 173 ff.
334 Schüren, in: Schüren, AÜG, § 3 Rn. 212, 219 ff.
335 Wank, in: ErfK, § 3 AÜG, Rn. 3; Schüren, in: Schüren, AÜG, § 3 Rn. 51; Niebler/Biebl/Roß, AÜG, Rn. 242.
336 BSG vom 6.2.1992, NZA 1992, 1006 = BB 1992, 2365; Schüren, in: Schüren, AÜG, § 3 Rn. 54 ff.; Sandmann/Marschall, AÜG, Art. 1 § 3 Rn. 5 ff.
337 Schüren, in: Schüren, AÜG, § 3 Rn. 88; Niebler/Biebl/Roß, AÜG, Rn. 254.
338 BT-Drs. 6/2303, S. 11; Wank, in: ErfK, § 3 AÜG, Rn. 15; Niebler/Biebl/Roß, AÜG, Rn. 254; Sandmann/Marschall, AÜG, Art. 1 § 3 Rn. 19.

Campingwagen oder eine Baubude genügen diesen Anforderungen nicht. Auch ist eine der Größe des Betriebes entsprechende Ausstattung der Verwaltung des Unternehmens mit sachkundigem Personal erforderlich[339]. Teilweise wird zudem verlangt, dass der Verleiher über eine ausreichende finanzielle Ausstattung verfügt, um die Ansprüche seiner Arbeitnehmer aus dem Arbeitsverhältnis befriedigen zu können. Der Nachweis, gegebenenfalls Bankkredite bzw. Bankbürgschaften zu erhalten, wird hierbei als ausreichend angesehen, ein größeres Barvermögen ist nicht erforderlich[340].

cc) Diskriminierung von Leiharbeitnehmern gegenüber Arbeitnehmern des Entleihers in Bezug auf die wesentlichen Arbeitsbedingungen

(1) Der Grundsatz der Gleichbehandlung von Leiharbeitnehmern

Eine wesentliche Neuerung, die Art. 6 Nr. 3 und 4 des „Ersten Gesetzes für moderne Dienstleistungen am Arbeitsmarkt" in Bezug auf das AÜG mit sich brachte, war die zeitliche Erweiterung des Gleichbehandlungsgrundsatzes zugunsten von Leiharbeitnehmern. Nunmehr gilt das Gleichbehandlungsgebot, gemäß dem einem Leiharbeitnehmer vom Verleiher die für einen vergleichbaren Arbeitnehmer des Entleihers geltenden wesentlichen materiellen Arbeitsbedingungen einschließlich des Arbeitsentgelts gewährt werden müssen („*equal treatment*" und „*equal pay*"), nicht erst ab dem 13. Monat der Überlassung[341], sondern bereits vom ersten Tag der Überlassung an[342]. Leitgedanke für die Gleichstellung der Leiharbeitnehmer schon mit Beginn des Überlassungszeitraums war für den Gesetzgeber hierbei der Grundsatz „gleicher Lohn für gleiche Arbeit"[343]. Abweichungen vom Gleichbehandlungsgrundsatz sind unter bestimmten Voraussetzungen nur für zuvor arbeitslose Arbeitnehmer sowie bei Vorliegen entsprechender Tariföffnungsklauseln möglich. Verstößt der Verleiher gegen diesen Gleichbehandlungsgrundsatz, zieht dies unterschiedliche Konsequenzen nach sich: Zum einen sind Vereinbarungen zwischen Verleiher und Leiharbeitnehmer, die vom Gleichbehandlungsgrundsatz abweichen, ohne dass ein gesetzlich genannter Ausnahmefall eingreift, gemäß § 9 Nr. 2 AÜG unwirksam und wird dem Leiharbeitnehmer in diesem Fall ein Anspruch auf Gewährung der vergleichbaren wesentlichen Arbeitsbedingungen des Entleihers einschließlich des Arbeitsentgelts gegen den Verleiher zugestanden (§ 10 Abs. 4 AÜG). Zum

339 Niebler/Biebl/Roß, AÜG, Rn. 255; Wank, in: ErfK, § 3 AÜG, Rn. 16; Sandmann/Marschall, AÜG, Art. 1 § 3 Rn. 20.

340 Sandmann/Marschall, AÜG, Art. 1 § 3 Rn. 21.

341 So noch die Fassung des Job-AQTIV-Gesetzes vom 10.12.2001 (BGBl. I, 3443).

342 Ausführlich zu dieser Neuerung Rieble/Klebeck, NZA 2003, 23, 24; Raab, ZfA 2003, 389, 394 ff., Ulber, AuR 2003, 7, 10; Thüsing, DB 2003, 446 ff.

343 BT-Drs. 15/25, S. 38.

anderen stellt ein Verstoß gegen den Gleichbehandlungsgrundsatz nach § 3 Abs. 1 Nr. 3 AÜG einen Erlaubnisversagungsgrund dar, der bei der Frage der Verlängerung, der Rücknahme bzw. des Widerrufs der Verleiherlaubnis oder ihrer (Wieder-)Erteilung eine Rolle spielt.

Die Verfassungsmäßigkeit dieser gesetzlichen Gleichbehandlungspflicht wird im Hinblick auf die Koalitionsfreiheit nach Art. 9 Abs. 3 GG sowie die Arbeitsvertragsfreiheit nach Art. 12 Abs. 1 GG[344] allerdings teilweise in Zweifel gezogen[345]. Auch stellt sich die Frage, inwieweit der Rückgriff auf Leiharbeitnehmer aus Unternehmenssicht in Zukunft noch wirtschaftlich sinnvoll ist und damit Arbeitnehmerüberlassung weiterhin als Mittel der Beschäftigungsförderung Bedeutung zukommt. So schlägt sich die Gleichbehandlungspflicht in steigenden Überlassungskosten nieder, die regelmäßig die Kosten der Direkteinstellung von Arbeitskräften übersteigen. Ob allein der Aspekt der Flexibilität die Attraktivität der Leiharbeit für die Zukunft sichert, erscheint zumindest zweifelhaft[346].

(2) Vergleichbarer Arbeitnehmer des Entleihers

„Vergleichbarer Arbeitnehmer des Entleihers“ gemäß § 3 Abs. 1 Nr. 3 AÜG ist ein Arbeitnehmer des Entleiherbetriebes, der dieselbe oder eine zumindest ähnliche Tätigkeit ausführt wie der Leiharbeitnehmer[347]. Vergleichbarkeit setzt weiter voraus, dass Leiharbeitnehmer und Stammarbeitnehmer des Entleihers unter ähnlichen Bedingungen in Bezug auf Arbeitsort sowie Lage und Dauer der Arbeitszeit beschäftigt sind. Dies ist insbesondere bei funktional austauschbaren Tätigkeiten mit gleichem Anforderungsprofil und gleichen Belastungen der Fall[348]. Wird der Leiharbeitnehmer beim Entleiher in Teilzeit beschäftigt, sind ihm nur Teilzeitarbeitskräfte des Entleihers vergleichbar. Entsprechendes gilt, wenn der Leiharbeitnehmer dem Entleiher, wie regelmäßig, nur befristet überlassen wird. Hier sind nur befristete Arbeitnehmer des Entleihers vergleichbar[349].

---

344 BVerfG vom 30.9.1993, AP Nr. 37 zu § 123 BGB = NZA 1994, 209; Löwisch, Arbeitsrecht, Rn. 100; H. Hanau, RdA 1996, 158, 160.

345 Ausführlich Klebeck, Gleichstellung der Leiharbeitnehmer als Verfassungsverstoß, S. 45 ff.; Rieble/Klebeck, NZA 2003, 27 ff.; Thüsing, DB 2003, 446, 449 f.; Raab, ZfA 2003, 389, 414 ff.; Hümmerich/Holthausen/Welslau, NZA 2003, 7, 10; Grobys/Schmidt/Brocker, NZA 2003, 777 ff.

346 Vgl. hierzu ausführlich Rieble/Klebeck, NZA 2003, 23 ff.; Wank, NZA 2003, 14, 22; Raab, ZfA 2003, 389, 399; Picker, ZfA 2002, 469, 501 ff.

347 BT-Drs. 15/25, S. 38; vgl. auch Boemke, AÜG, § 10 Rn. 119 ff. und Behrend, NZA 2002, 373, die beide auf die Schwierigkeiten bei der Bestimmung, welche Tätigkeiten vergleichbar sind, hinweisen.

348 Thüsing, DB 2003, 446, 447.

349 Reim, ZTR 2003, 106, 107; Ulber, AuR 2003, 7, 11; Lembke, BB 2003, 98, 100 f.

(3) Wesentliche Arbeitsbedingungen beim Entleiher einschließlich des Arbeitsentgelts

Der Gleichbehandlungsanspruch des Leiharbeitnehmers bezieht sich inhaltlich auf die „wesentlichen Arbeitsbedingungen einschließlich des Arbeitsentgelts". Unter den Begriff „Arbeitsbedingungen" fallen alle nach dem allgemeinen Arbeitsrecht vereinbarten Bedingungen wie Dauer der Arbeitszeit, Urlaub oder die Nutzung sozialer Einrichtungen[350]. Die Beschränkung auf „wesentliche" Arbeitsbedingungen soll nach verbreiteter Ansicht verhindern, dass Arbeitsbedingungen ohne oder mit nur einem geringen Nutzwert Leiharbeitnehmern gewährt werden müssen[351].

Gegen diese Einschränkung des Gleichbehandlungsgrundsatzes wird teilweise vorgebracht, die Abgrenzung in wesentliche und unwesentliche Arbeitsbedingungen könne nicht immer trennscharf vorgenommen werden, so dass die Bestimmung der für die Gleichbehandlung maßgeblichen Arbeitsbedingungen mit erheblichen Unsicherheiten verbunden sei. Zudem würde sich so die Position der Leiharbeitnehmer im Vergleich zur bislang geltenden Regelung des § 10 Abs. 5 AÜG, die inhaltlich keine Beschränkung des Gleichbehandlungsanspruchs enthielt, entgegen der gesetzgeberischen Intention[352] sogar verschlechtern[353].

Dieser Auffassung lässt sich allerdings entgegenhalten, dass der Gesetzeswortlaut eindeutig eine inhaltliche Einschränkung des Gleichbehandlungsgrundsatzes auf wesentliche Arbeitsbedingungen vornimmt. Dem Argument, eine Abgrenzung, welche Arbeitsbedingungen als wesentlich anzusehen sind, könne mangels gesetzlicher Anhaltspunkte nur willkürlich getroffen werden, lässt sich durch Heranziehung der Wertungen des § 2 des Nachweisgesetzes (NachwG) begegnen: In § 2 Abs. 1 S. 2 NachwG hat der Gesetzgeber festgelegt, welche Bedingungen des Arbeitsverhältnisses er als wesentlich ansieht, so dass sie schriftlich niederzulegen und dem Arbeitnehmer auszuhändigen sind. Die dort genannten Vertragsbedingungen können als Auslegungshilfe zur Bestimmung der „wesentlichen Arbeitsbedingungen" im Sinne der §§ 3 Abs. 1 Nr. 3, 9 Nr. 2, 10 Abs. 4 AÜG herangezogen werden[354].

Der Gleichbehandlungsanspruch des Leiharbeitnehmers bezieht sich insbesondere auch auf das Arbeitsentgelt[355].

---

350 BT-Drs. 15/25, S. 38.

351 Sandmann/Marschall, AÜG, Art.1 § 3 Rn. 21d; Gaul/Otto, DB 2002, 2486, 2487.

352 BT-Drs. 15/25, S. 38.

353 Reim, ZTR 2003, 106, 107 f.

354 So auch Lembke, BB 2003, 98, 101.

355 Vgl. hierzu S. 177 ff.

(4) Gesetzliche Ausnahmemöglichkeiten von der Gleichbehandlungspflicht

Nach den §§ 3 Abs. 1 Nr. 3 und 9 Nr. 2 AÜG bestehen zwei Ausnahmemöglichkeiten von der Gleichbehandlungspflicht:

(a) Ausnahme für zuvor arbeitslose Leiharbeitnehmer

Um Verleihern einen Anreiz für die Einstellung von vormals Arbeitslosen zu geben und Arbeitslosen damit den Wiedereinstieg in den Arbeitsmarkt zu erleichtern, können Verleiher und Leiharbeitnehmer für die Dauer von insgesamt höchstens sechs Wochen vereinbaren, dass der Leiharbeitnehmer ein Nettoarbeitsentgelt erhält, das mindestens die Höhe des zuletzt bezogenen Arbeitslosengeldes erreicht[356]. Die 6-Wochen-Frist kann unterbrochen oder auf verschiedene Entleiher aufgeteilt werden, nicht jedoch kann die genannte Vereinbarung wiederholt mit demselben Verleiher getroffen werden[357].

(b) Öffnungsklausel für tarifliche Ausnahmeregelungen

Daneben schafft das Gesetz in §§ 3 Abs. 1 Nr. 3 S. 2 und 9 Nr. 2 AÜG die Möglichkeit, in Tarifverträgen Ausnahmen von dem Grundsatz, dass Leiharbeitnehmern während ihres Einsatzes die einem vergleichbaren Arbeitnehmer des Entleihers zustehenden wesentlichen Arbeitsbedingungen einschließlich des Arbeitsentgelts zu gewähren sind, vorzusehen und so die Arbeitsbedingungen der Leiharbeitnehmer flexibel zu gestalten[358]. Auch die gerade dargestellte Ausnahmemöglichkeit vom Gleichbehandlungsgrundsatz für vormals arbeitslose Leiharbeitnehmer steht tarifvertraglichen Modifizierungen offen. Welche inhaltlichen Anforderungen an einen Tarifvertrag nach §§ 3 Abs. 1 Nr. 3 S. 2 und 9 Nr. 2 AÜG zu stellen sind, ob er eigene Regelungen in Bezug auf die wesentlichen Arbeitsbedingungen einschließlich des Entgeltes treffen muss oder ob eine Ermächtigung an die Parteien des Leiharbeitsvertrages, die wesentlichen Arbeitsbedingungen selbst abweichend zu regeln, ausreicht, ist nach dem Gesetzeswortlaut offen[359].

Die gesetzliche Gleichbehandlungspflicht kann zum einen durch Tarifverträge, die auf das Arbeitsverhältnis von Verleiher und Leiharbeitnehmer als Mit-

[356] BT-Drs. 15/25, S. 38 f.; BT-Drs. 15/91, S. 17; Lembke, BB 2003, 98, 102; Sandmann/Marschall, AÜG, Art. 1 § 3 Rn. 21g zu den Einzelheiten.

[357] BT-Drs. 15/25, S. 39; 15/77, S. 3; Lembke, BB 2003, 98, 102; Reim, ZTR 2003, 106, 111.

[358] Gaul/Otto, DB 2002, 2486, 2487.

[359] Thüsing, DB 2003, 446, 448; Schüren/Behrend, NZA 2003, 521, 524 f. und Raab, ZfA 2003, 389, 409, die sich für die Notwendigkeit einer eigenen inhaltlichen Regelung durch den Tarifvertrag aussprechen.

glieder der tarifschließenden Parteien normativ wirken (§§ 4 Abs. 1, 3 Abs. 1 TVG), abbedungen werden. Daneben bieten die §§ 3 Abs. 1 Nr. 3, 9 Nr. 2 AÜG aber auch nicht tarifgebundenen Verleihern und Leiharbeitnehmern die Möglichkeit, die Gleichbehandlungspflicht durch arbeitsvertragliche Inbezugnahme eines Tarifvertrages im Rahmen von dessen Geltungsbereich abzubedingen. Voraussetzung einer solchen Inbezugnahme ist, dass das Arbeitsverhältnis in den fachlichen, räumlichen und persönlichen Geltungsbereich des Tarifvertrages fällt und nur die Tarifgebundenheit der Arbeitsvertragsparteien fehlt[360].

Die tarifvertraglichen Regelungen können Abweichungen zugunsten, aber auch zulasten der Leiharbeitnehmer vorsehen[361]. Von dieser gesetzlichen Öffnungsklausel wurde inzwischen vielfältig Gebrauch gemacht: Neben einzelnen Haustarifverträgen bestehen mittlerweile auch einige bundesweit geltende Tarifverträge im Zeitarbeitssektor, die Regelungen in Bezug auf Arbeitsbedingungen und Arbeitsentgelte der Leiharbeitnehmer enthalten[362].

dd) Verleiherbetriebsstätte außerhalb der Europäischen Wirtschaftsgemeinschaft bzw. des Europäischen Wirtschaftsraums

Gemäß § 3 Abs. 2 AÜG muss die Verleiherlaubnis versagt werden, wenn die für die Ausübung der Verleihtätigkeit vorgesehene Betriebsstätte des Verleihers

---

360 Raab, ZfA 2003, 389, 411; vgl. zur Bezugnahmemöglichkeit auch Thüsing, DB 2003, 446, 449.

361 BT-Drs. 15/77, S. 3; 15/25, S. 38; hierzu sowie zur Frage, wie abweichende Tarifregelungen ausgestaltet sein müssen und welchen Grenzen sie unterliegen vgl. Ulber AuR 2003, 7, 12; Reim, ZTR 2003, 106, 109 f.; Sandmann/Marschall, AÜG, Art. 1 § 3 Rn. 21h; Lembke, BB 2003, 98, 102 f.

362 So schloß die „Tarifgemeinschaft Christliche Gewerkschaften Zeitarbeit und PSA (CGZP)", eine Tarifgemeinschaft aus Mitgliedsgewerkschaften des Christlichen Gewerkschaftsbundes (CGB) bereits am 24.2.2003 mit der „Interessengemeinschaft Nordbayerischer Zeitarbeitunternehmen (INZ)" ein bundesweit geltendes Tarifgesamtwerk (im Internet abrufbar unter http://www.inz-ev.de/html_00/download.asp) (hierzu ausführlich Ankersen, NZA 2003, 421, 423 f.; zur Frage der Tariffähigkeit der CGZP und zur Wirksamkeit der von ihr geschlossenen Tarifverträge vgl. Buchner, DB 2004, 1042 ff. sowie Schüren / Riederer Frfr. v. Paar, AuR 2004, 241 ff.). Gleiches erfolgte am 24.6.2003 mit der „Mittelstandsvereinigung Zeitarbeit e.V. (MVZ)" (im Internet abrufbar unter http://www.mv-zeitarbeit.de/tarif.html). In der Folgezeit vereinbarten auch die beiden größten Arbeitgeberverbände der Verleiherbranche, der „Interessenverband Deutscher Zeitarbeitsunternehmen e.V. (iGZ)" am 29.5.2003 und der „Bundesverband Zeitarbeit Personal-Dienstleistungen e.V. (BZA)" am 22.7.2003 mit einer Tarifgemeinschaft aus Mitgliedsgewerkschaften des DGB (IG BCE, NGG, IG Metall, GEW, ver.di, IG Bau, Transnet, GdP) jeweils eigene, bundesweit geltende Tarifgesamtwerke für die Zeitarbeitsbranche (im Internet abrufbar unter http://www.bza.de) (kritisch zu diesen Tarifverträgen Schüren/Behrend, NZA 2003, 521, 524; Böhm, DB 2003, 2598 f.). Einen Überblick über die verschiedenen Tarifverträge in der Leiharbeitsbranche bietet Martin, AuR 2004, 247 ff.

weder im Inland noch in einem Mitgliedstaat der Europäischen Wirtschaftsgemeinschaft bzw. des Europäischen Wirtschaftsraumes liegt. Sinn dieses Versagungsgrundes ist es, Leiharbeitnehmer gegen Missbräuche durch Verleiher aus Staaten, in denen der Bundesagentur für Arbeit keine oder nur sehr begrenzte Kontroll- und Eingriffsmöglichkeiten zukommen, zu schützen[363].

ee) Versagungsgrund in Bezug auf Antragsteller, die weder einem Mitgliedstaat der Europäischen Wirtschaftsgemeinschaft bzw. des Europäischen Wirtschaftsraums angehören, noch unter ein Gleichstellungsabkommen fallen

§ 3 Abs. 3 bis 5 AÜG enthält einen besonderen Versagungsgrund für natürliche Personen, Gesellschaften oder juristische Personen, die weder einem Mitgliedstaat der Europäischen Wirtschaftsgemeinschaft bzw. des Europäischen Wirtschaftsraums angehören, noch einem internationalen Abkommens unterstehen, das sie im Fall der Niederlassung mit Inländern gleichstellt[364]. Im Gegensatz zu den Versagungsgründen nach § 3 Abs. 1 und 2 AÜG „kann“ die Behörde im Falle des § 3 Abs. 3 AÜG die Erlaubnis versagen, insoweit besteht ein behördliches Ermessen. Die Ausübung des behördlichen Ermessens ist nur auf Ermessensfehler bzw. die Einhaltung bestimmter Ermessensgrenzen hin überprüfbar[365].

d) Zuständigkeit zur Genehmigungserteilung

Zuständige Behörde für die Erteilung der Verleiherlaubnis ist gemäß § 17 S. 1 AÜG die Bundesagentur für Arbeit. Diese übertrug ihre Zuständigkeit für Aufgaben aus dem AÜG jedoch auf die Landesarbeitsämter[366], so dass für die Erlaubniserteilung nunmehr das Landesarbeitsamt zuständig ist, in dessen Bezirk der Antragsteller seinen Hauptgeschäftssitz hat[367].

e) Laufzeit der Erlaubnis

Die erstmals beantragte Erlaubnis ist gemäß § 2 Abs. 4 S. 1 AÜG auf ein Jahr zu befristen, um so die Zuverlässigkeit des Verleihers in der Praxis testen zu kön-

---

363 BT-Drs. 6/2303, S. 12; Feuerborn, in: Schüren, AÜG, § 3 Rn. 148.

364 Beispiele für solche Abkommen finden sich bei Feuerborn, in: Schüren, AÜG, § 3 Rn. 153.

365 Hierzu ausführlich Feuerborn, in: Schüren, AÜG, § 3 Rn. 165 ff; Sandmann/Marschall, AÜG, Art. 1 § 3 Rn. 48; Boemke, AÜG, § 3 Rn. 121.

366 Runderlasse 90/82 (ANBA 1982, 1568 ff.), 49/85 (ANBA 1985, 495 ff.) und 130/91 (ANBA 1991, 1449 ff.).

367 Schneider, Handbuch Zeitarbeit, Rn. 102 f., auch zur Frage, welches Landesarbeitsamt für welchen ausländischen Antragsteller zuständig ist.

nen[368]. Treten innerhalb des Jahres keine Versagungsgründe nach § 3 AÜG auf, ist die befristete Erlaubnis auf Antrag um ein Jahr zu verlängern (§ 2 Abs. 4 S. 3 AÜG). Nach zweimaliger Verlängerung der zunächst befristeten Erlaubnis um jeweils ein Jahr, nach also insgesamt dreijähriger ununterbrochener erlaubter Tätigkeit des Verleihers gemäß § 1 AÜG, kann die Erlaubnis unbefristet erteilt werden (§ 2 Abs. 5 S. 1 AÜG)[369].

3.) Inhalt des europäischen Richtlinienentwurfs

Nach Art. 4 Abs. 1 des geänderten Richtlinienentwurfs (2. RL-Entw.) sind Verbote oder Einschränkungen der Beschäftigung von Leiharbeitnehmern nur aus Gründen des Allgemeininteresses gerechtfertigt, vor allem des Schutzes der Leiharbeitnehmer, der Erfordernisse von Gesundheitsschutz und Sicherheit am Arbeitsplatz sowie der Notwendigkeit, das reibungslose Funktionieren des Arbeitsmarktes zu gewährleisten und eventuellen Missbrauch zu verhüten.

Entsprechen Verbote oder Einschränkungen der Arbeitnehmerüberlassung in den Mitgliedstaaten nicht den genannten Erfordernissen, sind sie aufzuheben (Art. 4 Abs. 2 des 2. RL-Entw.)[370]. Allerdings sind nationale Anforderungen hinsichtlich der Eintragung, Zulassung, Zertifizierung, finanziellen Garantie und Überwachung der Leiharbeitunternehmen ausdrücklich aus dem Regelungsgehalt von Art. 4 Abs. 1 und 2 ausgenommen (Art. 4 Abs. 3 des 2. RL-Entw.).

Im Vergleich zum ersten Richtlinienentwurf vom 20.3.2002[371] wurde der Kreis der zu überprüfenden und eventuell aufzuhebenden Verbote und Beschränkungen der Beschäftigung von Leiharbeitnehmern weiter gefasst[372]. Allerdings fand der Abänderungsvorschlag des Europäischen Parlaments[373] dahingehend, nationale Regelungen, die verhindern, dass Leiharbeitnehmer bei einem von einem Arbeitskampf betroffenen Entleiher arbeiten müssen, ausdrücklich aus dem Regelungsbereich des Art. 4 des 2. RL-Entw. auszunehmen, keine Berücksichtigung.

---

368 Niebler/Biebl/Roß, AÜG, Rn. 310; zu den Einzelheiten des Antragsverfahrens vgl. Boemke, AÜG, § 2 Rn. 5 f.

369 Schüren, in: Schüren, AÜG, § 2 Rn. 106 ff.; Sandmann/Marschall, AÜG, Art. 1 § 2 Rn. 31, auch zur Frage einer Ermessensreduzierung auf Null.

370 zur Frage der Kompetenz zum Erlass einer Überprüfungsverpflichtung gegenüber den Mitgliedstaaten vgl. Wank, NZA 2003, 14, 17.

371 KOM(2002) 149 endgültig.

372 Vgl. die Begründung zum Abänderungsantrag Nr. 34 des Ausschusses für Beschäftigung und soziale Angelegenheiten des Europäischen Parlaments zum ersten Richtlinienentwurf vom 20.3.2002 (KOM[2002] 149) (A5-0356/2002).

373 Vgl. den Abänderungsantrag Nr. 36 des Ausschusses für Beschäftigung und soziale Angelegenheiten des Europäischen Parlaments zum ersten Richtlinienentwurf (A5-0356/2002, S. 29).

4.) Vergleich der gesetzlichen Anforderungen für die staatliche Zulassung von Verleihern in Spanien und Deutschland, insbesondere im Hinblick auf den europäischen Regelungsentwurf

a) Inhalt und Rechtscharakter der staatlichen Erlaubnis

Sowohl im spanischen wie auch im deutschen Recht ist Voraussetzung rechtmäßiger Arbeitnehmerüberlassung, dass der Verleiher über eine staatliche Zulassung verfügt. Inhalt und Rechtscharakter dieser staatlichen Zulassung unterscheiden sich jedoch in Spanien und Deutschland:

In Spanien wird durch den Akt der staatlichen Zulassung ein Status als Verleihunternehmen begründet. Voraussetzung der staatlichen Zulassung ist, dass die Geschäftstätigkeit des antragstellenden Unternehmens ausschließlich in der Überlassung von bei ihm unter Vertrag stehenden Arbeitnehmern an Entleiher besteht (Art. 2 Abs. 1 lit. b) i.V.m. Art. 1 LETT). Ein in Spanien staatlich zugelassenes Verleihunternehmen darf also ausschließlich Arbeitnehmerüberlassung betreiben. Es erlangt durch die Zulassung den Status als „exklusives Verleihunternehmen".

Dagegen ist die staatliche Zulassung in Deutschland als Tätigkeitserlaubnis ausgestaltet. Auch Unternehmen, deren Geschäftstätigkeit nur überwiegend oder sogar nur zu einem geringeren Teil auf die Überlassung ihrer Arbeitnehmer an Entleiher gerichtet ist, können staatlich zugelassen werden. So verfügten in Deutschland am Ende des Jahres 1999 etwa 9200 Verleiher über eine staatliche Verleiherlaubnis, darunter 55 % Mischbetriebe, die Arbeitnehmerüberlassung lediglich als Nebenzweck betrieben[374]. In Spanien waren im gleichen Jahr nur 410 Verleihunternehmen staatlich lizensiert[375].

Die Ausgestaltung der staatlichen Zulassung als Tätigkeitserlaubnis bietet gegenüber der statusbegründenden Zulassung den Vorteil, dass Arbeitnehmerüberlassung als Mittel flexibler Personalsteuerung in weitaus größerem Umfang eingesetzt werden kann. Unternehmen z.B. des produzierenden Gewerbes haben so bei temporärem Personalüberhang die Möglichkeit nach Erteilung einer Verleiherlaubnis anstatt Arbeitsplätze dauerhaft abzubauen, Mitarbeiter vorübergehend an andere Unternehmen mit entsprechendem Arbeitskräftebedarf auszuleihen[376].

---

[374] Vgl. den 9. Bericht der Bundesregierung über Erfahrungen bei der Anwendung des Arbeitnehmerüberlassungsgesetzes (AÜG) sowie über die Auswirkungen des Gesetzes zur Bekämpfung der illegalen Beschäftigung, BT-Drs. 14/4220, S. 8.

[375] Vgl. das statistische Jahrbuch von 2001 (*Anuario de estadisticas laborales y de asuntos sociales*) des spanischen Arbeits- und Sozialministeriums (*Ministerio de Trabajo y Asuntos Sociales*).

[376] Das Erfordernis staatlicher Zulassung greift allerdings nur ein, wenn Arbeitnehmer „gewerbsmäßig" und damit wiederholt überlassen werden, nicht dagegen, wenn es sich um einen einmaligen Ausnahmefall handelt.

In Spanien besteht diese Möglichkeit nur zwischen Unternehmen, die derselben Unternehmensgruppe angehören[377]. Das arbeitsmarktpolitische Ziel der Beschäftigungsförderung bzw. Beschäftigungssicherung könnte vom spanischen Gesetzgeber durch eine Umgestaltung der staatlichen Erlaubnis von einer statusbegründenden Zulassung in eine Tätigkeitserlaubnis nach deutschem Vorbild effektiver verfolgt werden.

Der europäische Richtlinienentwurf verpflichtet die Mitgliedstaaten zwar, Einschränkungen und Verbote in Bezug auf die Beschäftigung von Leiharbeitnehmern auf ihre Rechtfertigung hin zu überprüfen und gegebenenfalls zu beseitigen, nimmt aber die nationalen Regelungen zur „Eintragung, Zulassung und Zertifizierung" von Verleihunternehmen aus der Verpflichtung ausdrücklich aus. Somit bleiben die Regelungen zum Erfordernis der staatlichen Zulassung von Verleihunternehmen in Spanien und Deutschland vom europäischen Recht unberührt.

b) Einzelne Zulassungsvoraussetzungen

In Bezug auf die materiellen Voraussetzungen für eine staatliche Zulassung des Verleihers finden sich im spanischen und deutschen Recht einige Übereinstimmungen:

Beide Rechtsordnungen schließen die Zulassung von Antragstellern aus, bei denen zu erwarten ist, dass sie ihren gesetzlichen Verpflichtungen als Verleiher nicht nachkommen. So ist in Spanien nach Art. 2 Abs. 1 lit. c) LETT Zulassungsvoraussetzung, dass der Antragsteller keine Schulden gegenüber Steuerbehörden und Sozialversicherungsträger hat. Art. 2 Abs. 1 lit. e) LETT schließt die Zulassung von Verleihern aus, gegen die mindestens zweimal wegen entsprechender Verstöße[378] gegen Arbeitnehmerüberlassungsvorschriften eine Tätigkeitssperre verhängt wurde. Im deutschen Recht wird die Rechtstreue des Verleihers unter dem Oberbegriff der gewerberechtlichen Zuverlässigkeit in § 3 Abs. 1 Nr. 1 AÜG relevant. Verstöße gegen die dort beispielhaft aufgezählten rechtlich verankerten Pflichten, etwa auch in Bezug auf die Abführung von Lohnsteuer und Sozialversicherungsbeiträgen, können auf Unzuverlässigkeit des Antragstellers schließen lassen und eine Versagung der Zulassung rechtfertigen.

Beide Rechtsordnungen setzen auch als Zulassungskriterium fest, dass der Verleiher über eine Betriebsorganisation verfügt, die es ihm gestattet, seinen Arbeitgeberpflichten ordnungsgemäß nachzukommen. In Spanien wurden im Rahmen der Reform der LETT durch die *Ley* 29/1999 die Anforderungen an das Kriterium der ausreichenden Organisationsstruktur in Art. 2 Abs. 1 lit. a) LETT

---

377 Vgl. oben S. 79 f.

378 Vgl. oben S. 88.

vom Gesetzgeber konkretisiert[379]: Als maßgebliche Kriterien für die ausreichende Organisationsstruktur eines Verleihers verankerte man im Gesetzestext vor allem „Größe, Ausstattung und Verfügungsmacht in Bezug auf die Geschäftsräume der einzelnen Betriebe des Verleihunternehmens“ sowie den organisatorischen Aufbau des Unternehmens und die „für die Auswahl und Bildung der Leiharbeitnehmer verwandten technischen Prozesse“. Des Weiteren wurde eine Mindestzahl an fest angestelltem Verwaltungspersonal, abhängig von der Unternehmensgröße, als Zulassungsvoraussetzung in das Gesetz eingeführt. Im deutschen Recht fehlt es an derartigen gesetzlichen Regelbeispielen, die im Einzelfall eine Prüfung, ob die Betriebsorganisation eines Antragstellers als ausreichend anzusehen ist, erleichtern würden. Zwar werden in der Rechtspraxis durchaus einige der in Spanien normierten Regelbeispiele, etwa das Erfordernis fester Geschäftsräumlichkeiten, als Kriterien herangezogen[380]. Um eine einheitliche Rechtsanwendung zu gewährleisten, wäre allerdings eine Konkretisierung der Anforderungen an eine ausreichende Betriebsorganisation i.S.d. § 3 Abs. 1 Nr. 3 AÜG durch gesetzliche Regelbeispiele nach spanischem Vorbild, ähnlich wie dies auch § 3 Abs. 1 Nr. 1 AÜG bereits vorsieht, durchaus wünschenswert.

Zulassungsanforderungen, die nur der spanische Gesetzgeber an einen Antragsteller richtet, sind zum einen das Erfordernis, die Bezeichnung „Zeitarbeitsunternehmen“ in seine Firma aufzunehmen, zum anderen aber auch die Pflicht, eine finanzielle Sicherheitsleistung zu stellen. Die besonderen Anforderungen an die Firma hängen mit dem in Spanien aus der Zulassung folgenden exklusiven Status als Verleihunternehmen zusammen und sind auf das deutsche Rechtssystem, in dem die Verleiherlaubnis als Tätigkeitsgenehmigung ausgestaltet ist und jedes Unternehmen unabhängig von seinem eigentlichen Geschäftszweck eine Verleiherlaubnis beantragen kann, nicht übertragbar.

Mit Hilfe der vom Verleiher zu stellenden Sicherheitsleistung bezweckt das spanische Recht die Absicherung von Vergütungs- bzw. Entschädigungsansprüchen der Leiharbeitnehmer sowie Forderungen der Sozialversicherungsträger (Art. 3 Abs. 5 LETT, 9 Abs. 1 RDETT). Für etwaige Ansprüche des Entleihers gegen den Verleiher ist eine Rückgriffsmöglichkeit auf die Sicherheitsleistung dagegen nicht vorgesehen.

Diese Absicherung durch die Sicherheitsleistung erfolgt auf zwei Ebenen. So wird zum einen Verleihern, deren Unternehmen nicht über einen gewissen Mindestbestand an finanziellen Mitteln verfügen, so dass ihre Zahlungsfähigkeit von Anfang an gefährdet erscheint, schon der Zugang zum Markt verwehrt. Offene Forderungen aus der Verleihtätigkeit können so gar nicht erst entstehen. Tritt eine Verschlechterung der finanziellen Verhältnisse des Verleihers dagegen erst

379 Vgl. zur parlamentarischen Diskussion Pérez Pérez, Empresas de trabajo temporal y relaciones laborales, S. 118.

380 Vgl. oben S. 95 f.

nach Aufnahme der Verleihtätigkeit ein, wird die Sicherheitsleistung zur Befriedigung der genannten Ansprüche herangezogen. Die Subsidiärhaftung des Entleihers für Vergütungsansprüche des Leiharbeitnehmers und Forderungen in Bezug auf Sozialversicherungsbeiträge nach Art. 16 Abs. 3 S. 1 LETT[381] greift erst, wenn die geleistete Sicherheit nicht zur Deckung der noch offenen Forderungen ausreicht (Art. 9 Abs. 5 RDETT)[382].

Auch nach der in Deutschland geltenden Rechtslage haftet der Entleiher für den in Bezug auf das Gehalt des Leiharbeitnehmers abzuführenden Gesamtsozialversicherungsbeitrag sowie die Lohnsteuer sowohl bei rechtmäßiger Arbeitnehmerüberlassung als auch bei, mangels Verleiherlaubnis, rechtswidriger Arbeitnehmerüberlassung nach Maßgabe von § 28e Abs. 2 SGB IV sowie § 42d Abs. 6 EStG neben dem Verleiher[383]. Im Falle rechtswidriger Arbeitnehmerüberlassung wegen fehlender Verleiherlaubnis ist der Entleiher zur Erfüllung der Vergütungsansprüche des Leiharbeitnehmers verpflichtet (§ 10 Abs. 1 AÜG) und haftet nach Maßgabe des § 10 Abs. 3 AÜG für Forderungen Dritter am Arbeitsentgelt[384].

Die Einführung einer vom Verleiher zu stellenden Sicherheitsleistung im deutschen Recht nach spanischem Vorbild käme berechtigten Interessen des Entleihers, aber auch des Leiharbeitnehmers entgegen:

Ziel der Anordnung einer (Mit-)Haftung des Entleihers in den genannten Fällen ist für den Gesetzgeber insbesondere, die Realisierung der entsprechenden Forderungen durch den jeweiligen Gläubiger abzusichern. Nach der aktuellen gesetzlichen Ausgestaltung erhält der Entleiher als Empfänger der Arbeitsleistung des Leiharbeitnehmers mit der Anordnung seiner Mithaftung für bestimmte Forderungen qua lege das Risiko aufgebürdet, dass der Verleiher seinen oben aufgeführten Zahlungspflichten nicht nachkommt. Da die genannten Zahlungsverpflichtungen zu den typischen Lasten des Verleihers als Arbeitgeber zu zählen sind und damit vornehmlich von ihm zu erfüllen sind, erscheint es nicht unbillig, die Zugriffsmöglichkeiten auf den Verleiher zu erweitern und den Haftungsrückgriff auf den Entleiher nachrangig auszugestalten. Durch die Einführung einer vom Verleiher zu stellenden Sicherheitsleistung ließe sich eine Mithaftung des Entleihers insoweit beschränken, als man einen Gläubiger zunächst auf die Verwertung der Sicherheitsleistung verweisen könnte und ihm erst dann Zugriff auf den Entleiher gestattet, die Haftung des Entleihers also

---

381 Vgl. S. 204 f.

382 Letzteres gilt dagegen nicht im Fall der gesamtschuldnerischen Haftung bei illegaler Arbeitnehmerüberlassung nach Art. 16 Abs. 3 S. 2 LETT.

383 Vgl. S. 209 und 228.

384 Dazu S. 228.

weitergehend subsidiär ausgestaltet[385]. Der Verleiher als Arbeitgeber und damit originär Verpflichteter in Bezug auf die genannten Forderungen würde durch eine solche Regelung in stärkerem Maße zu ihrer Erfüllung herangezogen.

Dem Gläubiger entstünden in Bezug auf die Realisierung seiner Ansprüche im Ergebnis keine Nachteile.

Zudem könnte das Haftungsrisiko des Entleihers dadurch begrenzt werden, dass ein etwaiger Ausgleichsanspruch gegen den Verleiher, auch über die bereits in Spanien geltende Rechtslage hinaus, in den Deckungsumfang der Sicherheitsleistung aufgenommen wird.

Die Einführung einer Sicherheitsleistung brächte aber insbesondere auch für Vergütungsansprüche des Leiharbeitnehmers bei rechtmäßiger Arbeitnehmerüberlassung, für die bisher gesetzlich keine Mithaftung des Entleihers vorgesehen ist, erhöhten Schutz[386].

Der europäische Richtlinienvorschlag enthält in Bezug auf die Zulassung von Leiharbeitunternehmen und ihre Voraussetzungen keine Regelungsvorgaben, die die nationalen Gesetzgeber gemäß Art. 11 des Richtlinienentwurfs bei Inkrafttreten zu entsprechenden Anpassungen zwingen würden. Nationale Regelungen in Bezug auf die Zulassung von Leiharbeitunternehmen bleiben nämlich von der Verpflichtung der Mitgliedstaaten, Einschränkungen und Verbote der Beschäftigung von Leiharbeitnehmern auf ihre Rechtfertigung hin zu überprüfen und gegebenenfalls zu beseitigen, unberührt (Art. 4 Abs. 3 des 2. RL-Entw.). Der Einführung von Regelbeispielen zur Bestimmung einer angemessenen Betriebsorganisation im deutschen Recht stünde die geplante europäische Regelung somit ebenfalls nicht entgegen. Eine Konkretisierung des gesetzlichen Zulassungsversagungstatbestandes in § 3 Abs. 1 Nr. 2 AÜG käme vielmehr durch ihre klarstellende Wirkung der Intention von Art. 4 des Richtlinienentwurfs entgegen, Einschränkungen und Verbote in Bezug auf die Arbeitnehmerüberlassung zu beseitigen.

Auch die Einführung einer vom Verleiher zu stellenden Sicherheitsleistung wäre mit der geplanten europäischen Regelung vereinbar, da Letztere nationale Bestimmungen in Bezug auf Zulassungsanforderungen an Leiharbeitunternehmen ausdrücklich unberührt lässt. Im Gegenteil würde das Erfordernis einer vom Verleiher zu erbringenden Sicherheitsleistung die Vergütungsansprüche der Leiharbeitnehmer zusätzlich absichern und damit die generelle Zielvorgabe der Richtlinie, den Schutz der Leiharbeitnehmer zu verstärken (Art. 2 Abs. 1 des 2. RL-Entw.), umsetzen.

---

385 In die Richtung einer nur subsidiären Haftung zielt schon § 42d Abs. 6 S. 5 EStG, wonach der Entleiher nur in Anspruch genommen werden darf, wenn eine Vollstreckung gegen den Verleiher fehlgeschlagen ist, bzw. keinen Erfolg verspricht.

386 Für das Erfordernis, die Vergütungsansprüche der Leiharbeitnehmer stärker abzusichern vgl. etwa den Fall des Zeitarbeitsunternehmens „Timejob“ (Badische Zeitung vom 27.3.2004, S. 6).

II. Voraussetzungen eines rechtmäßigen Überlassungsvertrages

1.) In Spanien

Die Rechtsbeziehung zwischen Zeitarbeitsunternehmen und Entleiher besteht in Gestalt des Überlassungsvertrages (*contrato de puesta a disposición*), der in den Art. 6 bis 9 der LETT sowie Art. 14 RDETT geregelt ist. Inhalt des Überlassungsvertrages ist gemäß Art. 6 Abs. 1 LETT die Einigung dahingehend, dass ein Zeitarbeitsunternehmen bei ihm unter Vertrag stehende Arbeitskräfte zeitweise einem anderen Unternehmen (*empresa usuaria*) überlässt, damit diese dort ihre Arbeitsleistungen erbringen, wobei dem Entleiherunternehmen für den Zeitraum der Überlassung das Direktionsrecht zusteht[387]. Die Tatsache, dass die Überlassung gegen Entgelt erfolgt, lässt sich zwar nicht dem Wortlaut des Art. 6 Abs. 2 LETT entnehmen, ergibt sich jedoch aus Art. 14 RDETT, der die Aufnahme des vereinbarten Überlassungsentgelts in den Überlassungsvertrag vorschreibt.

Besonderheit des Überlassungsvertrages ist, dass eine Vertragspartei, der Verleiher, notwendigerweise ein Zeitarbeitsunternehmen sein muss[388].
Das Gesetz schafft hohe Anforderungen, denen ein rechtmäßiger Überlassungsvertrag zu genügen hat:

a) Formale Anforderungen an den Überlassungsvertrag

aa) Form des Überlassungsvertrages

Gemäß Art. 6 Abs. 3 LETT i.V.m. Art. 14 RDETT muss der Überlassungsvertrag schriftlich und in zweifacher Ausfertigung abgefasst werden.

bb) Mindestinhalt des Überlassungsvertrages

Art. 14 sowie Anhang III des RDETT geben ein Vertragsmodell vor, das inhaltliche Mindestanforderungen an den Überlassungsvertrag stellt. Mindestangaben, die der Überlassungsvertrag enthalten muss, sind:

- Identifikationsmerkmale des Zeitarbeitsunternehmens, insbesondere seine Zulassungsnummer
- Identifikationsmerkmale des Entleiherunternehmens

---

387 Crespan Echegoyen/Gonzalez Martin/Lopez Parada, Empresas de Trabajo Temporal, Rn. 511; Rodríguez-Piñero Royo, Las empresas de trabajo temporal en España, S. 81; vgl. zur Frage, ob die gleichzeitige Überlassung mehrerer Leiharbeitnehmer in einem Überlassungsvertrag möglich ist Valdés dal-Ré/Casas Baamonde, RL 1995, Band 1, 39, 42.

388 Rodríguez-Piñero Royo, Las empresas de trabajo temporal en España, S. 81.

- Angabe des die Arbeitnehmerüberlassung rechtfertigenden Grundes i.S.d. Art. 6 Abs. 2 LETT[389]
- Inhalt der bestellten Arbeitsleistung
- Sicherheitsrisiken am Arbeitsplatz
- Vermutliche Dauer des Überlassungsvertrages
- Arbeitsort und Arbeitszeit
- Preis für die Arbeitnehmerüberlassung.

Nach der gesetzlichen Neuregelung des Vergütungsanspruchs der Leiharbeitnehmer durch die *Ley* 29/1999 verpflichtet der neu geschaffene Art. 11 Abs. 1 S. 3 LETT den Entleiher, die bei ihm für die Tätigkeit des Leiharbeitnehmers tarifvertraglich festgesetzte Vergütung im Überlassungsvertrag anzugeben. Grund hierfür ist, dass die entsprechende Vergleichsvergütung beim Entleiher vom Verleiher während des Überlassungszeitraumes als Mindestvergütung gegenüber dem Leiharbeitnehmer geschuldet wird[390] und der Verleiher über ihre Höhe informiert werden muss.

cc) Auswirkungen eines Verstoßes gegen die Normen über Form und Mindestinhalt des Überlassungsvertrages auf dessen Wirksamkeit

Die Auswirkungen eines Verstoßes gegen das Schriftformerfordernis sowie den gesetzlich vorgegebenen Mindestinhalt auf die Wirksamkeit des Überlassungsvertrages sind gesetzlich nicht geregelt und Diskussionsgegenstand in der Literatur.

Teilweise wird angenommen, das Schriftformerfordernis sowie die Einhaltung der inhaltlichen Mindestanforderungen des Art. 6 Abs. 3 LETT i.V.m. Art. 14 RDETT seien Wirksamkeitsvoraussetzung für den Überlassungsvertrag und ein Verstoß führe zu dessen Nichtigkeit[391]. Begründet wird dies mit dem Wortlaut des Art. 43 Abs. 1 ET, der die Arbeitnehmerüberlassung nur für zulässig erklärt, wenn sie „von Zeitarbeitsunternehmen, die autorisiert sind gemäß den gesetzlichen Anforderungen", vorgenommen wird[392]. Das Merkmal der „gesetzlichen Anforderungen" bezieht sich nach wohl überwiegender Auffassung in diesem Zusammenhang jedoch auf die Zulassung des Zeitarbeitsunternehmens, nicht aber auf die Durchführung der einzelnen Überlassungsmaßnah-

[389] Hierzu sogleich S. 110 ff.

[390] Hierzu S. 160 ff.

[391] Castro Argüelles, DL Nr. 44, 29, 37 f.; Sánchez Pego, La relacion interempresarial de trabajo temporal: el contrato de puesta a disposición, S. 131, 162; García Fernández, AL 1996, Band 1, Rn. 1, 9.

[392] Crespan Echegoyen/Gonzalez Martin/Lopez Parada, Empresas de Trabajo Temporal, Rn. 514; Elordi Dentici/Del Rey Guanter/Serrano Martínez/Gala Duran, Trabajo, temporalidad y empresas de trabajo temporal en España, S. 232.

me[393]. Gemäß den Art. 1300 ff CC und 51 CCom[394] ist die Vollnichtigkeit eines handelsrechtlichen Vertrages auch die Ausnahme[395]. Der Schriftform des Überlassungsvertrages kommt somit ausschließlich Beweisfunktion zu, sie ist jedoch keine Wirksamkeitsvoraussetzung[396]. Auch die Einhaltung des gesetzlich vorgegebenen Mindestinhalts des Überlassungsvertrages stellt keine Wirksamkeitsvoraussetzung in Bezug auf den Überlassungsvertrag dar. Ein Verstoß gegen das Schriftformerfordernis bzw. den gesetzlich vorgegebenen Mindestvertragsinhalt löst allerdings eine gesamtschuldnerische Haftung des Entleihers nach Art. 16 Abs. 3 S. 2 LETT für Lohnforderungen des Leiharbeitnehmers gegen den Verleiher und anfallende Sozialversicherungsbeiträge während des Überlassungszeitraumes aus[397]. Daneben kann der Verstoß gemäß Art. 18 Abs. 2 lit. a) LISOS bzgl. des Zeitarbeitsunternehmens und gemäß Art. 19 Abs. 2 lit. a) LISOS bzgl. des Entleiherunternehmens von der Arbeitsverwaltung mit Bußgeld geahndet werden.

b) Zulässige Anwendungsfälle für einen Überlassungsvertrag mit einem Verleihunternehmen

Arbeitnehmerüberlassung darf nur dazu dienen, einen zeitlich begrenzten Bedarf des Entleiherunternehmens an Arbeitskraft zu bedienen. Der spanische Gesetzgeber geht von einem Leitbild der Beschäftigungsstabilität aus, wonach direkte und unbefristete Arbeitsverhältnisse als Regelform der Beschäftigung geschützt werden sollen[398]. Zu diesem Zweck wird vom Gesetzgeber vorgegeben, in welchen Fällen ein Unternehmen auf die Dienste eines Verleihers zurückgreifen kann, das Vorliegen einer dieser Fallgruppen ist Wirksamkeitsvoraussetzung für den Überlassungsvertrag. Art. 6 Abs. 2 LETT in der ursprünglichen Fassung der

[393] So auch Godino Reyes/Sagardoy de Simón, Contrata y subcontrata de obras y servicios. La cesión de trabajadores a través de las empresas de trabajo temporal, S. 117; Valdés dal-Ré/Casas Baamonde, RL 1995, Band 1, 39, 50; im Ergebnis auch Molero Marañon, La responsabilidad empresarial frente al personal de las Empresas de Trabajo Temporal, S. 303; García Ninet, Derecho del Trabajo, S. 317; ausführlich zu dieser Frage auch Gala Durán, RL 1998, Band 2, 404, 424 ff.

[394] *Código de Comercio* (Handelsgesetzbuch) (Der Gesetzestext ist im Internet abrufbar unter http://noticias.juridicas.com/base_datos/).

[395] In diesem Sinne Godino Reyes/Sagardoy de Simón, Contrata y subcontrata de obras y servicios. La cesión de trabajadores a través de las empresas de trabajo temporal, S. 116.

[396] So im Ergebnis auch Pérez Pérez, Empresas de trabajo temporal y relaciones laborales, S. 294 f.

[397] Hierzu ausführlich S. 222 f. und 233.

[398] Zu diesem Grundsatz und seiner Ausprägung im ET ausführlich Rodríguez Ramos, La cesion ilegal de trabajadores, S. 24.

Ley 14/1994 enthielt selbst eine Aufzählung von Fallgruppen, in denen Arbeitnehmerüberlassung rechtmäßig durchgeführt werden konnte[399].

Die Reform der *Ley* 14/1994 durch die *Ley* 29/1999 änderte die Fassung des Art. 6 Abs. 2 LETT dahingehend ab, dass „Überlassungsverträge zwischen einem Verleiher und einem Entleiher in denselben Fällen und unter denselben Bedingungen und Anforderungen geschlossen werden können, in denen das Entleiherunternehmen einen befristeten Arbeitsvertrag gemäß den Vorgaben des Art. 15 ET schließen könnte“. Durch den Verweis auf Art. 15 ET wurde die Möglichkeit, vorübergehend auf einen Leiharbeitnehmer zurückzugreifen, mit der Möglichkeit, Arbeitnehmer direkt für einen befristeten Zeitraum unter Vertrag zu nehmen, gleichgeschaltet. Neben Art. 15 ET bezieht sich dieser gesetzliche Verweis nach überwiegender Auffassung auch auf das Ausführungsdekret R.D. 2720/1998 vom 18.12.1998[400] zu Art. 15 ET, das zeitliche Höchstgrenzen für jede Befristungsfallgruppe festsetzt, sowie auf im Entleiherunternehmen bzgl. Art. 15 ET geltende tarifliche Regelungen[401]. Durch den Gleichlauf der Beschränkungen in Bezug auf den Abschluss eines befristeten Arbeitsvertrages und eines Überlassungsvertrages soll vermieden werden, dass ein Unternehmen die strengen Anforderungen an die Zulässigkeit eines befristeten Arbeitsvertrages durch den Rückgriff auf Arbeitnehmerüberlassung umgeht[402]. Der Abschluss eines unbefristeten Überlassungsvertrages ist durch den Verweis des Art. 6 Abs. 2 LETT auf Art. 15 ET und Art. 8 R.D. 2720/1998 gesetzlich ausgeschlossen[403]. Somit tritt die Besonderheit auf, dass arbeitsrechtliche Befristungsgründe für die Rechtmäßigkeit eines handelsrechtlichen Vertrages relevant sind[404].

Das Entleiherunternehmen kann bei Vorliegen einer der Fallgruppen frei zwischen der direkten befristeten Untervertragnahme eines Arbeitnehmers und dem

---

399 Die Fallgruppen umfassten: a) die Realisierung bestimmter Werk- oder Dienstleistungen; b) das Vorliegen besonderer Marktverhältnisse, starken Auftragseingangs oder Kapazitätsüberlastung; c) den Fall der vorübergehenden Vertretung von Arbeitnehmern mit Rückkehroption an ihren Arbeitsplatz; d) den Fall der vorübergehenden Besetzung eines Arbeitsplatzes während der Dauer des Bewerberauswahlverfahrens; vgl. hierzu Chacartegui Jávega, Empresas de Trabajo Temporal y Contrato de Trabajo, S. 186 ff.

400 B.O.E. vom 8.1.1999 (Der Gesetzestext ist im Internet abrufbar unter http://noticias.juridicas.com/base_datos/).

401 Del Rey Guanter, REDT Nr. 100, Band 1, 903, 910; Valdés de la Vega, Las Empresas de Trabajo Temporal, S. 58; Chacartegui Jávega, Empresas de Trabajo Temporal y Contrato de Trabajo, S. 187; Valdés de la Vega, Las Empresas de Trabajo Temporal, S. 57; Molero Marañon, La reforma del contrato a disposición, RL 2000 Tomo I, 328.

402 Chacartegui Jávega, Empresas de Trabajo Temporal y Contrato de Trabajo, S. 191.

403 García Ninet, Derecho del Trabajo, S. 318; Martín Valverde/Rodríguez-Sañudo Gutiérrez/García Murcia, Derecho del Trabajo, S. 446 f.

404 Molero Marañon, La responsabilidad empresarial frente al personal de las Empresas de Trabajo Temporal, S. 151; Valdés de la Vega, Las Empresas de Trabajo Temporal, S. 56 f.

Rückgriff auf einen Leiharbeitnehmer wählen[405]. Das Gesetz sieht folgende Fallgruppen vor:

aa) „Die Verwirklichung einer bestimmten Werk- oder Dienstleistung“

(1) Vertragsgrund

Die Verwirklichung einer zeitlich begrenzten „Werk- oder Dienstleistung“ kann ein Grund sein, der den Abschluss eines Überlassungsvertrages rechtfertigt. Voraussetzung ist, dass diese Leistung objektiv identifizierbar ist und sie eine eigenständige und wesentliche Teilaufgabe innerhalb der Gesamtaktivität des Unternehmens darstellt[406]. Im Rahmen von Tarifverträgen kann festgelegt werden, welche Arbeiten innerhalb eines Unternehmens „eigenständige und wesentliche Teilaufgaben“ bilden, so dass für sie ein Rückgriff auf Leiharbeitnehmer gemäß Art. 6 Abs. 2 LETT i.V.m 15 Abs. 1 lit. a) ET möglich ist[407].

(2) Vertragsdauer

Gemäß Art. 7 Abs. 1 LETT i.V.m Art. 2 Abs. 2 lit. b) R.D. 2720/1998 ist die maximale Vertragsdauer eines Überlassungsvertrages zur Realisierung einer „Werk- oder Dienstleistung“ die für die Erbringung erforderliche Zeitspanne.

(3) Vertragsbeendigung

Ein Überlassungsvertrag zur Realisierung einer „Werk- oder Dienstleistung“ endet mit der Fertigstellung durch den Leiharbeitnehmer. Regelmäßig bedarf es einer Anzeige der Fertigstellung durch das Entleiherunternehmen bzw. gegebenenfalls durch das Zeitarbeitsunternehmen. Im Vertrag vereinbarten Terminen kommt hierbei nur Orientierungscharakter zu[408].

---

405 Cabeza Pereiro, AL 2001, Band 1, Rn. 303, 305.

406 STS vom 10.12.1996 (Ar. 9139/1996) und 30.12.1996 (Ar. 9864/1996); Pérez Pérez, Empresas de trabajo temporal y relaciones laborales, S. 201; Valdés de la Vega, Las Empresas de Trabajo Temporal, S. 62; Chacartegui Jávega, Empresas de Trabajo Temporal y Contrato de Trabajo, S. 188.

407 Ausführlich Martínez Girón, AL 1998, Band 1, Rn. 87, 92 ff.; Valdés de la Vega, Las Empresas de Trabajo Temporal, S. 62; allerdings kann diese Festlegung nur im Rahmen von Tarifverträgen, die das Entleiherunternehmen in ihrem Geltungsbereich erfassen getroffen werden, nicht dagegen von Tarifverträgen für das Zeitarbeitsunternehmen, da es insoweit an Regelungsmacht der Tarifparteien fehlt; vgl. hierzu Molero Marañon, RL 2000, Band 1, 315 ff.

408 Molero Marañon, RL 2000, Band 1, 315, 331 f.; Valdés de la Vega, Las Empresas de Trabajo Temporal, S. 64.

bb) Besondere Produktionsumstände

(1) Vertragsgrund

Der zweite Fall, bei dessen Vorliegen der Abschluss eines Überlassungsvertrages zwischen Zeitarbeitsunternehmen und Entleiherunternehmen zulässig ist und der in der Praxis die größte Bedeutung hat, liegt in besonderen Produktionsumständen beim Entleiher, etwa bei vorübergehender Kapazitätsüberlastung oder ungewöhnlich hohem Auftragseingang, begründet (Art. 6 Abs. 2 LETT i.V.m. Art. 15 Abs. 1 lit. b) ET). Die besonderen Produktionsumstände dürfen in diesem Zusammenhang nicht dauerhaft vorliegen oder lange im Voraus erkennbar und damit durch entsprechende Organisationsmaßnahmen abwendbar sein[409]. Die besondere Produktionssituation muss sich so darstellen, dass sie nicht von der Stammbelegschaft allein bewältigt werden kann[410]. Durch Tarifvertrag können sowohl die Fälle besonderer Produktionsumstände, in denen auf Leiharbeitnehmer zurückgegriffen werden darf, als auch das Volumen an Überlassungsverträgen im Verhältnis zum Umfang der Stammbelegschaft reglementiert werden (Art. 3 Abs. 1 R.D. 2720/1998)[411].

(2) Vertragsdauer

Gemäß Art. 7 Abs. 1 LETT in der Fassung des Reformgesetzes 29/1999 und Art. 15 Abs. 1 lit. b) S. 1 ET kann ein Überlassungsvertrag wegen besonderer Produktionsumstände für eine Dauer von maximal sechs Monaten innerhalb eines Zeitraumes von zwölf Monaten, gerechnet ab dem Zeitpunkt der Entstehung dieser besonderen Umstände, geschlossen werden. Nach Art. 15 Abs. 1 lit. b) S. 2 ET ist durch Tarifvertrag die Maximaldauer auf zwölf Monate[412] und der Referenzzeitraum auf achtzehn Monate erweiterbar, sofern die besonderen Produktionsumstände auch in diesem verlängerten Zeitraum noch bestehen. Ein Verzicht auf das Vorliegen dieser besonderen Umstände kann durch Tarifvertrag nicht wirksam bestimmt werden[413].

---

409 Ballester Pastor/Vicente Palacio, Tribuna Social Nr. 101 (1999), 25, 26; Pérez Pérez, Empresas de trabajo temporal y relaciones laborales, S. 204.

410 Camps Ruiz, La contratación laboral temporal, S. 56; Chacartegui Jávega, Empresas de Trabajo Temporal y Contrato de Trabajo, S. 200 f.

411 Vgl. hierzu auch Valdés de la Vega, Las Empresas de Trabajo Temporal, S. 67 f.

412 Durch das Reformgesetz 12/2001vom 9.7.2001 wurde die mögliche Maximaldauer von 13,5 Monate auf 12 Monate abgesenkt.

413 López Gandía, Negociación colectiva y modalidades de contratación laboral, S. 36.

(3) Vertragsbeendigung

Ein Überlassungsvertrag wegen besonderer Produktionsumstände endet mit der vertraglich vereinbarten Laufzeit. Gemäß Art. 15 Abs. 1 lit. b) ET i.V.m. Art. 3 Abs. 2 lit. d). R.D. 2720/1998 ist es möglich, einen Überlassungsvertrag, der vor der gesetzlich oder tarifvertraglich zulässigen Maximalfrist für Befristungen aufgrund besonderer Produktionsumstände endet, einmal bis zur gesetzlich oder tarifvertraglich zulässigen Maximalfrist zu verlängern, wenn diese Umstände weiterhin vorliegen[414].

cc) Vertretungsfall

(1) Vertragsgrund

Die dritte Gruppe, nach der der Abschluss eines Überlassungsvertrages zulässig ist, liegt gemäß Art. 6 Abs. 2 LETT i.V.m. Art. 15 Abs. 1 lit. c) ET im Fall der vorübergehenden Ersetzung eines Arbeitnehmers mit Arbeitsplatzschutz vor. So wird ein Arbeitsverhältnis während der Dauer von Wehrdienst oder Mutterschutz zwar suspendiert, nach Ablauf besteht jedoch ein Rückkehrrecht des Arbeitnehmers (Art. 45 ET, Art. 4 Abs. 3 R.D. 2720/1998).

(2) Vertragsdauer

Der Überlassungvertrag zum Zwecke der vorübergehenden Vertretung eines Arbeitnehmers mit Arbeitsplatzschutz hat den Zeitraum, in dem die Notwendigkeit der Vertretung und der Arbeitsplatzschutz bestehen, als maximal mögliche Vertragsdauer (Art. 4 Abs. 2 lit. b) R.D. 2720/1998).

(3) Vertragsbeendigung

Der Überlassungsvertrag endet gemäß Art. 8 Abs. 1 lit. c) R.D. 2720/1998, wenn der vertretene Arbeitnehmer an seinen Arbeitsplatz zurückkehrt, die gesetzliche oder tarifvertraglich vereinbarte Frist, innerhalb derer der Arbeitnehmer an seinen Arbeitsplatz zurückkehren muss, endet, ohne dass er dies tut[415], oder die Grundlage für den Arbeitsplatzschutz wegfällt[416].

---

414 Molero Marañon, RL 2000, Band 1, 315, 328 ff.; streitig ist, ob diese Verlängerung ausdrücklich zu erfolgen hat (so Chacartegui Jávega, Empresas de Trabajo Temporal y Contrato de Trabajo, S. 205, 208) oder auch stillschweigend erfolgen kann (so Molero Marañon a.a.O).

415 In Art. 4 Abs. 2 lit.d) R.D. 2104/1984, einer Vorgängernorm zu Art. 8 Abs. 1 lit d) R.D. 2720/1998 war dagegen für den Fall der Nichtrückkehr des vertretenen Arbeitnehmers die

dd) Vorübergehende Besetzung eines Arbeitsplatzes während eines Auswahl- oder Beförderungsprozesses

(1) Vertragsgrund

Grund für den Abschluss eines Überlassungsvertrages kann auch die vorübergehende Besetzung eines Arbeitsplatzes während eines laufenden Auswahl- oder Beförderungsverfahrens in Bezug auf eine dauerhafte Besetzung sein. In der ursprünglichen Fassung des Art. 6 Abs. 2 LETT war diese Konstellation auch ausdrücklich aufgeführt. Nach der Reform durch die *Ley* 29/1999 verweist Art. 6 Abs. 2 LETT für die Zulässigkeit des Abschlusses eines Überlassungsvertrages auf die Fallgruppen des Art. 15 Abs. 1 ET. Zwar sieht dieser den Fall der vorübergehenden Besetzung eines Arbeitsplatzes während eines laufenden Auswahl- oder Beförderungsverfahrens nicht ausdrücklich als Möglichkeit zum Abschluss eines befristeten Arbeitsvertrages vor. Allerdings erklärt Art. 4 Abs. 1 R.D. 2720/1998 den Abschluss eines befristeten Arbeitsvertrages zu diesem Zweck für zulässig. Die Bezugnahme von Art. 6 Abs. 2 LETT auf Art. 15 ET erfasst auch dessen Ausführungsbestimmungen, also auch Art. 4 Abs. 1 R.D. 2720/1998. Das Entleiherunternehmen könnte direkt mit einem Arbeitnehmer für diese Fallgruppe einen befristeten Arbeitsvertrag abschließen und kann diesen Arbeitnehmer deshalb gemäß Art. 6 Abs. 2 LETT auch über einen Überlassungsvertrag mit einem Verleiher beschäftigen[417].

(2) Vertragsdauer

Gemäß Art. 4 Abs. 2 lit. b) R.D. 2720/1998 darf der Überlassungsvertrag grundsätzlich bis zum endgültigen Abschluss des Auswahl- oder Beförderungsverfahrens laufen. Allerdings begrenzt das Gesetz die Maximaldauer auf drei Monate.

(3) Vertragsbeendigung

Der Überlassungsvertrag endet mit Abschluss des Auswahl- bzw. Beförderungsverfahrens, spätestens aber mit Ablauf der gesetzlichen Maximalfrist. Auch wenn der Vertragsgrund darüber hinaus fortbestehen sollte, das Auswahl- oder Beförderungsverfahren im von Art. 4 Abs. 2 lit. b) RD 2720/1998 vorgege-

---

Umwandlung des befristeten Arbeitsvertrages der Aushilfskraft in einen unbefristeten Vertrag qua lege vorgesehen.

416 Molero Marañon, RL 2000, Band 1, 315, 332; Valdés de la Vega, Las Empresas de Trabajo Temporal, S. 69.

417 Valdés de la Vega, Las Empresas de Trabajo Temporal, S. 69; Molero Marañon, RL 2000, Band 1, 315, 328 ff.; Cabeza Pereiro, AL 2001, Band 1, Rn. 303, 305; Pérez Pérez, Empresas de trabajo temporal y relaciones laborales, S. 293.

benen Zeitraum nicht beendet wird, scheidet der Abschluss eines neuen Überlassungsvertrages zur weiteren Überbrückung aus[418].

ee) Sonderfall: Möglichkeit für die öffentliche Verwaltung als Entleiher aufzutreten

Die direkte befristete Beschäftigung von Arbeitnehmern für nur vorübergehend anfallende Tätigkeiten ist gemäß Art. 15 Abs. 1 der *Ley* 30/1984 vom 2.8.1984[419] auch für die öffentliche Verwaltung grundsätzlich möglich. Dagegen war die Frage, ob und in welchen Fällen die öffentliche Verwaltung als Entleiher auftreten, Überlassungsverträge schließen und die Dienste von Leiharbeitnehmern in Anspruch nehmen kann, lange Zeit unklar. Weder die LETT noch die *Ley* 13/1995 vom 18.5.1995[420] „über den Abschluss von Verträgen durch die öffentliche Verwaltung" enthalten diesbezügliche Vorschriften. Lediglich in einzelnen autonomen Regionen fanden sich Regelungen: In diesen wurde die Beschäftigung von Leiharbeitnehmern durch die öffentliche Verwaltung gesetzlich untersagt[421].

Kern des Problems ist letztlich, dass die Verleihunternehmen bei der Auswahl und Einstellung von Leiharbeitnehmern nicht den gleichen Prämissen folgen wie die öffentliche Verwaltung, die bei der Auswahl von Arbeitnehmern gemäß Art. 19 der *Ley* 30/1984 sowie Art. 35 der Generalverordnung über den Eintritt von Personal in die Staatsverwaltung (R.D. 364/1995 vom 10.3.1995[422]) bestimmte Verfassungsprinzipien wie den Gleichheitsgrundsatz und den Grundsatz der Öffentlichkeit des Verfahrens zu beachten und die Auswahl von Bewerbern für staatliche Stellen allein nach Leistung und Befähigung durchzuführen hat (Art. 14, 23 und 103 CE)[423].

---

418 Chacartegui Jávega, Empresas de Trabajo Temporal y Contrato de Trabajo, S. 214; Valdés de la Vega, Las Empresas de Trabajo Temporal, S. 71 f.

419 Geändert durch Art. 1 der *Ley* 23/1988 vom 28.7.1988 (B.O.E. vom 29.7.1988).

420 B.O.E. vom 19.5.1995.

421 So durch Art. 16 der *Ley* 15/1999 vom 29.12.1999 der autonomen Region Aragón, durch die 8. Zusatzbestimmung des Gesetzes über den Rat der autonomen Region Extremadura vom 21.12.2000 sowie die 7. Zusatzbestimmung zum Gesetz über die autonome Region Madrid vom 27.12.2000.

422 B.O.E. vom 10.4.1995.

423 Chacartegui Jávega, Revista de Derecho Social Nr. 6 (1999), Rn. 55, 57 ff; Rodríguez-Piñero Royo/Calvo Gallego/González Rendón, El impacto de las empresas de trabajo temporal en España: de la legalización a la reforma, S. 105; Pérez Pérez, Empresas de trabajo temporal y relaciones laborales, S. 259; De la Villa de la Serna, El contrato de trabajo entre las empresas de trabajo temporal y el trabajador, S. 115, 126 f.; allgemein zur Beachtung dieser Verfassungsprinzipien bei Einstellungen durch die öffentliche Verwaltung STS vom 23.6.1997 (Ar. 4935/1997) und vom 7.7.1997 (Ar. 6313/1997).

Teilweise wurde angenommen, die Anwendung dieser verfassungsrechtlichen Prinzipien für die Einstellung von Arbeitnehmern durch die Verwaltung stünde der Inanspruchnahme von Leiharbeitnehmern nicht entgegen, sondern sie seien lediglich an die besondere dreipolige Rechtsbeziehung der Arbeitnehmerüberlassung anzupassen. Es sei ausreichend, wenn man diese Grundsätze bei der Auswahl des Verleihers, ähnlich wie im Vergabeverfahren in Bezug auf öffentliche Aufträge, beachte, indem man z.B. die Nachfrage nach einem Leiharbeitnehmer öffentlich ausschreibe und alle Verleiher nach den gleichen Vergabeprinzipien behandele[424].

Diese Gleichstellung der Aquirierung von Leiharbeitnehmern mit der Vergabe von Werkleistungen wurde allerdings zum Teil als unzulässige Umgehung der verfassungsrechtlich jedem Bürger gewährleisteten Garantien in Bezug auf das staatliche Einstellungsverfahren kritisiert. Arbeitnehmerüberlassung und die Erbringung von Werkleistungen wiesen wesentliche Unterschiede auf, ihre Vergabeverfahren könnten deshalb nicht gleichgesetzt werden[425].

In der Rechtsprechung wurde die Frage der Zulässigkeit der Inanspruchnahme von Leiharbeit durch die öffentliche Verwaltung unterschiedlich bewertet[426].

Durch die Reform des „Gesetzes über den Vertragsschluss durch die öffentliche Verwaltung" im Rahmen der *Ley* 53/1999 vom 28.12.1999[427] und des R.D.Leg. 2/2000 vom 16.6.2000[428] ließ der spanische Gesetzgeber den Rückgriff auf Leiharbeitnehmer in engen Grenzen zu: Es wurde normativ festgelegt, dass die Dienste von Leiharbeitnehmern ausschließlich zum Zwecke der Durchführung von Umfragen, Datenerhebungen und sonstiger vergleichbarer Maßnahmen in Anspruch genommen werden dürfen[429]. Zudem wurde die Möglichkeit, für die genannten Maßnahmen auf Leiharbeitnehmer zurückzugreifen, auf

---

424 Vgl. hierzu die Nachweise bei Rodríguez-Piñero Royo/Calvo Gallego/González Rendón, El impacto de las empresas de trabajo temporal en España: de la legalización a la reforma, S. 106.

425 Rodríguez-Piñero Royo/Calvo Gallego/González Rendón, El impacto de las empresas de trabajo temporal en España: de la legalización a la reforma, S. 106; für das Erfordernis der genannten Verfassungsprinzipien bei der Einstellung des Leiharbeitnehmers durch den Verleiher auch Chacartegui Jávega, Revista de Derecho Social Nr. 6 (1999), Rn. 55, 57 ff.

426 STSJ de Andalucía (Sevilla) vom 19.2.1999 (AS 870/1999) und STSJ de Madrid vom 18.3.1999 (AS 1072/1999) für die Zulässigkeit; dagegen STSJ de Valencia vom 10.12.1997.

427 B.O.E. vom 30.11.1999.

428 B.O.E. vom 21.6.2000.

429 Ausführlich zu dieser gesetzlichen Neufassung Elordi Dentici/Del Rey Guanter/Serrano Martínez/Gala Durán, Trabajo, temporalidad y empresas de trabajo temporal en España, S. 245 ff.; Molero Marañon, La responsabilidad empresarial frente al personal de las Empresas de Trabajo Temporal, S. 159; a.A. Del Rey Guanter/Gala Durán, RL 2001 Band 1, 15, 26 ff., die den Rückgriff auf Leiharbeitnehmer auch in Vertretungsfällen für möglich halten.

sechs Monate begrenzt und eine Verlängerungsmöglichkeit ausgeschlossen (Art. 196 Abs. 3 und 198 Abs. 3 R.D.Leg. 2/2000). Den oben genannten Verfassungsprinzipien ist hierbei im Rahmen der Auswahl des Verleihunternehmens Rechnung zu tragen.

Ein Überlassungsvertrag zwischen Verleiher und öffentlicher Verwaltung hat öffentlich-rechtlichen Charakter[430].

Durch die *Ley* 12/2001 vom 9.7.2001[431] wurde eine neue Fallgruppe in Bezug auf die Zulässigkeit des Abschlusses befristeter Arbeitsverträge in Art. 15 Abs. 1 ET aufgenommen, wonach die öffentliche Verwaltung arbeitslos gemeldete Arbeitnehmer befristet zur Durchführung von Projekten, die dem Allgemeinwohl dienen, einstellen kann, um diesen Arbeitnehmern Berufspraxis zur Erleichterung der Wiedereingliederung in den Arbeitsmarkt zu verschaffen. Die Möglichkeit, solche Wiedereingliederungsprogramme unter Zwischenschaltung von Verleihunternehmen durchzuführen, wird für die öffentliche Verwaltung durch den klaren Wortlaut des Art. 196 Abs. 3 R.D.Leg. 2/2000 jedoch auf die dort genannten Zwecke wie die Durchführung von Umfragen, Datenerhebungen und sonstiger, vergleichbarer Maßnahmen beschränkt[432].

c) Fallgruppen verbotener Arbeitnehmerüberlassung

Art. 8 LETT führt eine Reihe von Fällen auf, in deren Rahmen der Abschluss eines Überlassungsvertrages, auch wenn gleichzeitig eine Fallgruppe des Art. 6 Abs. 2 LETT i.V.m. Art. 15 ET[433] vorliegen sollte, verboten ist[434]:

aa) Ersetzung von streikenden Arbeitnehmern im Entleiherunternehmen

Gemäß Art. 8 lit. a) LETT ist der Abschluss eines Überlassungsvertrages zur Ersetzung von streikenden Arbeitnehmern im Entleiherunternehmen verboten[435].

bb) Durchführung gefährlicher und gesundheitsschädlicher Tätigkeiten

Art. 8 lit. b) LETT schließt die Arbeitnehmerüberlassung für bestimmte, als besonders gefährlich und gesundheitsschädlich erachtete Tätigkeiten aus, die in

---

430 García Ninet, Derecho del Trabajo, S. 318; Gil Alburquerque, Temporary agency work in Spain, EuroAS 2002, 191, 193.

431 B.O.E. vom 10.7.2001.

432 Abweichend wohl Gil Alburquerque, Temporary agency work in Spain, EuroAS 2002, 191, 193.

433 Siehe hierzu S. 110 ff.

434 Gemäß Art. 6 Abs. 3 CC ist der Überlassungsvertrag dann nichtig.

435 Vgl. hierzu S. 235 ff.

Art. 8 des R.D. 216/1999 vom 5.2.1999[436] aufgeführt sind[437]. Der Grund für das Verbot besteht darin, dass eine ausreichende Schulung von Leiharbeitnehmern in Bezug auf die Vermeidung der mit diesen Tätigkeiten verbundenen Risiken wegen des regelmäßig sehr kurzfristigen Einsatzes kaum möglich ist[438]. Die Regelung des Art. 8 lit. b) LETT basiert auf der europäischen Richtlinie 91/383/EWG[439], welche, als Reaktion auf die hohe Zahl von Arbeitsunfällen bei Leiharbeitnehmern[440], Mindestschutznormen für diesen Arbeitnehmerkreis festsetzte. In Art. 5 Abs. 1 der Richtlinie werden die Mitgliedstaaten insbesondere ermächtigt, die Beschäftigung von Leiharbeitnehmern im Rahmen von einzelstaatlich zu bestimmenden Tätigkeiten, die mit besonderen Risiken für Sicherheit oder Gesundheit verbunden sind, zu verbieten[441].

Im Zusammenspiel mit Art. 8 lit. b) LETT ist gemäß Art. 12 Abs. 3 LETT der Abschluss eines Überlassungsvertrages erst nach vorheriger Prüfung des Gefahrenpotentials des jeweiligen Arbeitsplatzes im Entleiherunternehmen zulässig. Auch Art. 12 Abs. 3 LETT steht in Zusammenhang mit dem R.D. 216/1999 und der zugrundeliegenden Europäischen Richtlinie 91/383/EWG.

Der Abschluss eines Überlassungsvertrags zur Durchführung einer in Art. 8 lit. b) LETT i.V.m. Art. 8 R.D. 216/1999 aufgeführten Tätigkeit stellt sowohl für den Verleiher als auch für das Entleiherunternehmen einen gemäß Art. 18 Abs. 3

---

436 B.O.E. vom 24.2.1999.

437 Art. 8 R.D. 216/1999 nimmt Bezug auf bestimmte Tätigkeiten im Bauwesen (aufgezählt im Annex II des R.D. 1627/1997 vom 24.10.1997), bestimmte Arbeiten im Bergbau über und unter Tage (aufgezählt in Art. 2 R.D. 1389/1997 vom 5.9.1997), bestimmte Arbeiten in Förderanlagen an Land (aufgezählt in Art. 109 *Reglamento General de Normas Básicas de Seguridad Minera* in der Fassung des R.D. 150/1996 vom 2.2.1996) und auf Ölplattformen, Arbeiten in Bezug auf die Herstellung, Veränderung oder den Gebrauch explosiver Stoffe (R.D. 230/1998 vom 16.2.1998), Arbeiten unter Aussetzung ionisierender Strahlung (R.D. 53/1992 vom 24.1.1992), Arbeiten unter Aussetzung von kanzerogenen oder die Erbanlagen schädigenden Stoffen (R.D. 363/1995 vom 10.3.1995 und R.D. 1078/1993 vom 2.7.1993), Arbeiten mit bestimmten biologischen Erregern (R.D. 664/1997 vom 12.5.1997) sowie Arbeiten mit Hochspannung. Ausführlich zu den einzelnen Fallgruppen Pérez Pérez, Empresas de trabajo temporal y relaciones laborales, S. 265 ff.; López Balaguer, Prevención de Riesgos Laborales y Empresas de Trabajo Temporal, S. 17 ff.; Blasco Lahoz, AL 1999 Band 2, Rn. 384 ff.; Lousada Arochena, La *Ley* 1999, Band 3, 1875 ff.; Pérez Guerrero/Rodríguez-Piñero Royo, Temas Laborales Nr. 50 (2000), 105 ff.

438 Chacartegui Jávega, Empresas de Trabajo Temporal y Contrato de Trabajo, S. 177.

439 „EWG-Richtlinie des Rates vom 25.6.1991 zur Ergänzung der Maßnahmen zur Verbesserung der Sicherheit und des Gesundheitsschutzes von Arbeitnehmern mit befristetem Arbeitsverhältnis oder Leiharbeitsverhältnis" (AblEG Nr. L 206 vom 29.7.1991, S.19) (vgl hierzu die Ausführungen auf S. 67 f.).

440 „Vorschlag für eine Richtlinie des Rates vom 13.8.1990 über bestimmte Arbeitsverhältnisse hinsichtlich der Arbeitsbedingungen" (KOM[90] 228 endgültig), unter V. Rn. 56 ff.

441 Vgl. zu Fragen der Umsetzung der Richtlinie 91/383/EWG in Spanien Chacartegui Jávega, Empresas de Trabajo Temporal y Contrato de Trabajo, S. 178 f.

lit. b) bzw. 19 Abs. 3 lit. b) LISOS als schwer eingestuften Gesetzesverstoß dar, der mit Lizenzentzug oder Geldbuße geahndet werden kann (Art. 41 Abs. 3 LISOS).

cc) Wegfall von Arbeitsplätzen im Entleiherunternehmen

Gemäß dem, durch das R.D.L. 5/2001 und die *Ley* 12/2001 vom 9.7.2001[442] neugefassten Art. 8 lit. c) LETT ist der Abschluss eines Überlassungsvertrages ausgeschlossen, wenn „in den unmittelbar dem Zeitpunkt des beabsichtigten Vertragsschlusses vorhergehenden zwölf Monaten in dem Entleiherunternehmen die Arbeitsplätze, die jetzt besetzt werden sollen, durch unzulässige Kündigung oder aufgrund der in Art. 50, 51 und 52 lit. c) ET aufgeführten Umstände mit Ausnahme höherer Gewalt weggefallen sind, oder wenn in den, dem Zeitpunkt des beabsichtigten Vertragsschlusses vorhergehenden achtzehn Monaten besagte Arbeitsplätze bereits für einen Zeitraum von mehr als zwölf Monaten dauerhaft oder mit Unterbrechungen mit von Zeitarbeitsunternehmen überlassenen Leiharbeitnehmern besetzt wurden".

Der erste Teil des Art. 8 lit. c) LETT verbietet die Besetzung eines Arbeitsplatzes, der durch unzulässige Kündigung[443], vom Arbeitnehmer gewollte Beendigung des Arbeitsverhältnisses (Art. 50 ET), Massenentlassung (Art. 51 ET) und schließlich aus wirtschaftlichen, technischen, organisatorischen oder produktionsbedingten Gründen (Art. 52 lit. c) ET) im Zeitraum der dem beabsichtigten Vertragsschluss vorhergehenden letzten zwölf Monate entfallen ist. Lediglich Konstellationen des Arbeitsplatzwegfalls wegen höherer Gewalt nimmt das Gesetz aus. Das Verbot wirkt auch bei Vorliegen einer Fallgruppe für einen zulässigen Überlassungsvertrag nach Art. 6 Abs. 2 LETT. Der Einsatz eines Leiharbeitnehmers in den gerade beschriebenen Fällen wird vom Gesetzgeber damit als grundsätzlich missbräuchliches Verhalten des Entleiherunternehmens angesehen[444]. Der Verbotsgrund des Art. 8 lit. c) LETT steht der Möglichkeit, Stammpersonal durch Leiharbeitnehmer zu ersetzen, entgegen[445]. Mit der Inanspruchnahme von Leiharbeitnehmern in dem genannten Zeitraum zeigt der Entleiher, dass der Arbeitsplatz in Wirklichkeit nicht weggefallen ist, sondern er vielmehr versucht, feste Beschäftigungsverhältnisse in Beschäftigung für Leih-

---

442 B.O.E. vom 10.7.2001.

443 Auch wenn die Kündigung ohne entsprechenden Grund erfolgte und deshalb gerichtlich für unzulässig erklärt wurde, hat der Arbeitgeber dennoch die Möglichkeit, gegen entsprechende Abfindung, das Arbeitsverhältnis einseitig zu beenden.

444 Cruz Villalón, El marco jurídico de las empresas de trabajo temporal, S. 45, 89.

445 Serrano Argüello, RL 1999, Band 2, 570, 588, 592; Pérez Pérez, Empresas de trabajo temporal y relaciones laborales, S. 273.

arbeitnehmer umzuwandeln[446]. Diese Vorgehensweise widerspricht aber der vom spanischen Gesetzgeber verfolgten Prämisse der Beschäftigungsstabilität[447].

Dagegen wird weder die Besetzung von neu geschaffenen Arbeitsplätzen verboten noch die von Arbeitsplätzen, welche sich von den Weggefallenen in Bezug auf Funktionsbereich und Ansiedlung im Unternehmensaufbau unterscheiden[448].

Der zweite Fall des Art. 8 lit. c) LETT verbietet den Abschluss eines Überlassungsvertrages, wenn in den dem beabsichtigten Vertragsschluss vorhergehenden achtzehn Monaten der zu besetzende Arbeitsplatz für mehr als zwölf Monate, am Stück oder mit Unterbrechungen, mit Leiharbeitnehmern besetzt war. Auch diese zweite Fallgruppe hat letztlich zum Gegenstand, dass ein Arbeitgeber, trotz Vorliegens eines relativ regelmäßigen Arbeitskräftebedarfs, die Schaffung fester Beschäftigungsverhältnisse vermeiden und dauerhaft auf flexible Leiharbeit ausweichen will[449]. Mit Hilfe der von der Rechtsprechung entwickelten Grundsätze zur beschränkten Zulässigkeit von Kettenbefristungen[450] ließe sich ein solches Verhalten des Entleihers nicht unterbinden. Auf die Konstellation der Arbeitnehmerüberlassung sind diese Grundsätze nämlich nicht ohne weiteres anwendbar, da hier nicht mit demselben Arbeitnehmer mehrere aufeinanderfolgende befristete Arbeitsverträge geschlossen werden. Art. 8 lit. c) LETT verhindert, dass aufgrund der Tatsache, dass für jeden aufeinanderfolgenden Einsatz die Person des Leiharbeitnehmers geändert werden kann, Kettenbefristungen ohne Beschränkungen möglich werden.

Ein Verstoß gegen Art. 8 lit. c) LETT stellt für das Entleiherunternehmen einen als schwer qualifizierten und mit Bußgeld ahndbaren Gesetzesverstoß gemäß Art. 19 Abs. 2 lit. e) LISOS dar. Hierbei fällt auf, dass Art. 19 Abs. 2 lit. e) LISOS in seinem Wortlaut nicht auf den von Art. 8 lit. c) LETT erwähnten Fall der Besetzung eines Arbeitsplatzes nach dessen Freiwerden wegen vom Arbeitnehmer gewollter Beendigung des Arbeitsverhältnisses (Art. 50 ET) eingeht. Dies ist jedoch als bloßes Redaktionsversehen zu betrachten und ein Verstoß in diesem Zusammenhang ebenfalls als schwerer Gesetzesverstoß des Entleiherunternehmens zu qualifizieren[451]. Auch für den Verleiher liegt bei Abschluss eines

---

446 STSJ del País Vasco vom 9.2.1999 (AS 561/1999); STSJ de Cataluña vom 13.1.2000 (AS 1665/2000).

447 Rodríguez Ramos, La cesion ilegal de trabajadores, S. 24.

448 Valdés de la Vega, Las Empresas de Trabajo Temporal, S. 78; zu dieser Frage auch STSJ de Analucía (Málaga) vom 30.10.1998 (AS 3829/1998).

449 Serrano Argüello, RL 1999, Band 2, 570, 590 f.; Pérez Pérez, Empresas de trabajo temporal y relaciones laborales, S. 275.

450 Hierzu STS vom 29.3.1993 (Ar. 2218/1993); STS vom 4.7.1994 (6330-6332/1994); García Ninet, Derecho del Trabajo, S. 354; Montoya Melgar, Derecho del Trabajo, S. 338.

451 Valdés de la Vega, Las Empresas de Trabajo Temporal, S. 83.

Überlassungsvertrages, dem Art. 8 lit. c) LETT entgegensteht, ein schwerer Gesetzesverstoß i.S.d. Art. 18 Abs. 2 lit. c) LISOS vor.

dd) Verbot der Überlassung von Leiharbeitnehmern an andere Verleihunternehmen

Art. 8 lit. d) LETT verbietet den Abschluss von Überlassungsverträgen zum Zwecke der Überlassung von Leiharbeitnehmern an andere Verleihunternehmen (Verbot des Kettenverleihs).

Zweck dieses Verbotes ist es, die Aufrechterhaltung der Transparenz in Bezug auf die Verantwortlichkeit eines Verleihers gegenüber seinen Leiharbeitnehmern zu sichern, die dem Gesetzgeber im Rahmen eines solchen Kettenverleihs gefährdet erscheint[452]. Das Verbot unterscheidet nicht danach, ob die Leiharbeitnehmer von dem entleihenden Zeitarbeitsunternehmen an ein weiteres Entleiherunternehmen überlassen werden sollen oder in der Verwaltung des entleihenden Zeitarbeitsunternehmens arbeiten sollen[453].

Der Kettenverleih von Leiharbeitnehmern stellt zudem einen nach Maßgabe von Art. 18 Abs. 3 lit. e) LISOS mit Bußgeld bzw. Lizenzentzug zu ahndenden Gesetzesverstoß dar[454].

d) Unzulässigkeit von Einstellungsuntersagungsklauseln

Gemäß Art. 7 Abs. 3 LETT sind Klauseln im Überlassungsvertrag, die den Abschluss eines Arbeitsvertrages zwischen Entleiher und Leiharbeitnehmer nach Ablauf des Überlassungsvertrages verbieten, nichtig[455].

Ziel dieser Norm ist die Förderung dauerhafter und fester Beschäftigung, indem der Leiharbeitnehmer, der von seinem Verleiher zu einem Arbeitseinsatz beim Entleiher geschickt wird, bei entsprechender Bewährung dort im Anschluss direkt vom Entleiher unter Vertrag genommen werden kann[456]. Der Verleiher übernimmt in Konsequenz somit häufig faktisch die Aufgaben der Personalauswahl und Qualifizierung von Arbeitskräften und bringt diese in Kontakt

---

452 Valdés Dal-Ré, Las relaciones juridicas entre empresas de trabajo temporal y la empresa usuaria: el contrato de puesta a disposición, S. 77, 89; Rodríguez-Piñero Royo, Las empresas de trabajo temporal en España, S. 87; Pérez Pérez, Empresas de trabajo temporal y relaciones laborales, S. 353.

453 Crespan Echegoyen/Gonzalez Martin/Lopez Parada, Empresas de Trabajo Temporal, Rn. 540.

454 García Ninet, Derecho del Trabajo, S. 323.

455 In ihrem Grundgedanken basiert diese Norm auf Art. 6 des Vorschlags für eine europäische Richtlinie vom 29.6.1990 (KOM [1990] 228 endgültig).

456 Rodríguez-Piñero Royo, Las empresas de trabajo temporal en España, S. 91; Pérez Pérez, Empresas de trabajo temporal y relaciones laborales, S. 334.

mit Entleihern, wo sie dann nach ihrem Einsatz als Leiharbeitnehmer vom Entleiher fest übernommen werden können[457]. Das Klauselverbot bezieht sich nicht nur auf den Fall des Abschlusses eines Arbeitsvertrages für den vom Leiharbeitnehmer im Rahmen der Überlassung besetzten Arbeitsplatz, sondern gilt für sämtliche Arbeitsplätze und ist unabhängig davon, ob der Arbeitnehmer befristet oder unbefristet mit dem Entleiher kontrahiert[458]. Art. 7 Abs. 3 LETT greift auch unabhängig davon ein, ob der Leiharbeitnehmer beim Verleiher in einem befristeten oder einem unbefristeten Arbeitsverhältnis steht. Auch wenn der Leiharbeitnehmer mit dem Verleiher einen unbefristeten Arbeitsvertrag geschlossen hat, soll er die Möglichkeit haben, zu einem festen Arbeitgeber wechseln zu können, wobei er zuvor freilich sein Arbeitverhältnis zum Verleiher einvernehmlich oder durch Kündigung beendet haben muss.

Vertragsklauseln im Überlassungsvertrag, die den direkten Vertragsschluss zwischen Entleiher und Leiharbeitnehmer während der Laufzeit des Überlassungsvertrages untersagen, sind dagegen nach dem Willen des Gesetzgebers zulässig, um missbräuchliches Verhalten dergestalt, dass der Entleiher, der vom Verleiher geeignete Arbeitskräfte erhalten hat, diesen so um seine Überlassungsvergütung bringen kann, zu verhindern[459].

Nicht von Art. 7 Abs. 3 LETT erfasst ist die Verpflichtung des Entleihers im Überlassungsvertrag, bei Übernahme des Leiharbeitnehmers nach Ablauf des Überlassungsvertrages eine „Ablösesumme" an den Verleiher, etwa als Ausgleich für erfolgte Qualifizierungsmaßnahmen, zu zahlen, solange diese aufgrund ihrer Höhe nicht einem Einstellungsverbot gleichkommt.

2.) In Deutschland

Der Arbeitnehmerüberlassungsvertrag zwischen Verleiher und Entleiher muss bestimmten rechtlichen Anforderungen genügen:

a) Form und Mindestinhalt des Überlassungsvertrages

aa) Formerfordernis

Der Überlassungsvertrag zwischen Verleiher und Entleiher bedarf nach § 12 Abs. 1 S. 1 AÜG der Schriftform (§ 126 BGB). Diese kann allerdings gemäß § 126 Abs. 3 BGB durch die elektronische Form i.S.d. § 126 a BGB ersetzt werden, da § 12 Abs. 1 AÜG, im Unterschied etwa zu § 623 HS. 2 BGB für die

[457] Crespan Echegoyen/Gonzalez Martin/Lopez Parada, Empresas de Trabajo Temporal, Rn. 513; hierzu auch unter Einleitung I.

[458] Rodríguez-Piñero Royo, Las empresas de trabajo temporal en España, S. 91 Fn. 17.

[459] Rodríguez-Piñero Royo, Las empresas de trabajo temporal en España, S. 91 Fn. 19.

Kündigung des Arbeitsverhältnisses, diese Möglichkeit nicht ausdrücklich ausschließt[460]. Ein Verstoß gegen dieses Formerfordernis hat gemäß § 125 S. 1 BGB die Nichtigkeit des Vertrages zur Folge[461].

bb) Mindestvertragsinhalt

Nach § 12 Abs. 1 S. 2 AÜG hat der Verleiher im Rahmen des Überlassungsvertrages zu erklären, ob er über eine Verleiherlaubnis nach § 1 AÜG verfügt. Diese Vorschrift dient dem Schutz des Entleihers, weil das Gesetz bei Fehlen einer Verleiherlaubnis die Unwirksamkeit des Überlassungsvertrages (§ 9 Nr. 1 AÜG) und die Fiktion eines Arbeitsverhältnisses zwischen Entleiher und Leiharbeitnehmer (§ 10 Abs. 1 S. 1 AÜG) vorsieht[462]. Der Entleiher seinerseits muss im Überlassungsvertrag angeben, welche besonderen Merkmale die für den Leiharbeitnehmer vorgesehene Tätigkeit aufweist und welche berufliche Qualifikation dafür erforderlich ist (§ 12 Abs. 1 S. 3 HS. 1 Alt. 1 und 2 AÜG). Diese Norm bezweckt, in Umsetzung von Art. 7 der Richtlinie 91/383/EWG vom 25.6.1991[463], die Gewährleistung der Sicherheit und des Gesundheitsschutzes von Leiharbeitnehmern. Leiharbeitnehmer sollen nur für Tätigkeiten eingesetzt werden, die ihrer Qualifikation entsprechen. Daneben soll der Verleiher durch § 12 Abs. 1 S. 3 HS. 1 Alt. 1 und 2 AÜG in die Lage versetzt werden, seinen Nachweispflichten gegenüber dem Leiharbeitnehmer nach § 11 Abs. 1 S. 1 AÜG i.V.m. § 2 Abs. 1 S. 2 Nr. 5 NachwG nachkommen zu können[464]. Gemäß § 12 Abs. 1 S. 3 HS. 1 Alt. 3 AÜG hat der Entleiher im Überlassungsvertrag zudem anzugeben, welche wesentlichen Arbeitsbedingungen einschließlich des Arbeitsentgelts in seinem Betrieb für einen vergleichbaren Arbeitnehmer gelten, um so dem Verleiher die Erfüllung seiner Gleichstellungspflicht gegenüber dem Leiharbeitnehmer nach §§ 3 Abs. 1 Nr. 3 und 9 Nr. 2 AÜG zu ermöglichen[465]. Dies gilt nicht, wenn ein Ausnahmefall von der Gleichstellungspflicht nach §§ 3 Abs. 1 Nr. 3, 9 Nr. 2 AÜG vorliegt (§ 12 Abs. 1 S. 3 HS. 2 AÜG)[466].

---

460 Feuerborn, in: Schüren, AÜG, § 12 Rn. 12; Schneider, Handbuch Zeitarbeit, Rn. 365a.

461 Sandmann/Marschall, AÜG, Art. 1 § 12 Rn. 2; Einsele, in: MünchKom, § 125 BGB, Rn. 38 ff.

462 Niebler/Biebl/Roß, AÜG, Rn. 549 ff.; Boemke, AÜG, § 12 Rn. 2, 15.

463 Vgl. hierzu S. 67 f.

464 Feuerborn, in: Schüren, AÜG, § 12 Rn. 6; Sandmann/Marschall, AÜG, Art. 1 § 12 Rn. 2.

465 Boemke/Lembke, AÜG (Ergänzungsband) § 12 Rn. 5 ff.; Feuerborn, in: Schüren, AÜG, § 12 Rn. 58; Sandmann/Marschall, AÜG, Art. 1 § 12 Rn. 2a.

466 § 12 Abs. 1 S. 3 HS. 2 wurde erst durch das Reformgesetz vom 23.12.2003 (BGBl. I, S. 2848) in das AÜG aufgenommen.

b) Laufzeit des Überlassungsvertrages

Der Überlassungsvertrag kann für einen bestimmten Zeitraum befristet oder für unbestimmte Zeit geschlossen werden. § 3 Abs. 1 Nr. 6 AÜG a.F. wonach ein Leiharbeitnehmer höchstens für einen Zeitraum von 24 Monaten an einen Entleiher überlassen werden durfte[467], wurde durch das „Erste Gesetz für moderne Dienstleistungen am Arbeitsmarkt" zum 1.1.2003 ersatzlos gestrichen. Mit der Abschaffung der Höchstüberlassungsdauer sollen nach dem Willen des Gesetzgebers nun die Einsatzmöglichkeiten für Leiharbeitnehmer erweitert, die Arbeitnehmerüberlassung gestärkt und so für mehr Beschäftigung gesorgt werden[468].

c) Fälle der (Teil-)Unwirksamkeit des Überlassungsvertrages

aa) Beschränkung der Arbeitnehmerüberlassung im Baugewerbe

(1) Das grundsätzliche Verbot der Arbeitnehmerüberlassung im Baugewerbe in § 1b AÜG

Grundsätzlich unzulässig ist nach § 1b S. 1 AÜG die gewerbsmäßige Arbeitnehmerüberlassung in Betriebe des Baugewerbes für Arbeiten, die üblicherweise von Arbeitern verrichtet werden. Hierbei handelt es sich um ein gesetzliches Verbot i.S.d. § 134 BGB, so dass ein Verstoß die Nichtigkeit des Überlassungsvertrages zur Folge hat[469]. Auf massiven Druck der Wirtschaft wurde das zunächst ausnahmslose Verbot der Arbeitnehmerüberlassung in Betriebe des Baugewerbes nachträglich vom Gesetzgeber eingeschränkt: Als zunächst[470] einzige Ausnahme war der Fall vorgesehen, dass die Überlassung zwischen Betrieben des Baugewerbes erfolgte, die von denselben Rahmen- und Sozialkassentarifverträgen oder von deren Allgemeinverbindlichkeit erfasst wurden (§ 1b S. 2 AÜG a.F.).

Der EuGH sah in seiner Entscheidung vom 25.10.2001[471] durch § 1b AÜG a.F. die Dienstleistungsfreiheit nach Art. 49 EG und die Niederlassungsfreiheit nach Art. 43 EG verletzt, da Bauunternehmen aus anderen Mitgliedstaaten gezwungen seien, in Deutschland Niederlassungen zu gründen, um die Vorausset-

---

[467] Durch Art. 7 des Job-AQTIV-Gesetzes vom 10.12.2001 war die Höchstüberlassungsdauer von zwölf auf 24 Monate erhöht worden; kritisch hierzu Picker, ZfA 2002, 469, 489 ff.

[468] BT-Drs. 15/25, S. 24; Ulber, AuR 2003, 7, 10; kritisch Bauer/Krets, NJW 2003, 537, 539 f.

[469] Sack, in: Staudinger, BGB (2003), § 134 Rn.57 ff.; Palm, in: Erman, BGB, Band I, § 134 Rn. 11 ff.; Hamann, in: Schüren, AÜG § 1b Rn. 1.

[470] Bis zur Reform des AÜG durch das „Erste Gesetz zur Modernisierung des Arbeitsmarktes" vom 23.12.2002.

[471] AP Nr. 3 zu Art. 49 EG = NJW 2001, 3767 = NZA 2001, 1299 = SAE 2002, 233 ff. mit Anmerkung Boecken/Theiss; Hamann, in: Schüren, AÜG § 1b Rn. 18.

zungen der Ausnahmeregelung des § 1b S. 2 AÜG a.F., insbesondere die dort verlangte Tarifbindung, zu erreichen.

Im Rahmen der Reform durch das „Erste Gesetz zur Modernisierung des Arbeitsmarktes“ wurde § 1b AÜG dann neu gefasst und die Ausnahmeregelung vom Verbot der Arbeitnehmerüberlassung im Baugewerbe insgesamt erweitert: Nunmehr soll Arbeitnehmerüberlassung nicht nur zwischen Betrieben des Baugewerbes, sondern auch von anderen (nichtbaugewerblichen) Betrieben in das Baugewerbe[472] gestattet sein, wenn für allgemeinverbindlich erklärte Tarifverträge, unter die Verleiher und Entleiher jeweils fallen[473], dies ausdrücklich zulassen (§ 1b S. 2 lit. a) AÜG).

Nach § 1b S. 2 lit. b) AÜG ist Arbeitnehmerüberlassung zwischen Betrieben des Baugewerbes auch dann zulässig, wenn der verleihende Betrieb nachweislich seit mindestens drei Jahren (vor der ersten Überlassung) von denselben Rahmen- und Sozialkassentarifverträgen oder von deren Allgemeinverbindlichkeit erfasst wird. Gegenüber der bisherigen Ausnahmeregelung des § 1b S. 2 AÜG a.F. enthält § 1b S. 2 lit. b) AÜG insoweit eine Verschärfung, als nunmehr ein Mindestzeitraum von drei Jahren in Bezug auf die Tarifbindung des Verleihers festgesetzt wird, um zu verhindern, dass Baubetriebe allein zu dem Zweck, Arbeitnehmerüberlassung im Baugewerbe betreiben zu können, gegründet werden[474].

Um dem genannten Urteil des EuGH Rechnung zu tragen, schuf der Gesetzgeber in § 1b S. 3 AÜG eine auf Baubetriebe mit Geschäftssitz in anderen Mitgliedstaaten des Europäischen Wirtschaftsraumes zugeschnittene Ausnahme vom Verbot der Arbeitnehmerüberlassung in das Baugewerbe: Diesen ist gewerbliche Arbeitnehmerüberlassung auch gestattet, wenn sie nicht von deutschen Rahmen- und Sozialkassentarifverträgen oder für allgemeinverbindlich erklärten Tarifverträgen erfasst werden, wenn sie dafür seit mindestens drei Jahren Tätigkeiten ausüben, die, bei sinngemäßer Anwendung, unter den Geltungsbereich derselben Rahmen- und Sozialkassentarifverträge fallen, von denen auch der Betrieb des Entleihers erfasst wird. Somit ist erforderlich, dass der verleihende Betrieb seit mindestens drei Jahren baugewerblicher Tätigkeit nachgeht,

---

472 Da § 1b S. 1 AÜG Arbeitnehmerüberlassung „in Betriebe des Baugewerbes“ grundsätzlich untersagt, bezieht sich auch die Ausnahmeregel des § 1b S. 2 lit. a) AÜG nur auf Fälle, in denen der Entleiherbetrieb dem Baugewerbe angehört, nicht dagegen auf Fälle der Arbeitnehmerüberlassung in andere Gewerbezweige.

473 Abweichend vom bisherigen Recht ist nicht erforderlich, dass Verleiher und Entleiher unter den gleichen allgemeinverbindlichen Tarifvertrag fallen. Es reicht aus, wenn für Verleiher und Entleiher unterschiedliche allgemeinverbindliche Tarifverträge gelten, die Arbeitnehmerüberlassung in das Baugewerbe zulassen. Insbesondere muss für den Verleiher kein Tarifvertrag der Baubranche einschlägig sein (vgl. Boemke/Lembke, AÜG (Ergänzungsband), § 1b Rn. 9 ff.).

474 Ulber, AuR 2003, 7, 9; Boemke/Lembke, AÜG (Ergänzungsband), § 1b Rn. 16 ff.

er also innerhalb des Europäischen Wirtschaftsraumes zu über 50 % seiner betrieblichen Gesamtarbeitszeit bauliche Leistungen erbringt[475]. Flankiert wird die Regelung des § 1b S. 3 AÜG durch den ebenfalls neugefassten § 1 Abs. 2a AEntG, der den nach Deutschland überlassenen Leiharbeitnehmern einen Anspruch auf Gewährung der Arbeitsbedingungen des Entleihers als Mindestgarantie zugesteht [476].

(2) Rechtfertigung der Verbotsregelung

Gesetzgeberisches Motiv für dieses nachträglich in das AÜG eingefügte Verbot der Arbeitnehmerüberlassung im Baugewerbe[477] waren negative Auswirkungen, die sich durch den Einsatz von Leiharbeitnehmern im Bereich des Baugewerbes ergaben: Zum einen häuften sich gerade im Bauwesen Fälle von Gesetzesverstößen im Zusammenhang mit Arbeitnehmerüberlassung, denen nach Auffassung des Gesetzgebers durch eine Verschärfung der Kontroll- und Meldepflichten allein nicht begegnet werden konnte. Zum anderen waren Leiharbeitnehmer, die von Verleihern außerhalb des Baugewerbes, etwa reinen Zeitarbeitsunternehmen, überlassen wurden, gegenüber fest angestellten Kollegen im Baugewerbe zudem bisher insofern sozial benachteiligt, als ihnen mangels entsprechender Tarifbindung keine Ansprüche gegen die Sozialkassen des Baugewerbes (z.B. Zusatzversorgungskasse, Urlaubskasse, Lohnausgleichskasse) zustanden[478]. Aus diesem Grund führte der Einsatz solcher Leiharbeitnehmer anstelle von normalen Bauarbeitern durch Unternehmen der Bauwirtschaft bei diesen auch zu geringeren Arbeitskosten und damit zu Wettbewerbsvorteilen.

Das Bundesverfassungsgericht hielt das grundsätzliche Verbot der Arbeitnehmerüberlassung im Baugewerbe für verfassungsgemäß[479]. Die Wiederherstellung der durch das massive Auftreten illegaler Arbeitnehmerüberlassung gestörten Ordnung auf dem Teilarbeitsmarkt des Baugewerbes mit dem Ziel der Sicherung eines geordneten Arbeitsmarktes und einer stabilen arbeits- und sozi-

---

475 So EuGH vom 25.10.2001 a.a.O. unter c; kritisch zur Frage, ob den Vorgaben des EuGH durch § 1b S. 3 AÜG hinreichend Rechnung getragen wurde Boemke/Lembke, AÜG (Ergänzungsband), § 1b Rn. 23.

476 Hamann, in: Schüren, AÜG, § 1b Rn. 61b; Sandmann/Marschall, AÜG, Art. 1 § 1b Rn. 18a; Ulber, AuR 2003, 7, 9.

477 Das Verbot der Arbeitnehmerüberlassung im Baugewerbe trat am 12.1.1982 in Gestalt von § 12a Arbeitsförderungsgesetz (AFG) in Kraft (BGBl. I, S. 1497) und wurde durch das Arbeitsförderungs-Reformgesetz vom 24.3.1997 mit Wirkung zum 1.1.1998 in das AÜG überführt (BGBl. I, S. 594).

478 BT-Drs. 9/846, S. 35 f.; Ulber, AÜG, § 1b Rn. 1; Wank, EuroAS 2002, 167, 169 f.

479 BVerfG vom 6.10.1987, DB 1988, 605 = NJW 1988, 1195 ff = BB 1988, 561; ausführlich zu dieser Entscheidung Hamann, in: Schüren, AÜG, § 1b Rn. 8 ff.; Sandmann/Marschall, AÜG, Art. 1 § 1b Rn. 2.

alversicherungsrechtlichen Situation abhängig Beschäftigter sowie die Sicherung der finanziellen Stabilität der Sozialversicherungsträger, denen durch illegale Arbeitnehmerüberlassung immense Beitragsverluste entstünden, seien berechtigte gesetzgeberische Motive[480]. Die Auffassung des Gesetzgebers, eine Verstärkung der staatlichen Kontroll- und Eingriffsinstrumente sei kein milderes, gleich wirksames Mittel zur Bekämpfung der illegalen Arbeitnehmerüberlassung und Wiederherstellung der Arbeitsmarktordnung im Bereich des Baugewerbes, könne nicht widerlegt werden[481]. Auch das vom Gesetzgeber mit dem Verbot verfolgte Ziel, Entleihern die Umgehung von für allgemeinverbindlich erklärten Tarifverträgen des Baugewerbes durch Rückgriff auf Leiharbeitnehmer unmöglich zu machen, wurde vom BVerfG mitgetragen[482].

Zwar lässt der Gesetzgeber mittlerweile bestimmte Konstellationen der Arbeitnehmerüberlassung in das Baugewerbe (§ 1b S. 2 lit. a) AÜG) bzw. innerhalb des Baugewerbes (§ 1b S. 2 lit. b) und 3 AÜG) zu. Die hohen Anforderungen, die § 1b S. 2 lit. a) AÜG etwa für die Zulässigkeit der Arbeitnehmerüberlassung in das Baugewerbe stellt, wonach jeweils für Verleiher und Entleiher allgemeinverbindlich geltende Tarifverträge die Überlassung in das Baugewerbe zulassen müssen, dürften jedoch in der Praxis nur schwer erfüllbar sein[483]. So setzt § 1b S. 2 lit. a) AÜG etwa für die Überlassung eines Leiharbeitnehmers durch ein Zeitarbeitsunternehmen in einen Betrieb des Baugewerbes voraus, dass für das Zeitarbeitsunternehmen ein für allgemeinverbindlich erklärter Tarifvertrag der Zeitarbeitsbranche vorliegt. Bedenkt man die strengen Voraussetzungen der Allgemeinverbindlicherklärung in § 5 TVG[484] ist kaum mit dem Eintreten eines solchen Falles zu rechnen.

Auch nach der Reform des § 1b AÜG ist Arbeitnehmerüberlassung innerhalb des Baugewerbes und insbesondere in das Baugewerbe damit nur in sehr eng begrenzten Ausnahmefällen möglich.

Zu untersuchen ist, ob die Rechtfertigungsgründe, die vom Gesetzgeber für das zunächst ausnahmslose und mittlerweile für die Arbeitnehmerüberlassung in das Baugewerbe nur geringfügig beschränkte Verbot der Arbeitnehmerüberlassung angeführt werden, auch noch nach der Einführung des Grundsatzes von *„equal pay*“ und *„equal treatment*“ zugunsten der Leiharbeitnehmer in §§ 3 Abs. 1 Nr. 3 und 9 Nr. 2 AÜG tragen: Wurde bislang vorgebracht, Entleiher könnten durch Rückgriff auf „externe“ Leiharbeitnehmer die für allgemeinverbindlich erklärten Tarifverträge des Baugewerbes mit dem Ziel, sich Wettbewerbsvorteile zu verschaffen, umgehen und Leiharbeitnehmern käme bei einer Überlassung

480 BVerfG, a.a.O. unter III.2.a).
481 BVerfG, a.a.O. unter III.2.d).
482 BVerfG, a.a.O. unter IV.2.a.).
483 Kritisch auch Boemke/Lembke, AÜG (Ergänzungsband), § 1b Rn. 13.
484 Hierzu ausführlich Löwisch/Rieble, TVG, § 5 Rn. 36 ff.

in das Baugewerbe kein ausreichender Sozialschutz zu, da ihnen keine Ansprüche gegenüber den im Baugewerbe tarifvertraglich verankerten Sozialkassen zustünden, muss die Bedeutung dieser Argumente nach der Reform von §§ 3 Abs. 1 Nr. 3, 9 Nr. 2 AÜG zumindest relativiert werden: Grundsätzlich stehen Leiharbeitnehmern nunmehr die wesentlichen Arbeitsbedingungen einschließlich des Arbeitsentgelts zu, die einem vergleichbaren Arbeitnehmer des Entleihers zukämen. Dieser Gleichbehandlungsanspruch führt dazu, dass Leiharbeitnehmer im Falle eines Einsatzes im Baugewerbe vom Verleiher grundsätzlich neben den entsprechenden bautariflich festgesetzten Entgelten auch Bezüge entsprechend den Leistungen der Sozialkassen des Baugewerbes verlangen können[485]. Der soziale Schutz von Leiharbeitnehmern ist somit nunmehr bei einer Überlassung in das Baugewerbe gesichert. Auch die Verhinderung eines marktverzerrenden Wettbewerbsvorteils für Entleiher des Baugewerbes durch Einsatz „branchenfremder" Leiharbeitnehmer kann als Rechtfertigung eines grundsätzlichen Verbots der Arbeitnehmerüberlassung in das Baugewerbe nicht mehr ins Feld geführt werden. Die sich aus dem Gleichbehandlungsanspruch der Leiharbeitnehmer ergebende erhöhte Arbeitskostenlast schlägt sich in erhöhten Überlassungspreisen nieder, die vielfach die Kosten einer Direkteinstellung durch den Entleiher übersteigen.

Eine Rechtfertigung des grundsätzlichen Verbots der Arbeitnehmerüberlassung in das Baugewerbe, etwa um die Sozialkassen des Baugewerbes als gemeinsame Einrichtung der Tarifvertragsparteien zu erhalten und ihnen Beitragseinzug und Verwaltung zu erleichtern, ist mit Art. 12 GG nicht vereinbar[486]. Somit bleibt dem Gesetzgeber zur Rechtfertigung des Verbots nur noch der Rückzug auf die vom Bundesverfassungsgericht als innerhalb des gesetzgeberischen Einschätzungsspielraums mitgetragene Argumentation, dem Auftreten illegaler Arbeitnehmerüberlassung mit schädlichen Auswirkungen auf die Ordnung dieses Teilarbeitsmarktes sowie Einnahmeverlusten zulasten der Sozialversicherungsträger und des Staates könne im Baugewerbe nur durch ein grundsätzliches Verbot der Arbeitnehmerüberlassung begegnet werden[487]. Ob dieses Argument das grundsätzliche Verbot auch unter Berücksichtigung der geplanten europäischen Regelungsvorgaben deckt, soll später untersucht werden[488].

---

485 Vgl. hierzu auch Fn. 678.

486 So schon Löwisch, ZfA 1996, 293, 308; ders., RdA 1999, 69, 73.

487 Zu möglichen Alternativmaßnahmen vgl. die Vorschläge bei Salzmann-Hennersdorf, Das Leiharbeitsverbot im Baugewerbe (§ 1b AÜG), S. 43 ff.

488 Vgl. S. 135.

bb) Fehlen einer Verleiherlaubnis

Nach § 9 Nr. 1 Alt. 1 AÜG ist der Überlassungsvertrag unwirksam, wenn der Verleiher nicht über die nach § 1 AÜG erforderliche Verleiherlaubnis verfügt. Unwirksamkeit des Überlassungsvertrages tritt ein, wenn die Verleiherlaubnis bereits bei Vertragsschluss fehlt oder erst später, z.B. durch Rücknahme nach § 4 AÜG oder Widerruf nach § 5 AÜG, mit Wirkung ex nunc entfällt[489]. Die ex nunc-Wirkung unterscheidet den Unwirksamkeitsgrund vom Nichtigkeitsgrund[490].

cc) Einstellungsverbot

Nach § 9 Nr. 3 HS. 1 AÜG sind Vereinbarungen, die dem Entleiher untersagen, den Leiharbeitnehmer zu einem Zeitpunkt einzustellen, in dem dessen Arbeitsverhältnis zum Verleiher nicht mehr besteht, unwirksam. § 9 Nr. 3 AÜG erfasst nur die, mit dem vereinbarten Einstellungsverbot in Zusammenhang stehenden Vertragsteile, nicht aber den gesamten Überlassungsvertrag[491]. Der Gesetzgeber hielt eine solche Beschränkung des Rechts der Leiharbeitnehmer auf freie Wahl des Arbeitsplatzes nach Beendigung des Leiharbeitsverhältnisses für unvereinbar mit dem Sozialstaatsprinzip und ließ demgegenüber die wirtschaftlichen Interessen des Verleihers zurücktreten[492]. Nicht nur ein ausdrückliches Einstellungsverbot sondern auch Vereinbarungen mit ähnlicher Wirkung, etwa ein Verbot für den Entleiher, dem Leiharbeitnehmer für den Zeitraum nach Beendigung der Überlassung ein Einstellungsangebot zu unterbreiten, oder ein Vertragsstrafeversprechen des Entleihers sind wegen ihrer gleichen Zielrichtung von § 9 Nr. 3 HS. 1 AÜG erfasst[493].

Umstritten war bislang im Zusammenhang mit § 9 Nr. 3 AÜG a.F., ob die Vereinbarung einer Vermittlungsprämie zwischen einem Entleiher und einem autorisierten Verleiher, der zugleich privater Arbeitsvermittler[494] ist, für den Fall der Übernahme des Leiharbeitnehmers durch den Entleiher nach Beendigung der Überlassung unter das genannte Klauselverbot fällt, da sie einer Einstellung

---

489 Sandmann/Marschall, AÜG, Art. 1 § 9 Rn. 19; Schüren, in: Schüren, AÜG, § 9 Rn. 39; Ulber, AÜG, § 9 Rn. 11, 14.

490 Wank, in: ErfK, § 9 AÜG Rn. 7; Schüren, in: Schüren, AÜG, § 9 Rn. 12 f.; Boemke, AÜG, § 9 Rn. 9.

491 Becker/Wulfgramm, AÜG, Art. 1 § 9 Rn. 30a; Schüren, in: Schüren, AÜG, § 9 Rn. 157; Sandmann/Marschall, AÜG, Art. 1 § 9 Rn. 29.

492 BT-Drs. 6/2303, S. 13; Sandmann/Marschall, AÜG, Art. 1 § 9 Rn. 29.

493 Wank, in: ErfK, § 9 AÜG Rn. 11 f.; Schüren, in: Schüren, AÜG, § 9 Rn. 153; Sandmann/Marschall, AÜG, Art. 1 § 9 Rn. 29; Boemke, AÜG, § 9 Rn. 50.

494 Zur Neuregelung des Rechts der Arbeitsvermittlung vgl. Kossens, DB 2002, 843 ff.; Marschner, DB 2004, 380 ff.

des Leiharbeitnehmers durch den Entleiher entgegenstehen kann[495]. Nach dem BGH war die Vereinbarung einer Vermittlungsprovision zumindest dann nach § 9 Nr. 3 AÜG a.F. unwirksam, wenn der Verleiher über die bloße Arbeitnehmerüberlassung hinaus keine Nachweis- oder Vermittlungsleistung erbrachte[496]. Auf Druck der Verbände der Zeitarbeitsunternehmen, die sich der Gefahr ausgesetzt sahen, von ihnen aufwändig rekrutierte und qualifizierte Mitarbeiter entschädigungslos an Entleiher zu verlieren, griff nunmehr der Gesetzgeber ein. Mit Wirkung zum 1.1.2004[497] wurde § 9 Nr. 3 HS. 2 AÜG n.F. eingeführt, wonach die Vereinbarung einer angemessenen Vergütung zwischen Verleiher und Entleiher für die nach vorangegangenem Verleih oder mittels vorangegangenem Verleih erfolgte Vermittlung nicht vom Klauselverbot des § 9 Nr. 3 HS. 1 AÜG erfasst ist[498].

3.) Inhalt des europäischen Richtlinienentwurfs

Der geänderte Kommissionsentwurf für eine europäische Richtlinie über die Arbeitsbedingungen von Leiharbeitnehmern vom 28.11.2002[499] enthält neben den bereits beschriebenen Regelungen in Bezug auf die Beseitigung nicht aus Gründen des Allgemeininteresses gerechtfertigter Verbote und Einschränkungen der Arbeitnehmerüberlassung[500] auch inhaltliche Vorgaben für den Überlassungsvertrag zwischen Verleiher und Entleiher.

Insbesondere um Leiharbeitnehmern den Zugang zu unbefristeten Beschäftigungsverhältnissen zu erleichtern, sieht der Richtlinienentwurf in Art. 6 Abs. 2 vor, dass Klauseln, die dem Entleiher eine Einstellung des Leiharbeitnehmers nach Beendigung des Arbeitseinsatzes verbieten oder sie auf sonstige Weise verhindern, nichtig sind oder für nichtig erklärt werden können. Anwendbar ist

---

495 Ausführlich zum Streitstand Schüren, in: Schüren, AÜG, § 9 Rn. 155 f.; Sandmann/Marschall, AÜG, Art. 1 § 9 Rn. 29; Boemke, AÜG, § 9 Rn. 51; Hamann, Fremdpersonal im Unternehmen, S. 92; Rambach/Begerau, BB 2002, 937 ff.

496 Entscheidung vom 3.7.2003, BGHZ 155, 311 = NJW 2003, 2906 = NZA 2003, 1025; kritisch Thüsing, DB 2003, 2122 ff.; die Vereinbarung einer Vermittlungsprovision in Allgemeinen Geschäftsbedingungen auch für den Fall, dass der Verleiher über die Überlassung hinaus keine Vermittlungstätigkeit erbringt, verstößt nach Ansicht des LG Düsseldorf gegen das gesetzliche Leitbild des Maklervertrages (§ 652 BGB) und ist deshalb nach § 307 BGB nichtig (Entscheidung vom 25.1.2002, DB 2002, 946); a.A. Rambach/Begerau, BB 2002, 937, 941, mit dem Argument, dass der Entleiher bei Übernahme eines von ihm bereits erprobten Leiharbeitnehmers Personalauswahlkosten einspare und diese Ersparnis letztlich auf eine Leistung des Verleihers zurückzuführen sei.

497 Durch Art. 93a Nr. 1 des „Dritten Gesetzes für moderne Dienstleistungen am Arbeitsmarkt vom 23.12.2003 (BGBl. I, S. 2848).

498 Vgl. hierzu Böhm, DB 2004, 1150 ff; Benkert, BB 2004, 998 ff.

499 KOM(2002) 701 endgültig.

500 Vgl. oben S. 102.

Art. 6 Abs. 2 damit auf Klauseln im Arbeitnehmerüberlassungsvertrag, in denen sich der Entleiher verpflichtet, eine Einstellung des Leiharbeitnehmers nach Beendigung der Überlassung gänzlich zu unterlassen. Zwar könnten auch Klauseln, die dem Entleiher für diesen Fall die Zahlung einer „Ablösesumme" an den Verleiher auferlegen, grundsätzlich unter den genannten Verbotstatbestand gefasst und damit als unzulässig angesehen werden. Im Vergleich zum ersten Richtlinienentwurf enthält die geänderte Fassung (2. RL-Entw.) jedoch nun eine Ausnahme vom Klauselverbot für Bestimmungen, die den Entleiher verpflichten, „in Bezug auf Überlassung, Einstellung und Ausbildung von Leiharbeitnehmern einen Ausgleich in angemessener Höhe" zu zahlen. Mit dieser inhaltlichen Änderung wollte der europäische Gesetzgeber die vor allem in Großbritannien verbreitete Praxis sogenannter „*temp-to-perm fees*"[501] unberührt lassen[502].

4.) Vergleich der gesetzlichen Anforderungen an den Überlassungsvertrag in Spanien und Deutschland, insbesondere im Hinblick auf den europäischen Regelungsentwurf

a) Rechtliche Grenzen der Arbeitnehmerüberlassung

Das spanische Recht enthält, abgesehen vom Erfordernis einer Verleiherlaubnis, eine Vielzahl weiterer Regelungen, die insbesondere auf Druck der Gewerk-

---

[501] Unter „temp-to-perm fee" wird eine Ablösesumme verstanden, zu deren Zahlung sich der Entleiher gegenüber dem Verleiher für den Fall verpflichtet, dass er den Leiharbeitnehmer nach Beendigung der Überlassung übernimmt. Ihr Sinn besteht allein darin, den Verleiher für den Verlust des Leiharbeitnehmers zu entschädigen. Von „temp-to-perm fees" zu unterscheiden sind Gebühren, mit denen der Verleiher die Kosten etwa des Auswahl- und Einstellungsverfahrens in Bezug auf den Leiharbeitnehmer gegenüber dem Entleiher, der den Leiharbeitnehmer übernehmen will, geltend macht (vgl. das „*Regulatory Impact Assessment*" des britischen *Department of Transport and Industry* zum Entwurf für eine Leiharbeitsrichtlinie, S. 11 Fn. 25 und S. 34 (der Text ist im Internet abrufbar unter http://dti.gov.uk/er/agency/ria.pdf). Allerdings stehen „temp-to-perm fees" auch im Vereinigten Königreich zunehmend als beschäftigungshemmend in der Kritik. Im Rahmen des „*Conduct of Employment Agencies and Employment Businesses Regulations*", der am 6.4.2004 in Kraft getreten ist, wurden die rechtlichen Rahmenbedingungen in Bezug auf die Möglichkeit, den Entleiher zur Zahlung einer Ablösesumme zu verpflichten, modifiziert: In Regelung Nr. 10 ist nunmehr gesetzlich festgeschrieben, dass der Entleiher von seiner vertraglich vereinbarten Pflicht zur Zahlung einer Ablösesumme frei wird, wenn er den Leiharbeitnehmer erst eine, von der Dauer des Entleihzeitraums abhängende, Zeitspanne nach Beendigung der Arbeitnehmerüberlassung einstellt (der Regelungstext ist im Internet abrufbar unter http://www.legislation.hmso.gov.uk/si/si2003/20033319.htm).

[502] Vgl. die Begründung zu Änderungsantrag Nr. 47 des Ausschusses für Beschäftigung und soziale Angelegenheiten des Europäischen Parlaments zum ersten Richtlinienentwurf (A5-0356/2002, S. 35 f.).

schaften[503] das Instrument der Arbeitnehmerüberlassung umfassend rechtlich beschränken. So ist der Abschluss eines Überlassungsvertrages nur in bestimmten, gesetzlich vorgegebenen Fällen zulässig. Die Laufzeit des Überlassungsvertrages darf hierbei die vom Gesetz für die jeweilige Fallgruppe vorgesehene Höchstdauer nicht überschreiten. Nach Art. 6 Abs. 2 LETT i.V.m. Art. 15 ET kann ein Überlassungsvertrag nur unter den Voraussetzungen und für den Zeitraum geschlossen werden, unter denen der Entleiher mit dem Leiharbeitnehmer hätte direkt einen befristeten Arbeitsvertrag schließen können (Art. 7 Abs. 1 LETT). Zulässige Zwecke des Abschlusses eines Überlassungsvertrages bilden somit nur die Realisierung einer bestimmten „Werk- oder Dienstleistung" durch den Leiharbeitnehmer, die Bewältigung besonderer Produktionsumstände sowie die vorübergehende Vertretung eines Arbeitnehmers, der ein Rückkehrrecht an seinen Arbeitsplatz hat, oder die vorübergehende Besetzung eines Arbeitsplatzes während eines laufenden Auswahl- bzw. Beförderungsverfahrens. Zudem sind die gesetzlich für die jeweilige Fallgruppe vorgesehenen zeitlichen Grenzen einzuhalten. Der Abschluss eines Leiharbeitsvertrages außerhalb der Fallgruppen des Art. 15 ET oder auf unbestimmte Zeit ist in Spanien unzulässig. Darüber hinaus beschränkt das spanische Recht den Einsatz von Leiharbeitnehmern, indem in Art. 8 LETT vier Konstellationen aufgeführt werden, für die der Abschluss eines Überlassungsvertrages unzulässig ist, etwa der Einsatz von Leiharbeitnehmern bei einem bestreikten Entleiher, der Einsatz von Leiharbeitnehmern für besonders gesundheitsgefährdende Tätigkeiten, in Fällen des Abbaus von festen Arbeitsplätzen zugunsten flexibler Leiharbeitsverhältnisse durch den Entleiher sowie bei Überlassung von Leiharbeitnehmern an andere Verleiher. Im Rahmen von Art. 12 des am 14.4.2004 geschlossenen vierten Tarifvertrages für den Sektor der Verleihunternehmen in Spanien (IV. *Convenio Colectivo Estatal de las Empresas de Trabajo Temporal* [IV. CCEETT])[504] verpflichteten sich die beteiligten Gewerkschaften, in den Branchentarifverträgen potentieller Entleiherunternehmen keine weiteren direkten oder indirekten Beschränkungen in Bezug auf die Möglichkeit, Leiharbeitnehmer einzusetzen, zu verlangen.

Das deutsche Recht enthält dagegen nur wenige Grenzen für den Abschluss eines Überlassungsvertrages und die Vereinbarung einer Arbeitnehmerüberlassung. So beschränkt sich die Möglichkeit, einen Überlassungsvertrag abzuschließen, nicht auf wenige vorgegebene Fallgruppen. Für welche Zwecke der Entleiher den Leiharbeitnehmer bei sich einsetzt, bleibt grundsätzlich ihm über-

---

503 Vgl. den Überblick bei García-Perrote Escartín, La cesión de trabajadores en el ordenamiento laboral español (II): Tipos de cesiones licitas. Empresas de trabajo temporal, S. 127, 134 ff.

504 Dieser Tarifvertrag trat rückwirkend zum 1.1.2003 in Kraft (der Text des IV. CCEETT ist im Internet abrufbar unter http://www.ugt.es/Ett/convenioetts2004.htm).

lassen[505]. Lediglich wenn die Arbeitnehmerüberlassung in Betriebe des Baugewerbes für Arbeiten, die üblicherweise von Arbeitern verrichtet werden, erfolgen soll, ist sie grundsätzlich unzulässig (§ 1b Abs. 1 S. 1 AÜG)[506].

Während der deutsche Gesetzgeber mit dem zuletzt genannten Verbot der Arbeitnehmerüberlassung insbesondere dem massiven Auftreten illegaler Arbeitnehmerüberlassung im Baugewerbe und den damit verbundenen Ausfällen in Bezug auf Steuern und Sozialversicherungsbeiträge entgegenwirken und den sozialen Schutz der Leiharbeitnehmer sowie der Wettbewerbsordnung sichern wollte, verfolgte der spanische Gesetzgeber mit der gesetzlichen Beschränkung von Arbeitnehmerüberlassung im Baugewerbe eine andere Zielsetzung, den Schutz der Gesundheit von Leiharbeitnehmern. Auf der Grundlage von Art. 5 Abs. 1 der europäischen Richtlinie 91/383/EWG wurden zur Verbesserung der Sicherheit und des Gesundheitsschutzes von Leiharbeitnehmern bestimmte Tätigkeiten, unter anderem auch des Baugewerbes[507], als besonders risikoreich qualifiziert und der Abschluss vonÜberlassungsverträgen für solche Tätigkeiten verboten (Art. 8 lit. b) LETT).

Unterschiede ergeben sich zwischen dem deutschen und spanischen Recht auch in Bezug auf die Laufzeit des Überlassungsvertrages: Nach der Abschaffung der Höchstüberlassungsdauer von 24 Monaten durch das „Erste Gesetz für moderne Dienstleistungen am Arbeitsmarkt“ kann in Deutschland, anders als in Spanien, ein Überlassungsvertrag auch auf unbestimmte Zeit geschlossen werden.

Der europäische Richtlinienentwurf verpflichtet die Mitgliedstaaten in Art. 4, Einschränkungen und Verbote der Beschäftigung von Leiharbeitnehmern aufzuheben, die nicht aus Gründen des Allgemeininteresses, insbesondere des Schutzes der Leiharbeitnehmer, der Erfordernisse von Gesundheitsschutz und Sicherheit am Arbeitsplatz und der Notwendigkeit, das reibungslose Funktionieren des Arbeitsmarktes zu gewährleisten und eventuellen Missbrauch zu verhüten, gerechtfertigt sind.

Für das spanische Recht stellt sich deshalb die Frage, inwieweit die vielfachen Restriktionen, die insbesondere die Einsatzmöglichkeiten von Leiharbeitnehmern auf wenige Fallgruppen beschränken, mit den Bestimmungen in Art. 4 des Richtlinienentwurfes vereinbar sind. Die in Art. 8 LETT aufgeführten vier Konstellationen, für die der Abschluss eines Überlassungsvertrages unzulässig ist, verfolgen die in Art. 4 des 2. RL-Entw. zur Rechtfertigung von Beschränkungen genannten Ziele und stehen deshalb mit der geplanten europäischen Regelung in Einklang: Dem Schutz der Leiharbeitnehmer dient es, dass sie nicht

505 Zu dem Fall, dass der Leiharbeitnehmer bei einem bestreikten Entleiher eingesetzt werden soll, siehe S. 235 ff.

506 Hierzu oben S. 125.

507 Vgl. die Aufzählung im Annex II des R.D. 1627/1997 vom 24.10.97.

als Streikbrecher missbraucht werden können, ihnen keine besonders gefährlichen Tätigkeiten übertragen werden können und ihre arbeitsvertraglichen Ansprüche durch die mit dem Verbot der Mehrfachüberlassung erstrebte Transparenz gewahrt werden. Zudem soll verhindert werden, dass feste Arbeitsplätze dauerhaft in Arbeitsplätze für Leiharbeitnehmer umgewandelt werden, um so das arbeitsmarktpolitische Leitziel der Beschäftigungsstabilität zu erreichen.

Daneben stellt sich die Frage, ob auch die inhaltlichen Vorgaben im spanischen Recht, in welchen Fällen Arbeitnehmerüberlassung überhaupt zulässig ist, mit der Regelung in Art. 4 Abs. 1 und 2 des 2. RL-Entw., wonach Einschränkungen der Beschäftigung von Leiharbeitnehmern grundsätzlich zu beseitigen sind, in Einklang stehen.

In der Praxis dürften die von Art. 6 Abs. 2 LETT i.V.m. Art. 15 ET vorgegebenen vier Fallgruppen einen Großteil der denkbaren Konstellationen vorübergehenden Personalbedarfs, in denen auf Leiharbeit zurückgegriffen wird, abdecken. Inwieweit es in Spanien durch die gesetzliche Vorgabe von Fallgruppen überhaupt zu einer Einschränkung der Arbeitnehmerüberlassung kommt, erscheint deshalb fraglich. Insbesondere lassen die in Art. 4 Abs. 1 des geänderten Richtlinienentwurfes vorgesehenen Rechtfertigungsgründe für eine Aufrechterhaltung von nationalen Verboten und Beschränkungen den Mitgliedstaaten auch einen umfassenden Umsetzungsspielraum. Potentieller Anpassungsbedarf für den spanischen Gesetzgeber, die Beschränkung der Arbeitnehmerüberlassung auf bestimmte Fallgruppen aufzuheben, besteht im Hinblick auf Art. 4 des geänderten Richtlinienentwurfes deshalb nicht.

Das deutsche Recht enthält im Unterschied zum spanischen Recht nur eine wirkliche inhaltliche Beschränkung der Möglichkeit, auf Leiharbeit zurückzugreifen, das grundsätzliche Verbot der Arbeitnehmerüberlassung im Baugewerbe. Zwar lässt sich nach Einführung des Gleichbehandlungsgebots zugunsten der Leiharbeitnehmer ein grundsätzliches Verbot der Arbeitnehmerüberlassung nicht mehr mit sozialer Schutzbedürftigkeit der Leiharbeitnehmer rechtfertigen. Nach Art. 4 Abs. 1 des 2. RL-Entw. bleiben nationale Verbote oder Einschränkungen der Beschäftigung von Leiharbeitnehmern aber auch dann unberührt, wenn diese dazu dienen, „das reibungslose Funktionieren des Arbeitsmarktes zu gewährleisten und eventuellen Missbrauch zu verhüten". Steht der deutsche Gesetzgeber auf dem Standpunkt, das Auftreten rechtswidriger Zustände und Wettbewerbsverzerrungen durch illegale Arbeitnehmerüberlassung nur durch ein grundsätzliches Verbot von Arbeitnehmerüberlassung in das Baugewerbe verhindern zu können, ist dies auch von Art. 4 Abs. 1 des 2. RL-Entw. gedeckt. Ob zur Erreichung des gesetzgeberischen Ziels tatsächlich ein grundsätzliches Verbot der Arbeitnehmerüberlassung erforderlich ist, bleibt dem Einschätzungsspielraum des nationalen Gesetzgebers überlassen. Ein potentieller Anpassungsbedarf der Regelung des § 1b AÜG ergibt sich für den deutschen Gesetzgeber aus Art. 4 Abs. 1 und 2 des 2. RL-Entw. somit nicht.

Was die Vorgabe einer zeitlichen Begrenzung der Möglichkeit, Arbeitnehmer zu überlassen, anlangt, steht der spanische Gesetzgeber im Einklang mit dem Leitbild des europäischen Gesetzgebers. So wird Leiharbeit in der geänderten Fassung des Richtlinienentwurfs dergestalt charakterisiert, dass sie beim Entleiher unter dessen Aufsicht „befristet" geleistet wird[508]. Auch der europäische Gesetzgeber geht also offensichtlich von nur zeitlich begrenzter Überlassung aus, ohne dass allerdings ein konkretes Zeitlimit gesetzt wird.

Dagegen stellt sich nach der Abschaffung der Höchstüberlassungsdauer im deutschen Recht die Frage, inwieweit das geplante europäische Recht insoweit eine Verschärfung der deutschen Regelungen zur Laufzeit des Überlassungsvertrages in Zukunft erforderlich machen könnte.

Die rechtliche Möglichkeit, dauerhaft bei einem Entleiher eingesetzt werden zu können, stellt sich für den Leiharbeitnehmer aber zumindest dann, wenn ein Verbot der Schlechterstellung mit Beschäftigten des Entleihers besteht, gegenüber einer gesetzlich befristeten Überlassungsmöglichkeit als günstiger dar. Insbesondere wenn die Vergütungsbedingungen beim Entleiher besser sind, als beim Verleiher, ist die Möglichkeit des Leiharbeitnehmers, hiervon zu profitieren, nicht zeitlich limitiert. Zudem bleibt dem Leiharbeitnehmer so ein häufigerer Wechsel seines Arbeitsplatzes erspart. Art. 9 des 2. RL-Entw. lässt nationale Regelungen, die von den europäischen Vorgaben abweichen, aber für die Leiharbeitnehmer günstiger sind, zu. Somit besteht auch bei Verabschiedung der Richtlinie kein rechtlicher Handlungsbedarf des deutschen Gesetzgebers dahingehend, die Überlassungsmöglichkeit wieder zeitlich zu begrenzen. Da der europäische Gesetzgeber keine konkrete Höchstüberlassungsdauer vorgibt und nur davon spricht, dass die Überlassung „befristet" erfolgt, könnten auch die tatsächlichen Auswirkungen der Umsetzung einer künftigen europäischen Vorgabe vom deutschen Gesetzgeber zumindest dadurch auf ein Minimum reduziert werden, dass eine Höchstüberlassungsdauer sehr hoch angesetzt wird. Für die Erreichung des auch vom europäischen Gesetzgeber verfolgten Leitziels, Arbeitnehmerüberlassung als Mittel der Beschäftigungsförderung zu nutzen[509], ist eine zeitliche Beschränkung der Überlassungsmöglichkeit an einen Entleiher jedoch grundsätzlich kein adäquates Mittel. Auch wenn keine Höchstüberlassungsdauer vorgegeben wird, setzt die geplante europäische Vorgabe insoweit zumindest ein falsches Signal an die Mitgliedstaaten. Die Befristung der Überlassungsmöglichkeit sollte deshalb aus dem Richtlinienentwurf gestrichen werden.

Auch in Spanien könnte eine Absenkung der inhaltlichen und zeitlichen Reglementierungen in Bezug auf die Möglichkeit, Überlassungsverträge zu schlie-

---

508 So Art. 1 Abs. 1, Art. 3 Abs. 1 lit. b), c), d), e) des geänderten Vorschlags für eine „Richtlinie des Europäischen Parlaments und des Rates über Arbeitsbedingungen von Leiharbeitnehmern" (KOM[2002] 701 endgültig).

509 Vgl. Erwägungsgrund Nr. 11 zum 2. RL-Entw.

ßen, zu mehr Beschäftigung im Zeitarbeitssektor führen und so dazu beitragen, die europaweit höchste Arbeitslosenquote[510] zu vermindern.

b) Verbot von Vertragsklauseln, die eine Einstellung des Leiharbeitnehmers durch den Entleiher nach Beendigung der Überlassung verhindern

Um dem Leiharbeitnehmer den Wechsel in ein festes Beschäftigungsverhältnis zu erleichtern, sind nach spanischem Recht Klauseln im Überlassungsvertrag, die es dem Entleiher verbieten, mit dem Leiharbeitnehmer nach Beendigung des Überlassungsvertrages ein Arbeitsverhältnis zu begründen, nichtig (Art. 7 Abs. 3 LETT). Aus dem gleichen Grund sind auch nach deutschem Recht Vereinbarungen unwirksam, die dem Entleiher untersagen, den Leiharbeitnehmer zu einem Zeitpunkt einzustellen, in dem dessen Arbeitsverhältnis zum Verleiher nicht mehr besteht (§ 9 Nr. 3 AÜG). Auffällig ist die vom deutschen Recht abweichende Anknüpfung der spanischen Norm an das Ende des Überlassungsvertrages als maßgeblichem Zeitpunkt, ab dem dem Leiharbeitnehmer wieder volle Arbeitsvertragsfreiheit zustehen müsse. Die Regelung des Art. 7 Abs. 3 LETT soll nach der Vorstellung des spanischen Gesetzgebers einen Kompromiss bilden zwischen dem Interesse des Leiharbeitnehmers, in ein festes Beschäftigungsverhältnis wechseln zu können, und dem Interesse des Verleihers, für den im Überlassungsvertrag vereinbarten Überlassungszeitraum sein Überlassungsentgelt zu erhalten[511]. Für den Zeitraum nach Ablauf des Überlassungsvertrages besteht mangels Entgeltanspruchs kein schutzwürdiges Interesse des Verleihers an einer Bindung des Leiharbeitnehmers. Dem Leiharbeitnehmer soll nach Beendigung des Überlassungsvertrages wieder seine volle Arbeitsvertragsfreiheit zustehen, da zu diesem Zeitpunkt in den meisten Fällen auch sein Arbeitsverhältnis zum Verleiher endet. In Spanien gilt nämlich das Gebot zeitlicher Synchronisierung von Überlassungsvertrag, der nur befristet geschlossen werden kann, und befristetem Arbeitsvertrag[512].

Der europäische Richtlinienentwurf verpflichtet die Mitgliedstaaten, Klauseln, die den Abschluss eines Arbeitsvertrages zwischen Entleiher und Leiharbeitnehmer nach Beendigung der Überlassung verbieten oder auf ein Verbot hinauslaufen, für nichtig zu erklären (Art. 6 Abs. 2 des 2. RL-Entw.). Im Unterschied zum ersten Richtlinienentwurf enthält nun aber die geänderte Fassung eine Ausnahme vom Klauselverbot für Bestimmungen, die den Entleiher verpflichten, „in Bezug auf Überlassung, Einstellung und Ausbildung von

510 Im November 2003 betrug die Arbeitslosenquote in Spanien 11,3 % (vgl. die von der Europäischen Kommission veröffentlichte Arbeitslosenstatistik, im Internet abrufbar unter http://europa.eu.int/comm/employment_social/news/2004/jan/estat_nov2003_de.html).

511 Vgl. Rodríguez-Piñero Royo, Las empresas de trabajo temporal en España, S. 91.

512 Hierzu ausführlich S. 145.

Leiharbeitnehmern einen Ausgleich in angemessener Höhe“ zu zahlen (Art. 6 Abs. 2 S. 2 des 2. RL-Entw.).

Was die Behandlung von Vertragsklauseln betrifft, die den Abschluss eines Arbeitsvertrages zwischen Entleiher und Leiharbeitnehmer ausdrücklich verbieten, enthält sowohl das spanische Recht in Art. 7 Abs. 3 LETT wie auch das deutsche Recht in § 9 Nr. 3 AÜG bereits eine entsprechende nationale Umsetzung der geplanten europäischen Regelung.

Vom Wortlaut der beiden nationalen Normen sind Klauseln, die einem Vertragsverbot nur gleichkommen, abweichend vom europäischen Richtlinienentwurf nicht ausdrücklich erfasst. Allerdings werden entsprechende Vertragsklauseln, etwa ein Verbot gegenüber dem Entleiher, dem Leiharbeitnehmer während der Überlassung eine Beschäftigung für die Zeit nach Ende der Überlassung anzubieten, in Spanien und Deutschland über den Gesetzeswortlaut hinaus im Rahmen einer teleologischen Auslegung entsprechend der europäischen Regelung unter die genannten Vorschriften gefasst[513]. Treten die geplanten europarechtlichen Vorgaben in Kraft, ist aber eine gesetzliche Klarstellung in den nationalen Normen wünschenswert.

Der Richtlinienentwurf sieht als Ausnahmen vom Klauselverbot Vereinbarungen vor, die dem Verleiher einen Ausgleich in angemessener Höhe für Überlassung, Einstellung und Ausbildung sichern. Somit lässt der europäische Gesetzgeber zu, dass sich der Entleiher für den Fall, dass der Leiharbeitnehmer nach Beendigung der Überlassung zum Entleiher wechselt, der Verleiher den Leiharbeitnehmer also nun „endgültig“ an den Entleiher „überlässt“ (Art. 6 Abs. 2 S. 2 des geänderten Richtlinienentwurfes), zur Zahlung einer Ablösesumme verpflichtet.

Das deutsche Recht macht in § 9 Nr. 3 HS. 2 AÜG n.F. von dieser Ausnahmeermächtigung bereits Gebrauch und gestattet grundsätzlich die Vereinbarung einer „Ablösesumme“ für den Fall der Übernahme des Leiharbeitnehmers durch den Entleiher, sofern die Summe angemessen ist, also nicht einem Einstellungsverbot gleichkommt. Das spanische Recht in Gestalt des Art. 7 Abs. 3 LETT steht, im Rahmen der zuletzt genannten Einschränkungen, der Vereinbarung einer „Ablösesumme“ ebenfalls nicht entgegen.

---

513 Vgl. zur deutschen Regelung in § 9 Nr. 3 AÜG Boemke, AÜG, § 9 Rn. 50; Schüren, in: Schüren, AÜG, § 9 Rn. 153 f.; Sandmann/Marschall, AÜG, Art. 1 § 9 Rn. 29; Wank, in: ErfK, § 9 AÜG Rn. 11 f.

III. Das Rechtsverhältnis zwischen Verleiher und Leiharbeitnehmer

1.) In Spanien

a) Einführung

Die übliche, typische Arbeitsbeziehung ist gekennzeichnet durch zwei Parteien, Arbeitgeber und Arbeitnehmer. Der Arbeitnehmer hat seine Arbeitsleistung beim Arbeitgeber im Rahmen von dessen Direktionsrecht zu erbringen und wird dafür vom Arbeitgeber vergütet. Im Bereich der Zeitarbeitsunternehmen besteht eine solche herkömmliche Arbeitsbeziehung zu den in Verwaltungsfunktionen beschäftigten Arbeitnehmern. Das Verhältnis eines Verleihunternehmens zu den dort angestellten Leiharbeitnehmern stellt sich dagegen anders dar. Zu den zwei beschriebenen Parteien tritt eine Dritte hinzu, der Entleiher, bei dem der Leiharbeitnehmer seine Arbeitsleistung zu erbringen hat. Es entsteht eine dreipolige Rechtsbeziehung, in der der Leiharbeitnehmer formal vom Verleiher abhängt, mit ihm besteht ein Arbeitsvertragsverhältnis, materiell jedoch vom Entleiher, bei dem die eigentliche Arbeitsleistung zu erbringen ist. Diese besondere dreipolige Rechtsbeziehung zieht eine von der üblichen zweipoligen Arbeitsrechtsbeziehung abweichende rechtliche Behandlung der aus ihr entstehenden Rechte und Pflichten nach sich. Während für die Rechtsbeziehungen des Verleihunternehmens zu den in seiner Verwaltung beschäftigten Arbeitnehmern überwiegend die Normen des allgemeinen Arbeitsvertragsrechts anzuwenden sind, enthält die LETT in Bezug auf das Verhältnis des Verleihers zu den eigentlichen Leiharbeitnehmern in ihrem Kapitel III besondere Regeln, die im Folgenden dargestellt werden sollen.

b) Form des Arbeitsvertrages

Gemäß Art. 10 Abs. 1 LETT bedarf der Leiharbeitsvertrag zwischen Verleiher und Leiharbeitnehmer, gemäß dem der Leiharbeitnehmer seine Arbeitsleistung bei einem Entleiher zu erbringen hat, der Schriftform und nach Art. 15 RDETT dreifacher Ausfertigung. Die Bindung an das Schriftformerfordernis stellt eine Abweichung von dem sonst für Arbeitsverträge geltenden Prinzip der Formfreiheit i.S.d. Art. 8 Abs. 1 ET dar[514]. Zweck dieses Schriftformerfordernisses ist der Schutz der Rechte der Leiharbeitnehmer. Insbesondere bilden die Formvorschriften des Art. 10 Abs. 1 LETT i.V.m. Art. 15 RDETT eine Umsetzung von Art. 2 der Richtlinie 91/533/EWG vom 14.10.1991[515], die dem Arbeitgeber ge-

---

514 Valdés de la Vega, Las Empresas de Trabajo Temporal, S. 96.

515 „Richtlinie des Rates über die Pflicht des Arbeitgebers zur Unterrichtung des Arbeitnehmers über die für seinen Arbeitsvertrag oder sein Arbeitsverhältnis geltenden Bedingungen" (AblEG Nr. L 288 vom 18.10.1991, S. 32 ff.).

genüber dem Arbeitnehmer Informationspflichten in Bezug auf das Arbeitsverhältnis auferlegt[516].

Ein Verstoß gegen das Schriftformerfordernis des Art. 10 Abs. 1 LETT i.V.m. Art. 15 RDETT führt nicht zur Nichtigkeit des Arbeitsvertrages, die Schriftform ist keine Wirksamkeitsvoraussetzung für den Arbeitsvertrag[517]. Gemäß Art. 18 Abs. 2 lit. a) LISOS ist die Nichteinhaltung des Schriftformgebots jedoch als schwerer Gesetzesverstoß des Verleihers zu qualifizieren, der mit Bußgeld geahndet werden kann. Außerdem knüpft Art. 8 Abs. 2 ET an den Verstoß gegen ein sondergesetzlich normiertes Schriftformerfordernis in Bezug auf einen Arbeitsvertrag die gesetzliche Vermutung an, dass der Arbeitsvertrag zwischen Arbeitgeber und Arbeitnehmer „für Vollzeit und für unbestimmte Dauer geschlossen wurde". Allerdings ist diese gesetzliche Vermutung widerlegbar (Art. 8 Abs. 2 LETT). Hierbei stellt sich jedoch das Problem, wie der Gegenbeweis, also der Nachweis der Befristung des Arbeitsverhältnisses in der dreipoligen Rechtsbeziehung zwischen Ver- und Entleiherunternehmen sowie dem Leiharbeitnehmer zu führen ist. Die Frage, ob die Vermutung der Unbefristetheit des Arbeitsverhältnisses durch Bezug auf die Tätigkeit des Verleihers -befristete Einstellung von Leiharbeitnehmern zum Zwecke einer befristeten Überlassung[518]- oder durch Bezug auf die Tätigkeit des Entleiherunternehmens -vorübergehender Rückgriff auf Leiharbeitnehmer wegen eines vorübergehenden Bedarfs an zusätzlichen Arbeitskräften[519]- zu widerlegen ist, ist streitig[520]. Geht man davon aus, dass die gesetzliche Vermutung eines unbefristeten Arbeitsverhältnisses i.S.d. Art. 8 Abs. 2 ET vom Verleiher durch Nachweis der zeitlichen Begrenzung der Tätigkeit des Leiharbeitnehmers im Entleiherunternehmen widerlegt werden kann, so läuft der Schutz des Art. 8 Abs. 2 ET im Ergebnis leer. Der Einsatz von Leiharbeitnehmern beim Entleiher ist immer nur zeitlich be-

---

516 Gemäß Art. 2.2 der Richtlinie 91/533/EWG hat der Arbeitgeber den Arbeitnehmer über folgende Bereiche zu informieren:
a) Rechtssubjekte der Arbeitsbeziehung
b) Quantitative und qualitative Elemente des Arbeitsvertrages
c) Dauer der Arbeitsbeziehung
d) Arbeitsentgelt
e) Arbeitsort
f) Regelungsgrundlage der Arbeitsbeziehung
vgl. hierzu Rodríguez-Piñero Royo, Las empresas de trabajo temporal en España, S. 103.

517 Pérez Pérez, Empresas de trabajo temporal y relaciones laborales, S. 213 m.w.N.

518 Cruz Villalón, El marco jurídico de las empresas de trabajo temporal, S. 45, 78; Baylos Grau, Las relaciones laborales del trabajador con la Empresa de Trabajo Temporal. La negociación colectiva en las Empresas de Trabajo Temporal, S. 169, 180.

519 Rodríguez-Piñero Royo, Las empresas de trabajo temporal en España, S. 105 Fn. 13.

520 Vgl. zum Ganzen ausführlich López Balaguer, La relación laboral de los trabajadores puestos a disposición, S. 41 f.; Chacartegui Jávega, Empresas de Trabajo Temporal y Contrato de Trabajo, S. 169 f.

grenzt möglich, da Überlassungsverträge nach der Regelung in Art. 7 Abs. 1 LETT i.V.m. 15 ET grundsätzlich nur befristet geschlossen werden können[521]. Deshalb kann die Vermutung der Unbefristetheit des Arbeitsverhältnisses nur durch Nachweis des zeitlich begrenzten Bedarfs an Arbeitkraft auf Seiten des Verleihers widerlegt werden[522].

c) Informationspflichten

Gemäß Art. 10 Abs. 1 LETT ist das Verleihunternehmen verpflichtet, die Arbeitsbehörde über die mit Leiharbeitnehmern geschlossenen Arbeitsverträge innerhalb von zehn Tagen nach Abschluss zu informieren[523].

Der Arbeitnehmervertretung beim Verleiher ist nach Art. 8 Abs. 3 lit. a) ET eine Kopie aller geschlossenen Arbeitsverträge auszuhändigen. Hierdurch wird dieser eine Kontrolle der Arbeitsverträge in Bezug auf die Einhaltung der einschlägigen Rechtsnormen ermöglicht[524].

d) Mindestinhalt des Arbeitsvertrages

Anders als in Bezug auf den Überlassungsvertrag enthalten weder LETT noch RDETT für den Arbeitsvertrag ein verbindliches Vertragsmodell. Jedoch legt Art. 15 Abs. 2 RDETT für den Fall eines befristeten Arbeitsvertrages einen vertraglichen Mindestinhalt fest[525]. Hat der Leiharbeitnehmer einen unbefristeten

---

521 So auch López Balaguer, La relación laboral de los trabajadores puestos a disposición, S. 41 f; Chacartegui Jávega, Empresas de Trabajo Temporal y Contrato de Trabajo, S. 169 f.

522 Cruz Villalón, El marco jurídico de las empresas de trabajo temporal, S. 45, 78 ; Chacartegui Jávega, Empresas de Trabajo Temporal y Contrato de Trabajo, S. 169 f.; a.A. López Balaguer, La relación laboral de los trabajadores puestos a disposición, S. 42, die auf die Situation beim Entleiherunternehmen abstellen und hohe Anforderungen an den Nachweis der zeitlichen Begrenzung des Arbeitskräftebedarfs setzen will.

523 Durch die *Ley* 14/2000 vom 29.12.2000 (B.O.E. vom 30.12.2000) wurde die zuvor bestehende Registrierungspflicht in eine Informationspflicht umgewandelt.

524 López Balaguer, La relación laboral de los trabajadores puestos a disposición, S. 42.

525 Ein befristeter Arbeitsvertrag muss gemäß Art. 15 Abs. 2 RDETT folgende Angaben enthalten:
a) Identifikation der Vertragsparteien, in Bezug auf das Zeitarbeitsunternehmen, Angabe von behördlicher Zulassungsnummer und Gültigkeitsdauer der Genehmigung, Steuernummer sowie Registrierungsnummer bei der Sozialversicherung,
b) Identifikation des Entleiherunternehmens durch Angabe von Steuernummer und Registrierungsnummer bei der Sozialversicherung,
c) Grund für den Überlassungsvertrag,
d) Inhalt der zu erbringenden Arbeitsleistung,
e) Risiken am Arbeitsplatz,
f) Geschätzte Dauer des Arbeitsvertrages,

Arbeitsvertrag beim Verleiher, so sind die Einzelheiten über die künftigen Arbeitseinsätze regelmäßig noch nicht bekannt und können in Konsequenz auch nicht in den Arbeitsvertrag aufgenommen werden. Als Ersatz ist dem Leiharbeitnehmer dann vor jedem Einsatz in einem Entleiherunternehmen gemäß Art. 15 Abs. 3 RDETT ein detaillierter schriftlicher Einsatzauftrag auszuhändigen[526]. Wird der gesetzliche Mindestinhalt in Bezug auf den Arbeitsvertrag nicht eingehalten, hat dies keine Auswirkungen auf die Wirksamkeit des Arbeitsvertrages, stellt jedoch einen von Art. 18 Abs. 1 lit. a) LISOS als leicht qualifizierten und mit Bußgeld ahndbaren Gesetzesverstoß des Verleihers dar.

e) Klauselverbote

aa) Verbot von Abgeltungsklauseln in Bezug auf Auswahl-, Weiterbildungs- oder Vertragskosten

Gemäß Art. 12 Abs. 4 LETT ist jede Klausel im Arbeitsvertrag, die den Arbeitnehmer verpflichtet, dem Verleiher einen Geldbetrag für Auswahl-, Weiterbildungs- oder Vertragskosten zu bezahlen, nichtig. Durch das Reformgesetz 29/1999 wurde das Klauselverbot, das in der ursprünglichen Fassung der *Ley* 14/1994 nur im Rahmen von befristeten Arbeitsverträgen galt, auch auf unbefristete Arbeitsverträge erweitert. Art. 12 Abs. 4 LETT setzt insoweit die Vorgaben des Übereinkommens Nr. 191 sowie der Empfehlung Nr. 188 der ILO vom 19.6.1997 um[527]. Ein Verstoß gegen das Klauselverbot des Art. 12 Abs. 4 LETT stellt einen von Art. 18 Abs. 2 lit. e) LISOS als schwer eingestuften Gesetzesverstoß dar und führt gemäß Art. 9 Abs. 1 ET insoweit zu einer Teilnichtigkeit des Arbeitsvertrages.

Zum einen soll durch dieses Klauselverbot der in Art. 12 Abs. 2 LETT zum Ausdruck kommende Wille des Gesetzgebers durchgesetzt werden, der dem Verleiher die Aufgabe der Durchführung von Fortbildungsmaßnahmen im Bereich der Arbeitssicherheit und damit auch die dadurch entstehende Kostenlast zuweist[528]. Zum anderen sind die Bereitstellungskosten in Bezug auf den Leih-

---

g) Arbeitsort und Arbeitszeit,
h) Vereinbarte Vergütung.

526 Dieser Einsatzauftrag muss folgende Angaben enthalten:
a) Identifikation des Entleiherunternehmens, in dem die Arbeitsleistung zu erbringen ist,
b) Grund für den Überlassungsvertrag,
c) Inhalt der zu erbringenden Arbeitsleistung,
d) Risiken am Arbeitsplatz,
e) Arbeitsort und Arbeitszeit.

527 Vgl. oben S. 61.

528 Valdés de la Vega, Las Empresas de Trabajo Temporal, S. 99; Baylos Grau, Las relaciones laborales del trabajador con la Empresa de Trabajo Temporal. La negociación colectiva en

arbeitnehmer regelmäßiger Bestandteil des zwischen Ver- und Entleiherunternehmen vereinbarten Überlassungspreises. Der Verleiher soll diese Kosten nicht ein zweites Mal unter Ausnutzung des Abhängigkeitsverhältnisses gegenüber dem Leiharbeitnehmer abrechnen können. Sinn und Zweck des Verbots dieser Vertragsklauseln, die vielfach für den Fall vereinbart wurden, dass der Leiharbeitnehmer nach Beendigung seiner Tätigkeit beim Entleiher mit diesem direkt einen Arbeitsvertrag abschließt[529], ist aber auch, diesen direkten Vertragsschluss zu fördern. Der Leiharbeitnehmer soll nicht durch drohende Entschädigungszahlungen an der Aufnahme einer dauerhaften Beschäftigung beim Entleiher gehindert werden[530].

bb) Verbot von Vertragsklauseln, die dem Leiharbeitnehmer den Abschluss eines Arbeitsvertrages mit dem Entleiher untersagen

Gesetzlich nicht ausdrücklich verboten ist die Aufnahme von Klauseln in den Arbeitsvertrag zwischen Verleiher und Leiharbeitnehmer, die Letzterem den Abschluss eines Arbeitsvertrages mit dem Entleiher nach Ablauf des Überlassungsvertrages untersagen. Dies verwundert, weil vom Gesetzgeber in Art. 7 Abs. 3 LETT ein Verbot von Klauseln im Überlassungsvertrag, die dem Entleiher die Einstellung des Leiharbeitnehmers nach Ablauf des Überlassungsvertrages untersagen, festgeschrieben wurde und auch das Verbot von Abgeltungsklauseln im Arbeitsvertrag in Art. 12 Abs. 4 LETT letztlich in diese Richtung deutet. Das gesetzgeberische Ziel, die direkte Beschäftigung des Leiharbeitnehmers beim Entleiher zu fördern, bedarf aber, neben dem genannten Klauselverbot des Art. 7 Abs. 3 LETT in Bezug auf den Überlassungsvertrag, einer weiteren ausdrücklichen Absicherung, nämlich einem entsprechenden Klauselverbot in Bezug auf den Arbeitsvertrag zwischen Verleiher und Entleiher[531]. Ohne eine solche Regelung auch für den Arbeitsvertrag zwischen Verleiher und Entleiher könnte das Verbot des Art. 7 Abs. 3 LETT leicht ausgehöhlt werden.

Um diese Regelungslücke auszufüllen wurde von den Tarifvertragsparteien in Art. 45 Abs. 1 des vierten Tarifvertrages für den Sektor der Verleihunternehmen in Spanien (IV. *Convenio Colectivo Estatal de las Empresas de Trabajo Temporal* [IV. CCEETT])[532] ein Verbot von Klauseln im Leiharbeitsvertrag, die dem Leiharbeitnehmer einen Wechsel zum Entleiher nach Ablauf des Überlassungs-

---

las Empresas de Trabajo Temporal, S. 169, 189; Crespan Echegoyen/Gonzalez Martin/Lopez Parada, Empresas de Trabajo Temporal, Rn. 362.

529 Zum Verbot solcher Klauseln im Überlassungsvertrag oben S. 123 f.

530 Rodríguez-Piñero Royo, Las empresas de trabajo temporal en España, S. 118.

531 Camps Ruiz, La contratación laboral temporal, S. 52.

532 Dieser Tarifvertrag wurde am 14.4.2004 geschlossen und trat rückwirkend zum 1.1.2003 in Kraft (Der Text des IV. CCEETT ist im Internet abrufbar unter http://www.ugt.es/Ett/convenioetts2004.htm).

vertrages verbieten, vereinbart. Diese tarifvertragliche Regelung bringt die Interessen des Verleihers, nicht um das vereinbarte Überlassungsentgelt gebracht zu werden, wie auch die des Leiharbeitnehmers, beim Entleiher eine dauerhafte Beschäftigung zu erlangen, insoweit in Einklang, als die direkte Untervertragnahme des Leiharbeitnehmers nur während der Laufzeit des Überlassungsvertrages untersagt wird[533]. Ein Verstoß gegen dieses Klauselverbot führt zur Teilnichtigkeit des Arbeitsvertrages.

f) Laufzeit und Modalitäten des Arbeitsvertrages

Gemäß Art. 10 Abs. 1 LETT kann der Arbeitsvertrag zwischen Verleiher und Leiharbeitnehmer unbefristet oder befristet auf die Dauer des Überlassungsvertrages mit dem Entleiher geschlossen werden. Durch das Reformgesetz 12/2001 vom 9.7. 2001 wurde Art. 10 Abs. 3 LETT neu eingeführt, der die Begründung eines befristeten Arbeitsvertrages zur Abdeckung mehrerer bereits bei Abschluss des Arbeitsvertrages feststehender Überlassungsfälle in verschiedenen Entleiherunternehmen zulässt.

aa) Unbefristeter Arbeitsvertrag

Der Verleiher kann mit seinen Leiharbeitnehmern unbefristete Arbeitsverträge schließen. Bei Abschluss eines unbefristeten Arbeitsvertrages, welcher in der Praxis jedoch nur selten vorkommt[534], entsteht die bisher weder gesetzlich noch tarifvertraglich geregelte Frage, wie sich das Rechtsverhältnis zwischen Verleiher und Leiharbeitnehmer im Zeitraum zwischen zwei Überlassungen darstellt[535].

Die Literatur geht überwiegend davon aus, dass im Arbeitsvertrag zwischen Verleiher und Leiharbeitnehmer in Anlehnung an Art. 45 Abs. 1 lit. b) ET eine Klausel vereinbart werden kann, nach der im Zeitraum zwischen zwei Überlassungen der Arbeitsvertrag mit seinen Rechten und Pflichten suspendiert wird (Art. 45 Abs. 2 ET)[536]. Teilweise wird diese Klausel zum Teil sogar als grund-

533 Rubio Sánchez in: Calvo Gallego, Relaciones laborales y empresas de trabajo temporal, S. 341 f.

534 So waren etwa im Zeitraum zwischen 1995 und 1999 nur 0,13 % bis 0,18 % der Leiharbeitsverträge in Spanien unbefristet (vgl. die Arbeitnehmerüberlassungsstatistik des *Ministerio de Trabajo y Asuntos Sociales*, abgedruckt bei Elordi Dentici/Del Rey Guanter/Serrano Martínez/Gala Duran, Trabajo, temporalidad y empresas de trabajo temporal en España, S. 431 Tabelle 42).

535 Valdés de la Vega, Las Empresas de Trabajo Temporal, S. 100 f.

536 Cruz Villalón, El marco jurídico de las empresas de trabajo temporal, S. 45, 97; Albiol Montesinos, Tribuna Social Nr. 43 (1994), 116, 120 ; siehe zum Ganzen auch Chacartegui Jávega, Empresas de Trabajo Temporal y Contrato de Trabajo, S. 259 ff.; López Balaguer, La relación laboral de los trabajadores puestos a disposición, S. 98 ff.

sätzlich im unbefristeten Arbeitsvertrag mit dem Leiharbeitnehmer enthalten angesehen[537]. Von anderen wird die Möglichkeit der Vereinbarung einer Suspendierungsklausel dagegen als unzulässige Knebelung des Leiharbeitnehmers qualifiziert. Dessen vertragliche Bindung an den Verleiher bestehe nämlich sonst zwischen zwei Überlassungen fort, ohne dass er Vergütung verlangen oder den Arbeitgeber wechseln könne. Vielmehr sei auf das Leiharbeitsverhältnis im Zeitraum zwischen zwei Überlassungen die Regelung des Art. 30 ET anzuwenden[538]. Hiernach behält der Arbeitnehmer seinen Lohnanspruch, auch wenn der Arbeitgeber aufgrund von Umständen, die ihm, nicht aber dem Arbeitnehmer zurechenbar sind, dem Arbeitnehmer keine Arbeitsmöglichkeit bieten kann. Das Risiko, keine Beschäftigungsmöglichkeit für einen Leiharbeitnehmer bei einem Entleiher zu finden, wird in diesem Zusammenhang als das typische unternehmerische Risiko eines Verleihers qualifiziert. Nach dieser Auffassung besteht aufgrund der Regelung des Art. 30 ET der Vergütungsanspruch des Leiharbeitnehmers mit unbefristetem Arbeitsvertrag auch zwischen zwei Überlassungen fort.

bb) Befristeter Arbeitsvertrag

(1) Synchronisationsgebot von befristetem Arbeitsvertrag und befristetem Überlassungsvertrag

Gemäß Art. 10 Abs. 1 LETT kann der Arbeitsvertrag zwischen Verleiher und Leiharbeitnehmer auch befristet abgeschlossen werden, wobei die Laufzeit des Arbeitsvertrages dann mit der des Überlassungsvertrages übereinzustimmen hat, es gilt ein Synchronisationsgebot. Nach der Reform durch die *Ley* 29/1999 verweisen Art. 6 Abs. 2 und 7 Abs. 1 LETT bezüglich der Frage, im Rahmen welcher Fallgruppen und für welche Zeiträume befristete Überlassungsverträge geschlossen werden können, auf die allgemeinen Regelungen über befristete Arbeitsverträge nach Art. 15 ET i.V.m. Art. 4 R.D. 2720/1998. Auch die Möglichkeit, einen befristeten Leiharbeitsvertrag zwischen Verleiher und Leiharbeitnehmer zu schließen, richtet sich nach den allgemeinen Regeln über die Befristung von Arbeitsverträgen und damit nach Art. 15 ET und Art. 4 R.D. 2720/1998.

---

537 Kritisch gegenüber der Annahme einer auch stillschweigenden Vereinbarung einer solchen Suspendierungsklausel im Hinblick auf den Wortlaut des Art. 45 Abs. 1 lit. b) ET, der eine ausdrückliche Vereinbarung fordert, zu Recht Pérez Pérez, Empresas de trabajo temporal y relaciones laborales, S. 196.

538 Valdés de la Vega, Las Empresas de Trabajo Temporal, S. 101; Pérez Pérez, Empresas de trabajo temporal y relaciones laborales, S. 197; De la Villa de la Serna, El contrato de trabajo entre las empresas de trabajo temporal y el trabajador, S. 115, 116 f.

(2) Erfordernis der Übereinstimmung von befristetem Arbeitsvertrag und befristetem Überlassungsvertrag in Bezug auf den Befristungsgrund?

Die Regelungsvorgabe in Art. 10 Abs. 1 LETT, wonach die Laufzeit eines befristeten Arbeitsvertrages mit der des entsprechenden befristeten Überlassungsvertrages übereinzustimmen hat, führt zu der Frage, ob Arbeitsvertrag und Überlassungsvertrag nicht nur zeitlich sondern auch kausal übereinzustimmen haben, ob also beiden die gleiche Fallgruppe für den Abschluss befristeter Verträge i.S.d. Art. 15 ET zugrunde liegen muss.

Praktische Relevanz hat die Entscheidung dieser Frage insbesondere in Bezug auf die Wirksamkeit der Befristung des Arbeitsvertrages durch den Verleiher: Geht man davon aus, dass der befristete Arbeitsvertrag mit dem für eine bestimmte Mission einzustellenden Leiharbeitnehmer denselben Befristungsgrund aufweisen muss wie der Überlassungsvertrag, so hängt die Wirksamkeit der Befristung des Arbeitsvertrages davon ab, dass auf Seiten des Entleihers die im Überlassungsvertrag angegebene Fallgruppe des Art. 15 ET tatsächlich vorliegt. Kann ein Arbeitnehmer in einem Entleiherunternehmen vorübergehend wegen Krankheit seine Arbeit nicht ausüben, so müssen nach dieser Auffassung sowohl der Überlassungsvertrag zwischen Verleiher und Entleiher als auch der befristete Arbeitsvertrag des Verleihers mit dem Leiharbeitnehmer den Vertretungsfall des Art. 15 lit. c) ET zum Grund haben. Liegt aber tatsächlich ein Fall des Art. 15 lit. c) ET beim Entleiher nicht vor, fehlt es nicht nur an der Grundlage des Überlassungsvertrages sondern auch an einem Befristungsgrund für den Arbeitsvertrag und dieser gilt gemäß Art. 15 Abs. 3 ET als auf unbestimmte Zeit geschlossen.

Gegen das Erfordernis einer kausalen Übereinstimmung von Überlassungsvertrag und befristetem Arbeitsvertrag wird insbesondere der Wortlaut des Gesetzes angeführt. Die LETT spricht in Art. 10 Abs. 1, dessen Fassung auch durch das Reformgesetz 29/1999 nicht geändert wurde, nur von zeitlicher Übereinstimmung von befristetem Arbeitsvertrag und befristetem Überlassungsvertrag. Von einer inhaltlichen Übereinstimmungspflicht ist dagegen nicht die Rede[539]. Rechtsgrund für den befristeten Arbeitsvertrag zwischen Verleiher und Leiharbeitnehmer ist nach dieser Auffassung nicht die vorübergehende Nachfrage nach Arbeitskraft seitens des Entleiherunternehmens, sondern der vorübergehende Bedarf des Verleihunternehmens selbst, der sich aus der Verpflichtung zur Bereitstellung von Arbeitskraft ergebe. Im angesprochenen Fall der Krankheitsvertretung liege zwar dem Überlassungsvertrag ein Fall des Art. 15 lit. c) ET zugrunde, der befristete Arbeitsvertrag basiere aber auf dem Befristungsgrund „Realisierung einer bestimmten Werk- oder Dienstleistung“ nach Art. 15

539 Del Rey Guanter/Leal Peralvo, RL 1996, Band 2, 117, 135; Rodríguez-Piñero Royo, Las empresas de trabajo temporal en España, S. 107 ff.; García Fernández, AL 1996, Band 1, Rn. 1, 11.

lit. a) ET. Verlange man kausale Übereinstimmung von Überlassungsvertrag und befristetem Arbeitsvertrag, müsste der Verleiher, um von einer wirksamen Befristung des Arbeitsvertrages ausgehen zu können, nachprüfen, ob die vom Entleiher im Überlassungsvertrag angegebene Fallgruppe des Art. 15 ET tatsächlich vorliegt, um nicht den Eintritt der Rechtsfolgen nach Art. 15 Abs. 3 ET fürchten zu müssen. Eine solche Kontrolle sei jedoch für den Verleiher praktisch kaum möglich[540].

Aus der kraft Gesetzes bestehenden zeitlichen Übereinstimmungspflicht von befristetem Arbeitsvertrag und befristetem Überlassungsvertrag wird jedoch in der Literatur überwiegend auf eine Übereinstimmungspflicht auch bzgl. des Sachgrundes geschlossen[541]. Die Grundlage für den Abschluss befristeter Arbeitsverträge beim Verleiher hängt hiernach unmittelbar von der Fallgruppe ab, die die Basis des Überlassungsvertrages bildet.

Auch die Rechtsprechung tendiert zur Annahme einer kausalen Übereinstimmungspflicht zwischen Überlassungs- und befristetem Arbeitsvertrag. So stellt das *Tribunal Superior*[542] *de Justicia de Madrid* in seinem Urteil vom 19.2.1998[543] klar, dass „ein Zeitarbeitsunternehmen Leiharbeitnehmer nur im Rahmen der gesetzlichen Vorgaben, denen auch der Überlassungsvertrag genügen muss, unter Vertrag nehmen und verschicken kann, wobei sich der Überlassungsvertrag seinerseits im Arbeitsvertrag mit dem Leiharbeitnehmer widerspiegelt, was sich aus Art. 10 Abs. 1 der *Ley* 14/1994 schließen lässt. Die These, das Zeitarbeitsunternehmen könne sich vom tatsächlichen Vorliegen eines Grundes für den Überlassungsvertrag unabhängig erklären, trifft nicht zu, da vom Vorliegen dieses Grundes die Rechtmäßigkeit des Arbeitsvertrages und die der Arbeitnehmerüberlassung abhängt“.

---

540 Chacartegui Jávega, Empresas de Trabajo Temporal y Contrato de Trabajo, S. 237.

541 Cruz Villalón, El marco jurídico de las empresas de trabajo temporal, S. 45, 81; Godino Reyes y Sagardoy de Simón, Contrata y subcontrata de obras y servicios. La cesión de trabajadores a través de las empresas de trabajo temporal, S. 137; Molina Navarrete, Nuevas reglas de competencia en el mercado de las Empresas de Trabajo Temporal, S. 75 ff.; Pérez-Espinosa Sánchez, Las empresas de trabajo temporal: a medio camino entre la apertura de los sistemas de colocacion y flexibilizacion de la utilizacion de la mano de obra, S. 101, 120; Baylos Grau, Las Relaciones laborales del trabajador con la Empresa de Trabajo Temporal. La negociación colectiva en las Empresas de Trabajo Temporal, S. 169, 182; López Balaguer, La relación laboral de los trabajadores puestos a disposición, S. 49 f.; García Perrote-Escartín, Justicia Laboral 2000, 33, 38 f.

542 Das *Tribunal Superior*, das in jeder autonomen Region besteht, entspricht mit seinen Senaten für Arbeitsrecht in seiner Stellung in etwa einem deutschen Landesarbeitsgericht (vgl. zum arbeitsgerichtlichen Verfahren in Spanien García Ninet, Derecho del Trabajo, S. 198 ff.).

543 AS 600/1998.

Das *Tribunal Superior de Justicia del País Vasco* stellt in seinem Urteil vom 17.3.1998[544] fest, dass „wenn ein Zeitarbeitsunternehmen mit Leiharbeitnehmern Arbeitsverträge schließen kann, [...], dies in Einklang mit dem Überlassungsvertrag stehen muss, [...], also nicht in völliger Freiheit, sondern im gesetzlichen Rahmen der Gründe, die sich -über die Laufzeit- auf den Arbeitsvertrag zwischen Leiharbeitnehmer und Zeitarbeitsunternehmen übertragen".

Diese Auffassung wurde vom *Tribunal Supremo*[545] in seinem Urteil vom 4.2.1999[546], das zum Zwecke der Vereinheitlichung der Rechtsprechung erging[547], bestätigt. Das *Tribunal Supremo* geht davon aus, dass der Grund für die Befristung dem Bereich des Entleiherunternehmens entstammt, sich aber über den Überlassungsvertrag auf das Zeitarbeitsunternehmen überträgt. So heißt es im genannten Urteil: „Der Überlassungsvertrag kann kein Weg sein, das Normsystem der befristeten Beschäftigung abzuändern, sondern einzig ein Instrument, um die Befristung aus dem Vertragsbereich des Entleiherunternehmens auf das Zeitarbeitsunternehmen zu übertragen"[548].

Der Standpunkt, Überlassungsvertrag und befristeter Arbeitsvertrag müssten nicht nur temporal sondern auch kausal übereinstimmen, überzeugt auch:

Interpretiert man den Gesetzestext teleologisch, ist festzuhalten, dass der vorübergehende Bedarf an Arbeitskraft, der den Abschluss eines befristeten Arbeitsvertrages rechtfertigt, letztlich im Entleiherunternehmen besteht[549]. Der Arbeitsvertrag zwischen Leiharbeitnehmer und Verleihunternehmen dient dazu, einen bestimmten Arbeitsplatz im Entleiherunternehmen zu besetzen, so dass beide diesen Arbeitskräftebedarf abdeckenden Verträge die gleiche Grundlage haben müssen. Daneben spricht für die Notwendigkeit der Übereinstimmung in Bezug auf den Vertragsgrund, dass nach Art. 15 Abs. 2 lit. c) RDETT der Grund für den Abschluss des Überlassungsvertrages im Arbeitsvertrag zwischen Verleiher und Leiharbeitnehmer angegeben werden muss[550]. Um dieser Pflicht nachkommen zu können, gibt Art. 14 lit. c) RDETT dem Entleiherunternehmen auf, die Fallgruppe i.S.d. Art. 6 Abs. 2 LETT i.V.m. Art. 15 ET, die den Abschluss des Überlassungsvertrages rechtfertigt, dem Zeitarbeitsunternehmen

---

544 AS 1303/1998.

545 Der Senat für Arbeitsrecht des *Tribunal Supremo* bildet die höchste (Revisions-)Instanz im Rahmen des arbeitsgerichtlichen Verfahrens in Spanien.

546 Ar. 1594/1999.

547 In dieser Funktion ist das *Tribunal Supremo* vergleichbar dem Großen Senat des Bundesarbeitsgerichts.

548 Das TS hat seine Auffassung im Urteil vom 22.10.1999 (Ar. 7833/1999) bekräftigt.

549 López Balaguer, La relación laboral de los trabajadores puestos a disposición, S. 50.

550 Sánchez Pego, La relación interempresarial de trabajo temporal: el contrato de puesta a disposición, S. 131, 147 ff.; Sala Franco, Las empresas de trabajo temporal tras cuatro años de su implantación legal, S. 89, 104.

mitzuteilen und in den Überlassungsvertrag aufzunehmen[551]. Zweck dieser Kombination von Angabepflichten ist die Herstellung einer kausalen Übereinstimmung von Überlassungsvertrag und befristetem Arbeitsvertrag.

Seitens der Tarifpartner wurde in Art. 18 Abs. 1 des IV. CCEETT das Erfordernis zeitlicher und kausaler Übereinstimmung von Überlassungsvertrag und befristetem Arbeitsvertrag nochmals festgeschrieben.

Die LETT, die sowohl für die Regelung des befristeten Arbeitsvertrages als auch für die des Überlassungsvertrages auf die Norm des Art. 15 ET verweist, welcher den Abschluss direkter befristeter Arbeitsverträge reglementiert, zeigt den gesetzgeberischen Willen, Überlassungsvertrag und befristeten Arbeitsvertrag unter den gleichen Voraussetzungen zuzulassen und damit gleichzuschalten.

(3) Sonderfall: Befristeter Arbeitsvertrag für mehrere feststehende Überlassungsfälle

Der durch die *Ley* 12/2001 vom 9.7.2001 neu eingeführte Art. 10 Abs. 3 LETT gibt dem Verleiher die Möglichkeit, einen Arbeitsvertrag zur Abdeckung mehrerer aufeinanderfolgender Arbeitseinsätze in verschiedenen Entleiherunternehmen, die bereits zum Zeitpunkt des Arbeitsvertragsschlusses vollständig feststehen, abzuschließen. Weitere Voraussetzung ist, dass die einzelnen Überlassungsfälle alle unter die Fallgruppe des Art. 15 Abs. 1 lit. b) ET gefasst werden können. Grund für die Beschäftigung eines Leiharbeitnehmers muss also zusätzlicher Bedarf an Arbeitskraft aufgrund besonderer Produktionsumstände, z.B. wegen unerwartet hohen Auftragseingangs, sein[552]. Art. 10 Abs. 3 LETT stellt insoweit eine Ausnahme zu dem in Art. 10 Abs. 1 LETT normierten Gebot zeitlicher Übereinstimmung von befristetem Überlassungsvertrag und befristetem Arbeitsvertrag (Synchronisationsgebot) dar.

g) Vergütung der Leiharbeitnehmer

aa) Die ursprüngliche Regelung der Vergütungsbedingungen von Leiharbeitnehmern in der *Ley* 14/1994

Die gesetzliche Regelung der Vergütung von Leiharbeitnehmern in Art. 11 Abs. 1 lit. a) der ursprünglichen Fassung des Gesetzes 14/1994 sah Folgendes vor:

---

551 López Balaguer, La relación laboral de los trabajadores puestos a disposición, S. 50; a.A. Sánchez Pego, La relación interempresarial de trabajo temporal: el contrato de puesta a disposición, S. 131, 147 ff.

552 Vgl. zu Art. 10 Abs. 3 LETT: Pérez Pérez, Empresas de trabajo temporal y relaciones laborales, S. 210.

„Unbeschadet der Regelungen im Arbeitnehmerstatut[553] hat der (Leih-) Arbeitnehmer mit befristetem Arbeitsvertrag folgenden Anspruch: Auf Vergütung entsprechend dem von ihm auszufüllenden Arbeitsplatz in Übereinstimmung mit den Vorgaben des auf das Zeitarbeitsunternehmen anwendbaren Tarifvertrags, oder, bei dessen Fehlen, in Übereinstimmung mit den Vorgaben des entsprechenden, auf das Entleiherunternehmen anwendbaren Tarifvertrags. Besagte Vergütung muss gegebenenfalls Sonderzahlungen sowie Zahlungen für Feiertage und Urlaub anteilig enthalten."

Art. 11 Abs. 2 in der ursprünglichen Fassung der *Ley* 14/1994 (LETT) regelte daneben:

„Wurde der Arbeitsvertrag auf unbestimmte Zeit geschlossen, kommen die Normen des allgemeinen Arbeitsrechts zur Anwendung."

Nach dem vom spanischen Gesetzgeber ursprünglich verfolgten Regelungsmodell bestimmt sich der Vergütungsanspruch der Leiharbeitnehmer gegenüber dem Verleiher also grundsätzlich gemäß den im Verleihunternehmen geltenden Tarifverträgen. Eine Anwendung der für das Entleiherunternehmen geltenden Tarifverträge ist nur für den Fall vorgesehen, dass ein auf das Verleihunternehmen anwendbarer Tarifvertrag fehlt und der Leiharbeitnehmer nur über einen befristeten Arbeitsvertrag verfügt. Für das Entleiherunternehmen geltende Tarifverträge haben nach der gesetzlichen Vergütungsregelung in Bezug auf die Vergütung von Leiharbeitnehmern damit nur Auffangfunktion[554]. Kollektive Vergütungsregelungen des Verleihers bzw. Entleihers werden allerdings nach dem auch in Spanien geltenden Günstigkeitsprinzip (*Principio de condición más beneficiosa*[555]) durch günstigere Vergütungsregelungen im Leiharbeitsvertrag verdrängt.

Ist der Leiharbeitnehmer dagegen unbefristet angestellt, ist bezüglich seiner Vergütung der für das Entleiherunternehmen geltende Tarifvertrag in keinem Fall anwendbar. Besteht ein für das Verleihunternehmen geltender Tarifvertrag, so bestimmt sich die Vergütung des unbefristet beschäftigten Leiharbeitnehmers hiernach, es sei denn, der Leiharbeitsvertrag sieht günstigere Bedingungen vor.

Fehlt ein solcher Tarifvertrag, so findet gemäß Art. 11 Abs. 2 LETT das allgemeine Arbeitsrecht Anwendung und richtet sich die Vergütung damit allein nach den einzelvertraglichen Vereinbarungen[556].

---

553 *Estatuto de los Trabajadores* (ET).

554 Godino Reyes y Sagardoy de Simón, Contrata y subcontrata de obras y servicios. La cesión de trabajadores a través de las empresas de trabajo temporal, S. 140.

555 Vgl. hierzu ausführlich Montoya Melgar, Derecho del Trabajo, S. 225 ff..

556 Rodríguez-Piñero Royo, Las empresas de trabajo temporal en España, S. 112; ebenso Cruz Villalón, El marco jurídico de las empresas de trabajo temporal, S. 45, 94, mit der Einschränkung, dass der individuell vereinbarte Lohn über dem von Seiten der Regierung festgesetzten Mindestlohn liegen muss.

Insbesondere in Bezug auf ihre Vereinbarkeit mit dem in Art. 14 CE verfassungsrechtlich und in Art. 17 ET einfachgesetzlich ausgeformten Gleichbehandlungsgrundsatz sah sich die ursprüngliche Regelung in Art. 11 der *Ley* 14/1994 heftiger Kritik ausgesetzt[557]. Nach Art. 11 Abs. 1 lit. a) und 11 Abs. 2 der *Ley* 14/1994 werden Leiharbeitnehmer mit unbefristetem und befristetem Vertrag im Falle des Fehlens eines auf das Verleihunternehmen anwendbaren Tarifvertrages, wie dargestellt, unterschiedlich vergütet. Stellt man sich jedoch den Fall vor, dass zwei Leiharbeitnehmer desselben Verleihers, von denen der eine befristet und der andere unbefristet unter Vertrag stehen, bei einem Entleiher im selben Zeitraum vergleichbare Arbeitsplätze ausfüllen und der befristet beschäftigte Leiharbeitnehmer eine einem vergleichbaren Stammbeschäftigten zustehende Vergütung erhält, während der unbefristet beim Verleiher beschäftigte Leiharbeitnehmer nur Anspruch auf seine arbeitsvertraglich vereinbarte Vergütung hat, erscheint die zeitliche Ausgestaltung des Arbeitsvertrages als kein taugliches Unterscheidungsmerkmal in Bezug auf die Bestimmung der Vergütung[558]. Der spanische Verfassungsgerichtshof hat mehrfach den Standpunkt vertreten, dass im Verhältnis von unbefristet und befristet beschäftigten Arbeitnehmern eine unterschiedliche Laufzeit des Arbeitsvertrages allein keine unterschiedliche Behandlung bezüglich ihrer Vergütung über den „pro- rata-temporis-Grundsatz“ hinaus rechtfertige. Die unterschiedliche zeitliche Ausgestaltung des Arbeitsvertrages bewirke keinen Qualitätsunterschied der von den Arbeitnehmern erbrachten Arbeitsleistung und rechtfertige damit allein auch keine unterschiedliche Leistungsbewertung[559].

---

557 Cruz Villalón, El marco jurídico de las empresas de trabajo temporal, S. 45, 94; Baylos Grau, Las relaciones laborales del trabajador con la Empresa de Trabajo Temporal. La negociación colectiva en las Empresas de Trabajo Temporal, S. 169, 187 f.; hierzu auch ausführlich: López Balaguer, Contrato de trabajo y remuneración en la nueva regulación de las Empresas de trabajo temporal, S. 90 ff.

558 So auch López Balaguer, La relación laboral de los trabajadores puestos a disposición, S. 112 f.; Molero Marañon, La responsabilidad empresarial frente al personal de las Empresas de Trabajo Temporal, S. 103.

559 Siehe hierzu unter anderem STCO 177/1993, vom 31.5.1993 und 136/1987, vom 22.7.1987; anders Pérez-Espinosa Sánchez, Las empresas de trabajo temporal: a medio camino entre la apertura de los sistemas de colocación y la fexibilización de la utilización de la mano de obra, S. 101, 121, der davon ausgeht, dass befristet beschäftigte Leiharbeitnehmer unter den gleichen Voraussetzungen auch direkt hätten vom Entleiherunternehmen unter Vertrag genommen werden und dann so an dessen Entlohnungssystem teilnehmen können. Da dies in Bezug auf unbefristet im Leiharbeitsunternehmen Beschäftigte nicht möglich gewesen wäre, sei die unterschiedliche Behandlung sachlich gerechtfertigt.

bb) Die Vergütung der Leiharbeitnehmer als Gegenstand von Tarifverträgen bis 1999

(1) Zuständigkeit zum Abschluss von Tarifverträgen für Leiharbeitnehmer

Bevor auf die Sonderreglungen des spanischen Arbeitnehmerüberlassungsrechts bezüglich der Zuständigkeit zum Abschluss von Tarifverträgen für Leiharbeitnehmer eingegangen werden kann, muss zunächst eine kurze Einführung in die Grundzüge des spanischen Arbeitnehmervertretungsrechts erfolgen.

(a) Einführung in das spanische Arbeitnehmervertretungsrecht

Das spanische Recht sieht zwei Arten der Vertretung der Arbeitnehmer vor: Die Vertretung durch gewählte Arbeitnehmer (*representación unitaria*) (Art. 4 Abs. 1 lit. g) und Art. 61 ff. ET) und die Vertretung durch Gewerkschaften (*representación sindical*) (Art. 1 ff. der „*Ley Orgánica* 11/1985 vom 2.8.1985 *de libertad sindical* [LOLS][560]). Die Vertretung durch gewählte Arbeitnehmer erfolgt in Betrieben mit 50 und mehr Arbeitnehmern durch ein Betriebskomitee (*comité de empresa*) bestehend aus 5 bis maximal 75 Mitgliedern, ansonsten durch 1 bis 3 Personaldelegierte (*delegados personales*) in Betrieben mit mindestens sechs Arbeitnehmern[561]. Das Betriebskomitee verfügt über teilweise etwas weitergehende Beteiligungsrechte als die Personaldelegierten, wobei allerdings auch ihm keine echten Mitbestimmungsrechte, sondern überwiegend nur Informations-, Beratungs- und Kontrollrechte zukommen (Art. 64 ET)[562]. Die gewerkschaftliche Vertretung im Betrieb oder Unternehmen erfolgt durch Gewerkschaftsgruppen (*secciones sindicales*) bestehend aus gewerkschaftsangehörigen Arbeitnehmern[563]. In Betrieben bzw. Unternehmen mit 250 und mehr Arbeitnehmern können die dort beschäftigten Mitglieder einer Gewerkschaft zusätzlich Gewerkschaftsdelegierte (*delegados sindicales*) wählen, denen die gleichen Rechte zukommen wie Mitgliedern des Betriebskomitees (Art. 10 Abs. 1 und 3

---

560 B.O.E. vom 8.8.1985.

561 Nach Art. 62 Abs. 1 ET reicht die Zahl von sechs anstelle der grundsätzlich erforderlichen Anzahl von zehn betriebszugehörigen Arbeitnehmern aus, wenn Erstere mehrheitlich die Bildung einer Arbeitnehmervertretung beschließen.

562 Adomeit/Frühbeck, Einführung in das spanische Recht, S. 155; vgl. hierzu die Übersichten bei Francis Lefebvre, Social 2002, Rn. 7991 sowie Calle, in: Henssler/Braun, Arbeitsrecht in Europa, S. 1155 f.

563 Ein Überblick über die Kompetenzen der Gewerkschaftssektionen findet sich bei Albiol Montesinos, in: Sala Franco/Albiol Montesinos, Derecho Sindical, S. 258 ff. und Francis Lefebvre, Social 2002, Rn. 8044 ff.

LOLS)[564]. Vielfach sind die Gewerkschaftsdelegierten gleichzeitig auch Mitglied im Betriebskomitee und genießen dann bereits in dieser Rolle bestimmte Rechte und Garantien, wie z.B. den besonderen Kündigungsschutz nach Art. 68 ET[565].

Die Frage, wem grundsätzlich die Kompetenz zum Abschluss von Tarifverträgen für die Arbeitnehmerseite zufällt, wird von Art. 87 ET geregelt[566]. Hiernach ist für die Bestimmung der Abschlusskompetenz zunächst nach dem fachlichen Geltungsbereich des Tarifvertrages zu differenzieren: Nach Art. 87 Abs. 1 ET sind zum Abschluss von Tarifverträgen auf Unternehmens- oder diesem untergeordneter Ebene, der Betriebsebene, grundsätzlich sowohl Betriebskomitee bzw. Personaldelegierte als auch das gewerkschaftliche Vertretungsorgan ermächtigt. Die Abschlusskompetenz der gewerkschaftlichen Vertretung wird allerdings dadurch eingeschränkt, dass sie Tarifverträge, die die Gesamtheit der Arbeitnehmer des Unternehmens in ihrem persönlichen Geltungsbereich umfassen, nur schließen kann, wenn sie auch die Mehrheit der Mitglieder des Betriebskomitees hinter sich weiß (Art. 87 Abs. 1 S. 2 ET). In den übrigen Fällen setzt die Kompetenz der gewerkschaftlichen Vertretungsorgane zum Abschluss eines Tarifvertrages auf Unternehmens- oder diesem untergeordneter Ebene einen entsprechend ermächtigenden Beschluss der in den persönlichen Geltungsbereich fallenden Arbeitnehmer voraus (Art. 87 Abs. 1 S. 3 ET).

Zum Abschluss von Branchentarifverträgen, deren fachlicher Geltungsbereich den des einzelnen Unternehmens übersteigt, sind auf Arbeitnehmerseite allein die Gewerkschaften ermächtigt. Diese müssen zudem einen gesetzlich vorgegebenen Repräsentationsgrad auf Ebene des gesamten Staatsgebiets oder einer autonomen Region aufweisen (Art. 87 Abs. 2-4 ET). Auf Arbeitgeberseite fällt die Zuständigkeit für den Abschluss eines solchen Tarifvertrages den Arbeitgeberverbänden zu, welchen mindestens 10 % der in den räumlichen und fachlichen Anwendungsbereich des Tarifvertrages fallenden Arbeitgeber, mit wiederum ihrerseits mindestens 10 % der in den räumlichen und fachlichen Anwendungsbereich des Flächentarifvertrages fallenden Arbeitnehmer als Beschäftigten, angehören (Art. 87 Abs. 3 ET)[567]. Hintergrund des Erfordernisses eines bestimmten Repräsentationsgrades für die Kompetenz zum Abschluss von Tarifverträgen ist die Wirkung von Tarifverträgen i.S.d. Art. 82 Abs. 3 ET: Tarifverträge wirken im Rahmen ihres örtlichen, fachlichen, persönlichen und zeitlichen Geltungsbe-

---

564 Albiol Montesinos/Camps Ruiz/López Gandía/Sala Franco, Derecho del Trabajo, Band 1, S. 247 ff.; Calle, in: Henssler/Braun, Arbeitsrecht in Europa S. 1154.

565 Albiol Montesinos in: Sala Franco/Albiol Montesinos, Derecho Sindical, S. 273.

566 Ausführlich zur Frage der Kompetenz zum Abschluss von Tarifverträgen: Sala Franco/Albiol Montesinos, Derecho Sindical, S. 315 ff.

567 Bei Tarifverträgen, die sich auf ganz Spanien erstrecken sollen, erhöht sich der Repräsentationsgrad auf 15 % (Art. 87 Abs. 4 ET); vgl. zu den Repräsentationsanforderungen an Arbeitgeberverbände STS vom 25.5.1996 (Ar. 4674/1996) und 4.2.1998 (Ar. 1438/1998).

reichs normativ. Eine Besonderheit des spanischen Rechts stellt es dar, dass alle Arbeitsverhältnisse, die unter die genannten Geltungsbereichskriterien fallen, von der normativen Wirkung eines Tarifvertrages erfasst werden, ohne dass doppelte Tarifbindung bestehen muss, Arbeitgeber und Arbeitnehmer also Mitglied der den Tarifvertrag schließenden Tarifparteien sein müssen[568]. Um eine solche Normwirkung auch in Bezug auf die Arbeitgeber und Arbeitnehmer, die nicht Mitglieder der jeweiligen Tarifvertragsparteien sind, rechtfertigen zu können, knüpft der spanische Gesetzgeber die „erga omnes"-Wirkung eines Tarifvertrages an einen bestimmten Mindestrepräsentationsgrad der tarifschließenden Gewerkschaften und Arbeitgeberverbände. Auffällig ist, dass für die Tarifzuständigkeit von Arbeitgeberverbänden neben einer Mindestrepräsentativität in Bezug auf vom Tarifvertrag betroffene Arbeitgeber auch mittelbar eine Mindestrepräsentativität in Bezug auf betroffene Arbeitnehmer verlangt wird.

(b) Zuständigkeit für den Abschluss von Tarifverträgen in Verleihunternehmen

Die LETT enthält in ihrem Art. 13 eine Sonderregelung bezüglich der Zuständigkeit zum Abschluss von Tarifverträgen für Leiharbeitnehmer auf der Ebene des einzelnen Verleihunternehmens oder Betriebes, die über Art. 14 LETT auch für das in der Verwaltung des Verleihers beschäftigte Personal gilt[569]. Gemäß Art. 13 LETT „sind bei Fehlen gesetzlicher Arbeitnehmervertretungsorgane diejenigen gewerkschaftlichen Organisationen zur Verhandlung von Tarifverträgen, welche Zeitarbeitsunternehmen betreffen, ermächtigt, die den höchsten Repräsentationsgrad aufweisen, wobei die Vertretung der Arbeitnehmer in der Tarifkommission dann als wirksam begründet verstanden wird, wenn die genannten gewerkschaftlichen Organisationen in ihr als Mitglieder fungieren".

Der Repräsentationsgrad ist hierbei bezogen auf ganz Spanien bzw., je nach Standort des Unternehmens oder Betriebes, bezogen auf das Gebiet einer autonomen Region zu bestimmen. Wie die gewerkschaftlichen Organisationen mit dem höchsten Repräsentationsgrad festzustellen sind, richtet sich nach den Art. 6 und 7 LOLS.

---

568 Ausführlich Montoya Melgar, Derecho del Trabajo, S. 167 ff.; Albiol Montesinos/Camps Ruiz/López Gandía/Sala Franco, Derecho del Trabajo, Band 1, S. 429 ff., 454 f.; Adomeit/Frühbeck, Einführung in das spanische Recht, S. 156.

569 Pérez Pérez, Empresas de trabajo temporal y relaciones laborales, S. 172; Pérez-Espinosa Sánchez, Las empresas de trabajo temporal: a medio camino entre la apertura de los sistemas de colocación y la fexibilización de la utilización de la mano de obra, S. 101, 122; Baylos Grau, Las relaciones laborales del trabajador con la Empresa de Trabajo Temporal. La Negociacion colectiva en las Empresas de Trabajo Temporal, S. 169, 175; a.A. Sala Franco, La reforma del mercado de trabajo, S. 51; Albiol Montesinos, Tribuna Social Nr. 43 (1994), 116, 121, die die spezielle Legitimationsregel des Art. 13 LETT auch für Tarifverträge auf dem einzelnen Unternehmen übergeordneter Ebene anwenden wollen.

Die Sonderregelung in Art. 13 LETT trägt insbesondere dem Umstand Rechnung, dass Zeitarbeitsunternehmen regelmäßig in hohem Maße sowohl geographisch als auch personell dezentralisiert strukturiert sind und ihre Belegschaftsstärke wegen der überwiegend befristeten Arbeitsverhältnisse starken Schwankungen unterliegt, was die Errichtung von Arbeitnehmervertretungsorganen erschwert[570]. Die sehr dezentralisierte Struktur von Verleihunternehmen stellt ein Hindernis für die Entstehung eines Gemeinschaftsgefühls der Arbeitnehmer und in Konsequenz eines Interesses an Mitwirkung im Betrieb bzw. Unternehmen über Vertretungsorgane dar[571]. Dem Gesetzgeber fiel die Aufgabe zu, eine Regelung zu schaffen, die dem Arbeitnehmeranspruch auf Repräsentation und Teilnahme im Unternehmen aus Art. 4 Abs. 1 lit. g). ET sowie dem von Art. 37 Abs. 1 der spanischen Verfassung garantierten Recht auf Kollektivverhandlungen genügt.

Für den Abschluss von Tarifverträgen auf dem einzelnen Unternehmen übergeordneter Ebene gilt dagegen die allgemeine Zuständigkeitsregel des Art. 87 Abs. 2 ET[572].

(2) Die schrittweise Gleichstellung der Leiharbeitnehmer mit vergleichbaren Beschäftigten des Entleihers in Bezug auf die Vergütung im Rahmen von Tarifverträgen

Die dargestellte Regelung des Art. 11 Abs. 1 der ursprünglichen Fassung der *Ley* 14/1994 führte in der Folgezeit zu verstärkten Bemühungen der Verleiher, entsprechende für sie geltende Tarifverträge mit den zuständigen Arbeitnehmervertretern abzuschließen[573]: Grund hierfür war insbesondere, dass durch das Bestehen eines beim Verleiher anwendbaren Tarifvertrages, unabhängig von seinem Inhalt, automatisch die Anwendung des im Entleiherunternehmen geltenden Tarifvertrages auf die Arbeitsverhältnisse der Leiharbeitnehmer ausge-

570 Rodríguez-Piñero Royo, Las empresas de trabajo temporal en España, S. 120; Godino Reyes y Sagardoy de Simón, Contrata y subcontrata de obras y servicios. La cesión de trabajadores a través de las empresas de trabajo temporal, S. 157 f.; Baylos Grau, Las relaciones laborales del trabajador con la Empresa de Trabajo Temporal. La Negociacion colectiva en las Empresas de Trabajo Temporal, S. 169, 174.

571 Fuentes Rodríguez/de la Flor Fernández, Algunas consideraciones en torno a la representación de los trabajadores contratados para ser cedidos por las empresas de trabajo temporal, S. 267, 271.

572 Pérez-Espinosa Sánchez, Las empresas de trabajo temporal: a medio camino entre la apertura de los sistemas de colocacion y flexibilizacion de la utilizacion de la mano de obra, S. 101, 122.

573 Rodríguez-Piñero Royo/Calvo Gallego/González Rendón, El impacto de las empresas de trabajo temporal en España: de la legalización a la reforma, S. 153 f.; Molero Marañon, La responsabilidad empresarial frente al personal de las Empresas de Trabajo Temporal, S. 96; Valdés Dal-Ré, RL 2001, Band 1, 15, 16.

schlossen wurde. Um das Eingreifen des Art. 13 der *Ley* 14/1994, nach dem bei Fehlen einer Arbeitnehmervertretung im Verleihunternehmen die gewerkschaftliche Organisation mit dem höchsten Repräsentationsgrad gemäß Art. 6 und 7 LOLS für den Abschluss von Kollektivvereinbarungen zuständig ist, zu vermeiden, wurden in einigen Verleihunternehmen nach Inkrafttreten der *Ley* 14/1994 eiligst Wahlen zur Bildung einer Arbeitnehmervertretung durchgeführt. Man ging aus Verleihersicht davon aus, die Kollektivverhandlungen auf Unternehmens- bzw. Betriebsebene mit lokalen Arbeitnehmervertretern günstiger gestalten zu können als im Rahmen von Flächentarifverträgen mit starken Gewerkschaften als Verhandlungspartnern[574]. Viele der größeren Verleihunternehmen Spaniens schlossen in der Folge Haustarifverträge ab[575].

Im Rahmen dieser unternehmensbezogenen Tarifverträge wurden Lohnvereinbarungen für die Leiharbeitnehmer getroffen, die bis zu 50 % unter dem tariflichen Lohnniveau der potentiellen Entleiherunternehmen lagen[576].

Die Leiharbeit entwickelte sich so zu einem Mittel zur Senkung der Personalkosten für die Entleiherunternehmen[577]. Insbesondere trat häufig die Situation auf, dass es für den Unternehmer finanziell günstiger war, bei vorübergehendem Bedarf an zusätzlichen Arbeitskräften sich diese über einen Verleiher zu beschaffen, als direkt mit Arbeitnehmern befristete Arbeitsverträge zu schließen[578]. Unterschiedlich ausgestaltete Haustarifverträge verschärften zudem den Preiskampf der Zeitarbeitsunternehmen untereinander. Diese Entwicklung ließ ein negatives Bild der Leiharbeit als Mittel zur Ausbeutung der Arbeitnehmer in der spanischen Gesellschaft entstehen, das bis heute noch nicht vollständig überwunden ist.

Im Jahre 1995 wurde zwischen der „Vereinigung der spanischen Zeitarbeitsunternehmen“ (*Asociación Española de Empresas de Trabajo Temporal*

---

574 Rodríguez-Piñero Royo/Calvo Gallego/González Rendón, El impacto de las empresas de trabajo temporal en España: de la legalización a la reforma, S. 154; Crespan Echegoyen/Gonzalez Martin/Lopez Parada, Empresas de Trabajo Temporal, Rn. 343 f.; Cruz Villalón, El marco jurídico de las empresas de trabajo temporal, S. 45, 92.

575 Vgl. z.B. Convenio Colectivo Adia Intergroup, ETT S.A. (B.O.E. vom 30.8.1994); Convenio Colectivo Manpower Team ETT S.A. (B.O.E. vom 1.11.1994); Convenio Colectivo Ecco TT S.A. (B.O.E. vom 4.11.1994); Convenio Colectivo People Justo a Tiempo ETT S.A. (B.O.E. vom 5.1.1995).

576 Pérez Gil, AS 1998, Band 5, 635, 638 f.; Rodríguez-Piñero Royo/Calvo Gallego/González Rendón, El impacto de las empresas de trabajo temporal en España: de la legalización a la reforma, S. 155.

577 Dies wird in den Motiven zum Reformgesetz 29/1999 ausdrücklich festgestellt; vgl. hierzu auch Valdés Dal-Ré, RL 2001, Band 1, 15, 17; Rodríguez Piñero-Royo, El modelo legal de trabajo temporal en la *Ley* 14/1994, S. 67, 88; Molina Navarrete, Nuevas reglas de competencia en el mercado de las empresas de trabajo temporal, S. 114 ff.

578 Rodríguez-Piñero Royo/Calvo Gallego/González Rendón, El impacto de las empresas de trabajo temporal en España: de la legalización a la reforma, S. 155.

[GEESTA]) als Arbeitgeberverband und den Gewerkschaften UGT (*Unión General de Trabajadores*) und CC.OO. (*Comisiones Obreras*) ein erster, landesweit geltender Tarifvertrag für den Sektor der Verleihunternehmen geschlossen (I. CCEETT)[579]. Im Rahmen dieses Tarifvertrages wurden insbesondere die Beschäftigungsbedingungen von Leiharbeitnehmern landesweit vereinheitlicht. Bezogen auf die Entlohnung erfolgte eine Standarisierung dadurch, dass feste Funktions- und Qualifikationsgruppen geschaffen wurden, nach denen sich die Vergütung jedes Leiharbeitnehmers richtete. Eine Angleichung oder Gleichstellung von Leiharbeitnehmern mit vergleichbaren Arbeitnehmern des Entleiherunternehmens in Bezug auf die Vergütung war allerdings nicht vorgesehen[580].

Der Gedanke der Lohngleichheit von Leiharbeitnehmern mit vergleichbaren Arbeitnehmern des Entleiherunternehmens wurde nach und nach in anderem, überraschendem Zusammenhang aufgegriffen: Ab Mitte des Jahres 1995 wurden auf Druck der Gewerkschaften in einigen Branchentarifverträgen außerhalb des Zeitarbeitssektors Klauseln aufgenommen, gemäß denen Leiharbeitnehmer, die von diesen Branchentarifverträgen unterfallenden Unternehmen entliehen wurden, mit vergleichbarem Stammpersonal dieser Unternehmen gleichgestellt werden sollten[581]. Insbesondere bezweckten die genannten Lohngleichstellungsklauseln, die Ungleichbehandlung von Leiharbeitnehmern gegenüber vom Entleiher befristet angestellten Arbeitnehmern zu beseitigen[582].

Diese Tarifklauseln waren unterschiedlich ausgestaltet: Teilweise enthielten sie eine bloße an den Verleiher gerichtete Empfehlung, Leiharbeitnehmer entsprechend dem für den Entleiher geltenden Tarifvertrag zu vergüten[583]. Teilweise wurde in verschiedenen Branchentarifverträgen branchenfremden Verleihunternehmen aber auch die Verpflichtung auferlegt, ihre Leiharbeitnehmer entsprechend diesen beim Entleiher geltenden Branchentarifverträgen zu entlohnen[584]. Eine weitere, in Branchentarifverträgen verwandte Klausel verpflichtete die Unternehmen als Entleiher, den Leiharbeitnehmern die ihren Beschäftigten

579 B.O.E. vom 21.4.1995; dieser Tarifvertrag trat rückwirkend zum 1.7.1994 in Kraft und endete am zum 31.12.1996.

580 Molero Marañon, La responsabilidad empresarial frente al personal de las Empresas de Trabajo Temporal, S. 96; Valdés Dal-Ré, RL 2001, Band 1, 15, 17.

581 Hierzu ausführlich López Balaguer, Contrato de trabajo y remuneración en la nueva regulación de las Empresas de trabajo temporal, S. 108 ff.

582 Rodríguez-Piñero Royo/Calvo Gallego/González Rendón, El impacto de las empresas de trabajo temporal en España: de la legalización a la reforma, S. 277.

583 So z.B. Art. 29.4 des Tarifvertrags für Lagerhalter im Lebensmittelhandel der Provinz Navarra (B.O.N. vom 15.1.1996).

584 So z.B. Art. 27 des Tarifvertrages für die Textilindustrie der Provinz Navarra (B.O.N. vom 1.11.1995), wonach nur mit Verleihern, die die Leiharbeitnehmer entsprechend den beim Entleiher geltenden Tarifverträgen entlohnten, Überlassungsverträge geschlossen werden durften.

zustehende tarifliche Vergütung zu garantieren, indem sie im Überlassungsvertrag mit dem Verleiher die Anwendung der beim Entleiher geltenden tariflichen Vergütung auf die Leiharbeitnehmer vereinbaren mussten[585].

Insbesondere die letztgenannten beiden Klauselarten, die über bloße Empfehlungen hinausgingen und konkrete Verpflichtungen enthielten, stellten sich im Hinblick auf ihre Rechtmäßigkeit bzw. Wirksamkeit als problematisch dar[586].

Die Klausel in den beim Entleiher anwendbaren Branchentarifverträgen, die dem branchenfremden Verleiher die Anwendung der beim Entleiher geltenden Vergütung bezüglich der überlassenen Leiharbeitnehmer auferlegte, begründete eine Verpflichtung für eine Partei, die nicht Partner des Tarifvertrages war und die auch nicht in den funktionalen Geltungsbereich des Tarifvertrages fiel. Diese Konstruktion stellte somit letztlich einen unzulässigen Vertrag zu Lasten Dritter dar[587].

Auch die Rechtmäßigkeit der Klauseln in verschiedenen Branchentarifverträgen, die die Unternehmen dieser Branche als potentielle Entleiher verpflichteten, im Rahmen von Überlassungsverträgen mit einem Zeitarbeitsunternehmen Letzteres zur Anwendung ihrer (Entleiher-)Vergütungsbedingungen gegenüber den eingesetzten Leiharbeitnehmern zu zwingen, wurde angezweifelt. Anders als bei der zuvor beschriebenen Vertragsklausel liegt zwar kein unzulässiger Vertrag zu Lasten Dritter vor, da durch die Branchentarifverträge der potentiellen Entleiher eine Verpflichtung des Verleihers zur Gewährung der Tariflöhne des Entleihers gegenüber seinen Leiharbeitnehmern nicht direkt begründet wird. Vielmehr entsteht eine solche Verpflichtung erst durch entsprechende Vereinbarung zwischen Verleiher und Entleiher im Überlassungsvertrag, welcher insoweit gemäß Art. 1257 Abs. 2 *Código Civil* (CC) als zulässiger Vertrag zugunsten Dritter, der Leiharbeitnehmer, zu qualifizieren ist[588]. Jedoch überschreitet eine solche Tarifvertragsklausel den Bereich dessen, was gemäß Art. 85 Abs. 1 ET im Rahmen

---

585 So z.B. Art. 29 des Tarifvertrags für die Holzindustrie in Spanien (B.O.E. vom 27.5.1996).

586 Vgl. zum Ganzen Molero Marañon, La responsabilidad empresarial frente al personal de las Empresas de Trabajo Temporal, S. 99 ff.; López Balaguer, Contrato de trabajo y remuneración en la nueva regulación de las Empresas de trabajo temporal, S. 109 ff.; López Sánchez, AL 2002 (Heft 27), Rn. 541, 548 f.; Pérez Pérez, Empresas de trabajo temporal y relaciones laborales, S. 315 f.

587 So auch die Urteile der TSJ von Valencia vom 9.2.1999 (Ar. 816/1999); Castílla y León vom 23.2.1999 (Ar. 630/1999); Andalucía [Granada] vom 10.6.1999 (Ar. 4042/1999), die als Konsequenz von der Nichtigkeit dieser Klausel ausgehen. Teilweise wurde diese Vertragsklausel zwar nicht als nichtig, aber als für das Verhältnis von Entleiher und Leiharbeitnehmer unverbindlich angesehen (so STSJ de Madrid vom 15.6.1999 [Ar. 2780/1999] und STSJ de Andalucía [Málaga] vom 10.9.1999 [Ar. 2959/1999]).

588 STSJ del País Vasco vom 2.11.1999 (AS 4213/1999); Molero Marañon, La responsabilidad empresarial frente al personal de las Empresas de Trabajo Temporal, S. 101; im Ergebnis auch Gala Durán, Derechos y obligaciones entre los trabajadores cedidos por las Empresas de trabajo temporal y las empresas usuarias, S. 78 f.

von Tarifverträgen vereinbart werden kann. Den an den Branchentarifverträgen beim Entleiher beteiligten Tarifparteien fehlt es hiernach an der Kompetenz, Regelungen in Bezug auf die Arbeitsverhältnisse einer fremden Branche, der Zeitarbeitsbranche, zu treffen[589].

Ein wesentlicher Schritt in Richtung Lohngleichheit gelang durch den zweiten landesweit geltenden Tarifvertrag für den Sektor der Zeitarbeitsunternehmen (II. CCEETT), der von den Arbeitgeberverbänden GEESTA[590], AETT[591], ACETT[592] sowie den Gewerkschaften UGT und CC.OO. geschlossen wurde und der zum 1.1.1997 in Kraft trat[593]. Dieser sah in seinem Art. 30 vor, die Einkommen der Leiharbeitnehmer stufenweise an die in den Rahmentarifverträgen der jeweiligen Branche für die Beschäftigten des Entleihers vorgesehenen Vergütungssätze anzugleichen[594]: Im Jahre 1997 sollte zunächst eine Zusammenstellung der Vergütungsregelungen in den verschiedenen Branchen-Rahmentarifverträgen erfolgen, um einen Anhaltspunkt und eine Maßgröße für die Angleichung zu erhalten. Für 1998 wurde eine Vergütung der Leiharbeitnehmer in Höhe von 80 % der Vergütung, die Beschäftigten des Entleihers nach dem dort geltenden Branchen-Rahmentarifvertrag zustand, festgesetzt. Zum 1.1.1999 sollte die Quote auf 90 % erhöht werden und ab 1.1.2000 100 % erreichen.

Um diesen Prozess abzusichern, wurde in Art. 1 Abs. 3 des II. CCEETT verankert, dass Fragen der Vergütung von Leiharbeitnehmern nicht in Tarifverträgen auf untergeordneter regionaler Ebene, wie z.B. der autonomen Regionen, abweichend geregelt werden durften, sondern den Verhandlungen auf staatlicher Ebene vorbehalten waren[595]. Hierdurch sollte verhindert werden, dass durch Tarifverträge auf untergeordneter Ebene, etwa durch Haustarifverträge, die Lohnanpassung ausgehebelt und der Konkurrenzkampf der Verleihunternehmen über die Lohnkosten fortgesetzt werden konnte.

---

589 So López Balaguer, Contrato de trabajo y remuneración en la nueva regulación de las Empresas de trabajo temporal, S. 110 f.; a.A. López Gandía, Negociación colectiva y modalidades de contratación laboral, S. 106 und wohl auch STSJ del País Vasco vom 2.11.1999 (AS 4213/1999), das sich allerdings mit der Frage der Reichweite der Regelungsermächtigung des Art. 85 Abs. 1 ET in Bezug auf Tarifverträge nicht auseinandersetzt.

590 Asociación Española de Empresas de Trabajo Temporal.

591 Asociación Estatal de Empresas de Trabajo Temporal.

592 Asosiació Catalana d'Empreses de Treball Temporal.

593 B.O.E. vom 3.3.1997.

594 Hierzu ausführlich Molero Marañon, La responsabilidad empresarial frente al personal de las Empresas de Trabajo Temporal, S. 105 ff.; Valdés Dal-Ré, RL 2001, Band 1, 15, 18 f.; López Balaguer, Contrato de trabajo y remuneración en la nueva regulación de las Empresas de trabajo temporal, S. 112 ff.

595 Zur Frage, inwieweit diese Regelung mit den Grundsätzen der Tarifkonkurrenz vereinbar ist, Molero Marañon, La responsabilidad empresarial frente al personal de las Empresas de Trabajo Temporal, S. 107 ff.

Die Zielsetzung der Angleichung der Vergütung von Leiharbeitnehmern an die Entlohnung von Beschäftigten des Entleihers wurde vom *Tribunal Supremo* als Maßnahme zur Durchsetzung des Verbots von Lohndiskriminierung aus Art. 14 CE i.V.m. Art. 17 ET gerechtfertigt. Auch ein Verstoß der Bezugnahmetechnik gegen den, mit der verfassungsrechtlich garantierten Tarifautonomie aus Art. 37 CE einhergehenden Auftrag zu eigenverantwortlicher tariflicher Regelung wurde verneint[596].

Vollständige Lohngleichheit sah jedoch auch Art. 30 des II. CCEETT nicht vor, da er sich zum einen nicht auf die tatsächlich beim jeweiligen Entleiher geltende tarifliche Vergütungsregelung bezog, sondern nur auf die im Branchen-Rahmentarifvertrag enthaltene Regelung und er zum anderen gewisse Lohnbestandteile von der Angleichungspflicht ausnahm (Art. 30 Abs. 3 des II. CCEETT). Zudem konnten Entleiher, die den Nachweis erbrachten, bei Anwendung dieser Tarifvertragsbedingungen „in ihrer wirtschaftlichen Stabilität" beeinträchtigt zu werden, im Einzelfall gemäß Art. 11 des II. CCEETT Befreiung von den Vorgaben des Tarifvertrages beantragen[597].

Der II. CCEETT brachte somit, wenn auch nicht die vollständige Lohnangleichung, doch zumindest eine stufenweise Anpassung der Vergütung der Leiharbeitnehmer an die der Beschäftigten des Entleihers mit sich.

(3) Die gesetzliche Regelung der Entlohnung der Leiharbeitnehmer nach der Reform des Art. 11 LETT durch die *Ley* 29/1999 vom 16.7.1999

Seinen Höhepunkt und vorläufigen Abschluss erreichte der Prozess der Lohnangleichung zugunsten der Leiharbeitnehmer mit der Reform der Vergütungsregelung des Art. 11 *Ley* 14/1994 (LETT) durch die *Ley* 29/1999 vom 16.7.1999. Da ein zeitlich begrenzter Tarifvertrag nicht als ausreichendes Instrument zur dauerhaften Sicherung der Lohngleichstellung für Leiharbeitnehmer angesehen wurde[598], entschloss sich der Gesetzgeber zum Handeln.

(a) Inhalt der Vergütungsregelung des Art. 11 Abs. 1 LETT n.F.

Art. 11 Abs. 1 des Gesetzes 14/1994 erhielt durch die Reform bezüglich der Vergütung der Leiharbeitnehmer folgenden Regelungsinhalt:

---

596 STS vom 14.5.1998 (Ar. 4651/1998); hierzu auch Pradas Montilla, DL Nr. 60 (1999), 5, 9 ff.

597 Zur Frage, wann eine Beeinträchtigung der wirtschaftlichen Stabilität eines Unternehmens vorliegt, Chacartegui Jávega, Empresas de Trabajo Temporal y Contrato de Trabajo, S. 308 f.

598 Cabeza Pereiro, AL 2001, Band 1, Rn. 301, 312; Molero Marañon, La responsabilidad empresarial frente al personal de las Empresas de Trabajo Temporal, S. 119 f.

„Leiharbeitnehmer haben in den Zeiträumen, in denen sie in Entleiherunternehmen beschäftigt sind, Anspruch darauf, mindestens die für den auszufüllenden Arbeitsplatz beim Entleiher kollektivvertraglich festgesetzte Gesamtvergütung, bezogen auf die jeweilige Zeiteinheit, zu erhalten. Diese Gesamtvergütung muss, gegebenenfalls, den entsprechenden Teil der Vergütung für arbeitsfreie Wochentage, Sonderzahlungen, Vergütung an Feiertagen und Vergütung während des Urlaubs enthalten, wobei die Verantwortung für die Feststellung der Höhe des Gesamtanspruchs der Leiharbeitnehmer beim Entleiher liegt. Zu diesem Zweck muss der Entleiher die entsprechende Vergütung im Überlassungsvertrag angeben."

Art. 11 Abs. 1 LETT in der Fassung des Gesetzes 29/1999 enthält keine eigene Festsetzung der Vergütung der Leiharbeitnehmer. Vielmehr verwendet Art. 11 Abs. 1 das Mittel der Verweistechnik, um eine Vergütungsuntergrenze festzulegen: Die Vergütung, die der Entleiher seinem Arbeitnehmer nach dem auf den Entleiher anwendbaren Tarifvertrag für eine bestimmte Arbeit schuldet, stellt das Minimum dessen dar, was dem Leiharbeitnehmer gegenüber dem Verleiher für die gleiche Arbeitsleistung zusteht. Ist im Vergleich hierzu die Vergütung, die der Leiharbeitnehmer vom Verleiher aufgrund arbeitsvertraglicher Vereinbarung oder beim Verleiher geltender tariflicher Regelung verlangen kann, höher, steht dem Leiharbeitnehmer diese höhere Vergütung gegenüber dem Verleiher zu. Die gesetzliche Festsetzung der vom Entleiher für die zu verrichtende Tätigkeit entsprechend geschuldeten Vergütung als garantierte Mindestvergütung in Art. 11 Abs. 1 LETT wirkt zwingend, kann also nicht im Rahmen von Tarifverträgen abbedungen werden.

Die Neufassung des Art. 11 Abs. 1 LETT beinhaltet eine wesentliche Änderung bezogen auf das System der Anwendbarkeit von Kollektivvereinbarungen auf Leiharbeitsverhältnisse[599]: Für den Bereich der Arbeitnehmerüberlassung wurde die Anwendbarkeitsrangfolge der bei Ver- und Entleiher geltenden Tarifverträge in Bezug auf die Vergütung der Leiharbeitnehmer abgewandelt. Nach Art. 11 Abs. 1 in der ursprünglichen Fassung des Gesetzes 14/1994 hatte der beim Entleiher geltende Tarifvertrag nur ergänzende Funktion. Er fand in Bezug auf die Vergütung eines befristet angestellten Leiharbeitnehmers nur Anwendung, wenn kein für den Verleiher bindender Tarifvertrag vorlag. Nach der Reform des Art. 11 Abs. 1 dient der beim Entleiher geltende Tarifvertrag nunmehr als Bezugspunkt zur Festlegung der dem Leiharbeitnehmer für seine Arbeitsleistung zustehenden Mindestvergütung, unabhängig von der Laufzeit des Leiharbeitsvertrages. Nur wenn der beim Verleiher geltende Tarifvertrag günstigere Regelungen vorsieht, als der Tarifvertrag beim Entleiher und als die individuelle Abrede im Leiharbeitsvertrag, kann er zur Anwendung kommen[600]. Anknüp-

599 Pradas Montilla, DL Nr. 60 (1999), 5, 12.

600 So auch Valdés Dal-Ré, RL 2001, Band 1, 15, 20; Cabeza Pereiro, AL 2001, Band 1, Rn. 301, 312; a.A. Molero Marañon, La responsabilidad empresarial frente al personal de las

fungspunkt für den Vergleich ist immer das im konkreten Fall dem Leiharbeitnehmer zustehende Gehalt berechnet nach dem kollektiven Entgeltsystem des Entleihers und nach den individual- oder kollektivrechtlichen Vergütungsregelungen des Verleihers[601].

Da in dem Fall, dass die beim Verleiher geltenden Vergütungsregelungen günstiger gestaltet sind, die Leiharbeitnehmer mehr verdienen als Beschäftigte beim Entleiher, erscheint es insofern etwas missverständlich, im Rahmen der Regelung des Art. 11 Abs. 1 LETT von „Lohngleichheit" zwischen Leiharbeitnehmern und Beschäftigten des Entleihers zu sprechen[602], vielmehr werden die Leiharbeitnehmer durch die Gesetzesreform bzgl. ihrer Vergütung „mindestens gleichgestellt". Letztlich beinhaltet die Regelung in Art. 11 Abs. 1 LETT somit ein Verbot der Schlechterstellung von Leiharbeitnehmern.

In der Praxis führte die neue Vergütungsregelung in Art. 11 Abs. 1 LETT und die mit ihr verbundenen Überlassungskosten dazu, dass Leiharbeit als Mittel zur Deckung vorübergehenden Personalbedarfs an Attraktivität verloren hat.

So sinkt in Spanien die Zahl abgeschlossener Überlassungsverträge, die sich zwischen 1995 und 2000 noch um das 15 fache gesteigert hat, seit dem Jahr 2000 und damit seit Eingreifen der neuen Vergütungsregelung für Leiharbeitnehmer kontinuierlich ab[603].

Die einzelnen Bestandteile der neuen Vergütungsregelung in Art. 11 Abs. 1 LETT sollen nun im Folgenden analysiert werden.

(b) Zeitlicher Umfang des Vergütungsanspruchs nach Art. 11 Abs. 1 LETT n.F.

Nach dem Gesetzeswortlaut gilt die Vergütungsregel des Art. 11 Abs. 1 LETT „während des Zeitraums der Beschäftigung der Leiharbeitnehmer beim Entleiher". Dieser Zeitraum entspricht regelmäßig der Laufzeit des Überlassungsvertrages zwischen Verleiher und Entleiher. Allerdings kann die Laufzeit des Überlassungsvertrages vom Zeitraum der Beschäftigung des Leiharbeitnehmers beim Entleiher auch abweichen, was insbesondere bei Leiharbeitnehmern mit unbe-

---

Empresas de Trabajo Temporal, S. 122, die Art. 11 Abs. 1 LETT nach der Reform einen grundsätzlichen Anwendungsvorrang des Tarifvertrages des Entleihers in Bezug auf die Vergütung des Leiharbeitnehmers entnimmt, der nur bei günstigeren Vergütungsbedingungen im Tarifvertrag des Verleihers zu dessen Anwendungsvorrang führt.

601 Rodríguez-Piñero Royo/Calvo Gallego/González Rendón, El impacto de las empresas de trabajo temporal en España: de la legalización a la reforma, S. 274.

602 In diesem Zusammenhang wird vielfach der Begriff *„equiparación retributiva"* also „Lohngleichheit" verwendet (vgl. López Balaguer, La relación laboral de los trabajadores puestos a disposición, S. 138).

603 Während 1995 noch 129.000 Überlassungsverträge geschlossen wurden, waren dies im Jahr 2000 bereits 2.000.000. In den Jahren 2001 und 2002 sank die Zahl der Überlassungsverträge dagegen wieder auf 1.900.000 bzw. 1.850.000 ab (Arbeitnehmerüberlassungsstatistik im statistischen Jahrbuch 2002 des spanischen Arbeits- und Sozialministeriums).

fristetem Arbeitsvertrag der Fall ist. Geht man davon aus, dass ihr Arbeitsverhältnis im Zeitraum zwischen zwei Einsätzen nicht gemäß Art. 45 Abs. 1 lit. b) ET suspendiert ist, sondern der Verleiher das Beschäftigungsrisiko im Sinne des Art. 30 ET zu tragen hat und seine Lohnzahlungspflicht fortbesteht[604], richtet sich die Höhe des Vergütungsanspruchs des Leiharbeitnehmers im Zeitraum zwischen zwei Überlassungen allein nach den beim Verleiher geltenden tariflichen Vergütungsbedingungen bzw. der arbeitsvertraglichen Abrede. Nach dem Wortlaut des Art. 11 Abs. 1 LETT scheidet ein Anspruch auf fortlaufende Vergütung mindestens in Höhe des beim letzten Einsatz in einem Entleiherunternehmen erhaltenen Gehalts aus.

Ein weiterer Fall der Diskrepanz von Laufzeit des Überlassungsvertrages und tatsächlichem Einsatzzeitraum ergibt sich in Zusammenhang mit Art. 12 Abs. 3 LETT. Dieser sieht die Pflicht des Verleihers vor, dem Leiharbeitnehmer die zur Erfüllung der Aufgaben beim Entleiher erforderlichen Kenntnisse in Bezug auf den Arbeitsschutz[605] zu vermitteln, sollten diese nicht ausreichend vorhanden sein. Gemäß Art. 12 Abs. 3 S. 2 LETT muss diese Schulung vor Aufnahme der Tätigkeit durch den Leiharbeitnehmer, aber während der Laufzeit des Überlassungsvertrages erfolgen. Geht man vom Wortlaut des Art. 12 Abs. 3 LETT aus, so greift für den Zeitraum der Schulung des Leiharbeitnehmers in Bezug auf Fragen der Arbeitssicherheit das Vergütungssystem des Art. 11 Abs. 1 LETT nicht ein, da der Leiharbeitnehmer seine Arbeit beim Entleiher tatsächlich noch nicht aufgenommen hat. Somit stünde dem Leiharbeitnehmer dann für diesen Zeitraum nur Vergütung entsprechend dem auf den Verleiher anwendbaren Tarifvertrag bzw. seinem Arbeitsvertrag, ohne die entsprechende Vergütung beim Entleiher als Untergrenze, zu. Mittlerweile bestimmten allerdings die Tarifpartner (AGETT[606], AETT[607], ACETT[608], und FEDETT[609] auf Arbeitgeberseite und die Gewerkschaften UGT[610] und CC.OO[611] auf Arbeitnehmerseite) in Art. 32 Abs. 5 des IV. CCEETT, dass auch schon für den Zeitraum von Qualifizierungs- und Schulungsmaßnahmen vor dem eigentlichen Beginn des Arbeitseinsatzes

---

604 Siehe oben S. 144 f.

605 Ausführlich zu den verschiedenen Pflichten des Verleihers in Bezug auf den Arbeitsschutz Mercader Uguina, RL 1999, Band 1, 1134 ff.; López Balaguer, Prevención de Riesgos Laborales y Empresas de Trabajo Temporal, S. 9 ff.

606 Asociación de Grandes Empresas de Trabajo Temporal.

607 Asociación Estatal de Empresas de Trabajo Temporal.

608 Asosiació Catalana dÈmpreses de Treball Temporal.

609 Federación de Empresas de Trabajo Temporal.

610 Unión General de Trabajadores.

611 Comisiones Obreras.

dem Leiharbeitnehmer die Vergleichsvergütung beim Entleiher als Minimum zusteht[612].

Einen Mindestbeschäftigungszeitraum des Leiharbeitnehmers beim Entleiher setzt die Vergütungsregel des Art. 11 Abs. 1 LETT nicht voraus.

(c) Die Bestimmung der entsprechenden Vergütung beim Entleiher als Bezugsgröße

Für die Bestimmung der „Gesamtvergütung", die vom Entleiher seinem Arbeitnehmer für die vom Leiharbeitnehmer zu verrichtenden Tätigkeit zu zahlen wäre, gibt Art. 11 Abs. 1 LETT n.F. verschiedene Bestimmungskriterien vor[613]:

(aa) Funktionales Bestimmungskriterium

Als funktionales Kriterium zur Bestimmung des Vergleichslohns beim Entleiher zieht Art. 11 Abs. 1 LETT n.F. die Vergütung bezüglich des „auszufüllenden Arbeitsplatzes" beim Entleiher heran. Die Konkretisierung der vom Leiharbeitnehmer zu verrichtenden Tätigkeit zum Zweck der Bestimmung der entsprechenden Vergütung haben auch Art. 14 lit. d) und 15 Abs. 2 lit. d) RDETT zum Ziel, die die Aufnahme entsprechender Angaben in Überlassungs- und Arbeitsvertrag als Mindestinhalt anordnen. Abgestellt wird auf den Funktionsbereich im Rahmen der Organisation des Entleihers, der vom Leiharbeitnehmer auszufüllen ist. Die Bewertung dieses Funktionsbereiches erfolgt unter Anwendung der beim Entleiher verwendeten Bewertungskategorien.

Offen ist, ob Art. 11 Abs. 1 LETT durch die Formulierung „die[...]für den[...]auszufüllenden Arbeitsplatz vorgesehene Gesamtvergütung" neben der funktionalen Bestimmung des Vergleichseinkommens auch eine inhaltliche Beschränkung dahingehend vornehmen will, dass nur arbeitsplatzbezogene Entgeltbestandteile (z.B. Gefahrenzulagen), nicht aber personenbezogene Entgeltbestandteile (z.B. Alter des Arbeitnehmers, Dauer der Betriebszugehörigkeit, Zusatzqualifikationen), in die Berechnung des Vergleichsgehalts einfließen sollen[614]. Grundsätzlich können beide taugliche Anknüpfungspunkte für das Entgelt sein (Art. 26 Abs. 3 ET). Auf tarifvertraglicher Ebene wurde in Art. 32 Abs. 1 des IV. CCEETT jedoch ausdrücklich festgelegt, dass personenbezogene Ent-

---

612 Ausführlich zu Art. 31 des III. CCEETT, der mit der Nachfolgenorm des Art. 32 des IV. CCEETT inhaltlich identisch ist: Molina Navarrete, in: Calvo Gallego, Relaciones laborales y empresas de trabajo temporal, S. 257 ff.

613 Hierzu ausführlich Rodríguez-Piñero Royo/Calvo Gallego/González Rendón, El impacto de las empresas de trabajo temporal en España: de la legalización a la reforma, S. 278 ff.

614 Cabeza Pereiro, AL 2001, Band 1, Rn. 301, 313; López Sánchez, AL 2002 (Heft 27), Rn. 541, 557 f. mit weiteren Nachweisen; Molero Marañon, RL 2000, Band 1, 315, 340 f. zur Frage, inwieweit beim Entleiher übliche Abgangsentschädigungen einzubeziehen sind.

geltbestandteile nicht bei der Berechnung der Vergleichsvergütung beim Entleiher zu berücksichtigen sind[615].

(bb) Formales Bestimmungskriterium

Die Höhe des Vergleichslohns beim Entleiher bestimmt sich formal nach dem „beim Entleiher anwendbaren Tarifvertrag“. Bei der konkreten Anwendung von Art. 11 Abs. 1 LETT ergeben sich in Bezug auf dieses Tatbestandsmerkmal allerdings einige Schwierigkeiten:

Zum einen ist streitig, wie bei Fehlen eines beim Entleiher anwendbaren Tarifvertrages in Bezug auf die Vergütungsgrundsätze nach Art. 11 Abs. 1 LETT zu verfahren ist. Nach weit überwiegender Auffassung wird jedoch mit Hinweis auf den eindeutigen Wortlaut des Art. 11 Abs. 1 LETT das Bestehen eines beim Entleiher geltenden Tarifvertrages als Voraussetzung für die Anwendung des Vergleichslohns beim Entleiher als Mindestgarantie angesehen[616].

Des Weiteren ist unklar, auf welche Arten von Tarifverträgen (*convenio colectivo*) beim Entleiher die Regelung des Art. 11 Abs. 1 LETT n.F. Bezug nimmt. In der Praxis finden sich Vergütungsregeln in unterschiedlichen Formen von Kollektivvereinbarungen: Zum einen in Tarifverträgen, die den Vorgaben der Art. 82 ff. ET genügen und die normativ und mit Wirkung „erga omnes“ alle in ihren Geltungsbereich fallenden Arbeitsverhältnisse erfassen, unabhängig von der Zugehörigkeit von Arbeitgeber bzw. Arbeitnehmer zu den Tarifvertragsparteien (*convenio colectivo estatutario*). Daneben wird von der mittlerweile in Literatur und Rechtsprechung herrschenden Auffassung aber auch die Möglichkeit von Tarifverträgen außerhalb der Vorgaben der Art. 82 ff. ET anerkannt (*convenio colectivo extraestatutario*)[617]. Ob dieser Form von Tarifverträgen normative Wirkung zukommt, ist Gegenstand einer intensiven Debatte[618]. In jedem Fall sind nur Arbeitsverhältnisse, bei denen Arbeitgeber und Arbeitnehmer den tarifschließenden Parteien angehören, von ihren Geltungsbereich erfaßt. Ob der Verweis in Art. 11 Abs. 1 LETT auf den „beim Entleiher geltenden Tarifvertrag“ auch auf die zuletzt genannte Form von Tarifverträgen Bezug nimmt, ist

---

615 Vgl. ausführlich zur inhaltsgleichen Vorgängernorm in Art. 31 des III. CCEETT: Molina Navarrete, in: Calvo Gallego, Relaciones laborales y empresas de trabajo temporal, S. 257 ff.

616 Rodríguez-Piñero Royo/Calvo Gallego/González Rendón, El impacto de las empresas de trabajo temporal en España: de la legalización a la reforma, S. 281; in diesem Sinne wohl auch Escudero Rodríguez /Mercader Uguina, RL 2000, Band 1, 633, 684.

617 Sala Franco, in: Sala Franco/Albiol Montesinos, Derecho sindical, S. 367 ff. mit Nachweisen auch zur Rechtsprechung; Francis Lefebvre, Social 2002, Rn. 7255 ff.; Montoya Melgar, Derecho del Trabajo, S. 168 ff.

618 Sala Franco, in: Sala Franco/Albiol Montesinos, Derecho sindical, S. 372 ff. mit Nachweisen zum Streitstand.

offen. Unter den Gesetzeswortlaut, der nur von „*convenio colectivo*“, also „Tarifvertrag“, spricht, lassen sich beide Arten von Tarifverträgen fassen[619]. Legt man Art. 11 Abs. 1 LETT n.F. teleologisch aus, nämlich nach seinem Zweck, Leiharbeitnehmer umfassend mit Beschäftigten des Entleihers in Bezug auf die Vergütung zumindest gleichzustellen, kann dieses Ziel nur durch Bezugnahme auf alle bei Entleihern wirksam bestehenden tarifvertraglichen Vergütungsregelungen erreicht werden[620]. Bezieht man nicht alle die Vergütung beim Entleiher wirksam regelnden Kollektivvereinbarungen in den Verweis des Art. 11 Abs. 1 LETT n.F. ein, besteht die Möglichkeit, dass die Vergütungsbedingungen beim Entleiher in Konsequenz nicht als Mindestgarantie für die Leiharbeitnehmer gelten und damit Leiharbeitnehmer, je nach den Bedingungen des für den Verleiher geltenden Tarifvertrags, weniger als vergleichbare Beschäftigte des Entleihers verdienen. Diese Schlechterstellung wollte der Gesetzgeber mit der Reform des Art. 11 LETT aber gerade beseitigen, wie sich aus der Präambel der *Ley* 29/1999 ergibt.

Im Rahmen des Art. 31 des III. CCEETT[621] und der wortgleichen Nachfolgeregelung in Art. 32 Abs. 1 des IV. CCEETT nahmen sich die Tarifvertragsparteien der Fragestellung an und legten fest, dass für die Bestimmung der Vergütung beim Entleiher „*convenios colectivos estatutarios*“, aber auch „*convenios colectivos extraestatutarios*“ sowie „sonstige, allgemein beim Entleiher anwendbare Verträge und Abkommen“ heranzuziehen sind. Nur einzelvertragliche Vergütungsabreden bleiben hiernach als Bezugsobjekt außer Betracht[622].

(cc) Materielles Bestimmungskriterium

Im Hinblick auf das Ziel, Leiharbeitnehmer mit vergleichbaren Beschäftigten des Entleihers in Bezug auf die Vergütung zumindest gleichzustellen, verpflichtet Art. 11 Abs. 1 LETT n.F. zur Zahlung einer „dem vom Leiharbeitnehmer

---

619 López Sánchez, AL 2002 (Heft 27), Rn. 541, 551 f.; Escudero Rodríguez /Mercader Uguina, RL 2000, Band 1, 633, 685 ; Cabeza Pereiro, AL 2001, Band, 1, Rn. 301, 314; Molero Marañon, La responsabilidad empresarial frente al personal de las Empresas de Trabajo Temporal, S. 126; in diesem Sinne auch das Urteil des *Juzgado de lo Social* (Arbeitsgericht) Nr. 28 de Madrid vom 19.11.1999 (Az. 437/88) und jüngst STS vom 25.9.2002 (AL 2003, Heft 3, 187 f. mit Anmerkung Marín Correa, a.a.O., 185); a.A. Del Rey Guanter, REDT Nr. 100, Band 1, 903, 918; Pradas Montilla, DL Nr. 60 (1999), 5, 14 f.; im Ergebnis auch Pérez Pérez, Empresas de trabajo temporal y relaciones laborales, S. 228.

620 Molero Marañon, La responsabilidad empresarial frente al personal de las Empresas de Trabajo Temporal, S. 126; López Sánchez, AL 2002 (Heft 27), Rn. 541, 552.

621 Der III. CCEETT wurde am 28.7.2000 geschlossen und trat rückwirkend zum 1.1.2000 in Kraft (B.O.E. vom 10.11.2000) (sein Text ist im Internet abrufbar unter http://noticias.juridicas.com/base_datos/).

622 Molina Navarrete in Calvo Gallego, Relaciones laborales y empresas de trabajo temporal, S. 268.

auszufüllenden Arbeitsplatz entsprechenden Gesamtvergütung". Hierbei stellt sich die praktische Frage, wie der Begriff „Gesamtvergütung" zu verstehen ist, der gesetzlich nicht definiert wird. Insbesondere ist zu bestimmen, ob unter diesen Begriff neben echter Vergütung für geleistete Arbeit auch sonstige Entgeltbestandteile, wie etwa der Ersatz von Ausgaben, die der Arbeitnehmer als Konsequenz seiner beruflichen Tätigkeit getätigt hat (z.B. Fahrtkosten, Aufwendungen für Berufskleidung), fallen und somit bei der Berechnung der Bezugsvergütung nach Art. 11 Abs. 1 LETT zu berücksichtigen sind[623]. Betrachtet man den Zweck des Art. 11 Abs. 1 LETT n.F., nämlich die Leiharbeitnehmer mit vergleichbaren Beschäftigten des Entleihers gleichzustellen, spricht das dafür, ihnen auch Leistungen zukommen zu lassen, die über reines Entgelt für geleistete Arbeit hinausgehen, wenn diese Leistungen eben auch dem Stammpersonal beim Entleiher zukommen[624]. Ein weites Verständnis des Begriffs „Gesamtvergütung" findet sich auch in Art. 30 Abs. 3 des II. CCEETT, der die schrittweise Einführung einer Gleichstellung für Leiharbeitnehmer in Bezug auf die Vergütung vorsah und an den Art. 11 Abs. 1 LETT n.F. inhaltlich anknüpft. Nach Art. 30 Abs. 3 des II. CCEETT war nämlich Bezugsobjekt für die Vergütung des Leiharbeitnehmers die nach dem Tarifvertrag des Entleihers zu bemessende Gesamtvergütung, „bestehend aus Vergütungsbestandteilen und sonstigen Entgeltbestandteilen"[625].

Die Gesamtvergütung „muss, gegebenenfalls, den entsprechenden Teil der Vergütung für arbeitsfreie Wochentage, Sonderzahlungen, Vergütung an Feiertagen und Urlaubsentgelt" enthalten. Mit dem Begriff „gegebenenfalls" ist nicht gemeint, dass die Gewährung der genannten Leistungen vom Willen des Ver- oder Entleihers bzw. eines Dritten abhängen soll[626]. Vielmehr zielt die Formulierung auf den häufigen Fall ab, dass der Leiharbeitnehmer weniger als ein volles Jahr dem Entleiher überlassen wird und deshalb keinen vollen Anspruch, etwa auf jährliche Sonderzahlungen, erwerben konnte[627]. Mit der ausdrücklichen Aufnahme der anteiligen Vergütungspflicht auch für arbeitsfreie Wochentage,

---

623 Rodríguez-Piñero Royo/Calvo Gallego/González Rendón, El impacto de las empresas de trabajo temporal en España: de la legalización a la reforma, S. 283; Molero Marañon, La responsabilidad empresarial frente al personal de las ETT, S. 129 ff.; López Sánchez, AL 2002 (Heft 27), Rn. 541, 554.

624 In diesem Sinne Del Rey Guanter, REDT Nr. 100, Band 1, 903, 924; Valdés de la Vega, Las Empresas de Trabajo Temporal, S. 108; im Ergebnis auch Molero Marañon, La responsabilidad empresarial frente al personal de las Empresas de Trabajo Temporal, S. 126; a.A. mit Hinweis auf das Gesetzesmaterialien Rodríguez-Piñero Royo/Calvo Gallego/González Rendón, El impacto de las empresas de trabajo temporal en España: de la legalización a la reforma, S. 287; López Sánchez, AL 2002 (Heft 27), Rn. 541, 562.

625 Escudero Rodríguez /Mercader Uguina, RL 2000 Band 1, 633, 667.

626 Cruz Villalón, El marco jurídico de las empresas de trabajo temporal, S. 45, 93.

627 López Sánchez, AL 2002 (Heft 27), Rn. 541, 558; López Balaguer, Contrato de trabajo y remuneración en la nueva regulación de las Empresas de trabajo temporal, S. 117 f.

die für die Mehrheit der Arbeitnehmer auf das Wochenende fallen, wollte der Reformgesetzgeber dem bis dahin rege betriebenen Missbrauch begegnen, Überlassungsverträge für maximal fünf Tage zu schließen und so die mit der Vergütung für arbeitsfreie Wochentage verbundenen höheren Überlassungskosten einzusparen[628].

(dd) Zeitliches Kriterium

Die eben umrissene „Gesamtvergütung" steht dem Leiharbeitnehmer „bezogen auf die jeweilige Zeiteinheit" als Vergütungsminimum zu. Mit dieser Formulierung wird vorgegeben, dass der Leiharbeitnehmer den seiner geleisteten Arbeitszeit entsprechenden Anteil an der einem vergleichbaren Arbeitnehmer des Entleihers zustehenden Gesamtvergütung erhält. Ein inhaltlicher Ausschluss anderer Vergütungsvarianten, z.B. ergebnisbezogener Vergütung, ist dagegen mit der Zielvorstellung des Gesetzgebers, eine Gleichstellung der Leiharbeitnehmer in Bezug auf die Vergütung zu erlangen, nicht vereinbar[629].

(d) Berechnungs- und Informationspflichten

Art. 11 Abs. 1 S. 2 und 3 LETT in der Fassung des Reformgesetzes 29/1999 erlegen dem Entleiher die Pflicht auf, den Vergütungsanspruch des Leiharbeitnehmers entsprechend der bei ihm geltenden Vergleichsvergütung zu berechnen und zum Inhalt des Überlassungsvertrages zu machen. Ein Verstoß hiergegen kann nach Art. 19 Abs. 1 lit. b) LISOS mit Bußgeld geahndet werden. Nach Art. 32 Abs. 2 des IV. CCEETT ist neben dem Gesamtvergütungsanspruch auch der Stundenlohn des Leiharbeitnehmers festzustellen und im Überlassungsvertrag anzugeben. Vergütungsbestandteile, die sich die nicht auf die Ebene des Stundenlohns transformieren lassen, sind hiernach separat darzustellen. Die gleichen Angaben sind vom Verleiher im Arbeitsvertrag bzw., bei unbefristeten Arbeitsverträgen, in der Arbeitsanweisung für den jeweiligen Überlassungsfall zu machen (Art. 32 Abs. 4 des IV. CCEETT). Insgesamt gehen die Informationspflichten, die Art. 11 Abs. 1 LETT und Art. 31 Abs. 2 und 4 des IV. CCEETT

---

628 López Balaguer, Contrato de trabajo y remuneración en la nueva regulación de las Empresas de trabajo temporal, S. 117 f.

629 Del Rey Guanter, REDT Nr. 100, Band 1, 903, 922; Valdés de la Vega, Las Empresas de Trabajo Temporal, S. 111; Rodríguez-Piñero Royo/Calvo Gallego/González Rendón, El impacto de las empresas de trabajo temporal en España: de la legalización a la reforma, S. 287; López Sánchez, AL 2002 (Heft 27), Rn. 541, 560; a.A. Molina Navarrete, in: Calvo Gallego, Relaciones laborales y empresas de trabajo temporal, S. 262 f., der, im Hinblick auf den Wortlaut des Art. 26 Abs. 3 ET, hierin eine inhaltliche Beschränkung sieht und produktionsmengenabhängige Vergütungsbestandteile beim Entleiher nicht bei der Berechnung des Bezugslohns für die Leiharbeitnehmer berücksichtigen will.

Verleiher und Entleiher auferlegen, über die allgemeinen Vorschriften des Art. 8 Abs. 5 ET und des R.D. 1659/1998 vom 24.7.1998[630] hinaus, die erst bei einer Vertragsdauer ab vier Wochen eine Pflicht zur schriftlichen Fixierung der wesentlichen Bestandteile des Arbeitsverhältnisses begründen.

cc) Exkurs: Abgangsentschädigungsanspruch des befristet beschäftigten Leiharbeitnehmers

Art. 11 Abs. 2 LETT enthält für befristet beschäftigte Leiharbeitnehmer folgenden Anspruch auf Abgangsentschädigung:

„Unbeschadet der Regelungen des Arbeitnehmerstatuts[631] hat ein Leiharbeitnehmer, dessen Arbeitsvertrag befristet geschlossen wurde, einen Anspruch, bei Beendigung des Überlassungsvertrages eine wirtschaftliche Entschädigung zu erhalten, deren Umfang den entsprechenden Anteil der Vergütungssumme für zwölf Tage pro Jahr der Unternehmenszugehörigkeit umfasst".

Dieser Anspruch war schon Inhalt der ursprünglichen Fassung des Art. 11 Abs. 2 LETT in der Fassung der *Ley* 14/1994 und wurde durch das Reformgesetz 29/1999 im Wesentlichen nur sprachlich neu gestaltet.

Unbefristet beim Verleiher beschäftigten Leiharbeitnehmern wird eine solche allein an das Ende des Überlassungsvertrages anknüpfende Entschädigung nicht zugestanden, da ihr Arbeitsvertrag auch bei Ende des Überlassungsvertrages fortbesteht. Ihnen steht eine Abgangsentschädigung nur in den vom Arbeitnehmerstatut vorgesehenen Fällen zu (z.B. bei Massenentlassungen gemäß Art. 51 Abs. 8 ET).

Art. 11 Abs. 2 LETT verfolgt den Zweck, Nachteile, die sich aus der Sondersituation des befristet beschäftigten Leiharbeitnehmers ergeben, auszugleichen bzw. zumindest abzumildern[632]. Mit dem Ende des Überlassungsvertrages endet aufgrund des Synchronisationsgebotes auch das befristete Beschäftigungsverhältnis des Leiharbeitnehmers.

Der Anspruch auf Abgangsentschädigung für befristet beschäftigte Leiharbeitnehmer nach Art. 11 Abs. 2 LETT besteht unbeschadet der Regelungen des ET. Etwaige, z.B. von Art. 49 Abs. 1 lit. c) ET vorgesehene Ansprüche auf Abgangsentschädigung nach Ablauf eines befristeten Arbeitsvertrages zur Erbringung einer bestimmten Werk- oder Dienstleistung oder zur Aushilfe bei unerwartet hohem Auftragseingang, treten neben den Anspruch aus Art. 11 Abs. 2 LETT[633].

---

630 B.O.E. vom 12.8.1998.

631 *Estatuto de los Trabajadores* (ET).

632 Chacartegui Jávega, Empresas de Trabajo Temporal y Contrato de Trabajo, S. 425.

633 Del Rey Guanter, REDT Nr. 100, Band 1, 903, 927; Valdés de la Vega, Las Empresas de Trabajo Temporal, S. 121 f.; García Ninet, Derecho del Trabajo, S. 322.

Da für befristet beim Entleiher angestellte Arbeitnehmer nur im Umfang des entsprechenden Anteils der Vergütungssumme für acht Tage pro Jahr der Unternehmenszugehörigkeit gesetzlich ein solcher Anspruch auf Abgangsentschädigung vorgesehen ist, wird hierin teilweise eine ungerechtfertigte Diskriminierung zu ihren Lasten gegenüber dort vorübergehend eingesetzten Leiharbeitnehmern angenommen[634].

dd) Verleiher als Verpflichteter des Vergütungsanspruchs des Leiharbeitnehmers

Gemäß Art. 12 Abs. 1 LETT obliegt die Erfüllung der Verpflichtungen in Bezug auf Gehalt und Sozialversicherungsbeiträge aus dem Leiharbeitsverhältnis dem Verleiher als Arbeitgeber. Neben dem eigentlichen Entgelt haftet der Verleiher über den Wortlaut des Art. 12 Abs. 1 LETT hinaus auch für sonstige finanzielle Forderungen des Leiharbeitnehmers aus dem Arbeitsverhältnis, etwa für die Abgangsentschädigung aus Art. 11 Abs. 2 LETT[635].

Kommt der Verleiher Zahlungsansprüchen, die durch Güteverfahren, durch eine rechtskräftige Gerichtsentscheidung oder mittels einer amtlichen Bescheinigung der Sozialversicherung über Außenstände festgestellt wurden, wegen Zahlungsunfähigkeit nicht nach, kann der Gläubiger auf die vom Verleiher hinterlegte Sicherheitsleistung zurückgreifen (Art. 3 LETT i.V.m. Art. 9 RDETT)[636].

2.) In Deutschland

a) Die Form des Leiharbeitsvertrages

Der Leiharbeitsvertrag zwischen Verleiher und Leiharbeitnehmer hat Schriftform im Sinne des § 126 BGB nur zu wahren, wenn er gemäß § 620 Abs. 3 BGB i.V.m. § 14 Abs. 4 TzBfG befristet geschlossen wird. Ein unbefristeter Leiharbeitsvertrag kann dagegen auch mündlich geschlossen werden[637]. Nach § 11 Abs. 1 S. 1 AÜG i.V.m. § 2 Abs. 1 S. 1 NachwG hat der Arbeitgeber jedoch den wesentlichen Inhalt des Arbeitsverhältnisses schriftlich niederzulegen, zu unterzeichnen und dem Arbeitnehmer auszuhändigen.

---

634 Vgl. zu dieser Frage Molero Marañon, La responsabilidad empresarial frente al personal de las Empresas de Trabajo Temporal, S. 162; Del Rey Guanter, REDT Nr. 100, Band 1, 903, 926 ff., der noch von der Rechtslage vor dem Reformgesetz RDL 5/2001 vom 2.3.2001 ausgeht.

635 So López Balaguer, La relación laboral de los trabajadores puestos a disposición, S. 144; Cruz Villalón, El marco jurídico de las empresas de trabajo temporal, S. 45, 91.

636 Vgl. hierzu oben S. 86 f.

637 Niebler/Biebl/Roß, AÜG, Rn. 413.

b) Der Inhalt der Nachweispflicht

Neben den in § 2 Abs. 1 NachwG geforderten allgemeinen Angaben sind nach § 11 Abs. 1 S. 2 AÜG weitere, mit der besonderen Situation der Arbeitnehmerüberlassung zusammenhängende Angaben[638] in den Nachweis aufzunehmen.

c) Klauselverbote

aa) Verbot von Vertragsklauseln, die dem Leiharbeitnehmer den Vertragsschluss mit dem Entleiher untersagen

Klauseln im Arbeitsvertrag, die dem Leiharbeitnehmer untersagen, mit dem Entleiher zu einem Zeitpunkt, in dem das Arbeitsverhältnis zwischen Verleiher und Leiharbeitnehmer nicht mehr besteht, ein Arbeitsverhältnis einzugehen, sind unwirksam (§ 9 Nr. 4 AÜG) und führen zur Teilnichtigkeit des Arbeitsvertrages[639]. Diese Vorschrift ergänzt § 9 Nr. 3 AÜG, der ein entsprechendes Klauselverbot für den Überlassungsvertrag zwischen Verleiher und Entleiher enthält. Zweck der Regelung des § 9 Nr. 4 AÜG ist es, dem Leiharbeitnehmer die Möglichkeit zu geben, nach Ende des zeitlich begrenzten Arbeitseinsatzes mit dem Entleiher ein festes Arbeitsverhältnis zu begründen und so das Recht des Arbeitnehmers auf freie Wahl des Arbeitsplatzes zu sichern[640]. Auch in Gestalt eines nachvertraglichen Wettbewerbsverbotes gegen entsprechende Karenzentschädigung nach den §§ 74 ff. HGB lässt sich eine solche Vereinbarung nicht treffen, da die Erbringung von Arbeitsleistungen bei einem früheren Entleiher keinen „Wettbewerb" gegenüber der Verleihtätigkeit des Zeitarbeitsunternehmens darstellt[641].

---

638 1. Firma und Anschrift des Verleihers, die Erlaubnisbehörde sowie Ort und Datum der Erteilung der Erlaubnis nach § 1 AÜG
2. Art und Höhe der Leistungen für Zeiten, in denen der Leiharbeitnehmer nicht verliehen ist.

639 Boemke, AÜG, § 9 Rn. 53; Wank, in: ErfK, § 9 AÜG Rn. 19; Schüren, in: Schüren, AÜG, § 9 Rn. 166.

640 BT-Drs. 6/2303, S. 13; Schüren, in: Schüren, AÜG, § 9 Rn. 159 f.

641 So auch LAG Köln vom 22.8.1984, EzAÜG Nr. 32 zu § 10 AÜG Fiktion; Schüren, in: Schüren, AÜG, § 9 Rn. 161; Ulber, AÜG, § 10 Rn. 81; allgemein zu der Frage, wann Wettbewerb vorliegt: Schaub, Arbeitsrechtshandbuch, § 58 Rn. 61.

bb) Verbot von Vertragsklauseln, die gegen die Gleichbehandlungspflicht gegenüber Leiharbeitnehmern verstoßen

Nach § 9 Nr. 2 AÜG sind Vereinbarungen unwirksam und führen insoweit zur Teilnichtigkeit des Arbeitsvertrages[642], die für den Leiharbeitnehmer im Zeitraum der Überlassung an einen Entleiher schlechtere als die im Betrieb des Entleihers für einen vergleichbaren Arbeitnehmer geltenden wesentlichen Arbeitsbedingungen einschließlich des Arbeitsentgelts vorsehen. Dieses Klauselverbot entspricht dem Versagungsgrund in Bezug auf die Verleiherlaubnis nach § 3 Abs. 1 Nr. 3 AÜG, so dass für inhaltliche Fragen auf die dortigen Ausführungen Bezug genommen werden kann. Auch die beiden gesetzlichen Ausnahmemöglichkeiten von der Gleichbehandlungspflicht für zuvor Arbeitslose sowie bei entsprechenden tariflichen Regelungen werden in § 9 Nr. 2 AÜG wieder aufgegriffen.

Gemäß § 10 Abs. 4 AÜG kann der Leiharbeitnehmer im Falle der Unwirksamkeit einer arbeitsvertraglichen Abrede nach § 9 Nr. 2 AÜG vom Verleiher die einem vergleichbaren Arbeitnehmer des Entleihers zustehenden wesentlichen Arbeitsbedingungen einschließlich des Arbeitsentgelts verlangen und hat zur Durchsetzung dieses Anspruchs gegenüber dem Entleiher ein entsprechendes Auskunftsrecht (§ 13 AÜG).

d) Laufzeit des Arbeitsverhältnisses

aa) Befristetes Arbeitsverhältnis

(1) Einführung

Wesentliche Änderungen brachte das „Erste Gesetz für moderne Dienstleistungen am Arbeitsmarkt" auch für die Möglichkeit, Arbeitsverhältnisse mit Leiharbeitnehmern zeitlich zu begrenzen: Die bislang geltenden, restriktiven Regelungen in § 3 Abs. 1 Nr. 3-5 sowie § 9 Nr. 2 und 3 AÜG a.F. wurden gestrichen, um so eine Flexibilisierung der Leiharbeitsverträge zu erreichen[643]. Der Schutz der Leiharbeitnehmer wurde durch den in §§ 3 Abs. 1 Nr. 3 AÜG, 9 Nr. 2 AÜG n.F. neu aufgenommenen Gleichbehandlungsgrundsatz in Bezug auf die wesentlichen Arbeitsbedingungen einschließlich Vergütung vom Gesetzgeber als ausreichend angesehen[644].

---

642 Boemke/Lembke, AÜG (Ergänzungsband), § 9 Rn. 76.

643 Reim, ZTR 2003, 106, 111; Kokemoor, NZA 2003, 238, 241; Däubler, KJ 2003, 17, 19; kritisch Hümmerich/Holthausen/Welslau, NZA 2003, 7, 9.

644 BT-Drs. 15/25, S. 84.

§ 3 Abs. 1 Nr. 5 AÜG a.F. enthielt das sogenannte Synchronisationsverbot, wonach es grundsätzlich ausgeschlossen war, die Dauer des Arbeitsverhältnisses zwischen Verleiher und Leiharbeitnehmer wiederholt auf die Zeit der erstmaligen Überlassung an einen Entleiher zu beschränken. So sollte vermieden werden, dass der Verleiher sein Arbeitgeberrisiko, trotz fehlender Anschlussbeschäftigung den Leiharbeitnehmer weiter bezahlen zu müssen, auf diesen überwälzen konnte. In die gleiche Richtung zielte auch der Erlaubnisversagungs- und Unwirksamkeitsgrund in §§ 3 Abs. 1 Nr. 4; 9 Nr. 3 AÜG a.F. bei Kündigung eines unbefristeten Arbeitsverhältnisses durch den Verleiher und mehrfacher Wiedereinstellung des Leiharbeitnehmers innerhalb von drei Monaten nach Beendigung des Arbeitsverhältnisses. Auch durch diese Regelung sollte verhindert werden, dass der Verleiher unter Umgehung der Befristungsregeln das Arbeitsverhältnis zeitlich begrenzen und so das Beschäftigungsrisiko auf den Leiharbeitnehmer übertragen konnte. Dem gleichen Schutzziel diente auch das grundsätzliche Verbot des wiederholten Abschlusses befristeter Arbeitsverträge zwischen Verleiher und Leiharbeitnehmer nach Maßgabe der §§ 3 Abs. 1 Nr. 3, 9 Nr. 2 AÜG a.F.

(2) Geltende Rechtslage

Nach dem Wegfall der genannten Vorschriften im Rahmen der Reform durch das „Erste Gesetz für moderne Dienstleistungen am Arbeitsmarkt" richtet sich die Möglichkeit für Verleiher, Arbeitsverträge mit Leiharbeitnehmern zu befristen, nach den allgemeinen Regelungen der §§ 14 ff. TzBfG[645]: In Betracht kommt, bei Vorliegen eines entsprechenden Sachgrundes, eine Befristung nach § 14 Abs. 1 TzBfG bzw. ohne Sachgrund in den Fällen von § 14 Abs. 2, 2a und 3 TzBfG. Im Bereich der Verleihunternehmen haben aus dem Katalog des § 14 Abs. 1 S. 2 TzBfG insbesondere die Befristungsgründe nach Nr. 1 (vorübergehender Bedarf) sowie Nr. 6 (Gründe des Arbeitnehmers) große praktische Bedeutung[646].

Nach § 14 Abs. 1 S. 2 Nr. 1 TzBfG ist Rechtfertigungsgrund für eine Befristung, dass ein betrieblicher Bedarf an der Arbeitsleistung nur vorübergehend besteht. Bezogen auf die besondere Situation der Arbeitnehmerüberlassung könnte in diesem Zusammenhang sowohl auf die Verhältnisse beim Entleiher und auf dessen Arbeitskräftebedarf aber auch auf die entsprechende Situation beim Verleiher abgestellt werden[647]. Jedoch geht es um die Befristung des Arbeitsverhältnisses zwischen Verleiher und Leiharbeitnehmer, so dass richtigerweise nach

645 BT-Drs. 15/25, S. 39; Schüren/Behrend, NZA 2003, 521, 522; Lembke, BB 2003, 98, 104.

646 Schüren/Behrend, NZA 2003, 521, 522.

647 Wank, NZA 2003, 14, 20; Lembke, DB 2003, 2702, 2704; Kokemoor, NZA 2003, 238, 241; Ulber, AuR 2003, 7, 9; Bauer/Krets, NJW 2003, 537, 540.

dem Arbeitskräftebedarf des Verleihers als Arbeitgeber zu fragen ist. Da auch für die übrigen Befristungsgründe im Rahmen des § 14 Abs. 1 S. 2 TzBfG im Fall der Befristung eines Leiharbeitsvertrages unstreitig auf die Situation beim Verleiher abzustellen ist, erscheint ein abweichendes Vorgehen allein in Bezug auf Nr. 1 nicht systemkonform[648]. § 14 Abs. 1 S. 2 Nr. 1 TzBfG greift somit nur ein, wenn auf Seiten des Verleihers ein vorübergehender Bedarf an Arbeitsleistung besteht. Wann bei einem Verleiher von einem solchen nur vorübergehenden Bedarf an Arbeitsleistung ausgegangen werden kann, ist umstritten.

Teilweise wird angenommen, eine Befristung des Leiharbeitsvertrages nach § 14 Abs. 1 S. 2 Nr. 1 TzBfG sei zulässig, um einen bestimmten zeitlich befristeten Einsatz bei einem Entleiher zu realisieren. Dies ergebe sich aus der Aufhebung des gesetzlichen Synchronisationsverbots (§ 3 Abs. 1 Nr. 5 AÜG) und dem gesetzgeberischen Willen, die rechtlichen Rahmenbedingungen der Arbeitnehmerüberlassung zu flexibilisieren[649].

Andere lassen eine Befristung des Leiharbeitsvertrages nach § 14 Abs. 1 S. 2 Nr. 1 TzBfG dagegen nur dann zu, wenn der Verleiher einen Leiharbeitnehmer im Hinblick auf einen konkreten Einsatz bei einem Entleiher unter Vertrag nimmt und bereits zu diesem Zeitpunkt mit einiger Sicherheit zu erwarten ist, dass der Verleiher für den Leiharbeitnehmer nach der Beendigung der Überlassung an den Entleiher keine anderen Einsatzmöglichkeiten mehr hat[650]. Trotz Aufhebung des Synchronisationsverbots bestehe das gesetzgeberische Leitbild unverändert fort, wonach das Risiko, den Leiharbeitnehmer trotz fehlender Einsatzmöglichkeiten vergüten zu müssen, grundsätzlich vom Verleiher zu tragen sei (§ 11 Abs. 4 S. 2 AÜG). Dies dürfe nicht durch eine ausufernde Befristungsmöglichkeit nach § 14 Abs. 1 S. 2 Nr. 1 TzBfG konterkariert werden.

Vereinzelt wird die Möglichkeit der Befristung eines Leiharbeitsvertrages nach § 14 Abs. 1 S. 2 Nr. 1 TzBfG deshalb sogar noch weiter limitiert und vorübergehender Bedarf an Arbeitsleistungen des Leiharbeitnehmers nur dann angenommen, wenn die Nachfrage nach Leiharbeitskräften „dieser Art" am gesamten Arbeitskräftemarkt nur vorübergehend besteht, so wie sich etwa die Nachfrage nach Erntehelfern auf die Erntezeit beschränkt[651].

Im Rahmen der Befristung aus persönlichen Gründen des Arbeitnehmers nach § 14 Abs. 1 S. 2 Nr. 6 TzBfG ist jede der in diesem Zusammenhang anerkannten Fallgruppen im Bereich der Arbeitnehmerüberlassung relevant: So kann die per-

648 So im Ergebnis auch Wank, NZA 2003, 14, 20; Lembke, DB 2003, 2702, 2704.

649 Boemke/Lembke, AÜG (Ergänzungsband), § 9 Rn. 100; Ulber, AuR 2003, 7, 9; Lembke, DB 2003, 2702, 2704; Thüsing, DB 2003, 446.

650 Wank, in: ErfK, Einleitung AÜG, Rn. 7; Raab, ZfA 2003, 389, 426; Wank, NZA 2003, 14, 20 f.; Reim, ZTR 2003, 106, 112.

651 Schüren, in: Schüren, AÜG, § 3 Rn. 233.

sönliche Lebensplanung, etwa ein in Zukunft anstehender Umzug, einen Arbeitnehmer veranlassen, nur einen befristeten Leiharbeitsvertrag abzuschließen[652].

Soziale Gründe rechtfertigen den Abschluss eines befristeten Leiharbeitsvertrages etwa, wenn ein Arbeitnehmer durch befristete Leiharbeit, gegebenenfalls über eine Personal-Service-Agentur (§ 37c SGB III n.F.), seine Chancen auf dem Arbeitsmarkt verbessern will[653]. In eine ähnliche Richtung zielt § 14 Abs. 1 S. 2 Nr. 2 TzBfG für Hochschulabsolventen und Absolventen sonstiger Ausbildungsgänge[654].

Für die Befristung zur Vertretung nach § 14 Abs. 1 S. 2 Nr. 3 TzBfG ist ein entsprechender Vertretungsfall beim Verleiher, nicht dagegen beim Entleiher, erforderlich[655], etwa wenn ein dauerhaft beim Verleiher beschäftigter Spezialist krankheitsbedingt ausfällt.

Eine Befristung wegen der Eigenart der Arbeitsleistung nach § 14 Abs. 1 S. 2 Nr. 4 TzBfG kommt bei Leiharbeitnehmern regelmäßig nicht in Betracht[656]. Gegenstand dieser Fallgruppe ist die Möglichkeit für einen Arbeitgeber, aus Gründen der Rundfunk- oder Kunstfreiheit die zeitliche Bindung an Arbeitnehmer, an deren Arbeitsleistung eigentlich ein dauerhafter Bedarf bestünde, zu begrenzen[657]. Solche Tätigkeiten werden jedoch im Bereich von Verleihunternehmen kaum relevant.

Dagegen ist eine Befristung zur Erprobung der Fähigkeiten des Leiharbeitnehmers nach § 14 Abs. 1 S. 2 Nr. 5 TzBfG im Bereich der Verleihunternehmen denkbar[658].

Keines Sachgrundes bedarf unter den Voraussetzungen des § 14 Abs. 2 TzBfG die erstmalige kalendermäßige Befristung eines Leiharbeitsvertrages bis zu einer Gesamtdauer von zwei Jahren sowie die höchstens dreimalige Verlängerung eines kalendermäßig befristeten Leiharbeitsvertrags bis zu einer Gesamtdauer von zwei Jahren, soweit keine abweichenden tariflichen Regelungen bestehen[659].

---

652 Lembke, DB 2003, 2702, 2705; vgl. hierzu auch Hromadka/Maschmann, Arbeitsrecht, Band 1, S. 83.

653 Schüren/Behrend, NZA 2003, 523; Lembke, DB 2003, 2702, 2705; Maschmann, in: Annuß/Thüsing, TzBfG, § 14 Rn. 53 f.

654 Vgl. hierzu Lembke, DB 2003, 2702, 2704; Meinel/Heyn/Herms, TzBfG, § 14 Rn. 23 f.

655 Wank, NZA 2003, 14, 20; Boemke/Lembke, AÜG (Ergänzungsband), § 9 Rn. 102; Schüren, in: Schüren, AÜG, § 3 Rn. 228.

656 Wank, NZA 2003, 14, 21 Fn. 93; Schüren/Behrend, NZA 2003, 522; Lembke, DB 2003, 2702, 2705.

657 So die Begründung des Regierungsentwurfs zum TzBfG, BT-Drs. 14/4374, S.19; vgl. auch Maschmann, in: Annuß/Thüsing, TzBfG, § 14 Rn. 39 ff.

658 Zu den Einzelheiten: Wank, NZA 2003, 20, 21; Schüren/Behrend, NZA 2003, 523; Maschmann, in: Annuß/Thüsing, TzBfG, § 14 Rn. 50; Lembke, DB 2003, 2702, 2705.

659 Vgl. hierzu auch Lembke, DB 2003, 2702 f.

Auch die Befristung eines Leiharbeitsvertrages mit einem Arbeitnehmer, der bei Beginn des befristeten Arbeitsverhältnisses das 52. Lebensjahr vollendet hat, ist im Rahmen des § 14 Abs. 3 TzBfG ohne Sachgrund möglich.

Im Rahmen des Gesetzes zu Reformen am Arbeitsmarkt[660] wurde mit Wirkung zum 1.1.2004 eine zusätzliche Möglichkeit für eine sachgrundlose Befristung von Arbeitsverhältnissen für Existenzgründer geschaffen: Hiernach ist grundsätzlich in den ersten vier Jahren nach Neugründung eines Unternehmens die Befristung eines Arbeitsvertrages ohne Notwendigkeit eines Befristungsgrundes bis zur Dauer von vier Jahren möglich. Für den gleichen Zeitraum ist auch die mehrfache Verlängerung eines befristeten Arbeitsvertrages in neu gegründeten Unternehmen zulässig[661].

Bei allen genannten Befristungsmöglichkeiten kann, abweichend von der früheren Rechtslage, nunmehr eine Synchronisation der Laufzeit eines befristeten Leiharbeitsvertrages mit der eines befristeten Überlassungsvertrages erfolgen.

bb) Unbefristetes Arbeitsverhältnis

Ein Leiharbeitsvertrag kann auch für unbestimmte Zeit geschlossen werden. Um einem möglichen Bestreben des Verleihers, eine Vergütungspflicht gegenüber dem Leiharbeitnehmer trotz fehlender Folgeaufträge durch Kündigung und Neueinstellung bei Verbesserung der Auftragslage zu vermeiden, entgegenzutreten, sahen §§ 3 Abs. 1 Nr. 4, 9 Nr. 3 AÜG a.F. das sogenannte Wiedereinstellungsverbot vor. Hiernach war es für den Verleiher unzulässig, mit dem Leiharbeitnehmer unbefristete Arbeitsverträge zu schließen, diese zu kündigen und den Leiharbeitnehmer wiederholt binnen drei Monaten nach Beendigung des Arbeitsverhältnisses erneut einzustellen.

Durch das „Erste Gesetz zur Modernisierung des Arbeitsmarktes“ wurde diese besondere Ausprägung des Synchronisationsverbots nun abgeschafft. Verleiher können nunmehr unbefristete Arbeitsverhältnisse mit Leiharbeitnehmern bei Vorliegen der entsprechenden Voraussetzungen kündigen[662] und diese ohne Einhaltung einer Karenzzeit wieder einstellen. Andere, die Synchronisation von Überlassungs- und Arbeitsvertrag beschränkende gesetzliche Regelungen bestehen allerdings weiter fort und verhindern, dass der Verleiher das Beschäftigungsrisiko auf den Leiharbeitnehmer abwälzen kann[663]. So steht etwa § 11 Abs. 4 S. 1 AÜG der einzelvertraglichen Verkürzung der Kündigungsfrist nach §§

---

660 BGBl. I, S. 3002.

661 Vgl. ausführlich zur Befristungsmöglichkeit nach § 14 Abs. 2a TzBfG Löwisch, BB 2004, 154, 162; Lembke, DB 2003, 2702, 2703.

662 Ausführlich zu den Voraussetzungen an eine betriebsbedingte Kündigung eines Leiharbeitnehmers wegen fehlender Beschäftigungsmöglichkeit Dahl, DB 2003, 1626 ff. m.w.N.; Reim, ZTR 2003, 106, 112; Lembke, BB 2003, 98, 104.

663 Wank, in: ErfK, § 11 AÜG, Rn. 22 ff.; Feuerborn, in: Schüren, AÜG, § 11 Rn. 89.

622 Abs. 5 Nr. 1 BGB, 622 Abs. 1 BGB bzgl. eines Leiharbeitnehmers, der zur vorübergehenden Aushilfe eingestellt wurde, entgegen.

e) Die Vergütung der Leiharbeitnehmer

aa) Einführung

Aus dem Leiharbeitsverhältnis schuldet der Verleiher als Arbeitgeber im Rechtssinne dem Leiharbeitnehmer Vergütung für geleistete Arbeit. Die Höhe der Vergütung richtet sich grundsätzlich nach dem Leiharbeitsvertrag bzw. den auf das Arbeitsverhältnis anwendbaren tariflichen Regelungen. Ein wesentliches Prinzip, welches mit der Reform durch das „Erste Gesetz zur Modernisierung des Arbeitsmarktes" im AÜG festgeschrieben wurde, ist das des „equal pay", also „gleicher Lohn für gleiche Arbeit"[664]. Auf den Inhalt des Gleichbehandlungsgrundsatzes von Leiharbeitnehmern mit vergleichbaren Arbeitnehmern des Entleihers in Bezug auf die wesentlichen Arbeitsbedingungen wurde bereits im Zusammenhang mit dem Zulassungsversagungsgrund in § 3 Abs. 1 Nr. 3 AÜG eingegangen. An dieser Stelle sollen nun die Auswirkungen dieses gesetzlichen Gleichbehandlungsgrundsatzes auf die Vergütung der Leiharbeitnehmer genauer untersucht werden.

Nach §§ 3 Abs. 1 Nr. 3, 9 Nr. 2 AÜG ist dem Leiharbeitnehmer für die Zeit der Überlassung an einen Entleiher das einem vergleichbaren Arbeitnehmer des Entleihers zustehende Arbeitsentgelt zu gewähren.

bb) Zeitlicher Umfang des Gleichbehandlungsgrundsatzes

Im Rahmen der Reform des AÜG durch das „Erste Gesetz zur Modernisierung des Arbeitsmarktes" wurde der zeitliche Anwendungsbereich des Gleichbehandlungsanspruchs dergestalt erweitert, dass er dem Leiharbeitnehmer nicht erst nach Ablauf des zwölften Monats der Überlassung (so die Regelung in § 10 Abs. 5 AÜG a.F.[665]), sondern nunmehr bereits mit Beginn der Überlassung begrenzt auf den Überlassungszeitraum zugute kommen soll. Hat der Verleiher den Leiharbeitsvertrag nicht im Rahmen des rechtlich zulässigen mit der Laufzeit des Überlassungsvertrages synchronisiert und besteht dieser damit auch nach Ablauf des Überlassungszeitraums fort, bleibt der Verleiher auch außerhalb von Überlassungszeiträumen zur Vergütung des Leiharbeitnehmers verpflichtet. Die Vergütung des Leiharbeitnehmers richtet sich in diesem Fall nach den im Leiharbeitsvertrag getroffenen Vereinbarungen bzw. nach auf das Arbeitsver-

---

664 BT-Drs. 15/25, S. 38.

665 Die Regelung des § 10 Abs. 5 AÜG a.F. wurde erst durch das „Job-AQTIV-Gesetz" mit Wirkung zum 1.1.2002 eingeführt (BGBl. I, S. 3443).

hältnis normativ (§§ 3 Abs. 1, 4 Abs. 1 TVG) oder kraft arbeitsvertraglicher Bezugnahme wirkenden tariflichen Regelungen. §§ 3 Abs. 1 Nr. 3, 9 Nr. 2 AÜG sind dagegen auf diesen Zeitraum nicht anwendbar[666].

cc) Die Bestimmung der Vergleichsvergütung beim Entleiher

(1) Funktionales Bestimmungskriterium

§§ 3 Abs. 1 Nr. 3, 9 Nr. 2 AÜG knüpfen für den Gleichbehandlungsanspruch des Leiharbeitnehmers an einen „vergleichbaren Arbeitnehmer" des Entleihers an.

Vergleichbarer Arbeitnehmer des Entleihers und damit funktionales Bestimmungskriterium der Vergleichsvergütung ist ein Arbeitnehmer des Entleiherbetriebes, der dieselbe oder eine zumindest ähnliche Tätigkeit ausführt wie der Leiharbeitnehmer[667].

(2) Formales Bestimmungskriterium

Als formales Bestimmungskriterium maßgebend für die Feststellung der Vergütung der Leiharbeitnehmer während des Überlassungszeitraums sind die beim Entleiher für vergleichbare Arbeitnehmer geltenden Tarifverträge und Betriebsvereinbarungen[668]. Diese wirken auf das Arbeitsverhältnis zwischen Verleiher und Leiharbeitnehmer zwar nicht normativ, jedoch über §§ 3 Abs. 1 Nr. 3, 9 Nr. 2 AÜG mittelbar[669].

Fehlt es beim Entleiher an vergleichbarem Stammpersonal, was z.B. bei spezialisierten Leiharbeitnehmern der Fall sein kann, wird teilweise eine fiktive Eingruppierung der betreffenden Tätigkeit beim Entleiher anhand des dort einschlägigen Flächentarifvertrages und der unternehmensüblichen Zulagen für die Bestimmung der Vergleichsbedingungen vorgeschlagen[670], teilweise unter Rückgriff auf den Rechtsgedanken des § 612 Abs. 2 BGB auf die Arbeitsbedin-

---

666 Zur Frage, inwieweit der Verleiher sein Vergütungsrisiko durch Synchronisation von Leiharbeitsvertrag und Überlassungsvertrag auf den Leiharbeitnehmer abwälzen kann siehe oben S. 173 ff.

667 BT-Drs. 15/25, S. 38; vgl. auch Boemke, AÜG, § 10 Rn. 119 ff. und Behrend, NZA 2002, 372, 373, die beide auf die Schwierigkeiten bei der Bestimmung, welche Tätigkeiten vergleichbar sind, hinweisen; vgl. auch S. 97.

668 BT-Drs.15/91, S. 17

669 Lembke, BB 2003, 98, 102.

670 Schüren, in: Schüren, AÜG, § 9 Rn. 194.

gungen in vergleichbaren Betrieben abgestellt[671], aber auch eine Anwendbarkeit des Gleichbehandlungsgrundsatzes mangels Vergleichsgruppe abgelehnt[672].

Beschäftigt der Entleiher vergleichbare Arbeitnehmer, gibt es für sie jedoch keine kollektiven Vergütungsregelungen[673] und bestimmt sich die Vergütung beim Entleiher deshalb nach der jeweiligen Individualvereinbarung[674], kann dem Leiharbeitnehmer über §§ 3 Abs. 1 Nr. 3, 9 Nr. 2 AÜG nur eine Gleichstellung mit dem am niedrigsten bezahlten Arbeitnehmer zukommen, nicht dagegen soll er gegenüber vergleichbaren Arbeitnehmern des Entleihers bessergestellt werden[675].

(3) Materielles Bestimmungskriterium

Zum Arbeitsentgelt eines vergleichbaren Arbeitnehmers des Entleihers im Sinne der §§ 3 Abs. 1 Nr. 3, 9 Nr. 2 AÜG gehören neben dem laufenden Entgelt auch Zuschläge, Ansprüche auf Entgeltfortzahlung sowie andere Lohnbestandteile[676]. Der Leiharbeitnehmer hat also nicht nur Anspruch auf das, einem vergleichbaren Arbeitnehmer des Entleihers zustehende „Arbeitsentgelt im engeren Sinne", sondern auch auf alle sonstigen, mit Rücksicht auf das bestehende Arbeitsverhältnis gewährten Geld[677]- oder Sachzuwendungen[678], die über die periodische Abgeltung der Arbeitsleistung hinausgehen und außerhalb des vertraglichen Synallagmas stehen („Arbeitsentgelt im weiteren Sinne")[679].

Offen ist, wie es sich auf den Vergütungsanspruch des Leiharbeitnehmers auswirkt, wenn in die Vergütung des mit gleicher oder ähnlicher Tätigkeit

---

671 Lembke, BB 2003, 98, 100 und zuvor schon Boemke/Lemke, DB 2002, 893, 897.

672 Rieble/Klebeck, NZA 2003, 23, 24; Bauer/Krets, NJW 2003, 537, 539; Thüsing, DB 2003, 446, 447 f.

673 Dies kann z.B. bei Führungskräften der Fall sein.

674 BT-Drs. 15/91, S. 17 zu Art. 6 Nr. 3 lit. a); Schüren, in: Schüren, AÜG, § 9 Rn. 193; Boemke/Lembke, AÜG (Ergänzungsband), § 9 Rn. 35; Sandmann/Marschall, AÜG, Art. 1 § 3 Rn. 21e.

675 Lembke, BB 2003, 98, 100 f.; Thüsing, DB 2003, 446, 448.

676 BT-Drs. 15/25, S. 38.

677 Etwa Sondervergütungen (Weihnachtsgeld) oder Zuschläge (für Mehrarbeit).

678 Sachleistungen mit Entgeltcharakter, die vergleichbaren Arbeitnehmern des Entleihers gewährt werden, z.B. Firmenwagen, sind, soweit praktisch möglich (z.B. Kantinenessen), auch den Leiharbeitnehmern zu gewähren und ansonsten in einen Geldwert umzurechnen und Leiharbeitnehmern anteilig in Geld auszuzahlen (Rieble/Klebeck, NZA 2003, 23, 25; Lembke, BB 2003, 98, 101). Zur Frage, inwieweit Leiharbeitnehmern Leistungen des Entleihers zugunsten der Altersvorsorge seiner Arbeitnehmer an tarifliche Pensionskassen zugute kommen, vgl. Reim, ZTR 2003, 106, 108; Schüren, in: Schüren, AÜG, § 9 Rn. 204; Rieble/Klebeck, NZA 2003, 23, 25; abweichend Raab, ZfA 2003, 389, 423.

679 Lembke, BB 2003, 98, 101.

betrauten Arbeitnehmers des Entleihers nach den dort geltenden Regelungen personenbezogene Umstände, etwa Alter und Berufserfahrung, einfließen.

Der Gesetzeswortlaut von §§ 3 Abs. 1 Nr. 3, 9 Nr. 2 AÜG deutet durch die Bezugnahme auf den „vergleichbaren Arbeitnehmer des Entleihers“ darauf hin, dass auch solche personenbezogenen Umstände bei der Feststellung der Vergleichsvergütung zu berücksichtigen sind. Zwar stellt die Gesetzesbegründung zu § 3 Abs. 1 Nr. 3 AÜG für die Frage der Vergleichbarkeit allein auf die objektive Tätigkeit ab, und führt personenbezogenen Umstände nicht ausdrücklich auf[680]. Jedoch schließt dies die Berücksichtigung personenbezogener Merkmale bei der Anwendung des Gleichbehandlungsgrundsatzes und der konkreten Berechnung der Vergütung nach den Regelungen beim Entleiher auch nicht aus. Der Grundsatz des *„equal pay“* gebietet vielmehr die Einbeziehung solcher personenbezogener Vergütungsmerkmale. Üben Leih- und Stammarbeitnehmer dieselbe Tätigkeit aus, sind sie grundsätzlich nach der gleichen Lohngruppe im Rahmen der beim Entleiher geltenden kollektiven Vergütungsordnung zu entlohnen. Wird innerhalb einer Lohngruppe etwa nach Alter oder Berufserfahrung differenziert, sind die entsprechenden personenbezogenen Merkmale des Leiharbeitnehmers für die Höhe der ihm zustehenden Vergütung innerhalb dieser Lohngruppe zu berücksichtigen[681].

(4) §§ 3 Abs. 1 Nr. 3, 9 Nr. 2 AÜG als Mindestvergütungsgarantie

Die Frage, wie im Zusammenhang mit der Regelung in §§ 3 Abs. 1 Nr. 3, 9 Nr. 2 AÜG zu verfahren ist, wenn die beim Verleiher geltenden Arbeitsbedingungen bzw. Vergütungsbedingungen für den Leiharbeitnehmer günstiger[682] sind als die für vergleichbare Arbeitnehmer des Entleihers, ist gesetzlich nicht eindeutig geregelt. Fraglich ist deshalb, ob die kollektiv- oder individualrechtlich normierten Verhältnisse beim Verleiher Mindestbedingungen zugunsten der Leiharbeitnehmer darstellen, die nur im Falle günstigerer Bedingungen für einen vergleichbaren Arbeitnehmer des Entleihers verdrängt werden, oder ob die Vergütungsbedingungen beim Entleiher in jedem Fall den Anspruch des Leiharbeitnehmers inhaltlich bestimmen, wenn nicht einer der Ausnahmefälle in Bezug auf die Gleichbehandlungspflicht nach §§ 3 Abs. 1 Nr. 3, 9 Nr. 2 AÜG eingreift.

§ 10 Abs. 5 AÜG a.F. erklärte für den Zeitraum nach Ablauf des zwölften Überlassungsmonats § 10 Abs. 1 S. 5 AÜG für entsprechend anwendbar, wonach der Leiharbeitnehmer mindestens Anspruch auf die Arbeits- und Vergütungsbedingungen beim Verleiher hat, wenn diese beim Entleiher ungünstiger

---

680 BT-Drs. 15/25, S. 38.

681 Boemke/Lembke, AÜG (Ergänzungsband), § 9 Rn. 27; Schüren, in: Schüren, AÜG, § 9 Rn. 189; a.A. Bertram, ZESAR 2003, 205, 209.

682 Zur Frage des Günstigkeitsvergleichs vgl. Thüsing, DB 2003, 446, 447.

sind. Nach der Reform durch das „Erste Gesetz für moderne Dienstleistungen am Arbeitsmarkt" greift § 10 Abs. 1 S. 5 AÜG jedoch nur noch für den Fall ein, dass der Leiharbeitsvertrag mangels Verleiherlaubnis des Verleihers unwirksam ist und kraft Gesetzes ein Arbeitsverhältnis zwischen Leiharbeitnehmer und Entleiher fingiert wird (§ 10 Abs. 1 S. 1 AÜG). Eine entsprechende Anwendung an anderer Stelle ist vom Gesetzeswortlaut nicht mehr vorgesehen. Legt man zugleich den der Reform zugrunde liegenden gesetzgeberischen Leitgedanken „gleicher Lohn für gleiche Arbeit" nach seinem Wortsinn eng aus, ließe sich der Schluss ziehen, dass Leiharbeitnehmer mit vergleichbaren Arbeitnehmern des Entleihers gleichgestellt, nicht aber unter Umständen bessergestellt werden sollen, die Bedingungen beim Verleiher also keine Mindestbedingungen darstellen.

Gegen eine solche Sichtweise spricht jedoch, dass der Gesetzgeber mit der Reform des AÜG den Schutz der Leiharbeitnehmer erhöhen wollte[683]. Geht man davon aus, dass die Bedingungen beim Entleiher den Anspruch von Leiharbeitnehmern gegen den Verleiher nach oben hin begrenzen, führt dies dazu, dass Leiharbeitnehmer gegenüber dem Zustand vor der Reform, zumindest für den Zeitraum nach Ablauf des zwölften Überlassungsmonats, schlechter gestellt, ihr Schutz also reduziert würde. Dass der Gesetzgeber im Rahmen der Reform gesetzliche Höchstarbeitsbedingungen zulasten der Leiharbeitnehmer schaffen wollte, kann aber nicht angenommen werden. Sind die beim Verleiher geltenden Bedingungen günstiger als die für einen vergleichbaren Arbeitnehmer des Entleihers geltenden Bedingungen, so stehen die Ersteren dem Leiharbeitnehmer zu[684]. Der in diesem Zusammenhang verwendete Begriffe „*equal pay*" bzw. „gleicher Lohn für gleiche Arbeit"[685] ist insoweit unscharf.

(5) Ausnahmemöglichkeiten von der Gleichbehandlungspflicht

Ausnahmemöglichkeiten in Bezug auf diese Gleichbehandlungspflicht des Verleihers sind gesetzlich nur gegenüber zuvor arbeitslosen Leiharbeitnehmern bzw. bei abweichenden tariflichen Regelungen zugelassen[686].

(6) Informationspflichten

Damit der Verleiher seiner Gleichbehandlungspflicht nachkommen kann, ist der Entleiher nach § 12 Abs. 1 S. 3 HS. 1 AÜG verpflichtet, im Rahmen des Über-

---

683 BT-Drs. 15/25, S. 38.

684 So im Ergebnis auch Reim, ZTR 2003, 106, 108 f.; Boemke/Lembke, AÜG (Ergänzungsband), § 9 Rn. 13; Klebeck, Gleichstellung der Leiharbeitnehmer als Verfassungsverstoß, S. 35.

685 Vgl. Thüsing, DB 2003, 446; Raab, ZfA 2003, 389, 407; so aber auch die Gesetzesbegründung in BT-Drs. 15/25, S. 38.

686 Vgl. hierzu im Einzelnen S. 99 f.

lassungsvertrages die für einen vergleichbaren Arbeitnehmer in seinem Betrieb geltenden wesentlichen Arbeitsbedingungen einschließlich des Arbeitsentgelts anzugeben, sofern kein Ausnahmefall von der Gleichbehandlungspflicht eingreift (HS. 2). Auch dem Leiharbeitnehmer steht insoweit ein Auskunftsanspruch gegenüber dem Entleiher zu (§ 13 AÜG).

3.) Inhalt des europäischen Richtlinienentwurfs

Auch in Bezug auf die inhaltliche Gestaltung des Leiharbeitsverhältnisses zwischen Verleiher und Leiharbeitnehmer finden sich Bestimmungen im Richtlinienentwurf, etwa im Zusammenhang mit Klauseln im Leiharbeitsvertrag, die es dem Leiharbeitnehmer verbieten oder auf sonstige Weise, etwa durch Vereinbarung einer „Ablösesumme", erschweren, nach Beendigung seines Arbeitseinsatzes beim Entleiher mit diesem direkt ein Arbeitsverhältnis zu begründen (Art. 6 Abs. 2 und 3 des 2. RL-Entw.). Zentraler Regelungsgegenstand des Richtlinienentwurfs ist der in Art. 5 Abs. 1 verankerte Grundsatz der Nichtdiskriminierung von Leiharbeitnehmern.

a) Verbot von Vertragsklauseln, die einen Wechsel des Leiharbeitnehmers zum Entleiher erschweren oder verbieten

Um Leiharbeitnehmern den Wechsel in feste Beschäftigungsverhältnisse beim Entleiher zu ermöglichen, verpflichtet Art. 6 Abs. 2 des 2. RL-Entw. die Mitgliedstaaten, die Nichtigkeit von Vertragsklauseln, etwa im Leiharbeitsvertrag, die die Begründung eines Arbeitsverhältnisses zwischen Entleiher und Leiharbeitnehmer nach Beendigung des Arbeitseinsatzes verbieten oder auf sonstige Weise verhindern, festzuschreiben.

In die gleiche Richtung zielt Art. 6 Abs. 3 Alt. 2 des Richtlinienentwurfs[687]: Eine Verpflichtung des Leiharbeitnehmers, an den Verleiher für den Fall der Begründung eines Arbeitsverhältnisses mit dem Entleiher nach Beendigung des Arbeitseinsatzes ein Honorar zahlen zu müssen, ist unwirksam. Überlässt der Verleiher den Leiharbeitnehmer an einen Entleiher, zielt er, anders als ein Arbeitsvermittler, damit nicht auf die Begründung eines Arbeitsverhältnisses zwischen Entleiher und Leiharbeitnehmer ab, für das er dann eine Vermittlungsprämie vom Leiharbeitnehmer verlangt. Eine solche Honorarvereinbarung verfolgt regelmäßig allein den Zweck, den Leiharbeitnehmer an sich zu binden und von einem Wechsel in ein dauerhaftes Beschäftigungsverhältnis beim Entleiher abzuhalten, um ihn weiterhin kommerziell „verleihen" zu können. Auch

---

687 Art. 6 Abs. 3 Alt. 2 wurde auf Antrag des Europäischen Parlaments in die geänderte Fassung des Richtlinienvorschlags aufgenommen, vgl. Änderungsantrag Nr. 48 des Ausschusses für Beschäftigung und soziale Angelegenheiten des Europäischen Parlaments zum ersten Richtlinienentwurf (A5-0356/2002, S. 35 f.).

Vereinbarungen, die den Leiharbeitnehmer zur Zahlung eines Honorars an den Verleiher allein schon für die Überlassung an einen Entleiher verpflichten, sind nach Art. 6 Abs. 3 Alt. 1 des 2. RL-Entw. unzulässig. Auf diese Weise will sich der Verleiher die Gelegenheit für den Leiharbeitnehmer, sich bei einem potentiellen Arbeitgeber präsentieren zu können und das damit verbundene Risiko, den Leiharbeitnehmer an den Entleiher zu verlieren, abgelten lassen. Nach dem Willen des europäischen Gesetzgebers soll der Leiharbeitnehmer für die Chance, sich beim Entleiher für eine feste Beschäftigung empfehlen zu können, aber nicht bezahlen müssen. Die Richtlinie zielt im Interesse der Leiharbeitnehmer darauf ab, Arbeitnehmerüberlassung als Zugang zu fester Beschäftigung zu fördern und auszugestalten[688]. Mit dieser Zielsetzung sind vom Leiharbeitnehmer zu zahlende Überlassungshonorare nicht vereinbar.

b) Der Grundsatz der Nichtdiskriminierung von Leiharbeitnehmern

Wesentlicher Regelungsinhalt des Richtlinienentwurfes ist die Festsetzung des Grundsatzes der Nichtdiskriminierung von Leiharbeitnehmern in Bezug auf die wesentlichen Arbeits- und Beschäftigungsbedingungen. Dieses Diskriminierungsverbot steht in einer Reihe mit den Diskriminierungsverboten zugunsten in Teilzeit[689] bzw. befristet Beschäftigter[690] und ergänzt das Diskriminierungsverbot zugunsten von Leiharbeitnehmern in Bezug auf Maßnahmen zur Verbesserung des Arbeits- und Gesundheitsschutzes[691].

aa) Inhalt des Diskriminierungsverbots

Nach Art. 5 Abs. 1 des geänderten Richtlinienentwurfs müssen Leiharbeitnehmern während der Dauer ihrer Überlassung an ein entleihendes Unternehmen grundsätzlich mindestens diejenigen wesentlichen Arbeits- und Beschäftigungsbedingungen gewährt werden, die für sie gelten würden, wenn sie vom Entleiher unmittelbar für den gleichen Arbeitsplatz eingestellt worden wären. Wesentliche Arbeits- und Beschäftigungsbedingungen im Sinne des Art. 5 Abs. 1 sind insbesondere die Arbeitszeit, bezahlter Urlaub sowie das Arbeitsentgelt[692], sofern die-

---

688 Vgl. die Begründung zum „Vorschlag für eine Richtlinie des Europäischen Parlaments und des Rates über die Arbeitsbedingungen von Leiharbeitnehmern" in der Fassung vom 20.3.2002 (2002/0072 (COD), KOM(2002), 149 endgültig), S. 15.

689 Paragraph 4 der Richtlinie 97/81/EG.

690 Paragraph 4 der Richtlinie 1999/70/EG.

691 Art. 2 der Richtlinie 91/383/EWG.

692 Ob dem europäischen Gesetzgeber eine Kompetenz zur Einführung eines Diskriminierungsverbots in Bezug auf das Arbeitsentgelt zukommt, ist streitig (ablehnend Klebeck, Gleichstellung der Leiharbeitnehmer als Verfassungsverstoß, S. 202 ff.; Rieble/Klebeck,

se durch Bestimmungen allgemeiner Art, etwa durch Gesetz, Verordnung, Verwaltungsvorschrift oder Tarifvertrag, festgelegt sind (Art. 3 Abs. 1 lit. f) des 2. RL-Entw.). Der im Zusammenhang mit dieser Regelung des geänderten Richtlinienentwurfs verwendete Begriff des „*equal pay*“ bzw. „*equal treatment*“[693] ist allerdings insofern unscharf, als den Leiharbeitnehmern nicht nur Gleichbehandlung mit entsprechenden Arbeitnehmern des Entleihers, sondern darüber hinausgehend eine Mindestgarantie zugestanden wird[694].

Bei der Anwendung des Diskriminierungsverbots in Bezug auf die wesentlichen Arbeits- und Beschäftigungsbedingungen sind zusätzlich die beim Entleiher geltenden Regelungen des Mutter-, Kinder- und Jugendschutzes, der Grundsatz der Gleichbehandlung von Mann und Frau sowie Verbote der Diskriminierung aufgrund des Geschlechts, der Rasse, der ethnischen Zugehörigkeit, der Religion oder Überzeugung, einer Behinderung, des Alters oder der sexuellen Orientierung zu beachten.

Abweichend vom ersten Richtlinienvorschlag wird in der geänderten Fassung des Diskriminierungsverbots nicht mehr auf einen vergleichbaren Arbeitnehmer des Entleihers als Vergleichssubjekt unter Anwendung des pro-rata-temporis-Grundsatzes abgestellt. Vergleichbarer Arbeitnehmer war nach Art. 3 Abs. 1 lit. b) der ursprünglichen Fassung des Richtlinienentwurfs der Arbeitnehmer des Entleihers, der unter Berücksichtigung von Berufserfahrung, Qualifikation und Kompetenz einen gleichen oder ähnlichen Arbeitsplatz bekleidet wie der Leiharbeitnehmer beim Entleiher. Nunmehr wird an den Leiharbeitnehmer selbst angeknüpft, seine hypothetischen Arbeitsbedingungen bei Direkteinstellung durch den Entleiher bilden den Vergleichsmaßstab bei der Prüfung des Diskriminierungsverbots.

bb) Ausnahmemöglichkeiten in Bezug auf das Diskriminierungsverbot

Der geänderte Richtlinienentwurf lässt drei Ausnahmemöglichkeiten vom Diskriminierungsverbot zu: So können die Mitgliedstaaten gemäß Art. 5 Abs. 2 nach Anhörung der Sozialpartner ein Abweichen vom Grundsatz der Nichtdiskriminierung in Bezug auf das Arbeitsentgelt[695] für Leiharbeitnehmer zulassen,

---

NZA 2003, 23, 26 f.; Wank, NZA 2003, 14, 17 f; a.A. Schiek, KJ 2003, 35, 40 f.; im Ergebnis wohl auch Thüsing, DB 2002, 2218, 2220).

693 Vgl. etwa Bertram, ZESAR 2003, 205, 206.

694 *Klebeck* verwendet in diesem Zusammenhang den Begriff der „halbseitigen“ Gleichstellung (Klebeck, Gleichstellung der Arbeitnehmer als Verfassungsverstoß, S. 186).

695 Eine Beschränkung dieser Ausnahmemöglichkeit vom Diskriminierungsverbot auf das Arbeitsentgelt wurde auf Vorschlag des Europäischen Parlaments in den geänderten Richtlinienentwurf aufgenommen (vgl. Abänderungsantrag Nr. 41 des Ausschusses für Beschäftigung und soziale Angelegenheiten des Europäischen Parlaments zum ersten Richtlinienentwurf (A5-0356/2002, S. 31).

wenn diese in einem unbefristeten Arbeitsverhältnis zum Verleiher stehen und auch in der Zeit zwischen zwei Überlassungen bezahlt werden. Den Leiharbeitnehmern kommt in diesem Fall bereits dadurch besonderer Schutz zu, dass der Verleiher das Beschäftigungsrisiko trägt[696].

Vom Grundsatz der Nichtdiskriminierung in Bezug auf das Arbeitsentgelt kann zudem dann abgewichen werden, wenn der Leiharbeitnehmer aufgrund der Dauer oder der Natur seiner Tätigkeit nicht länger als sechs Wochen dem Entleiher überlassen wird (Art. 5 Abs. 4 des 2. RL-Entw.)[697].

Außerdem können die Mitgliedstaaten die Sozialpartner nach Art. 5 Abs. 3 des 2. RL-Entw. ermächtigen, vom Diskriminierungsverbot in Bezug auf die wesentlichen Arbeitsbedingungen insgesamt im Rahmen von Tarifverträgen abzuweichen, sofern ein „angemessenes Schutzniveau für die Leiharbeitnehmer gewährleistet ist". Welche Anforderungen an ein angemessenes Schutzniveau zu stellen sind, lässt der Richtlinienentwurf offen. Anders als in seiner ursprünglichen Fassung sieht Art. 5 Abs. 1 im 2. RL-Entw. dagegen keinen allgemeinen Rückgriff auf „sachliche Gründe" zur Rechtfertigung einer Ungleichbehandlung von Leiharbeitnehmern vor.

4.) Vergleich der Regelungen zum Verhältnis des Verleihers zum Leiharbeitnehmer in Spanien und Deutschland, insbesondere im Hinblick auf den europäischen Richtlinienentwurf

a) Klauselverbote

aa) Unzulässigkeit von Vertragsklauseln, die einen Wechsel des Leiharbeitnehmers zum Entleiher verbieten oder einem Verbot gleichstehen

Nach deutschem Recht sind Vereinbarungen, die dem Leiharbeitnehmer untersagen, mit dem Entleiher für den Zeitraum nach Beendigung des Leiharbeitsverhältnisses direkt ein Arbeitsverhältnis zu begründen, unwirksam (§ 9 Nr. 4 AÜG). Die Möglichkeit, in ein festes Beschäftigungsverhältnis beim Entleiher zu wechseln, soll dem Leiharbeitnehmer nicht verstellt werden können.

Eine entsprechende gesetzliche Regelung fehlt dagegen in Spanien. Lediglich in Art. 45 Abs. 1 des IV. CCEETT wurde ein Verbot von Vertragsklauseln im Leiharbeitsvertrag, die einen Wechsel des Leiharbeitnehmers zum Entleiher nach Ablauf des Überlassungsvertrages verbieten, tarifvertraglich vereinbart.

---

696 Vgl. hierzu den Erwägungsgrund Nr. 16 des geänderten Richtlinienvorschlags (KOM[2002] 701 endgültig).

697 Der Vorschlag des Ausschusses für Recht und Binnenmarkt des Europäischen Parlaments, anstatt des Zeitraums von sechs Wochen 12 Monate festzusetzen (Änderungsvorschlag Nr. 5, A5-0356/2002, S. 50), fand keine Berücksichtigung.

Der europäische Richtlinienentwurf verpflichtet die Mitgliedstaaten in Art. 6 Abs. 2, für die Nichtigkeit von Vertragsklauseln zu sorgen, die einen Wechsel des Leiharbeitnehmers in ein Arbeitsverhältnis beim Entleiher nach Beendigung seines Einsatzes verbieten oder auf ein Verbot hinauslaufen.

Das deutsche Recht entspricht dem europäischen Regelungsentwurf bereits insoweit, als es Klauseln, die einen Wechsel des Leiharbeitnehmers zum Entleiher verbieten, untersagt. Zwar erklärt § 9 Nr. 4 AÜG derartige Klauseln für „unwirksam“, während Art. 6 Abs. 2 des 2. RL-Entw. von „Nichtigkeit“ spricht. Inhaltlich ergeben sich hieraus jedoch keine Unterschiede, denn „Unwirksamkeit“ bedeutet im Zusammenhang mit § 9 Nr. 4 AÜG, dass derartige Vertragsklauseln vom Moment ihrer Vereinbarung an keine Wirkung entfalten. Anders als etwa im Zusammenhang des § 9 Nr. 1 AÜG ergibt sich im Rahmen des § 9 Nr. 4 AÜG kein Unterschied zwischen der „ex-nunc“-Wirkung der Unwirksamkeit und der „ex-tunc“-Wirkung der Nichtigkeit[698].

Während der europäische Richtlinienentwurf Klauseln sanktionieren will, die einen Wechsel des Leiharbeitnehmers in ein Arbeitsverhältnis beim Entleiher „nach Beendigung seines Einsatzes“ verhindern, verbietet § 9 Nr. 4 AÜG entsprechende Vereinbarungen, die sich auf einen Zeitpunkt beziehen, „in dem das Arbeitsverhältnis zwischen Verleiher und Leiharbeitnehmer nicht mehr besteht“. Auch der europäische Richtlinienentwurf wird jedoch letztlich so zu verstehen sein, dass der Leiharbeitnehmer zwar die Möglichkeit eines Wechsels zum Entleiher haben soll, er jedoch nach der Beendigung der Überlassung zunächst auch sein Arbeitsverhältnis zum Verleiher ordnungsgemäß beenden muss. Mit der Beendigung des Arbeitseinsatzes endet der Leiharbeitsvertrag nämlich regelmäßig nur dann, wenn er entsprechend befristet ist, nicht dagegen, wenn er auf unbestimmte Zeit geschlossen wurde. Art. 6 Abs. 2 des 2. RL-Entw. kann nicht dahingehend ausgelegt werden, dass er die Leiharbeitnehmer auch von den kraft Gesetzes oder kraft Vereinbarung bestehenden nationalen Regelungen zur ordnungsgemäßen Beendigung des Arbeitsverhältnisses, etwa der Einhaltung bestimmter Kündigungsfristen, entbinden will. Nur für den Zeitraum nach ordnungsgemäßer Beendigung seines Arbeitsverhältnisses mit dem Verleiher ist auch ein schutzwürdiges Interesse des Leiharbeitnehmers an der Begründung eines neuen Arbeitsverhältnisses anzuerkennen. Die Formulierung in § 9 Nr. 4 AÜG, die an den Zeitraum nach Beendigung des Arbeitsverhältnisses anknüpft, kann auch im Hinblick auf Art. 6 Abs. 2 des 2. RL-Entw. somit belassen werden.

Vereinbarungen, die einen Wechsel des Leiharbeitnehmers zum Entleiher zwar nicht untersagen, jedoch einem Verbot gleichkommen können, sind vom Wortlaut des § 9 Nr. 4 AÜG bisher nicht erfasst. Zwar lässt sich vermuten, dass die Rechtsprechung, wie schon im ähnlich gelagerten Fall der Vermittlungspro-

---

698 Vgl. hierzu oben S. 130.

visionsabrede zwischen Verleiher und Entleiher im Zusammenhang mit § 9 Nr. 3 AÜG a.F.[699], § 9 Nr. 4 AÜG auf derartige Vereinbarungen im Rahmen einer teleologischen Auslegung anwenden würde, da die genannten Vereinbarungen einem Wechsel des Leiharbeitnehmers zum Entleiher entgegenstehen können. Im Hinblick auf Konformität mit der europäischen Regelung ist jedoch, nach ihrem Inkrafttreten, eine Klarstellung im Wortlaut des § 9 Nr. 4 AÜG sinnvoll, dass nicht nur Vereinbarungen, die einen Wechsel des Leiharbeitnehmers „untersagen", sondern auch solche, „die einer Untersagung gleichkommen", unwirksam sind.

In Spanien ist ein Verbot von Vertragsklauseln, die eine Übernahme des Leiharbeitnehmers beim Entleiher nach Ablauf des Überlassungsvertrages verbieten, Bestandteil des für den Bereich der Verleihunternehmen landesweit geltenden Tarifvertrages. Nach Art. 11 Abs. 1 des 2. RL-Entw. kann die Umsetzung der europäischen Regelungsvorgaben zum einen durch nationale Rechts- und Verwaltungsvorschriften erfolgen, zum anderen aber auch durch entsprechende Vereinbarungen zwischen den nationalen Sozialpartnern. Das Klauselverbot in Art. 45 Abs. 1 des IV. CCEETT gilt normativ für alle Arbeitsverhältnisse, die in den örtlichen, fachlichen, persönlichen und zeitlichen Geltungsbereich dieses Tarifvertrages fallen, unabhängig davon, ob Verleiher und Leiharbeitnehmer einer tarifschließenden Koalition angehören[700]. Die Umsetzung der europäischen Vorgabe im Rahmen eines solchen landesweiten Tarifvertrages entspricht den Anforderungen des Art. 11 Abs. 1 des 2. RL-Entw. Einer gesetzlichen Regelung im Rahmen der LETT, wie dies im deutschen Arbeitnehmerüberlassungsrecht der Fall ist, bedarf es nicht, beide Regelungsformen erscheinen insoweit als gleichwertig. Allerdings erfasst der Wortlaut des Art. 45 Abs. 1 des IV. CCEETT, wie auch § 9 Nr. 4 AÜG in Deutschland, bisher nur Vertragsklauseln, die einen Wechsel des Leiharbeitnehmers zum Entleiher verbieten, nicht dagegen Klauseln, die einem Verbot gleichkommen. Zwar lässt sich der Wortlaut der genannten tarifvertraglichen Bestimmung entsprechend gemeinschaftskonform auslegen. Eine Anpassung des Wortlauts der genannten tarifvertraglichen Bestimmung durch die Tarifparteien wäre unter dem Gesichtspunkt der Rechtsklarheit jedoch wünschenswert.

bb) Unzulässigkeit von Verpflichtungen des Leiharbeitnehmers, an den Verleiher ein Überlassungshonorar bzw. eine „Ablösesumme" zu zahlen

Wie soeben dargestellt, sieht der europäische Richtlinienentwurf in seiner geänderten Fassung ein Verbot von Vertragsklauseln vor, die den Wechsel des Leiharbeitnehmers in ein Beschäftigungsverhältnis beim Entleiher nach Beendigung

---

699 Vgl. oben S. 130 f.

700 Vgl. oben S. 153 f.

seines Überlassungseinsatzes verbieten oder auf ein Verbot hinauslaufen (Art. 6 Abs. 2 S. 1). Art. 6 Abs. 3 des 2. RL-Entw. konkretisiert diese Regelung für das Rechtsverhältnis zwischen Verleiher und Leiharbeitnehmer dahingehend, dass der Verleiher vom Leiharbeitnehmer weder für die Überlassung an den Entleiher an sich (Art. 6 Abs. 3 Alt. 1) noch für den Fall, dass der Leiharbeitnehmer nach Beendigung der Überlassung zum Entleiher wechselt (Alt. 2), ein Honorar verlangen darf. Arbeitnehmerüberlassung soll dem Leiharbeitnehmer Zugang zu einer festen Beschäftigung beim Entleiher ermöglichen, ohne dass ihm dafür weder eine erfolgsunabhängige noch eine erfolgsabhängige Prämie abverlangt werden darf[701].

In Spanien ist gemäß Art. 12 Abs. 4 LETT jede Klausel im Arbeitsvertrag, die den Arbeitnehmer verpflichtet, dem Verleiher einen Geldbetrag für Auswahl-, Weiterbildungs- oder Vertragskosten zu bezahlen, nichtig. Das Klauselverbot unterscheidet nicht danach, ob die Geldforderung für die Überlassung an sich erhoben wird oder nur dann, wenn der Leiharbeitnehmer später zum Entleiher wechselt. Nach Sinn und Zweck der Regelung sind auch sonstige Abgeltungsklauseln, etwa die Vereinbarung einer echten Ablösesumme, nichtig. Nach der Vorstellung des europäischen Gesetzgebers soll der Leiharbeitnehmer die Möglichkeit haben, sich im Rahmen der Überlassung beim Entleiher für eine Übernahme empfehlen zu können und dann später tatsächlich auch dorthin wechseln zu können, ohne dass ihm dies durch die Verpflichtung zur Zahlung einer erfolgsabhängigen oder gar einer erfolgsunabhängigen Prämie erschwert werden darf. Das spanische Recht entspricht somit bereits dem Inhalt von Art. 6 Abs. 2 und 3 des geänderten Richtlinienentwurfs. Allerdings sollten zur Klarstellung in den Wortlaut von Art. 12 Abs. 4 LETT neben Auswahl-, Weiterbildungs- oder Vertragskosten auch Überlassungshonorare und Ablösezahlungen ausdrücklich aufgenommen werden.

Eine spezielle Verbotsregelung in Bezug auf die Vereinbarung solcher Überlassungshonorare bzw. Ablösezahlungen, wie im europäischen Richtlinienentwurf vorgesehen, besteht nach deutschem Recht bisher nicht. Der Verbotsgrund in § 9 Nr. 4 AÜG bezieht sich auf Vereinbarungen, die dem Leiharbeitnehmer untersagen, nach Beendigung seines Arbeitsverhältnisses mit dem Verleiher zum Entleiher zu wechseln. Das Recht des Leiharbeitnehmers auf freie Wahl seines Arbeitsplatzes soll so geschützt werden[702].

Weder eine Verpflichtung des Leiharbeitnehmers zur Zahlung eines Überlassungshonorars noch die zur Leistung einer Ausgleichszahlung für den Fall seines Wechsels zum Entleiher nach Beendigung seines Arbeitsverhältnisses mit dem Verleiher sind vom Wortlaut des § 9 Nr. 4 AÜG erfasst. Zieht man die Re-

---

701 Vgl. die zum „Vorschlag für eine Richtlinie des Europäischen Parlaments und des Rates über die Arbeitsbedingungen von Leiharbeitnehmern" in der Fassung vom 20.3.2002 (2002/0072 (COD), KOM(2002), 149 endgültig), S. 16.

702 Sandmann/Marschall, AÜG, Art. 1 § 9 Rn. 30, 29.

gelungen zur privaten Arbeitsvermittlung, die von der Arbeitnehmerüberlassung grundsätzlich strikt zu trennen ist, zur Ermittlung des gesetzgeberischen Willens in diesem Zusammenhang als Anhaltspunkt heran, ist festzustellen, dass nach den neugefassten §§ 296, 297 Nr. 1, 421g Abs. 2 SGB III[703] zumindest eine Verpflichtung des Arbeitssuchenden zur Zahlung einer erfolgsabhängigen Vermittlungsprovision, anders als zuvor, nunmehr bis zu gesetzlich vorgegebenen Höchstgrenzen grundsätzlich wirksam begründet werden kann. Auch Vergütungsvereinbarungen für über die Vermittlung hinausgehende Leistungen, etwa besondere Qualifizierungsmaßnahmen, sind zulässig (Gegenschluß aus §§ 297 Nr. 1, § 296 Abs. 1 S. 3 SGB III).

Verpflichtet sich der Leiharbeitnehmer zur Zahlung einer „Ablösesumme", kann diese Verpflichtung den Wechsel des Leiharbeitnehmers zum Entleiher unter Umständen zwar in gleicher Weise behindern wie ein ausdrückliches Verbot.

Der Unwirksamkeitsgrund nach § 9 Nr. 4 AÜG steht, im Lichte der neugefassten §§ 296 ff. SGB III betrachtet, jedoch weder der Vereinbarung einer vom Wechselerfolg abhängigen Ablösesumme noch der Abgeltung von Qualifizierungskosten vollständig entgegen und dürfte -abweichend von der geplanten europäischen Regelung- erst dann Anwendung finden, wenn der Verpflichtung aufgrund ihrer Höhe „knebelnde" Wirkung zukommt. Eine erfolgsunabhängige Vermittlungsprämie ist dagegen nicht einmal von den Normen des privaten Arbeitsvermittlungsrechts gedeckt (§ 296 Abs. 2 SGB III). Das Klauselverbot in § 9 Nr. 4 AÜG will nach seinem Sinn und Zweck den Leiharbeitnehmer auch davor schützen, für die Gelegenheit, sich im Rahmen einer Überlassung bei einem Entleiher für eine Festanstellung empfehlen zu können, bezahlen zu müssen. Deshalb ist auch eine Verpflichtung des Leiharbeitnehmers an den Verleiher für die Überlassung ein Honorar zu zahlen, von seinem Regelungsbereich erfaßt[704].

Um den Vorgaben des geänderten Richtlinienentwurfes nach seiner Verabschiedung gemäß dessen Art. 11 umfassend Rechnung zu tragen, sollte § 9 Nr. 4 AÜG dann dergestalt modifiziert werden, dass nicht nur Vereinbarungen, die dem Leiharbeitnehmer einen Wechsel zum Entleiher untersagen, sondern auch solche, die einem Verbot gleichkommen, ausdrücklich in seinen Regelungsinhalt aufgenommen werden. Die Verpflichtung zur Zahlung eines Überlassungshonorars an den Verleiher, unabhängig davon, ob es nur für den Fall des späteren Wechsels zum Entleiher geschuldet wird oder für jeden Überlassungsfall, könnte in diesem Zusammenhang als gesetzliches Regelbeispiel normiert werden und so Regelungsklarheit geschaffen werden.

---

703 Vgl. hierzu Kossens, DB 2002, 843 ff.

704 In diesem Sinne auch Rambach/Begerau, BB 2002, 937, 942; Ulber, AÜG, § 9 Rn. 82.

b) Die Möglichkeit der Befristung von Arbeitsverträgen mit Leiharbeitnehmern

Nach spanischem Recht setzt der Abschluss eines befristeten Arbeitsvertrages zwischen Verleiher und Leiharbeitnehmer einen Befristungsgrund voraus. Zulässige Fälle der Befristung eines Leiharbeitsvertrages sind zum einen die dem allgemeinen Befristungsrecht entnommenen Fallgruppen: Die Verwirklichung einer bestimmten Werk- oder Dienstleistung, vorübergehender Arbeitskräftebedarf aufgrund Produktionsüberhangs, die Vertretung eines Arbeitnehmers mit Rückkehrrecht an seinen Arbeitsplatz sowie die vorübergehende Besetzung eines Arbeitsplatzes während eines laufenden Auswahl- oder Qualifizierungsprozesses (Art. 15 ET i.V.m. Art. 4 R.D. 2720/1998). Art. 10 Abs. 3 LETT enthält daneben einen besonderen Befristungsgrund für den Bereich der Arbeitnehmerüberlassung. Hiernach kann der Verleiher den Leiharbeitnehmer befristet einstellen, um ihn für mehrere aufeinanderfolgende bereits bei Abschluss des Arbeitsvertrages feststehende Einsätze verschiedenen Entleihern zu überlassen, sofern Letztere aufgrund besonderer Produktionsumstände vorübergehenden Arbeitskräftebedarf aufweisen.

Nach Art. 10 Abs. 1 LETT muss die Laufzeit eines befristeten Leiharbeitsvertrages mit der des dem Einsatz zugrundeliegenden Überlassungsvertrages, der nur befristet und nur bei Vorliegen einer die Befristung eines Arbeitsverhältnisses rechtfertigenden Fallgruppe abgeschlossen werden kann (Art. 6 Abs. 2 LETT), übereinstimmen. Im spanischen Recht gilt das Gebot zeitlicher Synchronisation von befristetem Leiharbeitsvertrag und Überlassungsvertrag. Die Frage, ob dem befristeten Leiharbeitsvertrag und dem Überlassungsvertrag die gleiche Fallgruppe des Art. 15 ET i.V.m. Art. 4 R.D. 2720/1998 zugrunde liegen muss, ist umstritten, im Ergebnis aber zu bejahen[705].

In Deutschland bestimmt sich nach Abschaffung des besonderen Befristungsverbotes in §§ 3 Abs. 1 Nr. 3, 9 Nr. 2 AÜG a.F. sowie des Verbots der zeitlichen Synchronisation von befristetem Überlassungsvertrag und befristetem Arbeitsvertrag nach Maßgabe des § 3 Abs. 1 Nr. 5 AÜG a.F. durch das „Erste Gesetz zur Modernisierung des Arbeitsmarktes" die Möglichkeit, Leiharbeitsverträge zu befristen und zeitlich mit einem befristeten Überlassungsvertrag zu synchronisieren, nach dem allgemeinen Befristungsrecht der §§ 14 ff. TzBfG. Neben der Möglichkeit einer sachgrundlosen Befristung nach Maßgabe des § 14 Abs. 2, 2a und 3 TzBfG lässt § 14 Abs. 1 TzBfG die Befristung eines Arbeitsvertrages auch bei Eingreifen einer der acht dort aufgeführten Fallgruppen zu.

Im Vergleich zu den gesetzlichen Regelungen in Spanien ist es nach deutschem Recht für einen Verleiher wesentlich einfacher, einen Leiharbeitsvertrag zu befristen: Zum einen bietet sich ihm nach Maßgabe des § 14 Abs. 2, 2a und 3

[705] Vgl. oben S. 146 ff.

TzBfG die Möglichkeit der Befristung ohne Notwendigkeit eines Sachgrundes. Eine sachgrundlose Befristung gibt es nach spanischem Recht nicht.

Zum anderen enthält das deutsche Befristungsrecht auch wesentlich mehr Fallgruppen, in denen der Abschluss eines befristeten Arbeitsvertrages gerechtfertigt ist. Über die auch in Spanien anerkannten Konstellationen des vorübergehenden Arbeitskräftebedarfs aus betrieblichen Gründen (§ 14 Abs. 1 Nr. 1 TzBfG) und des Vertretungsfalls (§ 14 Abs. 1 Nr. 3 TzBfG) hinaus ist nach deutschem Recht etwa auch die Befristung zur Probe (§ 14 Abs. 1 Nr. 5 TzBfG) oder die Befristung aus Gründen, die in der Person des Arbeitnehmers liegen (§ 14 Abs. 1 Nr. 6 TzBfG), möglich. Zudem besteht in Deutschland keine Verpflichtung, die Laufzeit des befristeten Arbeitsvertrages mit der des Überlassungsvertrages zu synchronisieren. Auch wenn der Leiharbeitnehmer für einen bestimmten Einsatz eingestellt wird, können beide Verträge unterschiedliche Befristungen aufweisen. Im Vergleich zur Regelungsordnung in Spanien bietet das deutsche Recht Verleihern somit einen wesentlich größeren Spielraum in Bezug auf die zeitliche Ausgestaltung von Leiharbeitsverträgen. Der Beschäftigungsförderung als arbeitsmarktpolitischem Leitziel kommen die flexibleren Befristungsmöglichkeiten nach deutschem Recht eher entgegen als die wesentlich restriktiveren Regelungen in Spanien.

Der europäische Richtlinienentwurf über die Arbeitsbedingungen von Leiharbeitnehmern enthält keine inhaltlichen Vorgaben in Bezug auf die Möglichkeit der Befristung von Leiharbeitsverträgen, die der nationalen Umsetzung bedürften. Auch die Richtlinie 1999/70/EG des Rates über befristete Arbeitsverträge beinhaltet keine besonderen Vorgaben für Leiharbeitsverträge, die im Rahmen des nationalen Arbeitnehmerüberlassungsrechts umzusetzen wären.

c) Die Arbeits- und Vergütungsbedingungen von Leiharbeitnehmern während des Überlassungszeitraums

aa) Das Verbot der Schlechterstellung von Leiharbeitnehmern in Bezug auf die Vergütung

In Spanien haben Leiharbeitnehmer in den Zeiträumen, in denen sie in Entleiherunternehmen beschäftigt sind, Anspruch darauf, mindestens die im Tarifvertrag des Entleiherunternehmens für den von ihnen dort auszufüllenden Arbeitsplatz vorgesehene Gesamtvergütung, bezogen auf die jeweilige Zeiteinheit, zu erhalten.

Nach deutschem Recht schuldet der Verleiher einem Leiharbeitnehmer für die Zeit der Überlassung an einen Entleiher die einem vergleichbaren Arbeitnehmer des Entleihers zustehenden wesentlichen Arbeitsbedingungen einschließlich des Arbeitsentgelts (§§ 3 Abs. 1 Nr. 3, 9 Nr. 2 AÜG). Die entsprechenden Vergleichsbedingungen beim Entleiher bilden hierbei ein Mindestniveau zugunsten des Leiharbeitnehmers.

Der geänderte Entwurf für eine europäische Richtlinie über die Arbeitsbedingungen von Leiharbeitnehmern enthält den Grundsatz der Nichtdiskriminierung, wonach Leiharbeitnehmern während der Dauer ihrer Überlassung an ein entleihendes Unternehmen grundsätzlich mindestens diejenigen wesentlichen Arbeits- und Beschäftigungsbedingungen gewährt werden müssen, die für sie gelten würden, wenn sie vom Entleiher unmittelbar für den gleichen Arbeitsplatz eingestellt worden wären (Art. 5 Abs. 1 S. 1 des 2. RL-Entw.). Zu den wesentlichen Arbeits- und Beschäftigungsbedingungen im Sinne des Art. 5 Abs. 1 zählt insbesondere das Arbeitsentgelt, sofern es durch Bestimmungen allgemeiner Art, etwa durch Gesetz, Verordnung, Verwaltungsvorschrift oder Tarifvertrag, festgelegt ist (Art. 3 Abs. 1 lit. f) des 2. RL-Entw.).

Sowohl die spanische als auch die deutsche Regelung gestehen dem Leiharbeitnehmer während des Überlassungszeitraums einen Vergütungsanspruch gemäß den beim Entleiher geltenden Vergütungsbedingungen zu.

Funktionales Bestimmungskriterium der Vergleichsvergütung ist in beiden Rechtsordnungen die vom Leiharbeitnehmer beim Entleiher zu besetzende Stelle. Der spanische Gesetzgeber formuliert dies in Art. 11 Abs. 1 LETT ausdrücklich, während der deutsche Gesetzgeber zwar im Gesetzeswortlaut an den „vergleichbaren Arbeitnehmer des Entleihers" anknüpft, im Rahmen der Gesetzesbegründung die Vergleichbarkeit des Arbeitnehmers aber anhand von dessen konkreter Tätigkeit beim Entleiher bestimmt.

Die unterschiedliche Formulierung in Bezug auf das funktionelle Bestimmungskriterium in den beiden nationalen Rechtsordnungen spielt an anderer Stelle, im Rahmen des materiellen Bestimmungskriteriums der Vergleichsvergütung, eine Rolle: Nach der tarifvertraglichen Regelung des Art. 32 Abs. 1 des IV. CCEETT sind für die Feststellung der Vergleichsvergütung gemäß Art. 11 Abs. 1 LETT, der an den auszufüllenden Arbeitsplatz beim Entleiher anknüpft, allein arbeitsplatzbezogene, nicht dagegen arbeitnehmerbezogene Vergütungsbestandteile zu berücksichtigen.

Das deutsche Recht stellt dagegen auf die „für einen vergleichbaren Arbeitnehmer des Entleihers geltende" Vergütung ab, so dass auch personenbezogene Vergütungskriterien einzubeziehen sind.

Anders noch als in seiner ursprünglichen Fassung ist die dem Leiharbeitnehmer zustehende Vergütung nach dem geänderten Richtlinienentwurf nicht durch Heranziehung der Bedingungen eines „vergleichbaren Arbeitnehmers" des Entleihers zu bestimmen[706], sondern danach, welcher Vergütungsanspruch dem Leiharbeitnehmer zukäme, wenn er vom Entleiher unmittelbar für den auszufül-

[706] So die Formulierung in Art. 5 Abs. 1 S. 1 des ursprünglichen Richtlinienentwurfs (KOM[2002] 149 endgültig).

lenden Arbeitsplatz eingestellt worden wäre. Der europäische Richtlinienentwurf wählt diese hypothetische Betrachtungsweise um sicherzustellen, dass individuelle Merkmale in der Person des Leiharbeitnehmers, insbesondere Dienstalter, Qualifikation und Kompetenz, bei seiner Vergütung Berücksichtigung finden[707].

Der weitgefasste Wortlaut des Art. 11 Abs. 1 LETT, der auf den „auszufüllenden Arbeitsplatz beim Entleiher" abstellt, steht dem Ansatz der europäischen Regelung, die Vergleichsvergütung beim Entleiher hypothetisch bezogen auf den jeweiligen Arbeitsplatz aber unter Berücksichtigung auch der persönlichen Umstände des Leiharbeitnehmers zu bestimmen, grundsätzlich nicht entgegen. Die konkretisierende tarifvertragliche Ausgestaltung der Feststellung der Vergleichsvergütung in Art. 32 Abs. 1 des IV. CCEETT, wonach bei der Bestimmung der entsprechenden Vergütung beim Entleiher nur arbeitsplatzbezogene, nicht aber auch personenbezogene Vergütungsmerkmale zu berücksichtigen sind, widerspricht jedoch dem europäischen Regelungsentwurf. Der Gleichbehandlungsanspruch wird so eingegrenzt und zum Nachteil des Leiharbeitnehmers von den europäischen Vorgaben abgewichen. Auch mit dem Grundsatz des *„equal pay"* ist es nicht vereinbar, beim Entleiher gebräuchliche personenbezogene Vergütungsmerkmale nicht auch für die Entlohnung der Leiharbeitnehmer heranzuziehen. Da wegen des eindeutigen Wortlauts eine gemeinschaftskonforme Auslegung nicht in Betracht kommt, muss Art. 32 Abs. 1 des IV. CCEETT von den Tarifpartnern nach Inkrafttreten der Richtlinie entsprechend angepasst werden.

Die deutsche Regelung in §§ 3 Abs. 1 Nr. 3, 9 Nr. 2 AÜG steht mit dem europäischen Richtlinienentwurf inhaltlich insoweit in Einklang, als nach ihr personenbezogene Merkmale bei der Anwendung des Gleichbehandlungsgrundsatzes und der konkreten Berechnung der Vergütung eines vergleichbaren Arbeitnehmers gemäß den Regelungen beim Entleiher Berücksichtigung finden können. Der Gesetzeswortlaut lässt eine solche Auslegung, wie sie auch von der überwiegenden Literatur bereits vorgenommen wird, zu. Eine Klarstellung im Gesetzestext, dass Vergleichsmaßstab des Gleichbehandlungsgrundsatzes die

---

[707] Vgl. auch Art. 3 Abs. 1 lit. a) des ursprünglichen Richtlinienentwurfs (KOM[2002] 149 endgültig), wonach vergleichbarer Arbeitnehmer derjenige Arbeitnehmer des Entleihers ist, „der -unter Berücksichtigung von Dienstalter, Qualifikation und Kompetenz- einen gleichen oder ähnlichen Arbeitsplatz bekleidet wie der von dem Leiharbeitunternehmen überlassene Arbeitnehmer". In der geänderten Fassung des Richtlinienentwurfs kommt der Wille des europäischen Gesetzgebers, die individuellen Merkmale des Leiharbeitnehmers bei der Bestimmung der Vergleichsvergütung beim Entleiher maßgeblich zu berücksichtigen und so dem Grundsatz des „equal pay" zum Durchbruch zu verhelfen, ebenfalls zum Ausdruck. So wird etwa im Rahmen der Folgenabschätzung ausdrücklich darauf hingewiesen, dass personenbezogene Merkmale bei der Feststellung der Vergleichsvergütung zu beachten sind (KOM[2002] 149 endgültig, S. 38); vgl. zu dieser Frage auch Bertram, ZESAR 2003, 205, 209 f.

wesentlichen Arbeitsbedingungen einschließlich des Arbeitsentgelts sind, die für den Leiharbeitnehmer gelten würden, wenn er vom Entleiher unmittelbar für den gleichen Arbeitsplatz eingestellt worden wäre, ist im Hinblick auf die europäische Regelung somit nicht zwingend erforderlich.

Formal knüpft die Bestimmung der entsprechenden Vergütung beim Entleiher in Spanien an den „beim Entleiher anwendbaren Tarifvertrag“ an (Art. 11 Abs. 1 LETT). Die Frage, welche Kategorien von Vergütungstarifverträgen von diesem gesetzlichen Verweis erfasst sein sollen, ist zwar umstritten. Wegen des klaren Wortlauts des Art. 11 Abs. 1 LETT besteht jedoch Einigkeit dahingehend, dass jedenfalls nur kollektiv, nicht aber kraft Individualabrede geltende Vergütungsregelungen bei der Feststellung der Vergleichsvergütung zu berücksichtigen sind.

Auch nach deutschem Recht bestimmt sich die entsprechende Vergütung eines vergleichbaren Arbeitnehmers des Entleihers grundsätzlich anhand der beim Entleiher geltenden kollektivrechtlichen Regelungen. Gibt es beim Entleiher einen dem Leiharbeitnehmer vergleichbaren Beschäftigten, fehlt es jedoch an einer kollektivrechtlichen Vergütungsregelung, wird, anders als in Spanien, auf die konkrete individualvertragliche Vergütungsabrede des vergleichbaren Arbeitnehmers des Entleihers zur Bestimmung der Vergleichsvergütung zurückgegriffen[708].

Der europäische Richtlinienentwurf stellt in seiner geänderten Fassung für die Bestimmung der vom Entleiher für die vom Leiharbeitnehmer zu verrichtende Tätigkeit hypothetisch geschuldeten Vergütung als Vergleichsmaßstab im Rahmen des Diskriminierungsverbots nach Art. 5 Abs. 1 auf die beim Entleiher „durch Gesetz, Verordnung, Verwaltungsvorschrift, Tarifvertrag und/oder sonstige Bestimmungen allgemeiner Art“ geltende Vergütungsordnung ab. Vergütungsansprüche des Stammarbeitnehmers des Entleihers aufgrund individualvertraglicher Abrede bleiben bei der Bestimmung der Vergleichsvergütung unberücksichtigt.

Während das spanische Recht, wie die europäische Regelung, nur kollektivrechtliche Vergütungsregelungen bei der Bestimmung der Vergleichsvergütung einbeziehen, sollen nach deutschem Recht, über die spanische und insbesondere die europäische Regelung hinausgehend auch individualvertragliche Vergütungsabreden beim Entleiher berücksichtigt werden können. Da die europäische Regelung nur Mindestvorschriften enthält, die für die Arbeitnehmer günstigere Regelungen in den Mitgliedstaaten unberührt lassen (Art. 9 des 2. RL-Entw.), stellt eine solche, den Anwendungsbereich des Gleichbehandlungsgebots erweiternde Rechtspraxis in Deutschland freilich keinen Verstoß gegen europäisches Recht dar. Streng genommen verlangt das Schutzziel des „*equal pay*“-Grundsatzes sogar, dass er auch dann zum Einsatz kommt, wenn die Vergütung

---

708 Vgl. oben S. 179.

des vergleichbaren Arbeitnehmers beim Entleiher nur auf individualvertraglicher Abrede beruht. Aus diesem Grund könnte der spanische Gesetzgeber die Regelung in Art. 11 Abs. 1 LETT nach deutschem Vorbild dahingehend modifizieren, dass er die Beschränkung auf tarifvertraglich geregelte Vergütungsbedingungen im Wortlaut streicht.

Gemäß Art. 2 des 2. RL-Entw. stellt die umfassende Umsetzung des Grundsatzes der Nichtdiskriminierung und der damit verbundene Schutz von Leiharbeitnehmern Hauptregelungsziel des Richtlinienentwurfs dar. Deshalb wäre zu überlegen, ob der europäische Gesetzgeber die Beschränkung auf kollektivrechtliche Vergütungsvereinbarungen zur Feststellung der Vergleichsvergütung beim Entleiher in Art. 3 Abs. 1 lit. f) des 2. RL-Entw. aufheben sollte. Allerdings wählt der geänderte Richtlinienentwurf gegenüber der ursprünglichen Fassung für die Bestimmung der Vergleichsvergütung beim Entleiher die beschriebene hypothetische Betrachtungsweise und fragt danach, welche Vergütungsbedingungen dem Leiharbeitnehmer zustünden, wäre er direkt vom Entleiher eingestellt worden. In diesem Zusammenhang ist eine Begrenzung auf kollektivrechtliche Vergütungsbedingungen beim Entleiher sachlogisch zwingend. Hypothetische individualvertragliche Vergütungsbedingungen als Ergebnis von Vertragsverhandlungen sind im Verhältnis zwischen Entleiher und Leiharbeitnehmer mangels Anhaltspunkten nur willkürlich prognostizierbar und damit kein tauglicher Vergleichsgegenstand. Unter dem Gesichtspunkt einer umfassenden Umsetzung des Gleichbehandlungsgrundsatzes stellte die im ursprünglichen Richtlinienentwurf enthaltene Vorgabe zur Bestimmung der Vergleichsvergütung beim Entleiher eine insoweit effektivere Regelung dar: Wie jetzt auch nach deutschem Recht in §§ 3 Abs. 1 Nr. 3, 9 Nr. 2 AÜG wurde die Vergütung eines vergleichbaren Arbeitnehmers des Entleihers als Vergleichsmaßstab herangezogen, eine Beschränkung auf kollektive Vergütungsregelungen war nicht vorgesehen.

Sowohl nach spanischem wie auch nach deutschem Recht bezieht sich der Gleichbehandlungsanspruch des Leiharbeitnehmers nicht nur auf das Arbeitsentgelt im engeren Sinne, also auf die Entlohnung geleisteter Arbeit, sondern auch auf darüber hinausgehende Vergütungsbestandteile, das Arbeitsentgelt im weiteren Sinne. Der europäische Richtlinienentwurf spricht insoweit nur von Arbeitsentgelt (Art. 3 Abs. 1 lit. f) des 2. RL-Entw.), differenziert also nicht zwischen Arbeitsentgelt im engeren bzw. im weiteren Sinne. Vielmehr bleibt es nach Art. 3 Abs. 2 des 2. RL-Entw. den Einzelstaaten überlassen, den Begriff „Arbeitsentgelt" zu definieren. Eine potentielle Notwendigkeit für Spanien und Deutschland, entsprechende inhaltliche Anpassungen zu treffen, besteht deshalb nicht.

Bei der Bestimmung des Vergütungsanspruchs des Leiharbeitnehmers und der insoweit zu berücksichtigenden gesetzlichen Gleichstellungspflicht gemäß Art. 11 Abs. 1 LETT in Spanien ist die entsprechende Vergleichsvergütung beim Entleiher lediglich Mindestgarantie. Steht dem Leiharbeitnehmer gegenüber dem Verleiher aufgrund beim Verleiher geltender tariflicher Regelungen oder Individualabrede ein höherer Vergütungsanspruch zu, ist dieser maßgebend.

Dagegen lassen §§ 3 Abs. 1 Nr. 3, 9 Nr. 2 AÜG offen, ob die Vergütung eines vergleichbaren Arbeitnehmers des Entleihers in Bezug auf den Vergütungsanspruch des Leiharbeitnehmers gegenüber dem Verleiher nur einen Mindestbetrag festsetzt oder ob hierdurch die Höhe des letztgenannten Anspruchs bestimmt wird. Bislang wird in der Literatur unstrittig von einer Mindestgarantie ausgegangen.

Nach dem europäischen Richtlinienentwurf in der geänderten Fassung stellt die vom Entleiher für den vom Leiharbeitnehmer auszufüllenden Arbeitsplatz hypothetisch geschuldete Vergütung einen Mindestbetrag dar. Der Vergütungsanspruch des Leiharbeitnehmers wird nicht durch die Höhe der entsprechenden Vergütung beim Entleiher begrenzt.

Das spanische Recht berücksichtigt diese geplante europäische Vorgabe in Bezug auf die Vergütung bereits im Wortlaut des Art. 11 Abs. 1 LETT. Nach spanischem Vorbild sollte auch der deutsche Gesetzgeber im Wortlaut von §§ 3 Abs. 1 Nr. 3, 9 Nr. 2 AÜG, insbesondere im Hinblick auf die geplante europäische Regelung, durch Einführung des Wortes „mindestens“ klarstellen, dass die beim Entleiher bestehenden Vergütungsbedingungen ein Mindestniveau zugunsten der Leiharbeitnehmer bilden. In jedem Fall ist der Inhalt der Richtlinie nach Inkrafttreten im Rahmen der Auslegung von §§ 3 Abs. 1 Nr. 3, 9 Nr. 2 AÜG unter dem Gesichtpunkt der gemeinschaftskonformen Interpretation als wesentliches Argument für die Qualifizierung der genannten Regelung als Mindestgarantie heranzuziehen.

bb) Das Verbot der Schlechterstellung von Leiharbeitnehmern in Bezug auf die sonstigen wesentlichen Arbeitsbedingungen

Eine Gleichstellung von Leiharbeitnehmern auch in Bezug auf sonstige Arbeitsbedingungen beim Entleiher, etwa die Höhe des Anspruchs auf bezahlten Urlaub oder Arbeitszeiten, sieht das spanische Recht gesetzlich nicht vor. Im Rahmen des IV. CCEETT haben jedoch die Tarifvertragsparteien das Gleichbehandlungsgebot auch auf sonstige Arbeitsbedingungen, etwa die Höhe des bezahlten Urlaubs (Art. 38 Abs. 2) oder Überstundenregelungen (Art. 34 Abs. 3), ausgedehnt. Dieser landesweit geltende Tarifvertrag des Zeitarbeitssektors erklärt die entsprechenden jeweiligen Entleiherbedingungen, unbeschadet günstigerer individualvertraglicher Vereinbarungen, zum Inhalt des Leiharbeitsverhältnisses während des Überlassungszeitraums.

Nach deutschem Recht bezieht sich der gesetzliche Gleichbehandlungsanspruch von Leiharbeitnehmern mit vergleichbaren Arbeitnehmern des Entleihers nach §§ 3 Abs. 1 Nr. 3, 9 Nr. 2 AÜG auch auf die wesentlichen Arbeitsbedingungen.

Sowohl in Spanien wie auch in Deutschland umfasst das Diskriminierungsverbot zugunsten von Leiharbeitnehmern neben dem Vergütungsanspruch also grundsätzlich auch die sonstigen wesentlichen Arbeitsbedingungen beim Entleiher, etwa die Höhe des bezahlten Urlaubs und Überstundenregelungen. In dieser Form sieht dies auch Art. 5 Abs. 1 des 2. RL-Entw. auf europäischer Ebene vor.

Allerdings findet die Ausgestaltung des Gleichbehandlungsanspruchs der Leiharbeitnehmer in Bezug auf die sonstigen wesentlichen Arbeitsbedingungen beim Entleiher in Spanien nicht auf gesetzlicher, sondern nur auf tarifvertraglicher Ebene statt, während das deutsche Recht dies in §§ 3 Abs. 1 Nr. 3, 9 Nr. 2 AÜG gesetzlich vorsieht. Das Diskriminierungsverbot bezüglich der wesentlichen Arbeitsbedingungen in Art. 5 Abs. 1 des 2. RL-Entw. kann gemäß Art. 11 Abs. 1 grundsätzlich auch im Rahmen nationaler Tarifverträge umgesetzt werden, so dass dieser formelle Gesichtspunkt keinen potentiellen Anpassungsbedarf des spanischen Gesetzgebers nach sich zieht. Da der IV. CCEETT landesweit gilt und Leiharbeitsverhältnisse im Rahmen seines Geltungsbereichs unabhängig von doppelter Tarifbindung der Arbeitsvertragsparteien normativ erfasst, ist er, was die Wirksamkeit seiner Regelungen anbelangt, als gleich wirksam wie die gesetzliche Regelung in Deutschland anzusehen.

Der Gleichbehandlungsanspruch in Bezug auf die wesentlichen Arbeitsbedingungen unterscheidet sich auch in seiner inhaltlichen Ausgestaltung in Spanien und Deutschland. Während die Regelung in §§ 3 Abs. 1 Nr. 3, 9 Nr. 2 AÜG auch in Bezug auf die wesentlichen Arbeitsbedingungen als Mindestgarantie ausgelegt wird, Leiharbeitnehmer also Anspruch auf die entsprechenden Bedingungen beim Verleiher haben, wenn diese sich gegenüber den Bedingungen beim Entleiher als günstiger darstellen, sind nach dem IV. CCEETT grundsätzlich die entsprechenden Arbeitsbedingungen beim Entleiher für das Leiharbeitsverhältnis maßgeblich. Lediglich wenn individualvertraglich gegenüber den Entleiherbedingungen günstigere Arbeitsbedingungen vereinbart wurden, sind diese nach dem auch in Spanien geltenden Günstigkeitsprinzip (*Principio de condición más beneficiosa*[709]) anzuwenden.

Der europäische Gesetzgeber sieht in Art. 5 Abs. 1 des 2. RL-Entw. nicht nur die Vergütung sondern auch die entsprechenden sonstigen wesentlichen Arbeitsbedingungen beim Verleiher als Mindestniveau im Rahmen des Diskriminierungsverbots an, die somit durch günstigere individualrechtlich oder kollektivrechtlich geltende Bedingungen beim Verleiher verdrängt werden.

Die Regelungen im IV. CCEETT in Spanien, wonach bestimmte Arbeitsbedingungen beim Entleiher kollektivvertraglich zu für das Leiharbeitsverhältnis

709 Vgl. hierzu ausführlich Montoya Melgar, Derecho del Trabajo, S. 225 ff.; in Art. 8 des IV. CCEETT wurde das Prinzip des Vorrangs günstigerer Individualregelungen nochmals ausdrücklich festgeschrieben.

während der Überlassung maßgeblichen Bedingungen beim Verleiher erklärt werden, stehen mit dem europäischen Richtlinienentwurf in Einklang. Übernimmt der Verleiher für die Leiharbeitsverhältnisse während der Überlassung tarifvertraglich die entsprechenden Arbeitsbedingungen beim Entleiher, scheiden ein Günstigkeitsvergleich und die Ausgestaltung als Mindestgarantieanspruch sachlogisch aus. Die Arbeitsbedingungen beim Verleiher und die Vergleichsbedingungen beim Entleiher sind für den Leiharbeitnehmer während des Überlassungszeitraums zwangsläufig identisch.

Die gesetzliche Ausgestaltung des Gleichbehandlungsgrundsatzes in §§ 3 Abs. 1 Nr. 3, 9 Nr. 2 AÜG hat die wesentlichen Arbeitsbedingungen beim Entleiher bisher nicht ausdrücklich als bloßes Mindestniveau, das durch günstigere individualrechtlich oder kollektivrechtlich geltende Bedingungen beim Verleiher übertroffen werden kann, qualifiziert[710]. Zwar lässt sich die genannte Regelung insoweit gemeinschaftskonform durch Hinzudenken des Wortes „mindestens" im Sinne der europäischen Vorgabe auslegen. Um dem Rechtsanwender Klarheit zu bieten, ist es jedoch wünschenswert, die deutsche Regelung in §§ 3 Abs. 1 Nr. 3, 9 Nr. 2 AÜG auch nach ihrem Wortlaut als Mindestgarantie auszugestalten.

cc) Ausnahmen vom Verbot der Schlechterstellung von Leiharbeitnehmern in Bezug auf Vergütung und sonstige wesentliche Arbeitsbedingungen

Ausnahmen vom Diskriminierungsverbot in Bezug auf Vergütung und sonstige wesentliche Arbeitsbedingungen sind in Spanien bisher weder gesetzlich noch tarifvertraglich vorgesehen. Abweichungsmöglichkeiten vom Gleichbehandlungsgrundsatz bringen jedoch geringere Überlassungskosten mit sich und steigern so die Attraktivität der Leiharbeit. Durch Schaffung von Ausnahmemöglichkeiten vom Gleichbehandlungsgrundsatz könnte das Potential der Leiharbeit als Mittel der Beschäftigungsförderung zu dienen, stärker genutzt werden und so die hohe Arbeitslosigkeit in Spanien effektiver bekämpft werden.

Nach deutschem Recht kann vom Verbot der Schlechterstellung von Leiharbeitnehmern gegenüber vergleichbaren Arbeitnehmern des Entleihers während der Überlassung in Bezug auf die wesentlichen Arbeitsbedingungen einschließlich der Vergütung in zwei Fällen abgewichen werden: Zum einen, wenn der für den Einsatz eingestellte Leiharbeitnehmer zuvor arbeitslos war und er während der Überlassung für einen Zeitraum von insgesamt höchstens sechs Wochen mindestens ein Nettoentgelt in Höhe seines letzten Arbeitslosengeldes erhält.

---

710 Schon im Zusammenhang mit der abgeschafften Regelung in § 10 Abs. 5 HS. 2 AÜG a.F. war streitig, ob die wesentlichen Arbeitsbedingungen beim Entleiher als Mindestniveau zugunsten der Leiharbeitnehmer zu qualifizieren waren, vgl. Boemke, AÜG, § 10 Rn. 126 einerseits und Sandmann/Marschall, AÜG, Art. 1 § 10 Rn. 35 sowie Ulber, AÜG, § 10 Rn. 92 andererseits.

Zum anderen ist eine Abweichung möglich, wenn eine entsprechende Tarifregelung, die normativ oder kraft Bezugnahme auf das Leiharbeitsverhältnis zwischen Verleiher und Entleiher Anwendung findet, dies vorsieht.

Der europäische Richtlinienentwurf enthält in seiner geänderten Fassung drei Ausnahmemöglichkeiten vom Diskriminierungsverbot gegenüber Leiharbeitnehmern (Art. 5 Abs. 2-4 des 2. RL-Entw.). So können die Mitgliedstaaten Ausnahmen vom Diskriminierungsverbot in Bezug auf das Arbeitsentgelt gegenüber Leiharbeitnehmern vorsehen, die in einem unbefristeten Leiharbeitsverhältnis stehen und auch in der Zeit zwischen zwei Überlassungen bezahlt werden. Gleiches gilt für den Fall, dass Leiharbeitnehmer bei einem Entleiher eine Tätigkeit ausführen, die aufgrund ihrer Dauer oder ihrer Natur nicht mehr als sechs Wochen in Anspruch nimmt. Daneben können Tarifverträge in den Mitgliedstaaten Abweichungen vom Gleichbehandlungsgebot insgesamt zulassen, solange ein angemessenes Schutzniveau für die Leiharbeitnehmer gewährleistet ist.

Über diese geplanten europäischen Vorgaben gehen die spanischen Regelungen zum Gleichbehandlungsgebot zugunsten von Leiharbeitnehmern in Bezug auf Vergütung und sonstige Arbeitsbedingungen, die keinerlei Ausnahmemöglichkeiten enthalten, weit hinaus[711].

Das deutsche Recht (§§ 3 Abs. 1 Nr. 3, 9 Nr. 2 AÜG) sieht, wie der europäische Richtlinienentwurf (Art. 5 Abs. 4), grundsätzlich auch unter bestimmten Voraussetzungen für den Verleiher die Möglichkeit vor, für den Zeitraum von sechs Wochen von der Gleichbehandlungspflicht abzuweichen. Der Richtlinienentwurf verknüpft diese Ausnahmemöglichkeit jedoch mit wesentlich engeren Bedingungen als die deutsche Regelung. So beschränkt Art. 5 Abs. 4 des 2. RL-Entw. die Ausnahmemöglichkeit vom Gleichbehandlungsgebot inhaltlich auf das Arbeitsentgelt, die übrigen Arbeitsbedingungen werden von der Ausnahmemöglichkeit nicht erfasst[712]. Zudem wird eine Ausnahmemöglichkeit allein für die Überlassungsfälle gewährt, die aufgrund der Dauer oder der Natur der zu verrichtenden Tätigkeit nicht mehr als sechs Wochen in Anspruch nehmen.

Die §§ 3 Abs. 1 Nr. 3 S. 1, 9 Nr. 2 AÜG beziehen dagegen nicht nur das Arbeitsentgelt sondern auch die übrigen wesentlichen Arbeitsbedingungen in die Ausnahmemöglichkeit vom Gleichbehandlungsgrundsatz für den Zeitraum von sechs Wochen ein. Insofern weicht die deutsche Regelung zum Nachteil der Leiharbeitnehmer von der geplanten europäischen Vorgabe ab und bedarf gemäß Art. 11 des Richtlinienentwurfes entsprechender Anpassung, sollte die Richtlinie verabschiedet werden.

---

711 Zur gewerkschaftlichen Kritik in Spanien an den im ersten Richtlinienentwurf vorgesehenen Ausnahmemöglichkeiten vom Diskriminierungsverbot vgl. etwa die Stellungnahme der *Union General de Trabajadores* (UGT) vom 22.11.2002 (im Internet abrufbar unter http://www.ugt.es/Ett/ugtpide.htm) sowie Sarriegui in *El País* vom 9.3.2003, S. 46.

712 Vgl. hierzu S. 184 f.

Auch die Ausgestaltung der Ausnahmemöglichkeit vom Gleichbehandlungsgebot als sechswöchige „allgemeine Anlaufphase mit einem geringeren Schutzniveau für vormals arbeitslose Leiharbeitnehmer“[713] entspricht nicht den Vorgaben des Richtlinienentwurfs. Dieser will den genannten Ausnahmefall auf Kurzprojekte mit einer Dauer bis zu sechs Wochen eingrenzen. Das deutsche Recht schränkt dagegen nicht durch eine inhaltliche Vorgabe in Bezug auf den Überlassungsfall ein, sondern wählt eine bestimmte Personengruppe aus, zuvor Arbeitslose, gegenüber denen von der Ausnahmemöglichkeit Gebrauch gemacht werden kann. Nationale Abweichungen von den Vorgaben des Richtlinienentwurfes sind möglich, soweit sie für die Arbeitnehmer günstiger sind (Art. 9 des 2. RL-Entw.), also ihren Schutz verstärken. Die Ausnahmeregelung in §§ 3 Abs. 1 Nr. 3 S. 1, 9 Nr. 2 AÜG stellt jedoch gegenüber der europäischen Vorgabe in Art. 5 Abs. 4 keine Vorschrift mit größerem Arbeitnehmerschutz dar, ein „plus“, sondern sie hat einen anderen Regelungsinhalt und ist deshalb als „aliud“ nicht von der europäischen Ermächtigung für Ausnahmen vom Gleichbehandlungsgrundsatz in Art. 5 Abs. 4 gedeckt. Die Ausnahme vom Gleichbehandlungsgrundsatz in §§ 3 Abs. 1 Nr. 3 S. 1, 9 Nr. 2 AÜG bedarf bei Inkrafttreten der Richtlinie somit entsprechender Anpassung. Die Ausnahmemöglichkeit, die der europäische Gesetzgeber für Tätigkeiten bis zu sechs Wochen vorsieht, dürfte in der Praxis zu wesentlich mehr Anwendungsfällen führen als die entsprechende auf zuvor Arbeitslose beschränkte deutsche Ausnahmeregelung. Umfassendere Ausnahmemöglichkeiten vom Gleichbehandlungsgrundsatz ermöglichen geringere Überlassungskosten und fördern die Attraktivität der Leiharbeit in Deutschland. Für den deutschen Gesetzgeber erscheint es deshalb erwägenswert, die genannte europäische Ausnahmeregelung anstelle der bislang geltenden Ausnahmeregelung einführen.

Wie Art. 5 Abs. 3 des Richtlinienentwurfs ermächtigt auch das deutsche Recht in §§ 3 Abs. 1 Nr. 3, 9 Nr. 2 AÜG, durch Tarifvertrag vom Gleichbehandlungsgrundsatz abzuweichen: So kann im Rahmen eines normativ auf das Leiharbeitsverhältnis tarifgebundener Parteien wirkenden Tarifvertrages Abweichendes vereinbart werden. Daneben können aber auch nichtorganisierte Arbeitsvertragsparteien, die ansonsten unter den Geltungsbereich eines die Gleichbehandlungspflicht abbedingenden Tarifvertrages fallen, durch Bezugnahme auf diesen Tarifvertrag im Rahmen des Leiharbeitsvertrages die Gleichbehandlungspflicht umgehen. Der europäische Richtlinienentwurf spricht in diesem Zusammenhang zwar nur von einem Abweichen durch Tarifvertrag. Ob der europäische Gesetzgeber, etwa um Ausnahmen vom Diskriminierungsverbot durch Tarifvertrag möglichst zu begrenzen, seine Ausnahmeermächtigung auf Fälle normativer tarifvertraglicher Wirkung beschränken wollte, ist jedoch offen und auch der Begründung des Richtlinienentwurfs nicht zu entnehmen. Poten-

---

[713] Bertram, ZESAR 2003, 205, 210.

tieller inhaltlicher Anpassungsbedarf des deutschen Gesetzgebers kann aus dem Richtlinienentwurf insoweit nicht abgeleitet werden.

Art. 5 Abs. 3 des Richtlinienentwurfs enthält eine Einschränkung der Abweichungsmöglichkeit vom Gleichbehandlungsgrundsatz durch Tarifvertrag dahingehend, dass jedenfalls „ein angemessenes Schutzniveau für die Leiharbeitnehmer" gewährleistet bleiben muss, ohne allerdings einen Bemessungsmaßstab vorzugeben[714]. Eine solche Einschränkung sehen §§ 3 Abs. 1 Nr. 3, 9 Nr. 2 AÜG nicht ausdrücklich vor. Allerdings können europarechtliche Vorgaben im Wege gemeinschaftskonformer Auslegung und Anwendung des deutschen Rechts beachtet werden. So ist etwa die Frage, ob sich eine tarifliche Regelung i.S.d. §§ 3 Abs. 1 Nr. 3, 9 Nr. 2 AÜG darauf beschränken kann, die Arbeitsvertragsparteien zu, vom Gleichbehandlungsgrundsatz abweichenden Vereinbarungen zu ermächtigen, oder ob der Tarifvertrag selbst abweichende Regelungen zu den Arbeitsbedingungen aufstellen muss, unter Berücksichtigung der europarechtlichen Bestimmungen im letzteren Sinne zu entscheiden. Bei einer vom Gleichbehandlungsgrundsatz abweichenden tarifvertraglichen Regelung der wesentlichen Arbeitsbedingungen einschließlich des Arbeitsentgeltes kann wegen der allgemein dem Tarifvertrag innewohnenden Richtigkeitsgewähr[715] regelmäßig davon ausgegangen werden, dass ihr ein angemessener Ausgleich der Interessen von Verleiher und Leiharbeitnehmern zugrunde liegt und damit ein angemessenes Schutzniveau für die Leiharbeitnehmer gewährleistet ist[716]. Dies gilt bei einer abweichenden individuellen Vereinbarung im Rahmen des Leiharbeitsvertrages nicht. Art. 5 Abs. 3 des 2. RL-Entw. gewährt insoweit auch einen nationalen Umsetzungsspielraum. Ein potentielles Bedürfnis für den deutschen Gesetzgeber, regelnd einzugreifen und das angemessene Schutzniveau der Leiharbeitnehmer als Grenze tarifvertraglicher Ausnahmemöglichkeiten vom Gleichbehandlungsgrundsatz gesetzlich ausdrücklich festzuschreiben, besteht deshalb nicht.

Von der Ermächtigung in Art. 5 Abs. 2 des 2. RL-Entw., eine Ausnahmemöglichkeit vom Gleichbehandlungsgrundsatz in Bezug auf die Leiharbeitnehmer vorzusehen, die in einem unbefristeten Arbeitsverhältnis stehen und auch in der Zeit zwischen zwei Überlassungen bezahlt werden, macht das deutsche Recht bislang keinen Gebrauch. Zumindest bis zur Abschaffung der besonderen Befristungs- und Synchronisationsverbote (§§ 3 Abs. 1 Nr. 3, 5; 9 Nr. 2 AÜG) durch das „Erste Gesetz für moderne Dienstleistungen am Arbeitsmarkt" hat der Gesetzgeber zwar das dauerhafte, unbefristete Leiharbeitsverhältnis als Standard

---

714 Der Änderungsantrag Nr. 41 zum ersten Richtlinienentwurf (A5-0356/2002, S. 31) des Ausschusses für Beschäftigung und soziale Angelegenheiten des Europäischen Parlaments, der darauf abzielte, diese einschränkende Formulierung wegen der mit ihr verbundenen Rechtsunsicherheit zu beseitigen, fand bei der Kommission keine Beachtung.

715 Löwisch/Rieble, TVG, § 1 Rn. 1 ff.; Wiedemann, in: Wiedemann, TVG, Einl. Rn. 221.

716 So auch Raab, ZfA 2003, 389, 409; Thüsing, DB 2002, 2218, 2220.

gegenüber der befristeten Beschäftigung gefördert. In der Praxis zeigt sich jedoch, dass schon bislang gerade einmal etwa ein Drittel der beendeten Leiharbeitsverhältnisse eine Dauer von mehr als drei Monaten aufweist, dauerhafte Beschäftigung von Leiharbeitnehmern insbesondere wegen des vom Zeitarbeitsunternehmen zu tragenden Verleihrisikos also die Ausnahme darstellt[717]. Die Aufhebung der genannten besonderen Befristungs- und Synchronisationsverbote wird diesen Trend wohl weiter verstärken. Die Umsetzung der Ausnahmeermächtigung in Art. 5 Abs. 2 des 2. RL-Entw. würde zwar grundsätzlich einen gewissen Anreiz schaffen, Leiharbeitsverhältnisse unbefristet und dauerhaft zu schließen. Neben der Möglichkeit für Verleiher in §§ 3 Abs. 1 S. 2 und 3, 9 Nr. 2 AÜG durch normativ oder kraft Bezugnahme geltenden Tarifvertrag den Gleichbehandlungsgrundsatz zu umgehen und sich zusätzlich durch zeitliche Synchronisierung von Leiharbeits- und Überlasungsvertrag auch des Beschäftigungsrisikos zu entledigen, käme der Umsetzung der Ausnahme in Art. 5 Abs. 2 des 3. RL-Entw. in deutsches Recht jedoch wohl nur geringe praktische Relevanz zu.

IV. Das Rechtsverhältnis zwischen Leiharbeitnehmer und Entleiher

1.) In Spanien

a) Entstehung eines unbefristeten Arbeitsverhältnisses des Leiharbeitnehmers mit dem Entleiher bei geduldeter Weiterarbeit trotz Ablauf des Überlassungsvertrages

Erbringt der Leiharbeitnehmer nach Ablauf des Überlassungsvertrages weiterhin seine Arbeitsleistung beim Entleiher mit dessen Duldung, so wird gemäß Art. 7 Abs. 2 LETT das Entstehen eines unbefristeten Arbeitsvertrages zwischen dem Leiharbeitnehmer und dem Entleiher fingiert.

Aus der Tatsache, dass der Leiharbeitnehmer nach Ablauf des Überlassungsvertrages beim Entleiher weiterarbeitet und der Entleiher die Arbeitsleistung annimmt, wird auf einen stillschweigenden Willen der Beteiligten geschlossen, sich vertraglich zu binden. Aus der gesetzlichen Stellung dieser Regelung als Absatz 2 des Art. 7 LETT, der sich in seinem ersten Absatz mit der zulässigen Höchstdauer eines Überlassungsvertrages beschäftigt, lässt sich auch der Charakter einer Sanktion herauslesen, die den Entleiher trifft, wenn er über die gesetzlich zulässige Zeitspanne hinaus auf die Dienste eines Leiharbeitnehmers zu-

[717] Vgl. Jahn/Rudolph, IAB-Kurzbericht Nr. 20, Tabelle 3.

rückgreift[718]. Abzugrenzen ist Art. 7 Abs. 2 LETT von Art. 43 Abs. 3 ET, der bei illegaler Arbeitnehmerüberlassung ein Wahlrecht des Leiharbeitnehmers begründet, beim Verleiher oder Entleiher den Status eines unbefristet Beschäftigten zu erlangen: Art. 7 Abs. 2 LETT enthält eine Spezialregelung für den Fall, dass die zunächst rechtmäßige Arbeitnehmerüberlassung wegen Überschreitens der gesetzlich zulässigen Höchstüberlassungsdauer dann rechtswidrig wird.

Die Fiktion eines unbefristeten Arbeitsvertrages tritt erst mit dem Ablauf der im Überlassungsvertrag vereinbarten Zeitspanne ein und auch nur dann, wenn die für die jeweilige Fallgruppe zulässiger Arbeitnehmerüberlassung gesetzlich festgelegte Maximalfrist überschritten wurde[719]. Ist diese gesetzliche Maximalfrist noch nicht ausgeschöpft, gilt zunächst der Einsatz des Leiharbeitnehmers bis zu ihrem Ablauf als stillschweigend verlängert, ohne dass Art. 7 Abs. 2 LETT eingreift[720].

Die Entstehung eines unbefristeten Arbeitsverhältnisses mit dem Entleiher ist unabhängig davon, ob der Leiharbeitnehmer mit dem Verleiher einen auf den konkreten Arbeitseinsatz befristeten Arbeitsvertrag geschlossen hat oder bei diesem unbefristet beschäftigt ist. Ein unbefristeter Arbeitsvertrag zwischen Verleiher und Leiharbeitnehmer wird bei Eingreifen von Art. 7 Abs. 2 LETT zum Erlöschen gebracht[721].

Umstritten ist, ob gegen die gesetzliche Fiktion eines konkludent geschlossenen, unbefristeten Arbeitsvertrages zwischen Leiharbeitnehmer und Entleiher nach Art. 7 Abs. 2 LETT das Führen des Gegenbeweises durch den Entleiher dahingehend möglich ist, dass die Beschäftigung des Leiharbeitnehmers bei ihm nur vorübergehend erfolgen sollte[722]. Die LETT selbst enthält insoweit keinen Anhaltspunkt. Teilweise wird die Möglichkeit des Gegenbeweises mit dem Hinweis auf die Regelung des Art. 49 Abs. 1 ET bejaht[723]. Dieser enthält für den Fall der Weiterarbeit trotz Ablaufs eines befristeten Arbeitsvertrages die gesetzliche Vermutung einer stillschweigenden Vereinbarung zwischen Arbeitgeber und Arbeitnehmer zur Verlängerung des Arbeitsverhältnisses auf unbestimmte

718 Godino Reyes/Sagardoy de Simón, Contrata y subcontrata de obras y servicios. La cesión de trabajadores a través de las empresas de trabajo temporal, S. 162; in diesem Sinne wohl auch Pérez Pérez, Empresas de trabajo temporal y relaciones laborales, S. 336.

719 Rodríguez-Piñero Royo, Las empresas de trabajo temporal en España, S. 92 f.

720 STS vom 22.10.1999 (Ar. 7833/1999).

721 Valdés de la Vega, Las Empresas de Trabajo Temporal, S. 64; Iglesias Cabero, AL 2000, Band 1, Rn. 119, 129; Valdés Dal-Ré, Las relaciones juridicas entre empresas de trabajo temporal y la empresa usuaria: el contrato de puesta a disposición, S. 77, 94; Valdés Dal-Ré/Casas Baamonde, RL 1995, Band 1, 39, 50 f.

722 Vgl. zu dieser Frage Chacartegui Jávega, Empresas de Trabajo Temporal y Contrato de Trabajo, S. 225 f.; Rodríguez-Piñero Royo, Las empresas de trabajo temporal en España, S. 93; Valdés de la Vega, Las Empresas de Trabajo Temporal, S. 64 f.

723 Chacartegui Jávega, Empresas de Trabajo Temporal y Contrato de Trabajo, S. 225.

Zeit. Die gesetzliche Vermutung ist in diesem Zusammenhang widerlegbar, wenn der Gegenbeweis dahingehend geführt wird, dass die Arbeitsleistung nur zeitlich befristet erbracht werden sollte[724]. Die Konstellation des Art. 49 Abs. 1 ET ist dem Fall des Art. 7 Abs. 2 LETT im Grundsatz sehr ähnlich. Ein entscheidender Unterschied ist zwischen beiden Normen jedoch festzuhalten: Anders als Art. 49 Abs. 1 ET verfolgt Art. 7 Abs. 2 LETT auch den Gedanken, den Entleiher bei Überschreitung der gesetzlichen Höchstfristen für die Arbeitnehmerüberlassung zu sanktionieren. Mit dieser Gesetzesintention ist die Möglichkeit zur Erbringung des Gegenbeweises durch den Entleiher nicht vereinbar[725].

Wird der Leiharbeitnehmer durch die öffentliche Verwaltung beschäftigt, ist Art. 7 Abs. 2 LETT mit seinen Folgen durch Art. 198 Abs. 3 R.D.Leg. 2/2000 vom 16.6.2000[726], der das Gesetz über den Vertragsschluss durch die öffentliche Verwaltung (*Ley* 13/1995 vom 18.5.1995) reformierte, ausgeschlossen.

b) Subsidiäre Haftung des Entleihers für Verpflichtungen des Verleihers in Bezug auf Gehaltsansprüche des Leiharbeitnehmers und Sozialversicherungsbeiträge bei rechtmäßiger Arbeitnehmerüberlassung

Gemäß Art. 16 Abs. 3 S. 2 LETT haftet der Entleiher subsidiär für die aus dem Leiharbeitsvertrag bestehenden Verpflichtungen des Verleihers in Bezug auf Gehalt und Sozialversicherungsbeiträge während der Laufzeit des Überlassungsvertrages. Wenn also der Verleiher seinen Verpflichtungen in Bezug auf Gehalt und Sozialversicherungsbeiträge für Leiharbeitnehmer nicht nachkommt und auch die von ihm gestellte Sicherheitsleistung nicht zur Befriedigung der Ansprüche ausreicht, kommt die subsidiäre Haftung des Entleihers zum Tragen (Art. 9 Abs. 5 RDETT). Solange der Leiharbeitnehmer oder Sozialversicherungsträger aber nicht erfolglos die Zwangsvollstreckung gegenüber dem Verleiher betrieben hat, kann der Entleiher die Einrede der Vorausklage aus Art. 1830 CC erheben[727].

Leistet der Entleiher gegenüber dem Leiharbeitnehmer, steht ihm gemäß Art. 1838 CC ein Rückgriffsanspruch gegenüber dem Verleiher zu, den er gemäß Art. 1195 CC gegen dessen Forderung aus dem Überlassungsvertrag aufrechnen kann[728].

---

724 Alzaga Ruiz, Contratación laboral temporal: Un estudio jurisprudencial, S. 51 f. m.w.N.

725 STSJ de Murcia vom 17.2.1997 (AS 375/1997); Rodríguez-Piñero Royo, Las empresas de trabajo temporal en España, S. 93; im Ergebnis auch Valdés Dal-Ré/Casas Baamonde, RL 1995, Band 1, 39, 51; Valdés Dal-Ré, Las relaciones juridicas entre empresas de trabajo temporal y la empresa usuaria: el contrato de puesta a disposición, S. 77, 94.

726 B.O.E. vom 21.6.2000.

727 Pérez Pérez, Empresas de trabajo temporal y relaciones laborales, S. 330.

728 Molero Marañon, La responsabilidad empresarial frente al personal de las Empresas de Trabajo Temporal, S. 82 f.; Chacartegui Jávega, Empresas de Trabajo Temporal y Contrato

Im ursprünglichen Gesetzentwurf zu Art. 16 Abs. 3 LETT war eine gesamtschuldnerische Haftung des Entleihers mit dem Verleiher vorgesehen. Mit Blick auf die vom Verleiher zu stellende Sicherheitsleistung beschränkte sich der Gesetzgeber aber letztlich auf die Einführung einer nur subsidiären Haftung des Entleihers[729].

Wie bei der Haftung des Verleihers nach Art. 12 Abs. 1 LETT tritt auch bei der subsidiären Haftung des Entleihers nach Art. 16 Abs. 3 LETT die Frage auf, ob auch Forderungen, die nicht Entgeltcharakter im engeren Sinne haben, wie etwa der Anspruch auf Abgangsentschädigung nach Art. 11 Abs. 2 LETT[730], vom Haftungsumfang erfasst sind. Dies wird teilweise zum Schutz der Leiharbeitnehmer angenommen[731]. Nach überwiegender Auffassung scheidet jedoch wegen des klaren Wortlauts des Art. 16 Abs. 3 LETT, der nur von einer Haftung für Entgeltverpflichtungen spricht, eine Haftung des Entleihers auch für sonstige Forderungen aus[732]. Zweck der Haftungsregel des Art. 16 Abs. 3 LETT ist es, den Entleiher als Empfänger der Arbeitsleistung des Leiharbeitnehmers auch für deren Gegenleistung, die Bezahlung des Leiharbeitnehmers, haften zu lassen. Eine Einbeziehung sonstiger Forderungen des Leiharbeitnehmers gegenüber dem Verleiher in die Haftung nach Art. 16 Abs. 3 LETT ist nach diesem Gesetzeszweck nicht geboten. So dient etwa die Abgangsentschädigung des Art. 11 Abs. 2 LETT nicht der Entlohnung des Leiharbeitnehmers für geleistete Arbeit beim Entleiher, sondern dem Ausgleich bzw. der Abmilderung von Nachteilen, die sich aus der nur zeitlich befristeten Beschäftigung ergeben. Hierfür den Entleiher haften zu lassen, der keinen Einfluss auf die zeitliche Gestaltung der

---

de Trabajo, S. 320; Cruz Villalón, El marco jurídico de las empresas de trabajo temporal, S. 45, 105.

729 Chacartegui Jávega, Empresas de Trabajo Temporal y Contrato de Trabajo, S. 316 Fn. 610 mit Verweis auf die Gesetzesmaterialien; kritisch Rodríguez-Piñero Royo, Las empresas de trabajo temporal en España, S. 135 ff.; Gala Durán, Derechos y obligaciones entre los trabajadores cedidos por las Empresas de trabajo temporal y las empresas usuarias, S. 212.

730 Vgl. hierzu S. 169.

731 So Molero Marañon, La responsabilidad empresarial frente al personal de las Empresas de Trabajo Temporal, S. 144 f., die die Haftung von Verleiher und Entleiher als inhaltlich identisch ansieht; vgl. auch García-Perrote Escartín, La cesión de trabajadores en el ordenamiento laboral español (II): Tipos de cesiones licitas. Empresas de trabajo temporal, S. 127, 157, allerdings ohne Begründung; Gala Durán, RL 2000, Band 1, 131, 142 ff. in Bezug auf die Haftung des Prinzipals nach Art. 42 Abs. 2 ET für „Verpflichtungen mit Entgeltcharakter".

732 Cruz Villalón, El marco jurídico de las empresas de trabajo temporal, S. 45, 105; Chacartegui Jávega, Empresas de Trabajo Temporal y Contrato de Trabajo, S. 320; Coello de Portugal Silva, RTSS Nr. 20 (1995), 7, 42 f.; García Fernández, AL 1996, Band 1, Rn. 23, 31; STS vom 19.1.1998 (Ar. 998/1998) in Bezug auf die Haftung des Prinzipals nach Art. 42 Abs. 2 ET für „Verpflichtungen mit Entgeltcharakter".

Leiharbeitsverträge hat, erscheint aber unbillig[733]. In jedem Fall bezieht sich die subsidiäre Haftung nur auf Forderungen, die während des Überlassungszeitraums entstanden sind.

Die Haftung des Entleihers hängt unmittelbar von der Erfüllung der Zahlungsverpflichtungen gegenüber Leiharbeitnehmer und Sozialversicherung durch den Verleiher ab. Um die Erfüllung dieser Verpflichtungen des Verleihers kontrollieren zu können, so das eigene Haftungsrisiko abschätzen und entsprechend eingreifen zu können, hat der Verleiher gegenüber dem Entleiher gewisse Informationspflichten gemäß Art. 16 Abs. 3 S. 3 LETT i.V.m. Art. 17 RDETT[734]. Eine Verletzung dieser Informationspflichten seitens des Verleihers stellt einen, von Art. 18 Abs. 1 lit. c) LISOS als leicht qualifizierten und mit Bußgeld ahndbaren Gesetzesverstoß dar. Ein Haftungsausschluss zugunsten des Entleihers bei fehlender oder falscher Information durch den Verleiher kann, da gesetzlich nicht vorgesehen, nicht angenommen werden[735]. Ein solcher Haftungsausschluss würde dem eigentlichen Gesetzeszweck des Art. 16 Abs. 3 LETT, insbesondere die Vergütungsansprüche des Leiharbeitnehmers umfassend zu schützen, zuwiderlaufen.

Nach Art. 16 Abs. 3 S. 2 LETT haftet der Entleiher in Fällen rechtswidriger Arbeitnehmerüberlassung neben dem Verleiher gesamtschuldnerisch, etwa dann, wenn der Überlassungsvertrag keine von Art. 6 Abs. 2 LETT i.V.m. Art. 15 ET zugelassene oder eine von Art. 8 LETT ausdrücklich für unzulässig erklärte Fallgruppe zum Gegenstand hat, aber auch dann, wenn der Überlassungsvertrag gegen das Schriftformerfordernis nach Art. 6 Abs. 3 LETT verstößt[736].

c) Recht des Leiharbeitnehmers auf Benutzung kollektiver Einrichtungen des Entleihers

Gemäß Art. 17 Abs. 2 LETT haben Leiharbeitnehmer das Recht, die Transportmittel und kollektiven Einrichtungen des Entleihers während der Laufzeit des Überlassungsvertrages zu benutzen.

Art. 17 Abs. 2 LETT ist weitere Ausprägung des auch in Art. 11 Abs. 1 LETT sowie in einigen Regelungen des IV. CCEETT zum Ausdruck kommenden Prinzips der Gleichbehandlung von Leiharbeitnehmern mit Beschäftigten des

---

733 A.A. López Balaguer, La relación laboral de los trabajadores puestos a disposición, S. 153.

734 Hiernach hat der Verleiher dem Entleiher
a) eine Kopie des Arbeitsvertrages bzw. der konkreten Arbeitsanweisung,
b) eine Bestätigung der Erfüllung von Gehaltsforderungen und Zahlung von Sozialversicherungsbeiträgen
zu übermitteln.

735 Cruz Villalón, El marco jurídico de las empresas de trabajo temporal, S. 45, 106.

736 Siehe im Einzelnen S. 222 f.

Entleihers und soll eine Eingliederung der Leiharbeitnehmer in den Entleiherbetrieb erleichtern[737].

Der erste von Art. 17 Abs. 2 LETT gewährte Anspruch beinhaltet ein Recht der Leiharbeitnehmer, die Transportmittel, die der Entleiher seiner Stammbelegschaft für den Arbeitsweg zur Verfügung stellt, in gleicher Weise wie diese nutzen zu können. Wird die Stammbelegschaft kostenlos befördert, so muss dies auch für die Leiharbeitnehmer gelten[738].

Des Weiteren verschafft Art. 17 Abs. 2 LETT den Leiharbeitnehmern Zugang zu den kollektiven Einrichtungen des Entleihers. Neben Einrichtungen, die dem Schutz der Gesundheit der Arbeitnehmer dienen, wie z.B. dem Sanitätsbereich, sind auch sonstige Einrichtungen wie etwa Waschräume, die Kantine oder Fitnessräume von der Vorschrift umfasst, wobei auch hier das Zugangsrecht den Leiharbeitnehmern unter den gleichen Voraussetzungen zusteht wie der Stammbelegschaft[739].

Art. 19 Abs. 2 lit. c) LISOS qualifiziert es als schweren, mit Bußgeld zu ahndenden Gesetzesverstoß, wenn der Entleiher den Leiharbeitnehmern den Zugangsanspruch nicht gewährt.

2.) In Deutschland

a) Gesetzliche Fiktion eines Arbeitsverhältnisses des Leiharbeitnehmers mit dem Entleiher im Falle vermuteter Arbeitsvermittlung nach §§ 1 Abs. 2, 3 Abs. 1 AÜG?

Neben der gesetzlichen Fiktion eines Arbeitsverhältnisses zwischen Entleiher und Leiharbeitnehmer im Falle der Unwirksamkeit des Leiharbeitsvertrages nach §§ 10 Abs. 1 S. 1, 9 Nr. 1 AÜG[740] wurde auch gemäß §§ 1 Abs. 2, 3 Abs. 1, 13 AÜG a.F. ein Arbeitsverhältnis zwischen Entleiher und Leiharbeitnehmer fingiert: Voraussetzung war, dass auf Seiten des Verleihers ein Verbotstatbestand nach § 3 Abs. 1 AÜG eingriff, der die Vermutung gemäß § 1 Abs. 2 AÜG auslöste, dass illegale Arbeitsvermittlung vorlag[741]. Konnte der Verleiher diese

---

737 Godino Reyes/Sagardoy de Simón, Contrata y subcontrata de obras y servicios. La cesión de trabajadores a través de las empresas de trabajo temporal, S. 162; Rodríguez-Piñero Royo, Las empresas de trabajo temporal en España, S. 141; Pérez Pérez, Empresas de trabajo temporal y relaciones laborales, S. 333.

738 Crespan Echegoyen/Gonzalez Martin/Lopez Parada, Empresas de Trabajo Temporal, Rn. 568; Pérez Pérez, Empresas de trabajo temporal y relaciones laborales, S. 332 f.

739 Crespan Echegoyen/Gonzalez Martin/Lopez Parada, Empresas de Trabajo Temporal, Rn. 568; vgl. auch die inhaltsgleiche Regelung in Art. 14 Abs. 2 des IV. CCEETT.

740 Hierzu ausführlich S. 224 ff.

741 Zur Abgrenzung von Arbeitnehmerüberlassung und Arbeitsvermittlung vgl. die Nachweise in Fn. 75.

Vermutung nicht durch den Nachweis, dass er Arbeitgeber geblieben sei, der Schwerpunkt des Arbeitsverhältnisses des Leiharbeitnehmers also zu ihm und nicht zu einem Entleiher bestehe[742], widerlegen, wurde § 13 AÜG a.F. über seinen Wortlaut hinaus dahingehend ausgelegt, dass er die Begründung eines Arbeitsverhältnisses zwischen Leiharbeitnehmer und Entleiher kraft Gesetzes auslöste[743]. Die gesetzliche Fiktion eines Arbeitsverhältnisses zwischen Leiharbeitnehmer und Entleiher beendete nach überwiegender Auffassung das Leiharbeitsverhältnis mit dem Verleiher[744]. Nach der Abschaffung des § 13 AÜG a.F. durch das Arbeitsförderungsreformgesetz (AFRG)[745] mit Wirkung zum 1.4.1997 scheidet nun die Annahme eines gesetzlich fingierten Arbeitsverhältnisses in den Fällen, in denen die Vermutung illegaler Arbeitsvermittlung nach § 1 Abs. 2 AÜG i.V.m. 3 Abs. 1 AÜG nicht widerlegt werden kann, aus[746]. Der Vermutung in Richtung Arbeitsvermittlung[747] nach § 1 Abs. 2 AÜG kommt damit arbeitsrechtlich letztlich keine eigene Funktion mehr zu[748]. Der Leiharbeitnehmer wird

---

742 BAG vom 21.3.1990, AP Nr. 15 zu § 1 AÜG = DB 1991, 282; vom 1.6.1994, AP Nr. 11 zu § 10 AÜG = NZA 1995, 465; Boemke, AÜG, § 1 Rn. 144 mit einer Aufzählung von Abgrenzungskriterien.

743 BAG vom 10.2.1977, AP Nr. 9 zu § 103 BetrVG 1972 = BB 1977, 945; BAG vom 23.11.1988, AP Nr. 14 zu § 1 AÜG = NZA 1989, 812; Wank, in: ErfK, § 13 AÜG Rn. 2; Sandmann/Marschall, AÜG, Art. 1 § 1 Rn. 67; Boemke, AÜG, § 1 Rn. 154 mit Einzelheiten zum Inhalt des fingierten Arbeitsverhältnisses.

744 BAG vom 10.2.1977, AP Nr. 9 zu § 103 BetrVG 1972 = BB 1977, 945; Wank, in: ErfK, § 13 AÜG Rn. 3; a.A. Engelbrecht, Die Abgrenzung der Arbeitnehmerüberlassung von der Arbeitsvermittlung, S. 120.

745 BGBl. I, S. 594.

746 So zutreffend BAG vom 28.6.2000, AP Nr. 3 zu § 13 AÜG = NZA 2000, 1160; Sandmann/Marschall, AÜG, Art. 1 § 1 Rn. 67 m.w.N.; Boemke, AÜG, § 1 Rn. 155; Säcker/Kühnast, ZfA 2001, 117, 126 ff.; Wank, in: ErfK, § 13 AÜG Rn. 3 f.; missverständlich allerdings in § 1 AÜG Rn. 59; a.A. Düwell, in: KasselerHandb, 4.5 Rn. 314; Mohr/Pomberg, DB 2001, 590, 593 f.; Feuerborn/Hamann, BB 1997, 2530, 2534, die § 10 Abs. 1 S. 1 AÜG analog anwenden wollen.

747 Auch nach den Änderungen im Arbeitsvermittlungsrecht, wonach Vermittlungstätigkeit nun keiner behördlichen Erlaubnis mehr bedarf, ist eine Abgrenzung zwischen Arbeitsvermittlung und Arbeitnehmerüberlassung weiterhin erforderlich. Eine natürliche oder juristische Person kann sowohl als Vermittler tätig sein, als auch Arbeitnehmerüberlassung betreiben. Allerdings stehen die beiden Handlungsmöglichkeiten in einem Alternativverhältnis: Ein und dieselbe Handlung bezogen auf einen Arbeitnehmer darf nicht Arbeitnehmerüberlassung und Arbeitsvermittlung miteinander vermengen (vgl. zur Abgrenzung ausführlich Hamann, in: Schüren, AÜG, § 1 Rn. 344 ff.; Sandmann/Marschall, AÜG, Art. 1 § 1 Rn. 39 ff.; Engelbrecht, Die Abgrenzung der Arbeitnehmerüberlassung von der Arbeitsvermittlung, S. 1 ff.; zur Neuregelung der privaten Arbeitsvermittlung vgl. Kossens, DB 2002, 843 ff.).

748 Boemke, AÜG, § 1 Rn. 156; a.A. Behrend, BB 2001, 2641 ff. und sich ihr anschließend Schüren, in: Schüren, AÜG § 1 Rn. 436 ff., die § 1 Abs. 2 AÜG als Beweislastregel und nicht als Rechtsfolgenregelung auffassen.

hierdurch aber nicht schutzlos gestellt, da sein Arbeitsverhältnis zum Verleiher, auch wenn ein Fall vermuteter Arbeitsvermittlung i.S.d. § 1 Abs. 2 AÜG vorliegt, weiterbesteht[749].

b) Subsidiäre Haftung des Entleihers für Verpflichtungen des Verleihers in Bezug auf die Abführung von Sozialversicherungsbeiträgen und Lohnsteuer bei rechtmäßiger Arbeitnehmerüberlassung

Dem Verleiher als Arbeitgeber obliegt es, den Leiharbeitnehmer zu vergüten und den entsprechenden Gesamtsozialversicherungsbeitrag[750] (§ 28e Abs. 1 S. 1 i.V.m. 28d Abs. 1 SGB IV) sowie die Lohnsteuer abzuführen (§§ 42d Abs. 1 Nr. 1, 38 Abs. 3 EStG).

Der Entleiher haftet im Falle rechtmäßiger Arbeitnehmerüberlassung für die im Überlassungszeitraum entstehenden Verpflichtungen des Verleihers in Bezug auf den Gesamtsozialversicherungsbeitrag nach Maßgabe des § 28e Abs. 2 S. 2 SGB IV wie ein selbstschuldnerischer Bürge (§§ 28e Abs. 2 S. 1, 2 SGB IV). Auch in Bezug auf die vom Verleiher abzuführende Lohnsteuer trifft den Entleiher, neben dem Leiharbeitnehmer (§ 42 Abs. 3 EStG), grundsätzlich nach § 42d Abs. 6 EStG eine Ausfallhaftung, von der sich der Entleiher unter den Voraussetzungen von S. 2 und 3 entlasten kann. Eine subsidiäre Haftung des Entleihers für Vergütungsansprüche des Leiharbeitnehmers besteht dagegen bei rechtmäßiger Arbeitnehmerüberlassung nicht[751].

c) Recht des Leiharbeitnehmers auf Benutzung kollektiver Einrichtungen des Entleihers

Gemäß §§ 3 Abs. 1 Nr. 3, 9 Nr. 2 AÜG n.F. ist der Leiharbeitnehmer während der Zeit seiner Überlassung an einen Entleiher bezüglich der wesentlichen Arbeitsbedingungen mit vergleichbaren Arbeitnehmern des Entleihers grundsätzlich gleichzubehandeln. Nach der Vorstellung des Gesetzgebers ist unter den Begriff der wesentlichen Arbeitsbedingungen neben der Dauer der Arbeitszeit und des Urlaubs auch die Nutzungsmöglichkeit in Bezug auf soziale Einrichtun-

---

[749] BAG vom 28.6.2000, AP Nr. 3 zu § 13 AÜG = NZA 2000, 1160; LAG Baden-Württemberg vom 5.10.1998, LAGE Nr. 2 zu § 10 AÜG; Boemke, AÜG, § 1 Rn. 156; Groeger, DB 1998, 470, 471; Wank, in: ErfK, § 13 AÜG, Rn. 3 f. m.w.N, missverständlich allerdings in § 1 AÜG Rn. 59; a.A. Behrend, BB 2001, 2643.

[750] Der Gesamtsozialversicherungsbeitrag soll im Rahmen dieser Arbeit exemplarisch für die den Arbeitgeber treffenden Versicherungslasten herausgegriffen werden. Zur Haftung in Bezug auf den Unfallversicherungsbeitrag vgl. Vor, EuroAS 2002, 175, 176 ff.

[751] Zur gesamtschuldnerischen Haftung von Verleiher und Entleiher in Bezug auf Vergütungsansprüche des Leiharbeitnehmers bei mangels Verleiherlaubnis rechtswidriger Arbeitnehmerüberlassung vgl. S. 226.

gen des Entleihers[752], etwa kollektive Transportmittel oder Kantinen, zu fassen[753]. Verpflichteter des Gleichbehandlungsgrundsatzes nach §§ 3 Abs. 1 Nr. 2 und 9 Nr. 2 AÜG ist der Verleiher[754]. Dem Verleiher obliegt es somit, für seine Leiharbeitnehmer eine Nutzungsmöglichkeit in Bezug auf soziale Einrichtungen des Entleihers zu gewährleisten. In Konsequenz hat der Verleiher mit dem Entleiher ein Zugangsrecht zugunsten seiner Leiharbeitnehmer während des Überlassungszeitraumes, etwa im Rahmen des Überlassungsvertrages, zu vereinbaren[755]. Ein Anspruch der Leiharbeitnehmer direkt gegenüber dem Entleiher auf gleichen Zugang zu seinen sozialen Einrichtungen ist gesetzlich nicht ausdrücklich vorgesehen[756].

3.) Inhalt des europäischen Richtlinienentwurfs

Für das Rechtsverhältnis zwischen Leiharbeitnehmer und Entleiher enthält der Richtlinienentwurf unterschiedliche Regelungsvorgaben: In Art. 6 Abs. 1 begründet der geänderte Richtlinienvorschlag eine Verpflichtung, Leiharbeitnehmer über offene Stellen im Entleiherunternehmen zu informieren. Außerdem wird ein Anspruch der Leiharbeitnehmer, gleichen Zugang zu kollektiven Einrichtungen des Entleihers wie dessen Stammbelegschaft zu haben, festgeschrieben (Art. 6 Abs. 4).

a) Informationsanspruch des Leiharbeitnehmers in Bezug auf offene Stellen beim Entleiher

Um Leiharbeitnehmern den Wechsel in ein festes, insbesondere unbefristetes Arbeitsverhältnis bei einem Entleiher zu erleichtern, enthält der Richtlinienentwurf in Art. 6 Abs. 1 S. 1 eine Verpflichtung, diese über offene Stellen im Entleiherunternehmen zu informieren. Vorbild für diese Regelung ist § 6 Abs. 1 der Rahmenvereinbarung über befristete Arbeitsverträge, die durch die Richtlinie 1999/70/EG umgesetzt wurde. Diese Vorschrift normiert eine entsprechende Informationspflicht gegenüber befristet Beschäftigten.

---

752 Zu sozialen Einrichtungen vgl. allgemein Löwisch/Kaiser, BetrVG, § 87 Rn. 124 ff, 128; Wiese, in: GK-BetrVG § 87 Rn. 677 ff.

753 BT-Drs. 15/25, S. 38.

754 Sandmann/Marschall, AÜG, Art. 1 § 3 Rn. 21c; Schüren, in: Schüren, AÜG § 9 Rn. 173 f.

755 Siehe auch Lembke, BB 2003, 98, 101; Thüsing, DB 2003, 446, 447; zur Frage, inwieweit Leiharbeitnehmern Leistungen einer Pensions- oder Unterstützungskasse des Entleihers zugutekommen können, vgl. oben Fn. 677.

756 In Bezug auf Sozialeinrichtungen des Entleihers, denen eine Betriebsvereinbarung zugrunde liegt, wird ein Anspruch der Leiharbeitnehmer auf freien und gleichen Zugang vereinzelt direkt auf § 75 BetrVG gestützt (so Boemke/Lembke, AÜG (Ergänzungsband), § 9 Rn. 83).

Nach Art. 6 Abs. 1 S. 2 des 2. RL-Entw. kann die Unterrichtung der Leiharbeitnehmer durch allgemeine Bekanntmachung an geeigneter Stelle im Entleiherunternehmen erfolgen. Wer Adressat dieser Informationspflicht ist, benennt die Vorschrift nicht ausdrücklich. Parallelen zur Anwendungspraxis in Bezug auf die Richtlinie 1999/70/EG können nicht gezogen werden, da im Falle der Leiharbeit, anders als bei der direkten befristeten Beschäftigung, zwei Subjekte, Verleiher und Entleiher als Verpflichtete in Betracht kommen. Grund für die Aufnahme von Art. 6 Abs. 1 S. 2 in den geänderten Richtlinienentwurf war zum einen, die Handhabung der Informationspflicht „operationeller" zu machen, zum anderen sollte so das „entleihende Unternehmen in die Erfüllung dieser Bestimmung einbezogen werden"[757]. Die Kommission akzeptierte diesen Änderungsvorschlag des Europäischen Parlaments „zwecks Klarstellung der Art und Weise der Unterrichtung über offene Stellen"[758]. Aus den Stellungnahmen von Europäischem Parlament und Kommission kann letztlich abgeleitet werden, dass der europäische Gesetzgeber den Entleiher als Verpflichteten in Bezug auf den Informationsanspruch ansieht. Diese Vorstellung drückt sich in der Vorgabe der Informationsmodalität in Art. 6 Abs. 1 S. 2 des 2. RL-Entw., wenn auch nur als „Kann"-Bestimmung, aus. Hierfür spricht insbesondere auch, dass im ursprünglichen Richtlinienentwurf der Kommission eine Folgeneinschätzung in Bezug auf die Einführung der Informationspflicht nur für den Entleiher vorgenommen wurde[759].

Unter praktischen Gesichtspunkten ist jedenfalls festzustellen, dass der Verleiher mangels Einblick in die Strukturen und Abläufe des Entleiherunternehmens einer Informationspflicht gegenüber seinen Leiharbeitnehmern über offene Stellen beim Entleiher kaum effektiv nachkommen kann. Er müsste sich erst seinerseits die entsprechenden Informationen beim Entleiher besorgen, um diese dann, mit eventueller zeitlicher Verzögerung, an seine Leiharbeitnehmer weitergeben zu können. Der Ansatz, den Verleiher neben dem Entleiher zur Information zu verpflichten, bringt dem Leiharbeitnehmer keinen zusätzlichen Vorteil. Als Adressat der Informationspflicht des Art. 6 Abs. 1 des 2. RL-Entw. ist deshalb der Entleiher zu qualifizieren[760].

---

757 Vgl. die Begründung zu Änderungsantrag Nr. 46 des Ausschusses für Beschäftigung und soziale Angelegenheiten des Europäischen Parlaments zum ersten Richtlinienentwurf (A5-0356/2002, S. 35 f.).

758 Vgl. die Begründung zur Annahme von Abänderungsantrag Nr. 46 des Europäischen Parlaments durch die Kommission im „Geänderten Vorschlag für eine Richtlinie des Europäischen Parlaments und des Rates über die Arbeitsbedingungen von Leiharbeitnehmern" (KOM[2002] 701endgültig), S. 4.

759 Vgl. die Folgenabschätzung zum „Vorschlag für eine Richtlinie des Europäischen Parlaments und des Rates über die Arbeitsbedingungen von Leiharbeitnehmern" in der Fassung vom 20.3.2002 (2002/0072 (COD), KOM(2002), 149 endgültig), S. 39 f.

760 So auch Raab, ZfA 2003, 389, 419; Wank, NZA 2003, 14, 21; Bertram, ZESAR 2003, 205, 212.

b) Anspruch des Leiharbeitnehmers auf Zugang zu kollektiven Einrichtungen des Entleihers

Gemäß Art. 6 Abs. 4 des 2. RL-Entw. haben Leiharbeitnehmer beim Entleiher grundsätzlich zu den gleichen Bedingungen wie dessen Stammbelegschaft Zugang zu den Gemeinschaftseinrichtungen oder -diensten, insbesondere zur Gemeinschaftsverpflegung, zu Kinderbetreuungseinrichtungen und zu Beförderungsmitteln, es sei denn, eine unterschiedliche Behandlung ist aus Sachgründen gerechtfertigt. Zwar definiert Art. 6 Abs. 4 nicht, was unter Gemeinschaftseinrichtungen oder Gemeinschaftsdiensten zu verstehen ist, jedoch wurden in die geänderte Fassung des Richtlinienentwurfs zumindest die genannten Beispiele als Anhaltspunkte aufgenommen[761]. Gegner des Zugangsanspruchs ist der Entleiher[762].

4.) Vergleich der Regelungen zum Verhältnis von Leiharbeitnehmer und Entleiher in Spanien und Deutschland, insbesondere im Hinblick auf den europäischen Richtlinienentwurf

a) Subsidiäre Haftung des Entleihers in Bezug auf Sozialversicherungsbeiträge und Vergütungsansprüche des Leiharbeitnehmers bei rechtmäßiger Arbeitnehmerüberlassung

Nach spanischem Recht haftet der Entleiher gemäß Art. 16 Abs. 3 S. 2 LETT im Falle rechtmäßiger Arbeitnehmerüberlassung subsidiär für die vom Verleiher in Bezug auf das Leiharbeitsverhältnis abzuführenden Sozialversicherungsbeiträge während der Laufzeit des Überlassungsvertrages, darüber hinaus aber auch subsidiär für die Vergütungsansprüche des Leiharbeitnehmers in diesem Zeitraum. Kommt der Verleiher seinen Verpflichtungen in Bezug auf Gehalt und Sozialversicherungsbeiträge für die Leiharbeitnehmer nicht nach und reicht auch die von ihm gestellte Sicherheitsleistung nicht zur Befriedigung der Ansprüche aus, kommt die subsidiäre Haftung des Entleihers zum Tragen (Art. 9 Abs. 5 RDETT). Solange der Leiharbeitnehmer bzw. Sozialversicherungsträger aber

---

761 Vgl. die Begründung zu Änderungsantrag Nr. 49 des Ausschusses für Beschäftigung und soziale Angelegenheiten des Europäischen Parlaments zum ersten Richtlinienentwurf (A5-0356/2002, S. 36 f.) sowie die Begründung zur Annahme von Abänderungsantrag Nr. 49 des Europäischen Parlaments durch die Kommission im „Geänderten Vorschlag für eine Richtlinie des Europäischen Parlaments und des Rates über die Arbeitsbedingungen von Leiharbeitnehmern“ (KOM[2002] 701 endgültig), S. 4.

762 Vgl. die Folgenabschätzung zum „Vorschlag für eine Richtlinie des Europäischen Parlaments und des Rates über die Arbeitsbedingungen von Leiharbeitnehmern“ in der Fassung vom 20.3.2002 (2002/0072 (COD), KOM(2002), 149 endgültig), S. 39.

nicht die Zwangsvollstreckung gegenüber dem Verleiher versucht hat, kann der Entleiher die Einrede der Vorausklage aus Art. 1830 CC erheben.

Nach deutschem Recht haftet der Entleiher für den vom Verleiher abzuführenden Gesamtsozialversicherungsbeitrag wie ein selbstschuldnerischer Bürge (§ 28e Abs. 2 S. 1 SGB IV). Solange die Einzugsstelle den Verleiher nicht gemahnt hat und die Mahnfrist nicht abgelaufen ist, kann der Entleiher die Zahlung verweigern (§ 28e Abs. 2 S. 2 SGB IV).

Sowohl das spanische wie auch das deutsche Recht erlegen dem Entleiher, der ja eigentlicher Empfänger der Arbeitsleistung des Leiharbeitnehmers ist und von ihr profitiert, eine Haftung bezüglich der für den Leiharbeitnehmer während seines Einsatzes anfallenden Sozialversicherungsbeiträge auf. Nach beiden Rechtsordnungen hat die Einzugsstelle sich zunächst an den Verleiher zu wenden. Während nach deutschem Recht der Entleiher seine Einredemöglichkeit nach § 28e Abs. 2 S. 2 HS. 1 SGB IV bereits nach Durchführung einer erfolglosen Mahnung des Verleihers durch die Einzugsstelle verliert, sind die Anforderungen für das Eingreifen der entsprechenden Haftung des Entleihers in Spanien wesentlich höher: Um ihm die Einrede der Vorausklage abzuschneiden, muss zunächst erfolglos die Zwangsvollstreckung in das Vermögen des Verleihers versucht worden sein. Dem Gedanken des Gläubigerschutzes trägt die deutsche Regelung insoweit stärker Rechnung als die spanische Lösung.

Das Risiko einer subsidiären Haftung des Entleihers ist in Spanien, im Unterschied zu Deutschland, zusätzlich durch die vom Verleiher hinterlegte Sicherheitsleistung begrenzt.

Anders als in Deutschland erlegt der spanische Gesetzgeber dem Entleiher auch eine subsidiäre Haftung für den während der Überlassung entstehenden Vergütungsanspruch des Leiharbeitnehmers auf. Die Begründung einer subsidiären Haftung des Entleihers für Vergütungsansprüche des Leiharbeitnehmers, die im Überlassungszeitraum entstehen, erscheint grundsätzlich auch für das deutsche AÜG überlegenswert, da sie den Schutz von Leiharbeitnehmern verstärken würde. Insbesondere dann, wenn die vornehmliche Inanspruchnahme des Verleihers als Arbeitgeber und damit primär zur Vergütung Verpflichtetem durch das Zulassungserfordernis einer von ihm zu stellenden Sicherheitsleistung zusätzlich abgesichert wird[763], erscheint die Anordnung einer Mithaftung des Entleihers für Vergütungsansprüche des Leiharbeitnehmers nicht als grundsätzlich unbillig. Reicht die gestellte Sicherheitsleistung zur Befriedigung der offenen Forderungen nicht aus und ist der Verleiher zahlungsunfähig, bedarf der Leiharbeitnehmer eines entsprechenden Schutzes. Zwar sieht das deutsche Recht für den Fall der Insolvenz des Arbeitgebers in Gestalt des vom Arbeitsamt zu zahlenden Insolvenzgeldes nach §§ 183 ff. SGB III einen gewissen Vergütungs-

---

[763] Zum Gedanken, eine vom Verleiher zu stellende Sicherheitsleistung als Zulassungsanforderung auch im deutschen Recht einzuführen, vgl. die Ausführungen auf S. 105 f.

schutz der Arbeitnehmer vor. Jedoch ist dieser Anspruch auf den Zeitraum von drei Monaten beschränkt.

Der europäische Richtlinienvorschlag enthält keine Regelungen in Bezug auf eine Haftung des Entleihers für Forderungen, die mit dem Leiharbeitsverhältnis in Zusammenhang stehen. Ein potentieller Anpassungsbedarf der nationalen Rechtsordnungen besteht deshalb nicht.

b) Anspruch des Leiharbeitnehmers auf Zugang zu kollektiven Einrichtungen des Entleihers

Das spanische Recht sieht in Art. 17 Abs. 2 LETT für Leiharbeitnehmer gegenüber dem Entleiher das Recht vor, die Transportmittel und kollektiven Einrichtungen im Entleiherunternehmen, etwa Waschräume, die Kantine oder Fitnessräume, während der Laufzeit des Überlassungsvertrages in gleicher Weise wie dessen Stammbelegschaft benutzen zu dürfen. Ausnahmemöglichkeiten in Bezug auf den Zugangsanspruch bestehen nicht.

In Deutschland ist ein Anspruch der Leiharbeitnehmer gegenüber dem Entleiher auf Zugang zu dessen kollektiven Einrichtungen während des Überlassungszeitraums gesetzlich nicht ausdrücklich normiert. Allerdings hat der Leiharbeitnehmer gegenüber dem Verleiher einen Anspruch auf Gleichbehandlung mit vergleichbaren Arbeitnehmern des Entleihers in Bezug auf die wesentlichen Arbeitsbedingungen des Entleihers (§§ 3 Abs. 1 Nr. 2 und 9 Nr. 2 AÜG). Nach der Vorstellung des deutschen Gesetzgebers fällt unter anderem auch die Nutzungsmöglichkeit in Bezug auf soziale Einrichtungen, etwa kollektive Transportmittel oder Kantinen des Entleihers unter den Begriff der wesentlichen Arbeitsbedingungen. Ausnahmen vom Gleichbehandlungsgebot sind unter bestimmten Voraussetzungen gegenüber zuvor arbeitslosen Leiharbeitnehmern sowie bei abweichenden tariflichen Regelungen möglich.

Der europäische Richtlinienentwurf sieht in seiner geänderten Fassung in Art. 6 Abs. 4 vor, dass Leiharbeitnehmer beim Entleiher zu den gleichen Bedingungen wie dessen Belegschaft Zugang zu den Gemeinschaftseinrichtungen oder -diensten, insbesondere zur Gemeinschaftsverpflegung, zu Kinderbetreuungseinrichtungen und zu Beförderungsmitteln haben, außer eine unterschiedliche Behandlung ist aus Sachgründen gerechtfertigt.

Sowohl in Spanien wie auch in Deutschland bestehen somit Regelungen, die den Leiharbeitnehmern Zugang zu kollektiven Einrichtungen des Entleihers gewährleisten sollen.

Ein wesentlicher Unterschied liegt in der Person des Anspruchsverpflichteten: In Spanien richtet sich der Zugangsanspruch des Leiharbeitnehmers gemäß Art. 17 Abs. 2 LETT direkt gegen den Entleiher. Nach der Gesetzesbegründung verankert der deutsche Gesetzgeber dagegen den Anspruch des Leiharbeitnehmers auf Zugang zu den kollektiven Einrichtungen des Entleihers im Rahmen des

Gleichbehandlungsgrundsatzes in §§ 3 Abs. 1 Nr. 3, 9 Nr. 2 AÜG, der den Verleiher zum Adressaten hat. Der Verleiher wiederum muss den Zugangsanspruch des Leiharbeitnehmers gegenüber dem Entleiher durchsetzen.

Zwar kann davon ausgegangen werden, dass die Regelungsvorgabe von Art. 6 Abs. 4 des europäischen Richtlinienentwurfes nach ihrem Wortlaut ein Zugangsrecht der Leiharbeitnehmer zu kollektiven Einrichtungen des Entleihers als Anspruch selbst, nicht jedoch unbedingt auch den Anspruchsverpflichteten verbindlich vorgeben will. Jedoch verpflichtet Art. 11 des 2. RL-Entw. die Mitgliedstaaten, solche Umsetzungsmaßnahmen zu treffen, die die Erreichung der von der Richtlinie vorgeschriebenen Ergebnisse gewährleisten.

In Bezug auf die Frage, ob die Wahl des Verleihers als Verpflichteten des Zugangsanspruchs der Leiharbeitnehmer zu den kollektiven Einrichtungen des Entleihers dessen Realisierbarkeit hinreichend gewährleistet, kommt dem deutschen Gesetzgeber allerdings ein gewisser Umsetzungsspielraum zu. Die Realisierung des Anspruchs auf Zugang zu kollektiven Einrichtungen des Entleihers scheidet nicht allein deshalb aus, weil sich der Anspruch gegen den Verleiher richtet. Der Verleiher kann die Zugangsmöglichkeit nämlich im Überlassungsvertrag mit dem Entleiher absichern. Die Einführung eines Zugangsanspruchs gegen den Entleiher ist somit für das deutsche Recht, trotz Abweichung von der europäischen Regelung in diesem Punkt, auch bei Inkrafttreten der Richtlinie insoweit nicht zwingend erforderlich.

Anders als nach spanischem Recht sind nach deutschem Recht Ausnahmen vom Grundsatz gleichen Zugangs von Leiharbeitnehmern zu den kollektiven Einrichtungen des Entleihers grundsätzlich möglich.

Fraglich ist jedoch, ob diese vom deutschen Recht in Bezug auf den Gleichbehandlungsgrundsatz und damit auch das Zugangsrecht der Leiharbeitnehmer zu kollektiven Einrichtungen des Entleihers vorgesehenen Ausnahmemöglichkeiten für zuvor Arbeitslose in einem Zeitraum bis zu sechs Wochen nach Maßgabe der §§ 3 Abs. 1 Nr. 3 S. 1, 9 Nr. 2 HS. 1 AÜG[764] bzw. bei entsprechender tarifvertraglicher Abweichung als Sachgründe im Sinne des Art. 6 Abs. 4 des 2. RL-Entw. anerkannt werden können, die eine unterschiedliche Behandlung rechtfertigen. Wann Sachgründe eine unterschiedliche Behandlung von Leiharbeitnehmern und Stammpersonal des Entleihers in Bezug auf den Zugang zu kollektiven Einrichtungen des Entleihers erlauben, lässt der Richtlinienentwurf offen. In der Begründung zum ersten Richtlinienentwurf, der eine Ausnahme vom Diskriminierungsverbot in Art. 5 Abs. 1 zusätzlich zu den oben[765] genann-

---

[764] Dieser Ausnahmetatbestand bezieht sich nach wohl überwiegender Auffassung nicht nur auf den Vergütungsanspruch des Leiharbeitnehmers sondern auch auf die übrigen wesentlichen Arbeitsbedingungen (so Boemke/Lembke, AÜG (Ergänzungsband), § 9 Rn. 61; Sandmann/Marschall, AÜG, Art. 1 § 3 Rn. 21g; a.A. wohl Schüren, in: Schüren, AÜG, § 9 Rn. 205).

[765] Vgl. oben S. 184 f.

ten Fallgruppen auch allgemein bei Vorliegen sachlicher Gründe zuließ, werden solche die Ungleichbehandlung rechtfertigenden Sachgründe dann als gegeben angesehen, wenn sich der Leiharbeitnehmer „je nach Umständen in einer anderen Situation befindet als der normalerweise vergleichbare Arbeitnehmer des Entleihers und er deshalb nicht die gleiche Behandlung erwarten kann“[766].

Der Sinn der deutschen Ausnahmemöglichkeit in Bezug auf den Gleichbehandlungsgrundsatz in §§ 3 Abs. 1 Nr. 3 S. 1, 9 Nr. 2 AÜG gegenüber zuvor arbeitslosen Leiharbeitnehmern für den Zeitraum von sechs Wochen besteht darin, Verleihern finanzielle Anreize zu geben, Arbeitslosen die Wiedereingliederung in den Arbeitsmarkt zu ermöglichen. Ist der Verleiher nicht gezwungen, gegenüber dem Entleiher zugunsten der Leiharbeitnehmer Zugang zu dessen kollektiven Einrichtungen auszuhandeln oder entsprechende Ausgleichszahlungen an seine Leiharbeitnehmer zu leisten, sinken für ihn die Überlassungskosten bzw. kann er vom Entleiher einen höheren Überlassungspreis verlangen. Die Tatsache einer vor der Überlassung bestehenden Arbeitslosigkeit als Rechtfertigung einer Ungleichbehandlung von Leiharbeitnehmer und Stammarbeitnehmer des Entleihers in Bezug auf die Zugangsmöglichkeit zu kollektiven Einrichtungen des Entleihers zu wählen, erscheint jedoch kein den Ansprüchen an einen sachlichen Grund im Sinne von Art. 6 Abs. 4 des 2. RL-Entw. genügender Ansatz. Der Umstand, dass ein Leiharbeitnehmer vor seiner Überlassung arbeitslos war, führt nicht dazu, dass er sich in Bezug auf die Benutzung etwa der Kantine des Entleihers „in einer anderen Situation befindet, als ein normalerweise vergleichbarer Arbeitnehmer des Entleihers“, besonders dann, wenn dieser vor Einstellung beim Entleiher ebenfalls arbeitslos war. Sachliche Rechtfertigungsgründe einer Ungleichbehandlung gemäß Art. 6 Abs. 4 des 2. RL-Entw. sind etwa dann gegeben, wenn der Leiharbeitnehmer wegen der zeitlichen Limitierung seiner Tätigkeit beim Entleiher an bestimmten Sozialeinrichtungen nicht sinnvoll teilhaben kann. So ist etwa die Aufnahme eines Leiharbeitnehmers in eine Pensionskasse des Entleihers bei einer Überlassung für wenige Wochen nicht praktikabel[767]. Eine zuvor bestehende Arbeitslosigkeit des Leiharbeitnehmers stellt in diesem Zusammenhang dagegen keinen Grund dar, der einer Teilhabe des Leiharbeitnehmers an den kollektiven Einrichtungen des Entleihers entgegensteht.

Auch die vom deutschen Recht für den Verleiher vorgesehene Möglichkeit, vom Gleichbehandlungsgebot durch tarifliche Vereinbarungen abzuweichen, geht über die im Richtlinienentwurf bezüglich des Anspruchs auf Zugang zu kollektiven Einrichtungen beim Entleiher enthaltene Abweichungsmöglichkeit

---

766 Vgl. die Begründung zum ursprünglichen „Vorschlag für eine Richtlinie des Europäischen Parlaments und des Rates über die Arbeitsbedingungen von Leiharbeitnehmern“ (KOM[2002] 149 endgültig, S. 14).

767 Da der europäische Richtlinienentwurf den Entleiher als Gegner des Zugangsanspruchs qualifiziert, scheidet insoweit auch ein entsprechender Ausgleichsanspruch gegenüber dem Verleiher aus.

bei Vorliegen „sachlicher Gründe“ hinaus. Da sich der Zugangsanspruch des Leiharbeitnehmers in Art. 6 Abs. 4 des 2. RL-Entw. direkt gegen den Entleiher richtet, müsste eine solche Ausnahme in dem beim Entleiher geltenden Tarifvertrag verankert werden.

Anders als in Bezug auf den Grundsatz der Nichtdiskriminierung in Art. 5 sieht der europäische Richtlinienentwurf in Art. 6 Abs. 4 eine weit gefasste Ausnahmemöglichkeit durch Tarifvertrag nicht ausdrücklich vor. Ein abweichender Tarifvertrag entspricht auch nicht der Vorstellung des europäischen Gesetzgebers von einem die Ungleichbehandlung in Bezug auf den Zugang zu kollektiven Einrichtungen des Entleihers rechtfertigenden Sachgrund gemäß Art. 6 Abs. 4 des 2. RL-Entw. Sachgrund im Sinne dieser Norm sind eben nur Charakteristika der Leiharbeit, insbesondere die zeitliche Begrenzung der Tätigkeit beim Entleiher, die einen Zugang des Leiharbeitnehmers zu kollektiven Einrichtungen des Entleihers unmöglich machen oder nur unter unverhältnismäßig hohen Aufwendungen zulassen.

Die Verankerung des Anspruchs der Leiharbeitnehmer auf gleichen Zugang zu den kollektiven Einrichtungen des Entleihers im allgemeinen Gleichbehandlungsgrundsatz der §§ 3 Abs. 1 Nr. 3, 9 Nr. 2 AÜG mit dem Verleiher als Anspruchsgegner bedarf, auch mit dem Hintergrund des europäischen Richtlinienentwurfs, zwar nicht zwingend einer Anpassung durch den deutschen Gesetzgeber. Jedoch gehen die in §§ 3 Abs. 1 Nr. 3, 9 Nr. 2 AÜG vorgesehenen Ausnahmemöglichkeiten vom Gleichbehandlungsgrundsatz und damit vom Zugangsanspruch der Leiharbeitnehmer über die von Art. 6 Abs. 4 des Richtlinienentwurfes vorgesehene Ausnahmeermächtigung hinaus.

Die Ausgestaltung des Zugangsanspruchs von Leiharbeitnehmern zu kollektiven Einrichtungen des Entleihers im deutschen Recht weicht somit sowohl in ihrer Grundstruktur, Anspruchsverpflichteter ist über den Gleichbehandlungsgrundsatz der Verleiher, als auch in Bezug auf Ausnahmemöglichkeiten deutlich vom Regelungsentwurf des europäischen Gesetzgebers ab. Für den deutschen Gesetzgeber erscheint es deshalb überlegenswert, den Anspruch der Leiharbeitnehmer auf gleichen Zugang zu kollektiven Einrichtungen des Entleihers aus dem Gleichbehandlungsanspruch gegenüber dem Verleiher auszunehmen, ihn nach spanischem Vorbild als eigenständigen Anspruch gegenüber dem Entleiher festzuschreiben und, gegebenenfalls, die vom Richtlinienentwurf vorgesehene Ausnahmemöglichkeit insoweit zu übernehmen. Den Entleiher als Anspruchsgegner zu wählen, wie dies die spanische Regelung aber auch der europäische Richtlinienentwurf vorsehen, erscheint als gegenüber der deutschen Regelung sachnähere Lösung.

c) Informationsanspruch des Leiharbeitnehmers bezüglich offener Stellen im Entleiherunternehmen

Gemäß Art. 6 Abs. 1 des geänderten Richtlinienentwurfs sind die Leiharbeitnehmer über die im entleihenden Unternehmen offenen Stellen, etwa durch allgemeine Bekanntmachung an geeignetem Ort beim Entleiher, zu unterrichten. Zweck dieser Regelung ist es, Leiharbeitnehmern die gleichen Chancen auf einen unbefristeten Arbeitsplatz beim Entleiher zu verschaffen wie dessen übrigen Arbeitnehmern[768]. Adressat dieser Informationspflicht ist der Entleiher[769].

Im spanischen Arbeitnehmerüberlassungsrecht in Gestalt der LETT sowie des RDETT ist bislang ein solcher Informationsanspruch der Leiharbeitnehmer über offene Stellen beim Entleiher nicht speziell verankert. In Umsetzung der inhaltlichen Vorgaben der Richtlinie 1999/70/EG des Rates wurde jedoch zugunsten befristet Beschäftigter in den allgemeinen Regelungen zur Befristung von Arbeitsverträgen eine entsprechende Informationspflicht des Arbeitgebers festgeschrieben. Nach Art. 15 Abs. 7 ET ist der Arbeitgeber verpflichtet, „bei ihm beschäftigte Arbeitnehmer mit befristeten Arbeitsverträgen, einschließlich Ausbildungsverträgen, über offene Stellen zu informieren, um ihnen so die gleichen Möglichkeiten, wie den übrigen Arbeitnehmern, zu dauerhaften Arbeitsverhältnissen zu gelangen, zu gewähren. Diese Information kann durch allgemeine Bekanntmachung an einem geeigneten Ort im Unternehmen oder Betrieb erfolgen oder durch andere, tarifvertraglich vorgesehene Mittel, die die Verbreitung der Information gewährleisten".

Verpflichteter in Bezug auf den Informationsanspruch nach Art. 15 Abs. 7 ET ist der Arbeitgeber. Arbeitgeber im Rechtssinne ist im Fall der Arbeitnehmerüberlassung der Verleiher. Der Verleiher verfügt jedoch regelmäßig nicht über Informationen bzgl. offener Stellen beim Entleiher. Muss sich der Verleiher diese Informationen erst beim Entleiher beschaffen, kann er sie nur mit zeitlicher Verzögerung an die Leiharbeitnehmer weitergeben, worunter die Effizienz eines solchen Informationsanspruches der Leiharbeitnehmer leidet. Aus diesem Grund sieht der Richtlinienentwurf der Europäischen Kommission den Entleiher als zur Information Verpflichteten an. Der Informationsanspruch befristet beschäftigter Arbeitnehmer nach Art. 15 Abs. 7 ET stellte deshalb keine ausreichende da hinreichende Effizienz bietende Umsetzung der europäischen Vorgabe in Art. 6 Abs. 1 des 2. RL-Entw. in das spanische Recht dar. Zwar lassen sich befristet beschäftigte Leiharbeitnehmer unter den Anwendungsbereich des Art. 15 Abs. 7 ET fassen, ihnen wird von dieser Norm jedoch nur ein Informationsanspruch gegenüber ihrem Arbeitgeber, also dem Verleiher zugestanden. Um den Vorga-

[768] Vgl. die Begründung zum ursprünglichen „Vorschlag für eine Richtlinie des Europäischen Parlaments und des Rates über die Arbeitsbedingungen von Leiharbeitnehmern" (KOM[2002] 149 endgültig, S. 15, 16).

[769] Vgl. oben S. 210 f.

ben des europäischen Gesetzgebers zu genügen, sollte nach Inkrafttreten der Richtlinie deshalb nach dem Vorbild des Art. 15 Abs. 7 ET ein Informationsanspruch der Leiharbeitnehmer gegenüber dem Entleiher in die LETT aufgenommen werden.

Auch nach deutschem Recht besteht bislang kein spezieller Informationsanspruch der Leiharbeitnehmer gegenüber dem Entleiher in Bezug auf offene Stellen. § 93 BetrVG gibt nur dem Betriebsrat das Recht, die Ausschreibung offener Stellen im Betrieb zu verlangen. Wie in Spanien wurde auch vom deutschen Gesetzgeber in Umsetzung der Richtlinie 1999/70/EG ein Informationsanspruch befristet beschäftigter Arbeitnehmer in das allgemeine Befristungsrecht aufgenommen: So hat der Arbeitgeber die bei ihm befristet beschäftigten Arbeitnehmer über entsprechende unbefristete Arbeitsplätze, die zu besetzen sind, zu informieren. Dies kann durch allgemeine Bekanntgabe an geeigneter, den Arbeitnehmern zugänglicher Stelle im Betrieb und Unternehmen erfolgen (§ 18 TzBfG). Auch die Vorschrift des § 18 TzBfG stellt jedoch keine ausreichende Umsetzung der Vorgaben des Art. 6 Abs. 1 des europäischen Richtlinienentwurfes dar, da hiernach der Arbeitgeber, bei Arbeitnehmerüberlassung also der Verleiher, Verpflichteter ist. Effektiv gestaltet sich der Informationsanspruch im Falle der Arbeitnehmerüberlassung jedoch nur dann, wenn er den Leiharbeitnehmern direkt gegenüber dem Entleiher zusteht. Der deutsche Gesetzgeber könnte seinen Umsetzungspflichten im Sinne des Art. 11 Abs. 1 des 2. RL-Entw. etwa dadurch nachkommen, dass er nach dem Vorbild des § 18 TzBfG einen Informationsanspruch der Leiharbeitnehmer gegen den Entleiher in das AÜG aufnimmt[770].

V. Folgen bei Rechtswidrigkeit der Arbeitnehmerüberlassung

1.) In Spanien

a) Wahlrecht des Leiharbeitnehmers, beim Verleiher oder Entleiher den Status eines unbefristet angestellten Arbeitnehmers zu erlangen

Art. 43 Abs. 3 ET enthält eine dem Ziel der Beschäftigungsstabilität dienende Regelung zum Schutz von Leiharbeitnehmern bei Rechtswidrigkeit der Arbeitnehmerüberlassung. Hiernach „haben die Arbeitnehmer, deren Tätigkeit Gegenstand eines verbotenen Geschäfts (mit Arbeitskraft) war, das Recht, die Position von festangestellten Arbeitnehmern, nach ihrer Wahl beim Verleiher oder

[770] So im Ergebnis auch Raab, ZfA 2003, 389, 419 ff, der auch die Notwendigkeit der Einführung eines speziellen Schadenersatztatbestandes diskutiert; Bertram, ZESAR 2003, 205, 212; Thüsing, DB 2002, 2218, 2221, der allerdings eine analoge Anwendung von § 18 S. 2 TzBfG in Bezug auf die europäischen Regelungsvorgaben für ausreichend hält.

Entleiher, zu erlangen. Die Rechte und Pflichten des (Leih-)Arbeitnehmers beim Entleiher entsprechen dann den üblichen Bedingungen, die einem Arbeitnehmer, der auf demselben oder einem vergleichbaren Arbeitsplatz beschäftigt wird, zukommen, wobei die Betriebszugehörigkeit erst ab dem Beginn der rechtswidrigen Arbeitnehmerüberlassung berechnet wird."

Schon im *Decreto* 3677/1970[771] wurde zum Schutz der Leiharbeitnehmer diesen das Recht eingeräumt, unter bestimmten Voraussetzungen den Status von Festangestellten beim Entleiher zu erlangen. Allerdings waren die Leiharbeitnehmer bei Insolvenz des Entleihers schutzlos gestellt, wenn auch die Insolvenz des Verleihers der häufigere Fall war. Deshalb wurde das Schutzrecht in Gestalt des Art. 43 Abs. 3 ET dahingehend modifiziert, dass der Leiharbeitnehmer auswählen darf, ob er den Status eines Festangestellten beim Verleiher oder Entleiher erlangen will[772].

Das Wahlrecht kommt nur denjenigen Leiharbeitnehmern zugute, die im Rahmen eines „verbotenen Überlassungsgeschäfts" einem Entleiher zur Verfügung gestellt wurden. Nicht abschließend geklärt ist die Frage, welche Gesetzesverstöße im Rahmen der Arbeitnehmerüberlassung zu einem „verbotenen Überlassungsgeschäft" i.S.d. Art. 43 Abs. 3 ET führen. Das Gesetz liefert insoweit keine Anhaltspunkte. Teilweise wird mit Verweis auf seinen weiten Wortlaut angenommen, dass Art. 43 Abs. 3 ET bei jedem Normverstoß im Rahmen der Arbeitnehmerüberlassung anzuwenden sei[773]. Andere lassen Art. 43 Abs. 3 ET nur dann eingreifen, wenn der Überlassungsvertrag keine von Art. 6 Abs. 2 LETT i.V.m. Art. 15 ET gesetzlich abschließend geregelte Fallgruppe für die Arbeitnehmerüberlassung zum Gegenstand hat bzw. wenn ein gemäß Art. 8 LETT ausdrücklich verbotener Überlassungsfall vereinbart wurde[774]. Überwiegend wird jedoch wohl davon ausgegangen, dass allein die ohne behördliche Genehmigung vorgenommene Arbeitnehmerüberlassung das Wahlrecht des Art. 43 Abs. 3 ET auslöst, nicht jedoch ein Verstoß gegen sonstige gesetzliche Rechtmäßigkeitsvoraussetzungen[775]. Für diese Auffassung spricht insbesondere

---

771 Hierzu oben S. 32.

772 Rodríguez Ramos, La cesion ilegal de trabajadores, S. 191.

773 In diesem Sinne wohl Elordi Dentici/Del Rey Guanter/Serrano Martínez/Gala Duran, Trabajo, temporalidad y empresas de trabajo temporal en España, S. 211; García-Perrote Escartín, La cesión de trabajadores en el ordenamiento laboral español (II): Tipos de cesiones licitas. Empresas de trabajo temporal, S. 127, 150; Sala Franco, La reforma del mercado de trabajo, S. 43 f.

774 Cruz Villalón, El marco jurídico de las empresas de trabajo temporal, S. 45, 106; García Ninet, Derecho del Trabajo, S. 407.

775 Pérez-Espinosa Sánchez, Las empresas de trabajo temporal: a medio camino entre la apertura de los sistemas de colocación y la flexibilización de la utilización de la mano de obra, S. 101, 118 f.; Molero Marañon, La responsabilidad empresarial frente al personal de las Empresas de Trabajo Temporal, S. 285 ff; García Fernández, AL 1996, Band 1, Rn. 23, 31;

die Gesetzessystematik: Die gesamtschuldnerische Haftung des Entleihers, die Art. 43 in seinem Absatz 2 vorsieht[776], wird ausschließlich im Fall der ohne behördliche Zulassung des Verleihers vorgenommenen Arbeitnehmerüberlassung i.S.d. Art. 43 Abs. 1 ET[777] relevant. Dies muss dann in gleicher Weise für das in Art. 43 Abs. 3 ET verankerte Wahlrecht des Leiharbeitnehmers gelten, auch wenn ein ausdrücklicher Verweis in Abs. 3 auf Abs. 1 fehlt. Das Wahlrecht nach Abs. 3 käme sonst unter weitaus geringeren Voraussetzungen als die Haftung des Verleihers nach Abs. 2 zur Anwendung, obwohl es in seiner Wirkung eine viel schärfere Sanktion darstellt.

Das Wahlrecht des Leiharbeitnehmers nach Art. 43 Abs. 3 ET besteht unabhängig davon, ob der Leiharbeitnehmer mit dem Verleiher einen unbefristeten oder einen befristeten Arbeitsvertrag geschlossen hat. Auch ein Leiharbeitnehmer mit befristetem Arbeitsvertrag kann die Stellung als unbefristet Beschäftigter beim Verleiher oder Entleiher verlangen[778]. Voraussetzung für dieses Optionsrecht ist jedoch, dass der Zustand der Illegalität der Arbeitnehmerüberlassung bei Ausübung des Optionsrechts noch fortbesteht[779] und dass der Leiharbeitnehmer noch über einen laufenden Arbeitsvertrag mit dem Verleiher verfügt. Mit Beendigung des Arbeitsvertrages entfällt auch die Situation der illegalen Arbeitnehmerüberlassung und damit das Wahlrecht, wobei die Rechtswidrigkeit der Arbeitnehmerüberlassung wegen fehlender Verleiherlaubnis die Wirksamkeit des Leiharbeitsvertrages unberührt lässt[780]. Eine Ausschlussfrist in

---

die Rechtsprechung ist in dieser Frage uneinheitlich (vgl. die Nachweise bei Crespan Echegoyen/Gonzalez Martin/Lopez Parada, Empresas de Trabajo Temporal, Rn. 529).

776 Hierzu sogleich S. 223 f.

777 Vgl. auch S. 109.

778 Godino Reyes/Sagardoy de Simón, Contrata y subcontrata de obras y servicios. La cesión de trabajadores a través de las empresas de trabajo temporal, S. 188; Pérez Pérez, Empresas de trabajo temporal y relaciones laborales, S. 335.

779 So die bisher herrschende Auffassung: vgl. die Urteile des TSJ de Madrid vom 17.5.1993 (AS 2599/1993), des TSJ de Castílla y León vom 19.5.1992 (AS 2617/1992) sowie des TSJ del País Vasco vom 18.6.1992 (AS 3235/1992).

780 STSJ de Madrid vom 17.5.1993 (AS 2599/1993) und TSJ de Castílla y León vom 19.5.1992 (AS 2617/1992); Rodríguez Ramos, La cesion ilegal de trabajadores, S. 193 f.; Godino Reyes/Sagardoy de Simón, Contrata y subcontrata de obras y servicios. La cesión de trabajadores a través de las empresas de trabajo temporal, S. 191; a.A. aber STSJ de Cataluña vom 16.2.1993 (AS 843/1993), das dem Leiharbeitnehmer auch nach Ende des Einsatzes beim Entleiher bzw. nach Beendigung des Arbeitsvertrages im Rahmen einer begrenzten Frist die Ausübung des Optionsrechts zugestehen will sowie STSJ de Murcia vom 25.3.1992 (AS 1475/1992) für den Fall, dass eine vor Ausübung des Wahlrechts erklärte Kündigung gerichtlich für unwirksam erklärt wurde.

Bezug auf die Ausübung des Wahlrechts besteht nach überwiegender Rechtsprechung nicht[781].

Dagegen ist in Art. 43 Abs. 3 ET nach der Reform durch die *Ley* 10/1994 für die Ausübung des Wahlrechts nicht mehr erforderlich, dass der Leiharbeitnehmer mindestens für die Zeitspanne, bis zu der die Vereinbarung einer Probezeit gesetzlich möglich gewesen wäre, beim Verleiher unter Vertrag stand.

Die Frage, wie die Folge des ausgeübten Optionsrechts, die dem Leiharbeitnehmer die Stellung eines unbefristet Beschäftigten beim Verleiher oder Entleiher bringt, rechtlich zu qualifizieren ist, wird uneinheitlich beantwortet[782]. Wählt der Leiharbeitnehmer die Position eines unbefristet Beschäftigten beim Verleiher aus und ändert sich der Inhalt seines Arbeitsvertrages gegebenenfalls von einem zuvor befristeten in ein nunmehr unbefristetes Arbeitsverhältnis, wird wohl überwiegend von einer inhaltlichen Schuldumwandlung kraft Gesetzes ausgegangen[783]. Wählt er dagegen die Eingliederung beim Entleiher, hat dies die originäre Begründung eines unbefristeten Arbeitsvertrages mit dem Entleiher, mit dem zuvor keine vertragliche Bindung bestand, und die Beendigung seines Arbeitsverhältnisses zum Verleiher qua lege zur Folge[784].

Konsequenz der Ausübung des Wahlrechts ist auch, dass sich die dreipolige Rechtsbeziehung der Arbeitnehmerüberlassung in eine zweiseitige Beziehung umwandelt.

b) Gesamtschuldnerische Mithaftung des Entleihers für Gehaltsansprüche des Leiharbeitnehmers und Sozialversicherungsbeiträge

Hat der Überlassungsvertrag keine gesetzlich zulässige Fallgruppe nach Art. 6 Abs. 2 LETT i.V.m. Art. 15 ET zum Gegenstand bzw. enthält er eine nach Art. 8 LETT verbotene Fallgruppe[785], oder liegt ein Verstoß gegen das Schriftformer-

---

781 STCT vom 13.2.1987 (Ar. 4554/1987) und STCT vom 16.12.1987 (Ar. 28455/1987); a.A. STCT vom 16.12.1987 (Ar. 28453/1987), das die Jahresfrist des Art. 59 Abs. 1 ET entsprechend anwenden will. Zu bemerken ist, dass das *Tribunal Central de Trabajo* (TCT) seit dem 23.5.1989 als Gerichtsform nicht mehr existiert. An seine Stelle traten die *Salas de lo Social* (Senate für Arbeitsrecht) der *Tribunales Superiores de Justicia* (TSJ) (Obergerichte) in den autonomen Provinzen.

782 Vgl. die verschiedenen Theorien bei Rodríguez Ramos, La cesion ilegal de trabajadores, S. 201 ff.

783 Godino Reyes/Sagardoy de Simón, Contrata y subcontrata de obras y servicios. La cesión de trabajadores a través de las empresas de trabajo temporal, S. 188; Rodríguez Ramos, La cesion ilegal de trabajadores, S. 207.

784 Godino Reyes/Sagardoy de Simón a.a.O. S. 189 m.w.N.; Rodríguez Ramos, La cesion ilegal de trabajadores, S. 200.

785 Zum Fall der gesamtschuldnerischen Haftung von Verleiher und Entleiher wegen Verstoßes des Überlassungsvertrages gegen den Verbotsgrund des Art. 8 lit. c) LETT vgl. STSJ del País Vasco vom 9.2.1999 (AS 561/1999).

fordernis bzw. den gesetzlich vorgegebenen Mindestvertragsinhalt vor[786], haftet der Entleiher während der vorgesehenen Laufzeit des Überlassungsvertrages nicht nur subsidiär sondern gesamtschuldnerisch für Verpflichtungen des Verleihers in Bezug auf Arbeitsentgelt und Sozialversicherungsbeiträge aus dessen Rechtsbeziehung zum Leiharbeitnehmer (Art. 16 Abs. 3 S. 2 LETT).

Eine Überschreitung der jeweiligen gesetzlichen Höchstdauer des Überlassungsvertrages löst die Folgen des Art. 16 Abs. 3 S. 2 LETT mangels dort enthaltenen Verweises auf Art. 7 LETT jedoch nicht aus[787]. Der Leiharbeitnehmer kann zur Durchsetzung seiner Forderung nach seiner Wahl gegen Verleiher und Entleiher gemeinsam oder gegen jeden einzeln vorgehen, wobei die Rückgriffsmöglichkeit auf die vom Entleiher hinterlegte Sicherheitsleistung der sofortigen Inanspruchnahme des Entleihers nicht entgegensteht (Art. 1144 CC)[788]. Leistet der Entleiher an den Leiharbeitnehmer, steht ihm gemäß Art. 1822 Abs. 2 i.V.m. Art. 1145 S. 2 CC ein Rückgriffsanspruch gegenüber dem Verleiher zu, den er gemäß Art. 1195 CC gegen dessen Forderung aus dem Überlassungsvertrag aufrechnen kann[789].

Neben Art. 16 Abs. 3 S. 2 LETT begründet auch Art. 43 Abs. 2 ET eine gesamtschuldnerische Haftung von Verleiher und Entleiher für Verpflichtungen aus dem Leiharbeitsvertrag. Art. 43 Abs. 2 ET bezieht sich allerdings nicht nur auf Vergütungsforderungen und hierfür abzuführende Sozialversicherungsbeiträge sondern z.B. auch auf Entschädigungforderungen. Der Haftungsumfang des Art. 43 Abs. 2 ET geht somit über den des Art. 16 Abs. 3 S. 2 LETT hinaus, der die gesamtschuldnerische Haftung in Bezug auf Verpflichtungen gegenüber dem Leiharbeitnehmer auf Entgeltforderungen begrenzt, Entschädigungsansprüche dagegen nicht abdeckt.

Art. 16 Abs. 3 S. 2 LETT und Art. 43 Abs. 2 ET unterscheiden sich allerdings in ihrem Anwendungsbereich. Art. 16 Abs. 3 S. 2 LETT kommt nach seinem Wortlaut speziell bei Verstößen gegen die Vorgaben in Art. 6 und 8 LETT zur Anwendung.

Die erweiterte gesamtschuldnerische Haftung des Entleihers nach Art. 43 Abs. 2 ET greift im Fall des Art. 43 Abs. 1 ET ein. Dieser wiederum ist nach wohl überwiegender Auffassung[790] dahingehend auszulegen, dass er allein den Fall der Arbeitnehmerüberlassung, die von einem nicht ordnungsgemäß autori-

---

786 Vgl. hierzu Molero Marañon, La responsabilidad empresarial frente al personal de las Empresas de Trabajo Temporal, S. 296 ff.

787 STSJ de Madrid vom 19.2.1998 (Ar. 600/1998); Goerlich Peset, AL 2001, Band 1, Rn. 39, 54 f. mit Nachweisen auch zur Gegenauffassung.

788 Crespan Echegoyen/Gonzalez Martin/Lopez Parada, Empresas de Trabajo Temporal, Rn. 563; Cruz Villalón, El marco jurídico de las empresas de trabajo temporal, S. 45, 105.

789 Chacartegui Jávega, Empresas de Trabajo Temporal y Contrato de Trabajo, S. 320; Cruz Villalón, El marco jurídico de las empresas de trabajo temporal, S. 45, 105.

790 Vgl. die Nachweise oben S. 109 f.

sierten Verleiher durchgeführt wurde, untersagt. Art. 43 Abs. 2 ET ist mit seinem Verweis auf Art. 43 Abs. 1 ET also kein allgemeiner Auffangtatbestand für sämtliche Gesetzesverletzungen im Rahmen der Arbeitnehmerüberlassung, die nicht schon unter Art. 16 Abs. 3 LETT fallen, sondern er greift nur ein, wenn der Verleiher nicht behördlich autorisiert ist[791].

c) Verhängung von Bußgeldern bzw. Aufhebung der Zulassung durch die Arbeitsverwaltung

Begehen Verleiher bzw. Entleiher bei Abschluss des Überlassungsvertrages einen der in Art. 18 bzw. 19 LISOS aufgeführten und unterschiedlich klassifizierten Gesetzesverstöße, können gegen sie seitens der Arbeitsverwaltung Geldbußen verhängt bzw. dem Verleiher gegebenenfalls die Zulassung entzogen werden[792].

2.) In Deutschland

a) Gesetzliche Fiktion eines Arbeitsverhältnisses zwischen Leiharbeitnehmer und Entleiher bei Unwirksamkeit des Leiharbeitsvertrages im Fall des § 9 Nr. 1 AÜG

Verfügt der Verleiher nicht über eine Verleiherlaubnis nach § 1 AÜG, zieht dies nach § 9 Nr. 1 AÜG nicht nur die Unwirksamkeit des Überlassungsvertrages[793], sondern auch die des Arbeitsvertrages zwischen Verleiher und Leiharbeitnehmer nach sich. § 10 Abs. 1 S. 1 AÜG fingiert in diesem Fall die Begründung eines Arbeitsverhältnisses zwischen Leiharbeitnehmer und Entleiher.

aa) Beginn und Dauer des fingierten Arbeitsverhältnisses

Der Eintritt der Fiktion des § 10 Abs. 1 S. 1 AÜG und damit des fingierten Arbeitsverhältnisses hängt davon ab, ob dem Verleiher schon bei Abschluss des Arbeitsvertrages die Verleiherlaubnis fehlte und deshalb der Leiharbeitsvertrag von Anfang an unwirksam war, oder ob sie erst nach Beginn des Arbeitseinsat-

---

791 STSJ de Madrid vom 5.7.1999, (AS 2171/1999); STSJ de Cataluña vom 15.2.2000, (AS 744/2000); Goerlich Peset, AL 2001, Band 1, Rn. 39, 52; a.A. STSJ de la Comunidad Valenciana vom 10.6.1999, (AS 3714/1999); vgl. zu dieser Frage auch Gala Durán, RL 1998, Band 2, 404, 424 ff.

792 Auf die Sanktionstatbestände der Art. 18 und 19 LISOS wurde schon verschiedentlich, etwa im Rahmen der Ausführungen zum Überlassungsvertrag, hingewiesen.

793 Ein „faktisches Arbeitnehmerüberlassungsverhältnis“ wird mangels Schutzbedürfnis des Entleihers abgelehnt: BAG vom 8.11.1979, AP Nr. 2 zu § 10 AÜG; Wank, in: ErfK, § 9 AÜG Rn. 8.

zes des Leiharbeitnehmers beim Entleiher wegfiel: Im ersten Fall beginnt das fingierte Arbeitsverhältnis zu dem zwischen Verleiher und Entleiher vereinbarten Termin für die Aufnahme der Tätigkeit beim Entleiher durch den Leiharbeitnehmer unabhängig davon, ob dieser seine Arbeit tatsächlich aufnimmt[794]. Im zweiten Fall kommt das fingierte Arbeitsverhältnis bei Unwirksamkeit des Leiharbeitsverhältnisses nach Tätigkeitsaufnahme durch den Leiharbeitnehmer beim Entleiher mit dem Eintritt der Unwirksamkeit zustande.

War die Tätigkeit des Leiharbeitnehmers beim Entleiher nur befristet vorgesehen und liegt ein, die Befristung des Arbeitsverhältnisses sachlich rechtfertigender Grund vor, ist auch das nach § 10 Abs. 1 S. 1 AÜG fingierte Arbeitsverhältnis befristet (§ 10 Abs. 1 S. 2 AÜG). Voraussetzung für eine Befristung des fingierten Arbeitsverhältnisses nach § 10 Abs. 1 S. 2 AÜG ist in diesem Zusammenhang, dass die Voraussetzungen für einen befristeten Arbeitsvertrag zwischen Leiharbeitnehmer und Entleiher i.S.d. § 14 TzBfG vorliegen[795]. Die Dauer der Befristung entspricht dann nach dem Wortlaut des § 10 Abs. 1 S. 2 AÜG regelmäßig dem für den Arbeitseinsatz beim Entleiher vorgesehenen Zeitraum, kann aber auch davon abweichen[796].

Fehlt es an einem wirksamen Befristungsgrund entsteht das fingierte Arbeitsverhältnis nach § 10 Abs. 1 S. 1 AÜG für unbestimmte Zeit[797].

bb) Inhalt des fingierten Arbeitsverhältnisses

Der Inhalt des fingierten Arbeitsverhältnisses nach § 10 Abs. 1 S. 1 AÜG zwischen Leiharbeitnehmer und Entleiher richtet sich nach den für den Betrieb des Entleihers geltenden Vorschriften und sonstigen Regelungen bzw., wenn solche fehlen, nach denjenigen vergleichbarer Betriebe (§ 10 Abs. 1 S. 4 HS. 2 AÜG). Gegenstand der Arbeitspflicht des Leiharbeitnehmers ist in diesem Zusammenhang die Tätigkeit, die der Leiharbeitnehmer vor Entstehung des fingierten Arbeitsverhältnisses beim Entleiher ausübte bzw. ausüben sollte[798]. Die Arbeitszeit im fingierten Arbeitsverhältnis von Leiharbeitnehmer und Entleiher, insbesonde-

794 So Sandmann/Marschall, AÜG, Art. 1 § 10 Rn. 4; Schüren, in: Schüren, AÜG § 10 Rn. 41.

795 Sandmann/Marschall, AÜG, Art. 1 § 10 Rn. 18; Wank, in: ErfK, § 10 AÜG Rn. 30; Schüren, in: Schüren, AÜG, § 10 Rn. 54 ff., der allerdings nur § 14 Abs. 1, nicht aber Abs. 2 TzBfG im Rahmen des § 10 Abs. 1 AÜG für anwendbar hält, da dieser nach seinem Wortlaut einen sachlichen Befristungsgrund voraussetze; so auch Ulber, AÜG, § 10 Rn. 30; Hamann, Fremdpersonal im Unternehmen, S. 62.

796 Schüren, in: Schüren, AÜG, § 10 Rn. 58; Ulber, AÜG, § 10 Rn. 32; a.A. wohl Sandmann/Marschall, AÜG, Art. 1 § 10 Rn. 18.

797 Boemke, AÜG, § 10 Rn. 42; Schüren, in: Schüren, AÜG, § 10 Rn. 65; Ulber, AÜG, § 10 Rn. 33.

798 Sandmann/Marschall, AÜG, Art. 1 § 10 Rn. 15; Schüren, in: Schüren, AÜG, § 10 Rn. 67.

re ihre Lage und Dauer[799], entsprechen der zwischen Verleiher und Entleiher ausgehandelten Arbeitszeit (§ 10 Abs. 1 S. 3 AÜG). Der Vergütungsanspruch des Leiharbeitnehmers umfasst im fingierten Arbeitsverhältnis die beim Entleiher oder einem vergleichbaren Betrieb für die entsprechende Tätigkeit vorgegebene Vergütung (§ 10 Abs. 1 S. 4 AÜG), mindestens aber das zwischen Leiharbeitnehmer und Verleiher vereinbarte Arbeitsentgelt (§ 10 Abs. 1 S. 5 AÜG).

b) Die Annahme eines fehlerhaften Arbeitsverhältnisses zwischen Verleiher und Leiharbeitnehmer bei Unwirksamkeit des Leiharbeitsvertrages wegen fehlender Verleiherlaubnis

Für den Fall, dass der Leiharbeitsvertrag wegen fehlender Verleiherlaubnis unwirksam ist, aber dennoch durch Erbringung von Leiharbeit seitens des Leiharbeitnehmers in Vollzug gesetzt wurde, geht die wohl überwiegende Auffassung in Literatur und Rechtsprechung davon aus, dass neben dem gesetzlich fingierten Arbeitsverhältnis zwischen Leiharbeitnehmer und Entleiher ein fehlerhaftes Arbeitsverhältnis zwischen Verleiher und Leiharbeitnehmer besteht[800].

Insbesondere der Gedanke des verstärkten Schutzes des Leiharbeitnehmers spricht für die Annahme eines fehlerhaften Arbeitsverhältnisses: Verweist man den Leiharbeitnehmer in Bezug auf seine Vergütungsansprüche für geleistete Arbeit allein auf das fingierte Arbeitsverhältnis zum Entleiher, hat der Leiharbeitnehmer das Risiko in Bezug auf dessen Insolvenz zu tragen, obwohl er ihn sich letztlich als Vertragspartner gar nicht ausgesucht hat. Einen größeren Schutz für den Leiharbeitnehmer in Bezug auf die Durchsetzung seiner Ansprüche bietet die Lösung, ihm, neben der Anspruchsgrundlage aus § 10 Abs. 1 S. 1 AÜG, auch gegenüber dem Verleiher eine Anspruchsgrundlage durch die Annahme eines fehlerhaften Arbeitsverhältnisses zuzugestehen und Verleiher und Entleiher als Gesamtschuldner haften zu lassen[801]. Insbesondere verhindert die Annahme eines fehlerhaften Arbeitsverhältnisses zudem, dass der Leiharbeitnehmer mit bereicherungsrechtlichen Rückabwicklungsansprüchen des unrechtmäßig ohne Zulassung agierenden Verleihers konfrontiert wird und er auf

---

799 Niebler/Biebl/Roß, AÜG, Rn. 556; Boemke, AÜG, § 10 Rn. 46; Schüren, in: Schüren, AÜG, § 10 Rn. 75.

800 So BAG vom 26.7.1984, EzAÜG Nr. 18 zu § 1 AÜG Gewerbsmäßige Arbeitnehmerüberlassung; BSG vom 22.5.1984, EzAÜG Nr. 29 zu § 10 AÜG Fiktion = BB 1985, 527; BGH vom 31.3.1982, AP Nr.4 zu § 10 AÜG = NJW 1982, 1952; Schüren, in: Schüren, AÜG, § 10 Rn. 138 ff; Wank, in: ErfK, § 9 AÜG Rn. 7; Ulber, AÜG, § 10 Rn. 67; Hamann, Fremdpersonal im Unternehmen, S. 61; Vor, EuroAS 2002, 175, 179; Ramm, DB 1973, 1170, 1173; C. Becker, BB 1978, 363, 364; Gagel, AuR 1983, 85 f.; ablehnend BGH vom 18.7.2000, EzAÜG Nr. 103 zu § 10 AÜG Fiktion = NJW 2000, 3492 ff.; Sandmann/Marschall, AÜG, Art. 1 § 10 Rn. 7 ff.; Boemke, AÜG, § 9 Rn. 24.

801 So im Ergebnis auch Schüren, in: Schüren, AÜG, § 10 Rn. 138 ff.

diese Weise, entgegen der Zielrichtung des § 11 Abs. 4 S. 2 AÜG, seinen Vergütungsanspruch für Zeiten ohne Überlassungseinsatz verliert. Nach § 11 Abs. 4 S. 2 AÜG hat grundsätzlich der Verleiher das Beschäftigungsrisiko zu tragen.

c) Anspruch des Leiharbeitnehmers auf Ersatz des Vertrauensschadens bei Unwirksamkeit des Leiharbeitsvertrages wegen fehlender Verleiherlaubnis

Gemäß § 10 Abs. 2 S. 1 AÜG steht dem Leiharbeitnehmer bei Unwirksamkeit seines Arbeitsvertrages nach § 9 Nr. 1 AÜG wegen fehlender Verleiherlaubnis ein Anspruch auf Ersatz seines Vertrauensschadens gegen den Verleiher zu. Die Ersatzpflicht tritt nicht ein, wenn der Leiharbeitnehmer den Grund der Unwirksamkeit, also das Fehlen einer entsprechenden Tätigkeitserlaubnis beim Verleiher, kannte (§ 10 Abs. 2 S. 2 AÜG).

Dieser spezialgesetzliche Anspruch auf Ersatz des Vertrauensschadens greift allein bei fehlender Verleiherlaubnis ein. Sonstige Gründe, die zur Rechtswidrigkeit der Arbeitnehmerüberlassung führen, fallen nicht in seinen Anwendungsbereich, wie § 10 Abs. 2 S. 1 AÜG in der Neufassung des „Ersten Gesetzes für moderne Dienstleistungen am Arbeitsmarkt" durch den ausdrücklichen Verweis auf § 9 Nr. 1 AÜG klarstellt[802].

Inhalt des Anspruchs nach § 10 Abs. 2 S. 1 AÜG ist der Ersatz des Schadens, den der Leiharbeitnehmer dadurch erleidet, dass er auf den Bestand des Leiharbeitsvertrages vertraut, so z.B. Aufwendungen, die für die Aufnahme des Arbeitsverhältnisses getätigt wurden (Umzugskosten)[803]. Eine Begrenzung des Vertrauensschadens auf das Erfüllungsinteresse findet nicht statt[804].

Das Erfüllungsinteresse selbst ist dagegen nicht nach § 10 Abs. 2 AÜG ersatzfähig. Schutz gewähren in diesem Zusammenhang zum einen § 10 Abs. 1 S. 1 AÜG durch die Fiktion eines Arbeitsverhältnisses mit dem Entleiher, aber auch die Annahme eines fehlerhaften Arbeitsverhältnisses zwischen Verleiher und Leiharbeitnehmer. So haften Verleiher und Entleiher z.B. für Vergütungsansprüche des Leiharbeitnehmers für geleistete Arbeit nach § 421 ff. BGB gesamtschuldnerisch[805].

---

802 BT-Drs. 15/25 S. 39.

803 Boemke, AÜG, § 10 Rn. 92; Ulber, AÜG, § 10 Rn. 73.

804 BT-Drs. 6/2303, S. 14; Wank, in: ErfK, § 10 AÜG Rn. 38; Bertram/Ockenfels, NZA 1985, 552 f.; Boemke, AÜG, § 10 Rn. 91.

805 Verleiher und Entleiher haften auf das gleiche Leistungsinteresse, die Vergütung des Leiharbeitnehmers, dieser kann Vergütung aber nur einmal verlangen (BGH vom 8.11.1979, AP Nr. 2 zu § 10 AÜG = DB 1980, 347), so dass die Leistung des Ver- oder Entleihers den jeweils anderen befreit; zu den Voraussetzungen der Gesamtschuld vgl. Noack, in: Staudinger, BGB (1999), § 421 Rn. 27 ff.; Heinrichs, in: Palandt, BGB, § 421 Rn. 3 ff.

d) Gesamtschuldnerische Haftung von Verleiher und Entleiher nach §§ 28e Abs. 2 S. 3 und 4 SGB IV, 10 Abs. 3 AÜG und subsidiäre Haftung des Entleihers nach § 42d Abs. 6 EStG

Zahlt der Verleiher trotz Unwirksamkeit des Leiharbeitsvertrages (§ 9 Nr. 1 AÜG) das vereinbarte Arbeitsentgelt oder Teile davon an den Leiharbeitnehmer aus, hat er auch den hierfür anfallenden Gesamtsozialversicherungsbeitrag (§§ 28e Abs. 2 S. 3, 28d SGB IV)[806] und die Lohnsteuer (§§ 42d Abs. 1 Nr. 1, 38 Abs. 3 EStG) abzuführen. Gemäß § 10 Abs. 3 S. 1 AÜG hat der Verleiher in diesem Fall dann auch sonstige Teile des Arbeitsentgelts, die bei einem wirksamen Arbeitsvertrag für den Leiharbeitnehmer an einen anderen zu zahlen wären, etwa bei Lohnabtretung[807], an Letzteren auszuzahlen. Geht man davon aus, dass zwischen Verleiher und Leiharbeitnehmer bei Invollzugsetzung des Leiharbeitsverhältnisses trotz Unwirksamkeit nach § 9 Nr. 1 AÜG die Grundsätze über das fehlerhafte Arbeitsverhältnis anwendbar sind, treffen den Verleiher für den Zeitraum, in dem der Leiharbeitnehmer seine Arbeitsleistung beim Entleiher erbringt, schon hiernach alle Pflichten eines Arbeitgebers, neben der Vergütungspflicht also auch die Pflicht, den anfallenden Gesamtsozialversicherungsbeitrag (§ 28e Abs. 1 S. 1 SGB IV)[808], die Lohnsteuer (§§ 42d Abs. 1 Nr. 1, 38 Abs. 3 EStG) sowie Teile des Arbeitsentgelts an entsprechend anspruchsberechtigte Dritte abzuführen.

Der Entleiher haftet in der Konstellation des § 10 Abs. 3 S. 1 HS. 1 und 2 AÜG in Bezug auf die Abführung der Lohnsteuer neben dem Leiharbeitnehmer (§ 42 Abs. 3 EStG) im Sinne einer Ausfallhaftung (§ 42d Abs. 6 EStG) und für Gesamtsozialversicherungsbeiträge sowie sonstige Ansprüche Dritter in Bezug auf das Arbeitsentgelt als Gesamtschuldner (§§ 28e Abs. 2 S. 4 SGB IV, § 10 Abs. 3 S. 2 AÜG).

e) Ordnungswidrigkeit

Überlässt der Verleiher einen Leiharbeitnehmer an einen Dritten, ohne über eine Verleiherlaubnis zu verfügen, stellt dies für Verleiher und Entleiher, bei jeweiligem Verschulden, gemäß § 16 Abs. 1 Nr. 1 und Nr. 1a AÜG, eine Ordnungswidrigkeit dar, die nach Abs. 2 Alt. 1 mit Geldbuße bis zu 25.000 Euro geahndet

---

806 Neben dem Gesamtsozialversicherungsbeitrag bestehende Versicherungspflichten des Arbeitgebers, etwa die Unfallversicherungspflicht, sollen außer Betracht bleiben.

807 Sandmann/Marschall, AÜG, Art. 1 § 10 Rn. 26a ff.

808 Auch ein fehlerhaftes Arbeitsverhältnis stellt ein die Versicherungspflicht begründendes Beschäftigungsverhältnis im Sinne von § 7, 14 Abs. 1 SGB IV dar (Seewald, in: Kasseler-Kommentar, § 7 SGB IV Rn. 9, 126, 139 ff.; Schüren/Diebold, NZS 1994, 296, 297, Vor, EuroAS 2002, 175, 179 f.).

werden kann. § 16 AÜG enthält darüber hinaus einen Katalog mit weiteren Ordnungswidrigkeitstatbeständen.

3.) Inhalt des europäischen Richtlinienentwurfs

Für die Frage, welche rechtlichen Konsequenzen sich an einen Fall rechtswidriger Arbeitnehmerüberlassung, etwa wegen fehlender Verleiherlaubnis knüpfen, enthält der europäische Richtlinienentwurf keine konkreten inhaltlichen Vorgaben.

Art. 10 des 2. RL-Entw. verpflichtet die Mitgliedstaaten lediglich, ihrerseits wirksame, verhältnismäßige und abschreckende Maßnahmen bei Verstößen gegen die einzelstaatlichen Vorschriften zur Umsetzung der Richtlinie vorzusehen. Insbesondere müssen die Arbeitnehmer und ihre Vertreter über angemessene Verfahren zur Durchsetzung der in dieser Richtlinie vorgesehenen Verpflichtungen verfügen.

4.) Vergleich der Regelungen zu den Folgen rechtswidriger Arbeitnehmerüberlassung in Spanien und Deutschland, insbesondere im Hinblick auf den europäischen Richtlinienentwurf

a) Die gesetzliche Begründung eines Arbeitsverhältnisses zwischen Leiharbeitnehmer und Entleiher

Verfügt der Verleiher nicht über die erforderliche staatliche Erlaubnis, sind nach deutschem Recht Überlassungsvertrag und Leiharbeitsvertrag unwirksam (§ 9 Nr. 1 AÜG). § 10 Abs. 1 S. 1 AÜG fingiert in diesem Fall ein Arbeitsverhältnis zwischen Entleiher und Leiharbeitnehmer. War die Tätigkeit des Leiharbeitnehmers beim Entleiher nur befristet vorgesehen, ist auch das gesetzlich fingierte Arbeitsverhältnis nur entsprechend befristet, wenn ein Befristungsgrund vorliegt (§ 10 Abs. 1 S. 2 AÜG). Während in Bezug auf die Arbeitszeit die Vereinbarungen zwischen Verleiher und Entleiher auch den Inhalt des fingierten Arbeitsverhältnisses zwischen Entleiher und Leiharbeitnehmer prägen (§ 10 Abs. 1 S. 3 AÜG), richten sich die übrigen Arbeitsbedingungen nach den Regelungen beim Entleiher (§ 10 Abs. 1 S. 4 AÜG). Allerdings steht dem Leiharbeitnehmer gegen den Entleiher mindestens das mit dem Verleiher vereinbarte Entgelt zu (§ 10 Abs. 1 S. 5 AÜG).

Nach spanischem Recht haben die Leiharbeitnehmer in den Fällen, in denen die Arbeitnehmerüberlassung mangels staatlicher Zulassung des Verleihers rechtswidrig ist, das Recht, die Position von festangestellten Arbeitnehmern nach ihrer Wahl beim Verleiher oder Entleiher zu erlangen. Bis zur Ausübung des Wahlrechts bleibt ihr Arbeitsverhältnis zum Verleiher wirksam. Wählt der Leiharbeitnehmer eine Beschäftigung beim Entleiher, entsprechen die Rechte und Pflichten des Arbeitnehmers beim Entleiher den üblichen Bedingungen, die einem Arbeitnehmer, der auf demselben oder einem vergleichbaren Arbeitsplatz beschäftigt wird, zukommen (Art. 43 Abs. 3 ET).

Beide nationalen Rechtsordnungen enthalten also Regelungen zur Frage, welche Konsequenzen das Fehlen einer Verleiherlaubnis und die daraus resultierende Rechtswidrigkeit der Arbeitnehmerüberlassung auf die Stellung des Leiharbeitnehmers haben:

Das spanische Recht geht von einer zunächst fortbestehenden Wirksamkeit des Leiharbeitsvertrages trotz fehlender staatlicher Zulassung des Verleihers aus. Dem Leiharbeitnehmer wird in diesem Fall aber ein gesetzliches Wahlrecht eingeräumt, entweder mit dem Entleiher qua lege ein neues, unbefristetes Arbeitsverhältnis zu begründen oder sein Arbeitsverhältnis mit dem Verleiher beizubehalten und es, sollte es befristet geschlossen worden sein, in ein unbefristetes Arbeitsverhältnis umzuwandeln.

Das deutsche AÜG gewährt dem Leiharbeitnehmer ein derartiges Wahlrecht nicht. Fehlt dem Verleiher die Erlaubnis, wird der Leiharbeitsvertrag gesetzlich für unwirksam erklärt und ein Arbeitsverhältnis mit dem Entleiher fingiert. War der Einsatz des Leiharbeitnehmers beim Entleiher nur für einen bestimmten Zeitraum gedacht und liegt ein die Befristung rechtfertigender Grund vor, ist das gesetzlich fingierte Arbeitsverhältnis nur befristet.

Die spanischen Regelungen bieten dem Leiharbeitnehmer im Vergleich zum deutschen Recht mehr Handlungsmöglichkeiten und eine insgesamt geschütztere Stellung. Anders als nach dem deutschen AÜG wird dem Leiharbeitnehmer nicht der Entleiher als künftiger Arbeitgeber aufgezwungen. Es ist durchaus denkbar, dass dem Leiharbeitnehmer daran gelegen sein kann, beim Verleiher, auch wenn dieser keine Verleiherlaubnis besitzt, unter Vertrag zu bleiben. Etwa in den nach deutschem Recht möglichen Fällen, in denen der Verleiher Arbeitnehmerüberlassung nur als Nebentätigkeit betreibt, wird § 9 Nr. 1 AÜG mit der Folge angewandt, dass der gesamte Leiharbeitsvertrag unwirksam ist und nicht nur die Vereinbarung, den Arbeitnehmer auch an andere Unternehmen überlassen zu können. Dies entspricht regelmäßig nicht den Interessen des Arbeitnehmers[809]. Durch § 10 Abs. 1 S. 1 AÜG bekommt der Leiharbeitnehmer einen neuen Arbeitgeber aufgezwungen, dessen wirtschaftliche Lage möglicherweise wesentlich schlechter ist als die des Verleihers, so dass der Leiharbeitnehmer befürchten muss, bei seinem neuen Arbeitgeber in Zukunft betriebsbedingt gekündigt zu werden.

Steht der Leiharbeitnehmer bei seinem Arbeitgeber, der Arbeitnehmerüberlassung etwa nur in Nebentätigkeit betreibt, in einem unbefristeten Arbeitsverhältnis, erhält er außerdem nach der gesetzlichen Fiktion des § 10 Abs. 1 S. 1 AÜG beim Entleiher unter den Umständen des § 10 Abs. 1 S. 2 AÜG nur die Stellung

[809] Zu Recht kritisch Schüren, in: Schüren, AÜG, § 9 Rn. 25 ff.; a.A. Ulber, AÜG, § 9 Rn. 27.

eines befristet Beschäftigten, die vertragliche Absicherung des Leiharbeitnehmers verschlechtert sich also. Gerade in den Fällen, in denen Arbeitnehmerüberlassung vom Verleiher nur als Nebentätigkeit betrieben wird, können die Rechtsfolgen, die das AÜG an das Fehlen einer Verleiherlaubnis knüpft und die eigentlich dem Schutz des Leiharbeitnehmers dienen sollen, in Wahrheit seine Position sogar verschlechtern und damit seinen Interessen zuwiderlaufen. Auch die Anwendung der Grundsätze über das fehlerhafte Arbeitsverhältnis zwischen Verleiher und Leiharbeitnehmer hilft dem Leiharbeitnehmer insoweit nicht, da der Verleiher das fehlerhafte Arbeitsverhältnis für die Zukunft jederzeit durch Lossagung beenden kann[810].

Die spanische Regelung, den Arbeitsvertrag zwischen Verleiher und Leiharbeitnehmer zunächst wirksam bestehen zu lassen und Letzterem ein Wahlrecht einzuräumen, mit wem er für die Zukunft arbeitsvertraglich verbunden sein möchte, stellt eine die Interessen des Leiharbeitnehmers stärker berücksichtigende Lösung dar. Nach spanischem Vorbild wäre es deshalb für das deutsche Recht erwägenswert, trotz fehlender Verleiherlaubnis das Leiharbeitsverhältnis zunächst wirksam bestehen zu lassen und ein Wahlrecht zugunsten des Leiharbeitnehmers, mit wem er in Zukunft arbeitsvertraglich verbunden sein möchte, anstelle der gesetzlichen Fiktion in § 10 Abs. 1 S. 1 AÜG, aufzunehmen[811]. § 10 Abs. 1 S. 2 AÜG könnte dahingehend abgeändert werden, dass die Laufzeit eines fingierten Arbeitsverhältnisses mit dem Entleiher, sollte sich der Leiharbeitnehmer für diesen als künftigen Arbeitgeber entscheiden, nicht von der geplanten Dauer der Überlassung, sondern von der Laufzeit des Arbeitsvertrages zwischen Verleiher und Leiharbeitnehmer abhängt. Der Leiharbeitnehmer würde so im Falle fehlender Verleiherlaubnis in Bezug auf den zeitlichen Bestand seines Arbeitsverhältnisses in keinem Fall schlechter gestellt, sondern die Laufzeit seines Arbeitsverhältnisses bliebe unverändert, egal ob er einen Verbleib beim Verleiher oder einen Wechsel zum Entleiher wählt. Den Entleiher würde diese Lösung nicht unbillig belasten: Besteht bei ihm nur ein vorübergehender Bedarf an Arbeitskraft und entsteht nun ein unbefristetes Arbeitsverhältnis mit dem Leiharbeitnehmer, kann er eine betriebsbedingte Kündigung in Betracht ziehen.

Entscheidet sich der Leiharbeitnehmer in Spanien im Rahmen des Art. 43 Abs. 3 ET für einen Wechsel zum Entleiher, so bestimmen sich seine Arbeitsbedingungen, wie auch nach deutschem Recht, grundsätzlich nach den Regelungen beim Entleiher. Im Unterschied zum spanischen Recht gewährt das deutsche Recht dem Leiharbeitnehmer aber insoweit erhöhten Schutz, als sich die beim Entleiher im Rahmen des fingierten Arbeitsverhältnisses abzuleistende Arbeitszeit nach den entsprechenden Vereinbarungen zwischen Verleiher und Entleiher

---

[810] Zur Beendigung des fehlerhaften Arbeitsverhältnisses vgl. Richardi, in: MünchArbR, Band 1, § 46 Rn. 59 f.

[811] So im Grundansatz wohl auch Ulber, AÜG, § 9 Rn. 27.

richtet und er gegenüber dem Entleiher mindestens das mit dem Verleiher vereinbarte Gehalt verlangen kann.

Anders als für die Konstellation rechtmäßiger Arbeitnehmerüberlassung (Art. 11 Abs. 1 LETT) sieht das spanische Recht die Festlegung einer Mindestvergütung zugunsten des Leiharbeitnehmers nach den Bedingungen beim Entleiher, die durch günstigere Bedingungen beim Verleiher verdrängt werden, bei rechtswidriger Arbeitnehmerüberlassung und einem Wechsel des Leiharbeitnehmers zum Entleiher nach Art. 43 Abs. 3 ET nicht vor. Wählt der Leiharbeitnehmer im Falle rechtswidriger Arbeitnehmerüberlassung für die Zukunft eine Beschäftigung beim Entleiher, kann dies für ihn eine Verschlechterung etwa in Bezug auf seinen Vergütungsanspruch zur Folge haben, da dieser sich dann allein nach den Bedingungen beim Entleiher richtet (Art. 43 Abs. 3 ET).

Für das spanische Recht wäre es nach deutschem Vorbild deshalb überlegenswert, die Regelung des Art. 11 Abs. 1 LETT auch auf den Fall der Eingliederung des Leiharbeitnehmers beim Entleiher aufgrund Art. 43 Abs. 3 ET bei rechtswidriger Arbeitnehmerüberlassung zu übertragen. Da das Gesetz die Mindestentgeltregelung des Art. 11 Abs. 1 LETT auf den Überlassungszeitraum begrenzt, könnte erwogen werden, den vereinbarten Überlassungszeitraum als zeitliche Grenze für eine Mindestentgeltregelung auch in Art. 43 Abs. 3 ET zu verankern, um den Leiharbeitnehmer insoweit nicht gegenüber der Situation rechtmäßiger Arbeitnehmerüberlassung besser zu stellen. Die deutsche Regelung in § 10 Abs. 1 S. 5 AÜG sieht eine solche zeitliche Begrenzung des Mindestvergütungsanspruchs gegenüber dem Entleiher allerdings noch nicht einmal vor.

Als Folge dieser gesetzlichen Modifikationen käme dem Leiharbeitnehmer in Spanien die Mindestgarantie in Bezug auf die Vergütung nicht nur bei rechtmäßiger, sondern auch bei rechtswidriger Arbeitnehmerüberlassung, eventuell begrenzt auf den Überlassungszeitraum, zugute und er wäre insoweit nicht gegenüber der Konstellation der rechtmäßigen Arbeitnehmerüberlassung schlechter gestellt.

In Bezug auf die Frage, welche Rechtsfolgen sich ergeben, wenn die Arbeitnehmerüberlassung rechtswidrig ist, etwa weil der Verleiher nicht über eine staatliche Zulassung verfügt, enthält der europäische Richtlinienentwurf keine inhaltlichen Regelungsvorgaben. Art. 10 verpflichtet die Mitgliedstaaten lediglich, ihrerseits wirksame, verhältnismäßige und abschreckende Maßnahmen bei Verstößen gegen die einzelstaatlichen Vorschriften zur Umsetzung der Richtlinie vorzusehen. Als Rechtmäßigkeitskriterium für Arbeitnehmerüberlassung ist das Erfordernis einer staatlichen Zulassung im Richtlinienentwurf nicht festgeschrieben. Vielmehr bleibt gemäß Art. 4 Abs. 3 des 2. RL-Entw. die Entscheidung über „ob" und „wie" eines staatlichen Zulassungserfordernisses allein Angelegenheit der Mitgliedstaaten. In Bezug auf die nationalen Regelungen, die Rechtsfolgen für den Fall der, insbesondere mangels Verleiherlaubnis, rechtswidrigen Arbeitnehmerüberlassung festsetzen, besteht deshalb kein potentieller Anpassungsbedarf.

b) Die Haftung von Verleiher und Entleiher für Vergütungsansprüche des Leiharbeitnehmers und Sozialversicherungsbeiträge bei rechtswidriger Arbeitnehmerüberlassung

Nach spanischem Recht haftet der Entleiher während der vorgesehenen Laufzeit des Überlassungsvertrages nicht nur subsidiär, sondern gesamtschuldnerisch für Verpflichtungen des Verleihers in Bezug auf Arbeitsentgelt und Sozialversicherungsbeiträge aus dessen Rechtsbeziehung zum Leiharbeitnehmer, wenn der Überlassungsvertrag keine gesetzlich zulässige Fallgruppe nach Art. 6 Abs. 2 LETT i.V.m. Art. 15 ET zum Gegenstand hat bzw. er eine nach Art. 8 LETT verbotene Fallgruppe enthält. Gleiches gilt bei einem Verstoß gegen das Schriftformgebot bzw. den gesetzlichen Mindestvertragsinhalt (Art. 16 Abs. 3 S. 2 LETT). Für den Fall, dass der Verleiher keine staatliche Zulassung besitzt, beinhaltet Art. 43 Abs. 2 ET daneben eine gesamtschuldnerische Haftung von Verleiher und Entleiher nicht nur für Vergütungsforderungen und entsprechende Sozialversicherungsbeiträge, sondern auch für Entschädigungsansprüche des Leiharbeitnehmers.

Nach deutschem Recht ist eine gesamtschuldnerische Haftung von Verleiher und Entleiher für Vergütungsansprüche des Leiharbeitnehmers bei rechtswidriger Arbeitnehmerüberlassung gesetzlich nicht vorgesehen. Lediglich dann, wenn man in Fällen fehlender Verleiherlaubnis neben dem gesetzlich fingierten Arbeitsverhältnis zwischen Entleiher und Leiharbeitnehmer nach § 10 Abs. 1 S. 1 AÜG zusätzlich ein fehlerhaftes Arbeitsverhältnis zwischen Leiharbeitnehmer und Verleiher auf der Grundlage des nach § 9 Nr. 1 AÜG unwirksamen Leiharbeitsvertrages bejaht, haften Verleiher und Leiharbeitnehmer für die entstandenen Vergütungsansprüche des Leiharbeitnehmers gesamtschuldnerisch. Im zuletzt genannten Fall begründet § 28e Abs. 2 S. 4, 3 SGB IV auch eine gesamtschuldnerische Haftung von Verleiher und Entleiher in Bezug auf den für die Tätigkeit des Leiharbeitnehmers abzuführenden Gesamtsozialversicherungsbeitrag.

Für die Frage, welche Haftungsfolgen sich aus einer mangels Verleiherlaubnis rechtswidrigen Arbeitnehmerüberlassung ergeben, zeigen sich in Spanien und Deutschland strukturell unterschiedliche Lösungsansätze:

Anders als nach deutschem Recht, lässt das Fehlen einer Verleiherlaubnis in Spanien die Wirksamkeit des Leiharbeitsvertrages und damit die Vergütungspflicht des Verleihers bis zur Ausübung des Wahlrechts nach Art. 43 Abs. 3 ET zunächst unberührt, dem Entleiher wird in diesem Fall eine gesamtschuldnerische Mithaftung auferlegt. Dagegen wählt das deutsche Recht in der Konstellation des Fehlens einer Verleiherlaubnis einen anderen Ansatz. Der Leiharbeitsvertrag ist gemäß § 9 Nr. 1 AÜG unwirksam, es wird ein Arbeitsverhältnis des Leiharbeitnehmers zum Entleiher fingiert (§ 10 Abs. 1 S. 1 AÜG) und diesem die Vergütungspflicht auferlegt. Wendet man die Grundsätze des fehlerhaften Arbeitsverhältnisses an, haftet der Verleiher gesamtschuldnerisch für die Erfüllung der entstandenen Vergütungsansprüche mit. Im Hinblick auf das Regelungsziel, die Vergütungsansprüche von Leiharbeitnehmern bei rechtswidriger Arbeitnehmerüberlassung wegen fehlender Verleiherlaubnis effektiv abzusichern, sind beide nationalen Regelungsmodelle als gleichwertig anzusehen. Beide Regelungssysteme führen im Ergebnis zu einer gesamtschuldnerischen Haftung von Verleiher und Entleiher.

Nach deutschem Recht tritt eine gesamtschuldnerische Haftung von Verleiher und Entleiher für Vergütungsansprüche und abzuführende Sozialversicherungsbeiträge allein bei Rechtswidrigkeit der Arbeitnehmerüberlassung wegen Fehlens der Verleiherlaubnis auf. Sonstige Umstände, die zur Rechtswidrigkeit oder Nichtigkeit des Überlassungsvertrages führen, lösen keine gesamtschuldnerische Haftung aus. Das spanische Recht sieht, wie dargestellt, dagegen wesentlich mehr Fälle vor, in denen wegen Rechtswidrigkeit der Arbeitnehmerüberlassung eine gesamtschuldnerische Haftung angeordnet und so der Entleiher zur Absicherung vertraglicher Ansprüche des Leiharbeitnehmers sowie Forderungen der Sozialversicherung herangezogen wird. In Bezug auf manche der erfassten Rechtswidrigkeitsgründe erscheint die Anordnung einer gesamtschuldnerischen Mithaftung des Entleihers nach spanischem Recht jedoch als zu weitgehend und nicht sachgerecht: Sinn und Zweck der gesetzlichen Begründung einer gesamtschuldnerischen Mithaftung ist es regelmäßig, eine entsprechende Forderung des Gläubigers gegen den Hauptschuldner abzusichern. Betreibt ein Verleiher Arbeitnehmerüberlassung ohne über die entsprechende staatliche Zulassung zu verfügen, besteht durchaus auch die Gefahr, dass er seinen Vergütungspflichten als Arbeitgeber nicht entsprechend nachkommt, insbesondere dann, wenn eine staatliche Zulassung mangels finanzieller Grundausstattung[812] nicht erfolgen konnte. Eine gesamtschuldnerische Mithaftung des Entleihers, die Art. 43 Abs. 2 ET für diesen Fall vorsieht, erscheint unter dem Gesichtspunkt der Absicherung der Vergütungsforderung durchaus sinnvoll.

Art. 16 Abs. 3 S. 2 LETT begründet allerdings in Spanien eine gesamtschuldnerische Mithaftung des Entleihers auch für andere Fälle rechtswidriger Arbeitnehmerüberlassung, nämlich bei Verstößen des Überlassungsvertrages gegen die Vorgaben in Art. 6 und 8 LETT. Inwieweit sich jedoch etwa aus der Tatsache, dass im Rahmen des Überlassungsvertrages das Schriftformerfordernis bzw. der gesetzliche Mindestinhalt nicht entsprechend gewahrt wurden, eine Gefährdung der Vergütungsansprüche des Leiharbeitnehmers bzw. der Ansprüche des Sozialversicherungsträgers ergibt, die durch eine Mithaftung des Entleihers ausge-

---

[812] Hierzu oben S. 86 f.

glichen werden muss, leuchtet nicht ein. Die genannten Verstöße haben nach überwiegender Auffassung nicht einmal Einfluss auf die Wirksamkeit des Überlassungsvertrages[813]. Die Anordnung einer gesamtschuldnerischen Haftung zu Lasten des Entleihers erscheint deshalb als nicht sachgerechte und zu weitreichende Reaktion auf den genannten Gesetzesverstoß. Auch unter dem Gesichtspunkt der Notwendigkeit staatlicher Sanktionierung von Rechtsverletzungen lässt sich die Regelung in Art. 16 Abs. 3 S. 2 LETT insoweit nicht rechtfertigen: Mit Art. 19 Abs. 2 lit. a) LISOS besteht nämlich bereits eine Regelung, wonach die Nichteinhaltung der gesetzlichen Form des Überlassungsvertrages einen mit Bußgeld zu ahndenden schweren Gesetzesverstoß darstellt.

Der europäische Richtlinienentwurf enthält keine konkreten inhaltlichen Vorgaben, wie Rechtsverstöße im Zusammenhang mit der Arbeitnehmerüberlassung zu ahnden sind, sondern überlässt gemäß Art. 10 die Schaffung entsprechender Sanktionen den Mitgliedstaaten. Potentieller Anpassungsbedarf der spanischen und deutschen Regelungen in der Frage, in welchen Fällen und in welchem Umfang eine gesamtschuldnerische Haftung von Verleiher und Entleiher anzuordnen ist, besteht also nicht.

VI. Leiharbeitnehmer und Arbeitskampf beim Entleiher

1.) In Spanien

a) Die Ersetzung von streikenden Arbeitnehmern des Entleihers durch Leiharbeitnehmer

Gemäß Art. 8 lit. a) LETT ist der Abschluss eines Überlassungsvertrages zur Ersetzung von streikenden Arbeitnehmern im Entleiherunternehmen unzulässig[814]. Dieses Verbot steht in Zusammenhang mit der hervorgehobenen Stellung, die das Streikrecht in der spanischen Rechtsordnung genießt. Art. 28 Abs. 2 CE statuiert das Streikrecht als individuelles Grundrecht der Arbeitnehmer[815]. Art. 8 lit. a) LETT verbietet den Einsatz externer, über eine Zeitarbeitsfirma zu diesem Zweck geholter Streikbrecher und ergänzt Art. 6 Abs. 5 R.D.L. 17/1977 vom 4.3.1977[816], wonach die direkte Untervertragnahme von externen Streikbrechern

---

[813] Vgl. die Nachweise auf S. 109 f.

[814] Eine vergleichbare Regelung war auch in den europäischen Richtlinienvorschlägen vom 7.5.1982 und 3.4.1982 vorgesehen.

[815] Pérez Pérez, Empresas de trabajo temporal y relaciones laborales, S. 317; Abele, RdA 1996, 245.

[816] B.O.E. vom 9.3.1977 (Der Gesetzestext ist im Internet abrufbar unter http://noticias.juridicas.com/base_datos/).

grundsätzlich unzulässig ist[817]. Eine Ausnahme sieht das R.D.L. 17/1977 in Art. 6 Abs. 7 nur für den Fall vor, dass die streikenden Arbeitnehmer gegen ihre Pflicht zur Sicherstellung der Grundversorgung der Bevölkerung bzw. gegen die Pflicht zur Durchführung notwendiger Sicherungs- und Erhaltungsmaßnahmen gemäß Art. 10 Abs. 2 R.D.L. 17/1977 verstoßen[818]. Da Art. 8 lit. a) LETT keinen Verweis auf diese Ausnahmen vom Verbot der Ersetzung von streikenden Arbeitnehmern enthält, bleibt für das bestreikte Unternehmen in diesen Sonderfällen, in denen das Streikrecht der Arbeitnehmer hinter berechtigten Interessen des Arbeitgebers oder der Allgemeinheit zurücktreten muss, nur die direkte Untervertragnahme von Arbeitnehmern. Der Rückgriff auf Leiharbeitnehmer ist dagegen ausgeschlossen[819].

Auch die Konstellationen des sogenannten „internen Streikbruchs“, in denen Arbeitnehmer des bestreikten Unternehmens die Arbeitsplätze der Streikenden übernehmen und ihrerseits durch Leiharbeitnehmer ersetzt werden sollen, oder ein Leiharbeiter schon vor Streikbeginn verpflichtet wurde und nun einen Streikenden ersetzen soll, sind vom Verbotszweck des Art. 8 lit. a) LETT erfasst[820]. Selbst in dem Fall, dass Leiharbeitnehmer beim Entleiher streiken[821], können diese nicht durch andere Leiharbeitnehmer ersetzt werden, da hierdurch ihr Streikrecht verletzt würde. Art. 8 lit. a) LETT steht dem Abschluss eines Überlassungsvertrages in Bezug auf „Ersatz-Leiharbeitnehmer“ entgegen und führt zu dessen Nichtigkeit (Art. 6 Abs. 3 CC)[822].

Nicht unter Art. 8 lit. a) LETT fällt dagegen die Konstellation, dass ein Leiharbeitnehmer schon vor Beginn des Arbeitskampfes beim Entleiher dort eine bestimmte Tätigkeit aufgenommen hat und keine Änderung seines Aufgabengebietes im Sinne von Streikbrucharbeit vom Entleiher angeordnet wird.

Für das Entleiherunternehmen stellt der Rückgriff auf Leiharbeitnehmer zur Ersetzung von Streikenden trotz Verbots in Art. 8 lit. a) LETT einen von Art. 19 Abs. 3 lit. a) LISOS als sehr schwer qualifizierten Gesetzesverstoß dar, der mit

---

817 Chacartegui Jávega, Empresas de Trabajo Temporal y Contrato de Trabajo, S. 173 f.

818 Valdés de la Vega, Las Empresas de Trabajo Temporal, S. 73 f.; Chacartegui Jávega, Empresas de Trabajo Temporal y Contrato de Trabajo, S. 173 f.; Valdés Dal-Ré/Casas Baamonde, RL 1995, Band 1, 39, 46.

819 In diesem Sinne auch Valdés de la Vega, Las Empresas de Trabajo Temporal, S. 74; Chacartegui Jávega, Empresas de Trabajo Temporal y Contrato de Trabajo, S. 176; anders Valdés Dal-Ré, Las relaciones juridicas entre empresas de trabajo temporal y la empresa usuaria: el contrato de puesta a disposición, S. 77, 87.

820 García Fernandez, AL 1994, Band 3, Rn. 525, 539; Chacartegui Jávega, Empresas de Trabajo Temporal y Contrato de Trabajo, S. 175; Pérez Pérez, Empresas de trabajo temporal y relaciones laborales, S. 317 f.; grundlegend zum Verbot des “internen Streikbruchs” STC 123/1992 vom 28.9.1992 unter 5.

821 Zu ihrem Streikrecht sogleich S. 237.

822 López Balaguer, La relación laboral de los trabajadores puestos a disposición, S. 416 f.; Pérez Pérez, Empresas de trabajo temporal y relaciones laborales, S. 317 f.

einem Bußgeld bis zu 90.000 € geahndet werden kann (Art. 40 Abs. 1 lit. c) LISOS). Die Überlassung durch ein Zeitarbeitsunternehmen zu diesem Zweck ist dagegen nicht ausdrücklich als Sanktionstatbestand aufgeführt. Teilweise wird erwogen, auf den letztgenannten Fall Art. 18 Abs. 2 lit. c); 40 Abs. 1 lit. b) LISOS anzuwenden, da die Überlassung einem nicht von Art. 6 Abs. 2 LETT gedeckten Überlassungszweck diene[823]. Voraussetzung für eine Anwendung von Art. 18 Abs. 2 lit. c) LISOS muss dann allerdings zumindest sein, dass der Verleiher von dem Arbeitskampf beim Entleiher weiß. Daneben kann jeder Arbeitnehmer oder Gewerkschaftsvertreter im Falle des Streikbruchs durch Rückgriff auf Leiharbeitnehmer bei der Arbeitsgerichtsbarkeit einen Unterlassungsanspruch wegen Verletzung von Gewerkschaftsrechten im Eilverfahren geltend machen (Art. 15 LOLS i.V.m. Art. 179 LPL[824]).

b) Streikrecht der Leiharbeitnehmer beim Entleiher

Für die Frage, ob Leiharbeitnehmern während ihrer Beschäftigung beim Entleiher ein Streikrecht zusteht, ist zwischen zwei Konstellationen zu unterscheiden, der Teilnahme an einem Arbeitskampf gegen den Verleiher und der Beteiligung an einem Arbeitskampf mit dem Entleiher als Adressaten.

Nach Art. 28 Abs. 2 CE ist den Arbeitnehmern das Recht auf Streik gegenüber ihrem Arbeitgeber als kollektive Kampfmaßnahme „zur Verteidigung ihrer Interessen" verfassungsrechtlich garantiert[825]. Mit Streik verfolgbare Interessen sind solche, die die Arbeitnehmer „als Partei des Arbeitsvertrages oder Teil der Belegschaft" des Arbeitgebers als Arbeitskampfgegner betreffen[826]. Rechtmäßiges Ziel eines Arbeitkampfes sind zum einen tariflich regelbare Fragen in Bezug auf Arbeitsbedingungen. Aber auch bei ungerechtfertigten Kündigungen oder in Fällen des Zahlungsverzuges bzw. der Nichtzahlung der Vergütung werden Proteststreiks der Arbeitnehmer des betroffenen Unternehmens gegen ihren Arbeitgeber als rechtmäßig erachtet[827].

Wird beim Verleiher ein Arbeitskampf geführt, so steht dem Leiharbeitnehmer das Streikrecht aus Art. 28 Abs. 2 CE und Art. 4 Abs. 1 lit. e) ET „zur Verteidigung seiner Interessen" gegenüber dem Verleiher als seinem Arbeitgeber

823 Chacartegui Jávega, Empresas de Trabajo Temporal y Contrato de Trabajo, S. 174 f.; a.A. Valdés de la Vega, Las Empresas de Trabajo Temporal, S. 74.

824 Real Decreto Legislativo 2/1995 vom 7.4.1995 „zur Verabschiedung des neugefassten arbeitsgerichtlichen Verfahrensrechts" (Ley de Procedimiento Laboral [LPL]) (B.O.E. vom 11.4.1995).

825 STC 11/1981 vom 8.4.1981 unter II.12.

826 Montoya Melgar, Derecho del Trabajo, S. 727.

827 García Ninet, Derecho del Trabajo, S. 830.

ohne weiteres zu, auch wenn er zu dieser Zeit gerade einem Entleiher überlassen wurde[828].

Gegner und Adressat der Streikmaßnahme ist in diesem Fall der Verleiher, der Leiharbeitnehmer verweigert ihm gegenüber die Erbringung seiner nach dem Leiharbeitsvertrag geschuldeten Arbeitsleistung im Entleiherbetrieb. Gegenstand des Arbeitskampfes beim Verleiher sind Fragen, die das Arbeitsverhältnis zwischen Verleiher und Leiharbeitnehmer betreffen. Dem Entleiher, der dann von den Folgen des Streiks faktisch betroffen ist, stehen gegebenenfalls Ansprüche auf Schadenersatz sowie Minderung des im Überlassungsvertrag vereinbarten Überlassungsentgelts gegenüber dem Verleiher zu[829].

Daneben stellt sich die in Spanien bislang kaum diskutierte Frage, ob Leiharbeitnehmer, die nicht als Streikbrecher mit der Rechtsfolge des Art. 8 lit. a) LETT fungieren sollen, an einem Streik beim Entleiher teilnehmen dürfen, etwa um dort den Abschluss eines neuen Vergütungstarifvertrages zu erzwingen. Verweigert der Leiharbeitnehmer seine Arbeitsleistung beim Entleiher, ist Gegner seiner Kampfmaßnahme der Verleiher, dem er seine Arbeitsleistung vertraglich schuldet. Ziel der Teilnahme von Leiharbeitnehmern am Streik beim Entleiher ist aber nicht, Forderungen gegenüber ihrem Arbeitgeber, dem Verleiher durchzusetzen. Adressat des Streiks der Leiharbeitnehmer ist der Entleiher, er soll so zur Annahme der Streikforderungen seiner Arbeitnehmer veranlasst werden. Die kämpfenden Arbeitnehmer des Entleihers sollen in ihren Forderungen durch eine Beteiligung der dort eingesetzten Leiharbeitnehmer an ihrem Streik unterstützt werden.

Nach Art. 11 lit. b) R.D.L. 17/1977, der das in Art. 28 Abs. 2 CE verfassungsrechtlich garantierte Streikrecht inhaltlich ausgestaltet, sind „Solidaritäts- oder Hilfsstreiks", die die genannten Kriterien für einen rechtmäßigen Arbeitskampf in Bezug auf Adressat und Kampfforderung nicht erfüllen, jedoch grundsätzlich verboten[830]. Eine Ausnahme vom Verbot des Sympathiearbeitskampfes macht Art. 11 lit. b) des R.D.L. 17/1977 nur für den Fall eines unmittelbaren eigenen beruflichen Interesses der aus Solidarität Streikenden an der Durchsetzung der Streikforderungen. Der spanische Verfassungsgerichtshof wertete in seiner Entscheidung vom 8.4.1981 die Beschränkung der Zulässigkeit von Solidaritätsstreiks auf Fälle unmittelbaren eigenen beruflichen Interesses jedoch als zu starke Beschneidung des Streikrechts aus Art. 28 Abs. 2 CE und damit als verfassungswidrig[831]. In Konsequenz dieser Rechtsprechung wird Art. 11 lit. b)

---

828 García Fernandez, AL 1994, Band 3, Rn. 525, 539; López Balaguer, La relación laboral de los trabajadores puestos a disposición, S. 410.

829 Gala Durán, Derechos y obligaciones entre los trabajadores cedidos por las Empresas de trabajo temporal y las empresas usuarias, S. 85; López Balaguer, La relación laboral de los trabajadores puestos a disposición, S. 410.

830 Rojo Torrecilla, El derecho de huelga, unter III.2.3.

831 STC 11/1981 unter II.21.

R.D.L. 17/1977 verfassungskonform dahingehend ausgelegt, dass Solidaritätsstreiks auch bei mittelbarem eigenen beruflichen Interesse an der Durchsetzung der Streikforderungen zulässig sind[832]. Ein unmittelbares Interesse der Leiharbeitnehmer wird in Bezug auf solche Forderungsgegenstände im Rahmen von Arbeitkämpfen beim Entleiher bejaht, die im Zusammenhang mit der Erbringung der Arbeitsleistung der Leiharbeitnehmer beim Entleiher stehen, etwa in Bezug auf Fragen der Leitung und Kontrolle ihrer Tätigkeit durch den Entleiher[833].

Nach der Neufassung der Vergütungsregelung des Art. 11 Abs. 1 LETT durch die *Ley* 29/1999 steht einem Leiharbeitnehmer das beim Entleiher für die von ihm dort zu verrichtende Tätigkeit tarifvertraglich festgesetzte Entgelt als Mindestvergütung zu. Das Interesse der beim bestreikten Entleiher beschäftigten Leiharbeitnehmer an möglichst hohen Vergütungssätzen beim Entleiher, die ihren Mindestvergütungsanspruch gegenüber dem Verleiher beeinflussen, könnte eine Streikbeteiligung der Leiharbeitnehmer rechtfertigen.

Unter die einzige Fallgruppe, für die ein Streikrecht der Leiharbeitnehmer bislang bejaht wurde, nämlich die Regelung von Fragen im Zusammenhang mit den Rahmenbedingungen der Durchführung von Arbeitsleistungen beim Entleiher, die zwischen Entleiher und Stammbelegschaft in Streit stehen, aber die Leiharbeitnehmer in gleicher Weise unmittelbar betreffen, lässt sich der Streit um tarifliche Vergütungsregeln beim Entleiher jedenfalls nicht fassen. Während Fragen im Zusammenhang mit der Erbringung der Arbeitsleistung beim Entleiher die Leiharbeitnehmer unmittelbar berühren, ihre arbeitsvertragliche Pflicht besteht gerade in der Erbringung ihrer Arbeitsleistung beim Entleiher, betreffen sie die tariflichen Vergütungsregeln beim Entleiher nur mittelbar. Der Leiharbeitnehmer hat einen Vergütungsanspruch nicht gegenüber dem Entleiher, sondern gegenüber dem Verleiher, mit dem er durch einen Arbeitsvertrag verbunden ist. Die tariflichen Vergütungsregeln beim Entleiher berühren den Leiharbeitnehmer nur insoweit, als sie seinen Mindestvergütungsanspruch gegenüber dem Verleiher bestimmen. Das Interesse der Leiharbeitnehmer am Erfolg des Arbeitskampfes um einen neuen Vergütungstarifvertrag beim Entleiher, der ihnen dann über Art. 11 Abs. 1 LETT zugute kommt, stellt damit ein mittelbares berufliches Interesse an der Durchsetzung der Kampfforderungen dar. Bei verfassungskonformer Auslegung lässt Art. 11 lit. b) R.D.L. 17/1977 Solidaritätsstreiks auch bei nur mittelbarem eigenen beruflichen Interesse an der Durchsetzung der Arbeitskampfforderungen zu, so dass den Leiharbeitnehmern ein Recht auf Teilnahme an einem Streik zur Durchsetzung eines Vergütungstarif-

---

832 Gala Durán, Derechos y obligaciones entre los trabajadores cedidos por las Empresas de trabajo temporal y las empresas usuarias, S. 85; García Fernandez, AL 1994, Band 3, Rn. 525, 539.

833 García Fernandez, AL 1994, Band 3, Rn. 525, 539; López Balaguer, La relación laboral de los trabajadores puestos a disposición, S. 410.

vertrages beim Entleiher während ihres Einsatzes zuzugestehen ist[834]. Die Tatsache, dass im Einzelfall nicht unbedingt abgesehen werden kann, ob und ab wann der beim Entleiher nach einem Arbeitskampf geltende Tarifvertrag bessere Vergütungsbedingungen enthält als die beim Verleiher geltenden Entgeltregelungen und deshalb während des Arbeitskampfes beim Entleiher noch gar nicht feststeht, dass der Entleihertarifvertrag die Arbeitsverhältnisse der Leiharbeitnehmer tatsächlich über Art. 11 Abs. 1 LETT beeinflusst, kann keine Rolle spielen. Ansonsten hinge das Streikrecht der Leiharbeitnehmer von einer kaum kalkulierbaren Prognoseentscheidung in Bezug auf das Ergebnis des Arbeitskampfes beim Entleiher ab.

2.) In Deutschland

a) Die Ersetzung von streikenden Arbeitnehmern des Entleihers durch Leiharbeitnehmer

Gemäß § 11 Abs. 5 S. 1 AÜG ist ein Leiharbeitnehmer nicht verpflichtet, bei einem Entleiher tätig zu sein, soweit dieser durch einen Arbeitskampf unmittelbar betroffen ist. Dieses Leistungsverweigerungsrecht zugunsten des Leiharbeitnehmers soll nach der Vorstellung des Gesetzgebers verhindern, dass er gegen seinen Willen als Streikbrecher beim Entleiher eingesetzt werden kann[835]. Der Verleiher hat den Leiharbeitnehmer gemäß § 11 Abs. 5 S. 2 AÜG auf sein Leistungsverweigerungsrecht hinzuweisen. Macht ein Leiharbeitnehmer, der Tätigkeiten in einem unmittelbar von einem Arbeitskampf betroffenen Entleiherbetrieb verrichten soll oder schon aufgenommen hat[836], von seinem Leistungsverweigerungsrecht Gebrauch, ist seine arbeitsvertragliche Verpflichtung gegenüber dem Verleiher, seine Arbeitsleistung bei einem vom Verleiher bestimmten Entleiher zu erbringen, insoweit eingeschränkt[837].

Nutzt der Leiharbeitnehmer sein Leistungsverweigerungsrecht, bleibt der Verleiher, findet er keine anderweitige Einsatzmöglichkeit für den Leiharbeitnehmer, nach den Grundsätzen über die Verteilung des arbeitskampfbedingten Lohnrisikos nach § 615 S. 1 BGB i.V.m. § 11 Abs. 4 S. 2 AÜG zur Fortzahlung der Vergütung verpflichtet[838]. Der Gleichstellungsanspruch nach §§ 3 Abs. 1 Nr.

---

834 So im Ansatz wohl auch Gala Durán, Derechos y obligaciones entre los trabajadores cedidos por las Empresas de trabajo temporal y las empresas usuarias, S. 85; García Fernandez, AL 1994, Band 3, Rn. 525, 539.

835 BT-Drs. 6/2303, S. 14.

836 Hierzu Düwell, in: KasselerHandb, 4.5 Rn. 398; Sandmann/Marschall, AÜG, Art. 1 § 11 Rn. 29.

837 Feuerborn, in: Schüren, AÜG, § 11 Rn. 104; Wank, in: ErfK, § 11 AÜG Rn. 26.

838 Wank, in: ErfK, § 11 AÜG Rn. 26; Sandmann/Marschall, AÜG, § 11 Rn. 31; Feuerborn, in: Schüren, AÜG, § 11 Rn. 105; Ulber, AÜG, § 11 Rn. 83.

3, 9 Nr. 2 AÜG kann dann allerdings keine Anwendung finden, da der Leiharbeitnehmer nicht beim Entleiher tätig wird.

b) Streikrecht der Leiharbeitnehmer beim Entleiher

Vor der gesetzlichen Einführung der Gleichbehandlungspflicht der Leiharbeitnehmer mit vergleichbaren Arbeitnehmern des Entleihers in Bezug auf die wesentlichen Arbeitsbedingungen einschließlich des Arbeitsentgelts wurde Leiharbeitnehmern ein Recht auf Teilnahme an einem Arbeitskampf grundsätzlich nur bei einem Streik gegen den Verleiher zugestanden[839]. Ein Arbeitskampfrecht im Entleiherbetrieb gegenüber dem Entleiher lehnten Rechtsprechung und Literatur dagegen grundsätzlich ab[840]. Lediglich in den Fällen eines gesetzlich fingierten Arbeitsverhältnisses zum Entleiher nach § 10 Abs. 1 S. 1 AÜG ließ man eine Ausnahme zu[841]. Begründet wurde die grundsätzliche Verweigerung des Streikrechts damit, dass der Leiharbeitnehmer auch während der Überlassung nicht Angehöriger des Entleiherbetriebes werde und der umkämpfte Tarifvertrag beim Entleiher zu keiner sein Arbeitsverhältnis betreffenden Regelung führe[842]. Nach der Einführung des Gleichstellungsanspruchs des Leiharbeitnehmers bezüglich der für einen vergleichbaren Arbeitnehmer des Entleihers geltenden wesentlichen Arbeitsbedingungen ist die Frage eines Arbeitskampfrechts des Leiharbeitnehmers in Bezug auf einen im Entleiherbetrieb umkämpften Tarifvertrag allerdings neu zu stellen.

Voraussetzung eines rechtmäßigen Arbeitskampfes ist grundsätzlich, dass er um den Abschluss eines Tarifvertrages von den für seinen Geltungsbereich örtlich und fachlich zuständigen Tarifvertragsparteien und ihren Mitgliedern geführt wird und Gegner der Kampfmaßnahmen die jeweils andere Tarifvertragspartei ist[843].

Ziel eines gewerkschaftlich organisierten Streiks beim Entleiher muss hiernach sein, mit dem bestreikten Entleiher oder dessen Verband einen Tarifvertrag

---

839 Löwisch/Rieble, in: Löwisch, Arbeitskampf- und Schlichtungsrecht, 170.2 Rn. 281; Feuerborn, in: Schüren, AÜG, § 11 Rn. 103; Wank, in: ErfK, § 11 AÜG Rn. 26.

840 BAG vom 18.1.1989, AP Nr. 1 zu § 9 BetrVG 1972 = NZA 1989, 724; vom 22.3.2000, AP Nr. 8 zu § 14 AÜG = NZA 2000, 1119; Löwisch/Rieble, in: Löwisch, Arbeitskampf- und Schlichtungsrecht, 170.2 Rn. 281; Wank, in: ErfK, § 14 AÜG Rn. 2a f.; Sandmann/Marschall, AÜG, Art. 1 § 14 Rn. 3 f.; a.A. Boemke, AÜG, § 14 Rn. 53; Hamann, in: Schüren, AÜG, § 14 Rn. 22 ff, 29 f. m.w.N.

841 Löwisch/Rieble, in: Löwisch, Arbeitskampf- und Schlichtungsrecht, 170.2 Rn. 281.

842 Niebler/Biebl/Roß, AÜG, Rn. 486; Düwell, in: KasselerHandb, 4.5 Rn. 396.

843 BAG vom 27.11.1964, AP Nr. 1 zu § 2 TVG Tarifzuständigkeit = BB 1965, 331; vom 5.3.1985, AP Nr. 85 zu Art. 9 GG Arbeitskampf = NZA 1985, 504; vom 7.6.1988, AP Nr. 106 zu Art. 9 GG Arbeitskampf = NZA 1988, 2102; Kissel, Arbeitskampfrecht, § 24 Rn. 13.

zu schließen, der in seinem Geltungsbereich die Arbeitsverhältnisse der in der kampfführenden Gewerkschaft organisierten Arbeitnehmer des Entleihers normativ erfasst.

Ein Streik, der außerhalb des räumlichen oder betrieblichen Geltungsbereiches des umkämpften Tarifvertrages erfolgt, ist als Sympathiestreik[844] zu qualifizieren[845].

Das Arbeitsverhältnis eines beim Entleiher eingesetzten Leiharbeitnehmers mit seinem Verleiher ist, unabhängig davon, ob der Leiharbeitnehmer der kampfführenden Gewerkschaft angehört, nicht vom Geltungsbereich des beim Entleiher umkämpften Tarifvertrages umfaßt[846]. Nehmen Leiharbeitnehmer während ihres Einsatzes beim Entleiher an einem Streik um einen solchen Tarifvertrag teil, stellt dies somit eine Sympathiearbeitskampfmaßnahme im Sinne der obigen Definition dar.

Motiv eines Sympathiestreiks ist regelmäßig die Unterstützung eines anderen Arbeitskampfes, des Hauptarbeitskampfes[847]. Mit dem Sympathiestreik soll den Tarifforderungen der Arbeitnehmerseite des Hauptarbeitskampfes Nachdruck verliehen werden, auch wenn die am Sympathiestreik teilnehmenden Arbeitnehmer nicht in den normativen Geltungsbereich des umkämpften Tarifvertrages fallen. Beim Sympathiestreik sind der von der Kampfmaßnahme Betroffene und der Adressat der Kampfmaßnahme, gegenüber dem die Kampfforderung durchgesetzt werden soll, häufig verschieden[848]. Betroffener des Sympathiestreiks ist vielfach der eigene Arbeitgeber, Adressat dagegen der Arbeitgeber bzw. Arbeitgeberverband des Hauptarbeitskampfes[849]. Haupt- und Unterstützungsstreik können sich jedoch auch gegen denselben Arbeitgeber richten, etwa wenn der mit dem Hauptstreik im Betrieb umkämpfte Tarifvertrag die aus „Sympathie"

844 Das BAG verwendet in seiner Terminologie „Sympathiestreik" als Oberbegriff und sieht, bei entsprechendem Kampfmotiv, den „Solidaritätsstreik" als besondere Ausprägung an (vgl. etwa die Entscheidung vom 12.1.1988, AP Nr. 90 zu Art. 9 GG Arbeitskampf = NZA 1989, 81). Teilweise wird auch der Oberbegriff „Unterstützungsstreik" gewählt und je nach Kampfmotiv etwa zwischen Solidaritäts- und Sympathiestreiks sowie Boykottmaßnahmen unterschieden (so etwa Birk, Die Rechtmäßigkeit gewerkschaftlicher Unterstützungsmaßnahmen, S. 39 ff.) oder „Solidaritätsstreik" anstelle von „Sympathiestreik" verwendet (so Bieback, in: Däubler, Arbeitskampfrecht, Rn. 367 ff.).

845 Löwisch/Rieble, in: Löwisch, Arbeitskampf- und Schlichtungsrecht, 170.2 Rn. 162 ff.; Otto, in: MünchArbR, Band 3, § 286 Rn. 40.

846 Zu Besonderheiten im Rahmen der Konzernleihe sowie weiteren Fallgruppen vgl. Ulber, AÜG, § 11 Rn. 73 f.

847 Kissel, Arbeitskampfrecht, § 24 Rn. 16; Brox/Rüthers, Arbeitskampfrecht, Rn. 142; Bieback, in: Däubler, Arbeitskampfrecht, Rn. 367.

848 Brox/Rüthers, Rn. 144, 149.

849 Bieback, in: Däubler, Arbeitskampfrecht, Rn. 367.

streikenden Betriebsangehörigen in seinem Geltungsbereich nicht umfassen soll[850].

Nehmen Leiharbeitnehmer an einem Streik beim Entleiher zur Durchsetzung eines dort geltenden Tarifvertrages teil, ist Betroffener ihrer Kampfmaßnahme der Verleiher. Die Leiharbeitnehmer verweigern gegenüber dem Verleiher als ihrem Arbeitgeber die Erbringung ihrer arbeitsvertraglich geschuldeten Arbeitsleistung beim Entleiher. Adressat der Kampfmaßnahme der Leiharbeitnehmer ist dagegen der Entleiher, ihm bzw. seinem Arbeitgeberverband gegenüber soll die Streikforderung nach Abschluss eines für sein Unternehmen geltenden Vergütungstarifvertrages, der den Leiharbeitnehmern über §§ 3 Abs. 1 Nr. 3, 9 Nr. 2 AÜG zugute kommt, durchgesetzt werden.

Die Frage, ob ein solcher Sympathiearbeitskampf rechtlich zulässig ist, stand in Literatur und Rechtsprechung lange im Streit[851]. In seinem Urteil vom 5.3.1985[852] hat das BAG klar Stellung bezogen und den Sympathiestreik für grundsätzlich unzulässig erklärt. Der Streik als Mittel des Arbeitskampfes ist Hilfsinstrument zur Sicherung der Tarifautonomie und darf deshalb nur als Mittel zur Durchsetzung tariflicher Regelungen eingesetzt werden[853]. Im Fall von Interessenkonflikten bei Tarifverhandlungen soll der Kampfgegner unter Druck gesetzt und so zum Abschluss eines Tarifvertrages veranlasst werden können[854]. Der Sympathiestreik erfüllt diese Zweckbestimmung nicht. Er richtet sich nicht gegen den Tarifpartner, mit dem ein Tarifvertrag abgeschlossen werden soll. Der vom Sympathiestreik betroffene Unternehmer kann die im Hauptarbeitskampf erhobenen Forderungen nicht durch Abschluss eines Tarifvertrages erfüllen. Er kann den Arbeitskampf nicht durch Nachgeben in Form eines Tarifschlusses mit den aus Sympathie Streikenden vermeiden oder zwischen Kampf und Nachgeben wählen und er bedarf deshalb eines größeren Schutzes als der unmittelbar von einem Arbeitskampf um einen Tarifvertrag betroffene Arbeitgeber[855].

---

[850] Beispiel hierfür ist der Streik von Angestellten um einen Angestelltentarifvertrag, den die Arbeiter desselben Arbeitgebers durch ihren Streik unterstützen (Bieback, in: Däubler, Arbeitskampfrecht, Rn. 367); vgl. auch Hartje, Der Sympathiearbeitskampf, S. 111.

[851] Vgl. die ausführlichen Darstellungen bei Gamillscheg, Koll. ArbR Bd.1, S. 1137 ff; Otto, in: MünchArbR, Band 3, § 286 Rn. 38 ff.; Kissel, Arbeitskampfrecht, § 24 Rn. 16 ff. jeweils mit umfassenden Nachweisen; umfassend auch Hartje, Der Sympathiearbeitskampf.

[852] AP Nr. 85 zu Art. 9 GG Arbeitskampf = NZA 1985, 504 = SAE 1986, 60 mit zustimmender Anmerkung Lieb; in seiner Entscheidung vom 12.1.1988 hat das BAG seine Auffassung bestätigt (AP Nr. 90 zu Art. 9 GG Arbeitskampf = NZA 1989, 81 = SAE 1988, 307 mit zustimmender Anmerkung Mayer-Maly).

[853] BAG (GS) vom 21.4.1971, AP Nr. 43 zu Art. 9 GG Arbeitskampf = BB 1971, 701 = NJW 1971, 1668.

[854] BAG vom 5.3.1985, a.a.O.; Otto, in: MünchArbR, Band 3, § 286 Rn. 44; Rüthers, BB 1964, 312 ff.; Löwisch/Rieble, in: Löwisch, Arbeitskampf- und Schlichtungsrecht, 170.1 Rn. 45.

[855] BAG vom 5.3.1985, a.a.O.

Nur in besonderen Ausnahmefällen wird ein Sympathiestreik als zulässig angesehen. So wird etwa zugunsten von Arbeitnehmern, die nicht der kampfführenden Gewerkschaft angehören, deshalb nicht in den normativen Geltungsbereich des umkämpften Tarifvertrags fallen (sog. „tarifliche Außenseiter") und deren Kampfziel somit auch nicht unmittelbar der Tarifvertragsschluss mit dem Arbeitgeber ist, eine Ausnahme vom Verbot des Sympathiearbeitskampfes gemacht[856] und ihnen ein Streikrecht zugestanden[857]. Begründet wird das Streikrecht der tariflichen Außenseiter des bestreikten Betriebes unter anderem damit, dass der Außenseiter regelmäßig am Erfolg des Streiks, etwa durch arbeitsvertragliche Inbezugnahme auf den Tarifvertrag, partizipiere und er deshalb letztlich um seine Arbeitsbedingungen kämpfe[858].

Insbesondere der zuletzt genannte Partizipierungsgedanke trifft nach der Neufassung des AÜG auch auf die Leiharbeitnehmer beim Entleiher zu, so dass eine Gleichstellung von Leiharbeitnehmern mit tariflichen Außenseitern in Bezug auf ihr Streikrecht zu erwägen ist: Wie ein nichtorganisierter Arbeitnehmer des Entleihers, dessen Arbeitsvertrag eine tarifliche Bezugnahmeklausel enthält, oder ein anders organisierter Arbeitnehmer, dessen „eigener" Tarifvertrag nach dem Prinzip der Tarifeinheit von dem im Streit stehenden Tarifvertrag verdrängt würde[859], hat der Leiharbeitnehmer wegen seines Gleichbehandlungsanspruchs

---

856 Löwisch/Rieble, in: Löwisch, Arbeitskampf- und Schlichtungsrecht, 170.2 Rn. 87; Rieble, Anmerkung zu BAG vom 9.4.1991, EzA Nr. 98 zu Art. 9 GG Arbeitskampf; das BAG fasst dagegen den Arbeitskampf tariflicher Außenseiter nicht unter den Oberbegriff „Sympathiearbeitskampf" sondern unterscheidet zwischen beiden Konstellationen (vgl. etwa BAG vom 9.4.1991, EzA Nr. 98 zu Art. 9 GG Arbeitskampf unter I.1. = NZA 1991, 815).

857 hierzu ausführlich Thüsing, Der Außenseiter im Arbeitskampf, S. 28 ff. m.w.N.; das Streikrecht von Außenseitern auf Fälle dynamischer arbeitsvertraglicher Bezugnahme auf den umkämpften Tarifvertrag beschränkend Lembke, Die Arbeitskampfbeteiligung von Außenseitern, S. 147 ff.

858 BAG vom 22.3.1994, AP Nr. 130 zu Art. 9 GG Arbeitskampf = BB 1994, 715; vom 18.2.2003, EzA Nr. 135 zu Art. 9 GG Arbeitskampf = DB 2003, 1853 (Gedanke der Partizipierung am Streikergebnis als Rechtfertigung für ein Streikrecht gegenüber einem Arbeitgeber-Außenseiter im Verbandsarbeitskampf, wenn der Firmentarifvertrag auf den Flächentarifvertrag verweist; das BAG hat diese Konstellation allerdings nicht als Sympathiestreik qualifiziert); vgl. zum Partizipierungsgedanken auch BGH vom 19.1.1978, EzA Nr. 21 zu Art. 9 GG Arbeitskampf = SAE 1980, 18 ff. sowie im Grundsatz auch BAG vom 9.4.1991, AP Nr. 116 zu Art. 9 GG Arbeitskampf =EzA Nr. 98 zu Art. 9 GG Arbeitskampf = NZA 1991, 815; Otto, in: MünchArbR, Band 3, § 277 Rn. 47; § 285 Rn. 58 ff.; Lieb, RdA 1991, 145, 150; a.A. Thüsing, a.a.O., S. 50 ff.; kritisch gegenüber dem Partizipierungsgedanken auch Rieble, Anmerkung zu BAG vom 9.4.1991, EzA Nr. 98 zu Art. 9 GG Arbeitskampf, S. 14 ff., sowie Anmerkung zu BAG vom 18.2.2003, EzA Nr. 135 zu Art. 9 GG Arbeitskampf, S. 15 ff.; Lembke, Die Arbeitskampfbeteiligung von Außenseitern, S. 62 ff.; vgl. auch Konzen, Aussperrungstaktik und Organisationspolitik - Zur Unterstützungszahlung von Arbeitgebern an ausgesperrte Außenseiter, S. 273, 280.

859 So BAG vom 22.2.1957, AP Nr. 2 zu § 4 TVG Tarifkonkurrenz = BB 1957, 549; vom 14.6.1989, AP Nr. 16 zu § 4 TVG Tarifkonkurrenz = DB 1990, 129; vom 20.3.1991, AP

ein Eigeninteresse am Ausgang des Arbeitskampfes beim Entleiher. Dem steht auch die Auffassung *Thüsings*[860], faktisches Profitieren vom Tarifergebnis aufgrund einer individual-vertraglichen Inbezugnahme reiche nicht für die Begründung eines Teilnahmerechts am Arbeitskampf aus, nicht entgegen. Im Falle des Leiharbeitnehmers wirken die beim Entleiher umkämpften Arbeitsbedingungen nicht nur, wie bei der arbeitsvertraglichen Inbezugnahmeklausel, aufgrund einer Individualvereinbarung auf den Inhalt des Arbeitsverhältnisses, sondern aufgrund des Gleichbehandlungsanspruchs qua lege.

Allerdings lässt sich die Situation des Leiharbeitnehmers letztlich nicht mit der beim bestreikten Entleiher beschäftigter tariflicher Außenseiter vergleichen. Beteiligen sich Letztere an einem Streik zur Durchsetzung tariflicher Forderungen, die ihnen dann, etwa über arbeitsvertragliche Bezugnahmeklauseln, zugute kommen, kann der Entleiher als Kampfgegner ihren Forderungen durch Abschluss des entsprechenden Tarifvertrages nachkommen. Streiken dagegen die Leiharbeitnehmer beim Entleiher, ist Kampfgegner nicht der Entleiher, sondern der Verleiher. Der Verleiher kann jedoch die tariflichen Forderungen der Arbeitnehmerseite beim Entleiher, die die Leiharbeitnehmer über §§ 3 Abs. 1 Nr. 2, 9 Nr. 2 AÜG begünstigen würden, nicht erfüllen. Er ist nicht tariflicher Gegenspieler der streikenden Beschäftigten des Entleihers[861]. Die Arbeitsniederlegung der Leiharbeitnehmer ist zur Durchsetzung der beim Entleiher umkämpften Tarifforderungen gänzlich ungeeignet, so dass ein Verstoß gegen das für Arbeitskampfmaßnahmen geltende ultima-ratio-Prinzip vorliegt. Mit tariflichen Außenseitern des Entleihers können die Leiharbeitnehmer also in Bezug auf das Streikrecht nicht gleichgesetzt werden.

Eine weitere Ausnahme vom Verbot des Sympathiearbeitskampfes wird von der Rechtsprechung dann zugelassen, wenn der durch diese Kampfmaßnahme betroffene Arbeitgeber zuvor seine Pflicht zur Neutralität im Hauptarbeitskampf, z.B. durch Übernahme der Produktion des im Hauptarbeitskampf bestreikten Unternehmers, verletzt hat[862]. Gleiches gilt dann, wenn der vom Sympathiestreik betroffene Arbeitgeber zwar rechtlich selbständig ist, wirtschaftlich

---

Nr. 20 zu § 4 TVG Tarifkonkurrenz = DB 1991, 1779; vom 26.1.1994, AP Nr. 22 zu § 4 TVG Tarifkonkurrenz = NZA 1994, 1038; ablehnend weite Teile der Literatur: vgl. u.a. Löwisch/Rieble, TVG, § 4 Rn. 132 ff.; Jacobs, Tarifeinheit und Tarifkonkurrenz, S. 411 ff. jeweils mit weiteren Nachweisen.

860 Thüsing, Der Außenseiter im Arbeitskampf, S. 50.

861 Das unterscheidet die vorliegende Konstellation von der eines nach dem BAG nicht grundsätzlich ausgeschlossenen Streiks gegen einen Arbeitgeber-Außenseiter während einer Tarifauseinandersetzung auf Verbandsebene. (vgl. BAG vom 9.4.1991, AP Nr. 116 zu Art. 9 GG Arbeitskampf = EzA Nr. 98 zu Art. 9 GG Arbeitskampf = NZA 1991, 815 sowie vom 18.2.2003, EzA Nr. 135 zu Art. 9 GG Arbeitskampf = DB 2003, 1853).

862 BAG vom 5.3.1985, AP Nr. 85 zu Art.9 GG Arbeitskampf = NZA 1985, 504; kritisch Löwisch/Rieble, in: Löwisch, Arbeitskampf- und Schlichtungsrecht, 170.2 Rn. 163 ff.

betrachtet aber ein Betriebsteil des im Arbeitskampf befindlichen Unternehmens tangiert ist[863]. Insbesondere der in diesem Zusammenhang erscheinende Gedanke der Herstellung des Kampfgleichgewichts in einer Tarifauseinandersetzung lässt sich grundsätzlich auch auf andere Konstellationen, in denen ein strukturelles Ungleichgewicht zu Lasten der kämpfenden Arbeitnehmer besteht, übertragen[864].

Ein Streikrecht der Leiharbeitnehmer beim Entleiher kann jedoch auch in den genannten Konstellationen, etwa dann, wenn die Kampfparität zulasten der streikenden Belegschaft des Entleihers gestört ist, nicht bejaht werden. Die gesetzliche Regelung in § 11 Abs. 5 AÜG steht dem entgegen. Der Gesetzgeber hat den Fall, dass beim Entleiher ein Arbeitskampf geführt wird, bedacht und dergestalt gelöst, dass dem Leiharbeitnehmer, der bei dem bestreikten Entleiher eingesetzt werden soll, ein Leistungsverweigerungsrecht zukommt. Ein über das Leistungsverweigerungsrecht hinausgehendes „Sympathie"-Streikrecht des Leiharbeitnehmers beim Entleiher hat neben dieser speziellen gesetzlichen Regelung keinen Platz. Die Fälle, in denen das BAG zur Sicherung der Kampfparität Sympathiestreiks ausnahmsweise zulässt, etwa wegen struktureller Unterlegenheit der beim Entleiher kämpfenden Arbeitnehmer, werden in Bezug auf die Leiharbeitnehmer von § 11 Abs. 5 AÜG erfasst. Dessen Gesetzeszweck besteht ja gerade darin, Leiharbeitnehmer davor zu schützen, den beim Entleiher streikenden Arbeitnehmern durch Streikbrucharbeit in den Rücken fallen zu müssen. Diese abschließende Regelung des § 11 Abs. 5 AÜG lässt kein darüber hinausgehendes Streikrecht der Leiharbeitnehmer beim Entleiher zu[865].

3.) Inhalt des europäischen Richtlinienentwurfs

Eine Regelung für den Fall, dass der Leiharbeitnehmer bei einem, von einem Arbeitskampf unmittelbar betroffenen Entleiher tätig werden soll, enthält der Richtlinienentwurf nicht. Zwar brachte das Europäische Parlament den Vorschlag ein, Regelungen, die einen Einsatz von Leiharbeitnehmern bei einem bestreikten Entleiher untersagen, ausdrücklich aus der allgemeinen Verpflichtung der Mitgliedstaaten zur Beseitigung von Schranken in Bezug auf die Beschäftigung von Leiharbeitnehmern auszunehmen und sogar eine Ermächtigung zur Einführung solcher nationaler Verbotsregelungen als eigenen Absatz in Art. 4 des Richtlinienentwurfes einzuführen[866]. Von der Kommission wurde der ge-

---

863 BAG vom 20.12.1963, AP Nr. 34 zu Art. 9 GG Arbeitskampf = DB 1964, 625.

864 So BAG vom 5.3.1985, AP Nr. 85 zu Art. 9 GG Arbeitskampf = NZA 1985, 504; vgl. hierzu die Beispiele bei Otto, in: MünchArbR, Band 3, § 286 Rn. 47 ff.

865 So zu Recht Löwisch/Rieble, in: Löwisch, Arbeitskampfrecht, 170.2 Rn. 283; im Ergebnis auch Wank, in: ErfK, § 11 AÜG, Rn. 26; a.A. Kissel, Arbeitskampfrecht, § 42 Rn. 51.

866 Vgl. den Änderungsantrag Nr. 36 des Ausschusses für Beschäftigung und soziale Angelegenheiten des Europäischen Parlaments zum ersten Richtlinienentwurf (A5-0356/2002, S.

nannte Vorschlag im geänderten Richtlinienentwurf jedoch nicht berücksichtigt. Allerdings verankerte die Kommission im Rahmen des Erwägungsgrundes Nr. 20 den gesetzgeberischen Willen, dass einzelstaatliche Bestimmungen, die einen Einsatz von Leiharbeitnehmern bei einem bestreikten Entleiher untersagen, von der Richtlinie unberührt bleiben. Insbesondere müssen diese Regelungen nicht aufgrund von Art. 4 des Richtlinienentwurfes als unzulässige Einschränkung der Möglichkeit, Leiharbeitnehmer zu beschäftigen, beseitigt werden. Eine Ermächtigung bzw. Verpflichtung an die Mitgliedstaaten, solche Normen zu erlassen, enthält der geänderte Richtlinienentwurf allerdings nicht.

4.) Vergleich der Regelungen zur Stellung der Leiharbeitnehmer im Falle eines Arbeitskampfes beim Entleiher in Spanien und Deutschland, insbesondere im Hinblick auf den europäischen Richtlinienentwurf

a) Gesetzliche Beschränkungen des Einsatzes von Leiharbeitnehmern bei einem bestreikten Entleiher

Um das Streikrecht der Arbeitnehmer des Entleihers aus Art. 28 Abs. 2 CE zu schützen und nicht durch den Einsatz von Leiharbeitnehmern als Streikbrecher leer laufen zu lassen, ist nach spanischem Recht der Rückgriff auf Leiharbeitnehmer zum Zwecke der Ersetzung von streikenden Arbeitnehmern unzulässig. Rechtstechnisch ausgestaltet wurde dieses Regelungsziel des spanischen Gesetzgebers in Form eines Verbotsgrundes in Bezug auf den Überlassungsvertrag zwischen Verleiher und Entleiher. Wird ein Überlassungsvertrag zu dem Zweck geschlossen, streikende Arbeitnehmer beim Entleiher durch Leiharbeitnehmer zu ersetzen, ist der Überlassungsvertrag nichtig (Art. 8 lit. a) LETT i.V.m. Art. 6 Abs. 3 CC). Verleiher und Entleiher begehen zudem einen mit Bußgeld zu ahndenden Gesetzesverstoß. Auch die Konstellation des internen Streikbruchs, wonach Beschäftigte des Entleihers die streikenden Arbeitnehmer ersetzen und Leiharbeitnehmer wiederum ihre Positionen einnehmen sollen, ist vom Verbotsgrund des Art. 8 lit. a) LETT erfasst. War der Leiharbeitnehmer beim Entleiher dagegen schon vor Beginn des Arbeitskampfes mit einer bestimmten Tätigkeit betraut und soll er diese Tätigkeit fortsetzen, nicht also an die Stelle eines streikenden Arbeitnehmers treten, greift Art. 8 lit. a) LETT nicht ein, der Überlassungsvertrag bleibt wirksam.

Nach deutschem Recht steht einem Leiharbeitnehmer, der bei einem unmittelbar von einem Arbeitskampf betroffenen Entleiher tätig werden soll, ein Leistungsverweigerungsrecht zu (§ 11 Abs. 5 AÜG). Macht der Leiharbeitnehmer von diesem Recht Gebrauch, schränkt dies seine Verpflichtung gegenüber dem

29); in diese Richtung zielte auch der Änderungsantrag Nr. 11 des Ausschusses für die Rechte der Frau und Chancengleichheit (A5-0356/2002, S. 61).

Verleiher ein, bei einem von diesem bestimmten Entleiher tätig zu werden. Beginnt der Arbeitskampf beim Entleiher erst nach Beginn des Einsatzes des Leiharbeitnehmers, steht Letzterem auch dann noch das Leistungsverweigerungsrecht zu, unabhängig davon, ob er die begonnene Tätigkeit weiterführen oder als interner Streikbrecher eine andere Tätigkeit verrichten soll.

Sowohl der spanische wie auch der deutsche Gesetzgeber sehen also Regelungen vor, die die Möglichkeit, Leiharbeitnehmer bei einem bestreikten Entleiher einzusetzen, beschränken. Allerdings unterscheiden sich die nationalen Regelungen in ihrer Rechtstechnik. Während der spanische Gesetzgeber einen gesetzlichen Verbotsgrund in Bezug auf den Überlassungsvertrag normiert hat, kommt dem Leiharbeitnehmer nach deutschem Recht ein Leistungsverweigerungsrecht gegenüber Verleiher und Entleiher zu. Anders als die spanische Regelung des gesetzlichen Verbots gibt die deutsche Regelung dem Leiharbeitnehmer einen Handlungsspielraum: Er kann seine Arbeitsleistung bei einem bestreikten Entleiher verweigern, muss es aber nicht. Hintergrund dieser unterschiedlichen inhaltlichen Ausgestaltung sind die von den nationalen Gesetzgebern verfolgten differierenden Regelungsziele. Motiv der Verbotsregelung war für den spanischen Gesetzgeber der Schutz des Streikrechts der streikenden Arbeitnehmer vor Aushöhlung durch den Einsatz von Streikbrechern. Dagegen stand für den deutschen Gesetzgeber der Schutz der Leiharbeitnehmer vor Zwang zu Streikbrucharbeit im Vordergrund. In diesem Zusammenhang wird klar, dass in Bezug auf das verfolgte Schutzziel für den spanischen Gesetzgeber nur ein gesetzliches Verbot als Regelungsform in Betracht kam. Der Schutz der streikenden Arbeitnehmer beim Entleiher vor Aushöhlung ihrer Streikmaßnahmen kann nicht durch die Gewährung eines rechtlichen Handlungsspielraums in die Hände der Leiharbeitnehmer gelegt werden. Dagegen stand für den deutschen Gesetzgeber der Schutz der Leiharbeitnehmer davor, zu Streikbrucharbeit gezwungen werden zu können und den Arbeitnehmern des Entleihers in den Rücken fallen zu müssen, im Vordergrund. Dieser Schutz soll dem Leiharbeitnehmer aber nicht aufgezwungen werden, sondern er soll die Möglichkeit haben, trotz Streiks beim Entleiher zu arbeiten.

Geht man von dem genannten Regelungsziel des deutschen Gesetzgebers aus, reicht die konkrete Ausgestaltung des § 11 Abs. 5 AÜG freilich darüber hinaus. Hiernach steht dem Leiharbeitnehmer bereits dann ein Leistungsverweigerungsrecht zu, wenn der Entleiher unmittelbar von einem Arbeitskampf betroffen ist, unabhängig davon, ob der Leiharbeitnehmer den Arbeitsplatz eines streikenden Arbeitnehmers übernehmen und so Streikbrucharbeit leisten soll. Auch wenn der Leiharbeitnehmer einen zuvor unbesetzten Arbeitsplatz ausfüllen oder seine bereits vor Beginn des Arbeitskampfes beim Entleiher begonnene Tätigkeit weiterführen soll, steht ihm ein Leistungsverweigerungsrecht zu, obwohl es in diesen Fällen nicht um Streikbrucharbeit geht.

Art. 8 lit. a) LETT beschränkt sich dagegen auf die Verfolgung des vom spanischen Gesetzgebers vorgegebenen Regelungsziels, des Schutzes der Arbeitnehmer des Entleihers vor Aushöhlung ihrer Streikmaßnahmen. Verboten wird nicht jegliche Betätigung von Leiharbeitnehmern bei einem bestreikten Entleiher, sondern nur die Ersetzung von streikenden Arbeitnehmern durch Leiharbeitnehmer.

Eigene Regelungsvorgaben in Bezug auf die Frage des Einsatzes von Leiharbeitnehmern bei einem bestreikten Entleiher enthält der europäische Richtlinienentwurf nicht. Allerdings wurde in Erwägungsgrund Nr. 20 der gesetzgeberische Wille verankert, dass einzelstaatliche Bestimmungen, die einen Einsatz von Leiharbeitnehmern bei einem bestreikten Entleiher untersagen, von der Richtlinie unberührt bleiben und insbesondere nicht aufgrund von Art. 4 des Richtlinienentwurfes als unzulässige Einschränkung der Möglichkeit, Leiharbeitnehmer zu beschäftigen, beseitigt werden müssen. Ob und in welcher Form Beschränkungen der Einsatzmöglichkeit von Leiharbeitnehmern bei einem bestreikten Entleiher getroffen werden, bleibt den nationalen Gesetzgebern überlassen.

Ein potentieller Anpassungsbedarf der nationalen Beschränkungen des Einsatzes von Leiharbeitnehmern bei einem bestreikten Entleiher in Spanien und Deutschland besteht in dieser Frage also nicht.

b) Eigenes Streikrecht der Leiharbeitnehmer bei einem Arbeitskampf im Entleiherunternehmen

In Spanien sind Streikmaßnahmen zulässig, wenn sie sich gegen den eigenen Arbeitgeber richten und Interessen verfolgt werden, die die streikenden Arbeitnehmer „als Partei des Arbeitsvertrages oder Teil der Belegschaft" des Arbeitgebers betreffen. Verweigert der Leiharbeitnehmer, der nicht als Streikbrecher im Sinne des Art. 8 lit. a) LETT eingesetzt werden soll, seine Arbeitsleistung beim Entleiher, ist Gegner seiner Kampfmaßnahme der Verleiher, dem er seine Arbeitsleistung vertraglich schuldet. Ziel der Teilnahme am Streik beim Entleiher ist es auch nicht, Forderungen gegenüber seinem Arbeitgeber, dem Verleiher, durchzusetzen. Adressat des Streiks der Leiharbeitnehmer ist der Entleiher, er soll so zur Annahme der Streikforderungen seiner Arbeitnehmer veranlasst werden. Vom Grundbild des Arbeitskampfes in Bezug auf Adressat und Inhalt abweichende „Solidaritäts- oder Hilfsstreiks" sind nach Art. 11 lit. b) R.D.L. 17/1977 grundsätzlich unzulässig. Eine Ausnahme gilt nur dann, wenn der Gegenstand des Arbeitskampfes ein unmittelbares oder mittelbares[867] eigenes berufliches Interesse der aus Solidarität Streikenden an der Durchsetzung der

[867] So die verfassungskonforme Auslegung des *Tribunal Constitucional* im Urteil vom 8.4.1981 (STC 11/1981).

Streikforderungen betrifft. Da Tariflohnerhöhungen Leiharbeitnehmern während ihres Einsatzes beim Entleiher über Art. 11 Abs. 1 LETT zugute kommen, ist ein solches Interesse der Leiharbeitnehmer am Gegenstand des Arbeitskampfes beim Entleiher zu bejahen und ihre Streikteilnahme gerechtfertigt.

Eine gesetzliche Regelung der Frage der Rechtmäßigkeit von „Sympathie"- oder „Unterstützungsarbeitskämpfen" besteht in Deutschland nicht. Nach überwiegender Auffassung in Literatur und Rechtsprechung werden sie, wie auch nach der in Spanien geltenden Regelung in Art. 11 lit. b) R.D.L. 17/1977, jedoch als grundsätzlich unzulässig eingestuft. Der Fall, dass die aus Sympathie Streikenden ein eigenes Interesse am Ausgang des Arbeitskampfes haben, rechtfertigt nach deutscher Vorstellung, anders als in Spanien, eine Ausnahme vom Verbot des Sympathiestreiks nicht. Grund hierfür ist, dass der Verleiher als Arbeitskampfgegner die Streikforderungen selbst, etwa durch Abschluss eines Tarifvertrages, nicht erfüllen kann. In Bezug auf die besondere Situation der Leiharbeitnehmer bei einem bestreikten Entleiher gibt § 11 Abs. 5 AÜG jedoch Leiharbeitnehmern das Recht, ihre Arbeitsleistung beim Entleiher zu verweigern. § 11 Abs. 5 AÜG stellt eine spezielle Regelung der Situation der Leiharbeitnehmer bei einem bestreikten Entleiher dar, die ein darüber hinausgehendes Streikrecht der Leiharbeitnehmer ausschließt. Während die spanische Regelung in Art. 11 lit. b) R.D.L. 17/1977 den Leiharbeitnehmern durch die Gewährung eines Sympathiestreikrechts die Möglichkeit gewähren will, auf einen günstigen Ausgang der sie zumindest mittelbar betreffenden Forderungen des Hauptarbeitskampfes hinzuwirken, zielt § 11 Abs. 5 AÜG nur darauf ab, die Leiharbeitnehmer vor dem Zwang zu Streikbrucharbeit schützen.

Eigene Regelungsvorgaben in Bezug auf die Frage eines Teilnahmerechts der Leiharbeitnehmer an einem Streik beim Entleiher enthält der europäische Richtlinienentwurf nicht, so dass sich insoweit auch kein potentieller Anpassungsbedarf ergibt. Im Hinblick auf Art. 137 Abs. 6 EG fehlte es dem europäischen Gesetzgeber auch an einer Ermächtigungsgrundlage, Bestimmungen zum Streikrecht von Leiharbeitnehmern zu treffen.

VII. Die betriebsverfassungsrechtliche Stellung der Leiharbeitnehmer

1.) In Spanien

a) Einführung

Das spanische Recht sieht, wie bereits angesprochen[868], zwei Arten der Vertretung der Arbeitnehmer vor: Eine gewählte Vertretung aus den Reihen der Beleg-

[868] Vgl. hierzu S. 152 f.

schaft (*representación unitaria*) (Art. 4 Abs. 1 lit. g) und Art. 61 ff. ET) und die Vertretung durch Gewerkschaften (*representación sindical*) (Art. 1 ff. LISOS). Die Untersuchung soll sich jedoch im Folgenden auf die Vertretung durch gewählte Arbeitnehmer beschränken.

In Bezug auf die Leiharbeitnehmer ergibt sich die besondere Situation, dass sie beim Verleiher angestellt sind und damit dem Verleiherbetrieb zugehören, sie aber ihre Arbeitsleistung beim Entleiher zu erbringen haben. Dies hat zur Folge, dass sich die Frage der Ausgestaltung der Vertretung der Leiharbeitnehmer nicht nur für den Bereich des Verleihunternehmens, sondern insbesondere auch für den Zeitraum ihres Arbeitseinsatzes beim Entleiher stellt.

Gesetzlich bewältigt wird diese Sondersituation durch die Einführung einer Vertretung der Leiharbeitnehmer zum einen beim Verleiher, ihrem Arbeitgeber im Rechtssinne, aber zusätzlich auch beim Entleiher, wo sie tatsächlich tätig werden[869].

Spezielle Regelungen in Bezug auf Fragen der Vertretung der Leiharbeitnehmer bei Verleiher und Entleiher sind in der LETT kaum vorhanden. Lediglich in Art. 9, der der Arbeitnehmervertretung des Entleihers einen Informationsanspruch in Bezug auf jeden geschlossenen Überlassungsvertrag gibt, in Art. 13, der die Zuständigkeit zum Abschluss von unternehmens- oder betriebsbezogenen Kollektivvereinbarungen in Bezug auf die Beschäftigten von Zeitarbeitsunternehmen für den Fall des Fehlens einer Arbeitnehmervertretung regelt[870], sowie in Art. 17, der sich mit der Zuständigkeit der Arbeitnehmervertretung des Entleihers für die Leiharbeitnehmer befasst, finden sich einzelne Sonderregelungen.

Gemäß der ersten Zusatzbestimmung zur LETT (*Primera Disposición Adicional*) sind im übrigen die allgemeinen Regelungen des ET und damit auch die allgemeinen Regeln der Arbeitnehmervertretung grundsätzlich anwendbar. Ein Rückgriff auf diese allgemeinen Bestimmungen ist im Bereich der Arbeitnehmerüberlassung jedoch mit einigen Schwierigkeiten verbunden, wie im Folgenden gezeigt wird.

b) Die Berücksichtigung der Leiharbeitnehmer bei den Schwellenwerten zur Bildung einer Arbeitnehmervertretung

aa) Beim Verleiher

Die Abgrenzung, ob zur Vertretung der Arbeitnehmer Personaldelegierte (*Delegados de personal*) oder ein Betriebsratsgremium (*Comité de empresa*) gewählt

---

869 López Balaguer, La relación laboral de los trabajadores puestos a disposición, S. 351; Rodríguez-Piñero Royo, Las empresas de trabajo temporal en España, S. 141.

870 Vgl. hierzu S. 154 f.

werden können, bestimmt sich danach, ob einem Betrieb 50 und mehr Arbeitnehmer zugehören. Ist dies der Fall, kann ein Betriebsratsgremium gewählt werden. Sind die Voraussetzungen für die Wahl eines Betriebsrats nicht erfüllt, liegt aber ein Betrieb mit mindestens sechs[871] Arbeitnehmern vor, können Personaldelegierte gewählt werden (Art. 62 Abs. 1 und 63 Abs. 1 ET).

Der Betrieb stellt somit die Grundeinheit in Bezug auf die Arbeitnehmervertretung dar[872]. Unter einem Betrieb im Sinne des ET ist gemäß Art. 1 Abs. 5 „eine Produktionseinheit mit besonderer Organisation zu verstehen, die bei der Arbeitsverwaltung angemeldet wurde". Diese sehr allgemein gehaltene[873] Legaldefinition wurde von der Rechtsprechung dahingehend konkretisiert, dass ein Betrieb als die Einheit anzusehen ist, „die das Nötige enthält, um alle Prozesse einzuleiten und zu führen, bis das finale Resultat als Objekt des unternehmerischen Handelns erreicht ist"[874].

Die Anknüpfung an den Betrieb als Grundwahleinheit und nicht an übergeordnete organisatorische Einheiten wie etwa das Unternehmen führt im Bereich der Verleihunternehmen zu gewissen Schwierigkeiten: Die Struktur der Verleihunternehmen ist regelmäßig geprägt durch eine zentralistische Unternehmensleitung und ein mehr oder weniger weitläufiges Netz von einzelnen Zweigstellen mit einer unterschiedlichen Zahl von Leiharbeitnehmern, aber auch von Arbeitnehmern in Verwaltungsfunktionen als Belegschaft[875]. In diesem Zusammenhang wird überwiegend der einzelnen Filiale eines Verleiherunternehmens die Eigenschaft als Betrieb im Sinne des Art. 1 Abs. 5 ET zugemessen, da sie über eine eigenständige Organisation verfügt und über die einzelne Filiale als autonome „produktive" Tätigkeit des Verleihers die Überlassung von Leiharbeitnehmern an Entleiher abgewickelt wird[876].

Allerdings besteht in der Praxis das Problem, dass die meisten Filialen der Verleihunternehmen nicht über die erforderliche Anzahl an Leiharbeitnehmern und in Verwaltungsfunktionen beschäftigten Arbeitnehmern verfügen, um einen

---

871 Nach Art. 62 Abs. 1 ET reicht die Zahl von sechs anstelle der grundsätzlich erforderlichen Anzahl von zehn betriebszugehörigen Arbeitnehmern aus, wenn Erstere mehrheitlich die Errichtung einer Arbeitnehmervertretung beschließen.

872 STS vom 11.4.1994 (Ar. 2990/1994); STS vom 31.1.2001 (Ar. 2138/2001).

873 Zur Kritik an diesem weiten Betriebsbegriff Rodriguez-Piñero Royo, RL 1993, Band 1, 1, 3 sowie die Nachweise bei López Balaguer, La relación laboral de los trabajadores puestos a disposición, S. 356.

874 STCT vom 21.12.1984 (Ar. 10030/1984).

875 Fuentes Rodríguez /de la Flor Fernández, Algunas consideraciones en torno a la representación de los trabajadores contratados para ser cedidos por las empresas de trabajo temporal, S. 267, 271.

876 López Balaguer, La relación laboral de los trabajadores puestos a disposición, S. 359 m.w.N.; zu dieser Frage auch Cruz Villalón, El marco jurídico de las empresas de trabajo temporal, S. 45, 107, der sich mit der Frage der Anknüpfung an den Entleiherbetrieb im Fall der Leiharbeitnehmer beschäftigt.

Betriebsrat (*comité de empresa*) zu wählen, der über größere Kompetenzen verfügt als die Personaldelegierten (*delegados de personal*)[877]. Die allgemeine Regelung in Art. 63 Abs. 2 ET trägt dieser Situation insoweit Rechnung, als in einem Unternehmen, dem in derselben Provinz oder in aneinander angrenzenden Kommunalverbänden zwei oder mehr Betriebe zugehören, die zwar nicht einzeln, aber zusammengerechnet die Mindestarbeitnehmerzahl von 50 erreichen, ein gemeinsamer Betriebsrat gebildet wird. Liegt der Fall so, dass einzelne Betriebe die Mindestarbeitnehmerzahl von 50 erreichen, andere aber nicht, wird in Ersteren ein eigener Betriebsrat gebildet und zusätzlich mit den Letztgenannten ein gemeinsamer Betriebsrat.

Art. 53 Abs. 2 des IV. CCEETT erweitert die Regelung des Art. 63 Abs. 2 ET in Bezug auf Verleihunternehmen tarifvertraglich dahingehend, dass auch für den Schwellenwert zur Wahl von Personaldelegierten auf die Provinzebene abzustellen ist. Bei einem Verleiher können somit Personaldelegierte gewählt werden, wenn er in einer Provinz zwei oder mehr Betriebe mit insgesamt mindestens sechs Arbeitnehmern unterhält[878].

Eine weitere Besonderheit der Arbeitnehmerüberlassung, die bei der Bildung einer Arbeitnehmervertretung relevant wird, ist die Tatsache, dass ein Großteil der Leiharbeitnehmer beim Verleiher nur für einen gewissen Zeitraum unter Vertrag steht. In Bezug auf diese Leiharbeitnehmer stellt sich die Frage, inwieweit sie bei der Berechnung der Schwellenwerte für die Wahl von Personaldelegierten bzw. Betriebsrat beim Verleiher mitzuzählen sind. Art. 72 Abs. 2 ET trifft eine allgemeine, nicht nur auf Leiharbeitnehmer bezogene Regelung, welche danach unterscheidet, ob die Laufzeit des befristeten Arbeitsvertrages ein Jahr übersteigt oder nicht. Im ersten Fall sind die befristet beschäftigten Arbeitnehmer bei der Berechnung der Schwellenwerte wie unbefristet Beschäftigte mitzuzählen (Art. 72 Abs. 2 lit. a) ET). Arbeitnehmer mit befristeten Arbeitsverträgen bis zu einem Jahr werden gemäß Art. 72 Abs. 2 lit. b) ET folgendermaßen berücksichtigt: Zum Stichtag der Ausrufung der Betriebsratswahlen wird die Zahl der Arbeitstage, die innerhalb eines Jahres vor dem Stichtag von Arbeitnehmer mit befristeten Arbeitsverträgen bis zu einem Jahr geleistet wurden,

---

877 Vgl. die Übersichten bei Francis Lefebvre, Social 2002, Rn. 7991; Calle, in: Henssler/Braun, Arbeitsrecht in Europa S. 1155 f.

878 Ausführlich zu Art. 50 Abs. 2 des III. CCEETT als inhaltsgleicher Vorgängernorm zu Art. 53 Abs. 2 des IV. CCEETT: Calvo Gallego, in: ders., Relaciones laborales y empresas de trabajo temporal, S. 414 ff.

festgestellt und addiert[879]. Bei der Berechnung der Schwellenwerte entsprechen 200 Arbeitstage[880] einem mitzuzählenden Arbeitnehmer.

Aktiv wahlberechtigt in Bezug auf die Wahlen zur Arbeitnehmervertretung ist nach Art. 69 Abs. 2 S. 1 HS. 1 ET, wer älter als 16 Jahre ist und seit mindestens einem Monat dem Unternehmen zugehört. Wählbar ist nach Art. 69 Abs. 2 S. 1 HS. 2 ET, wer das 18. Lebensjahr vollendet hat und eine Betriebszugehörigkeit von mindestens sechs Monaten aufweist, wobei diese Frist tarifvertraglich auf bis zu drei Monate abgesenkt werden kann. Für den zeitlichen Umfang der Unternehmenszugehörigkeit wird dem besonderen Umstand im Rahmen der Arbeitnehmerüberlassung Rechnung getragen, wonach viele Leiharbeitnehmer mit Verleihern durch kurzfristige, für jeden neuen Überlassungsfall neu geschlossene Arbeitsverträge verbunden sind: Abgestellt wird nicht auf die Laufzeit des bei Ausschreibung der Wahlen gerade geltenden Arbeitsvertrages, sondern auf die Gesamtzeit der Beschäftigung des Leiharbeitnehmers beim Verleiher[881].

Die Tarifpartner haben in Art. 53 Abs. 1 des IV. CCEETT von der gesetzlichen Ermächtigung Gebrauch gemacht und die Mindestunternehmenszugehörigkeit für die Wählbarkeit von Leiharbeitnehmern auf drei Monate gesenkt.

Die Tatsache, dass viele Leiharbeitnehmer nur befristet in Verleihunternehmen unter Vertrag stehen[882] und deshalb absehbar ist, dass sie nur für einen geringen Teil der Wahlperiode von vier Jahren (Art. 67 Abs. 3 ET) dem Verleiher angehören und ihren Vertretungsaufgaben nachkommen können, führt teilweise dazu, dass ihre Wählbarkeit in Zweifel gezogen wird[883].

Auch die Tatsache, dass die Leiharbeitnehmer ihre Arbeitsleistung bei verschiedenen Entleihern erbringen und infolgedessen kaum Einblick in die Verhältnisse beim Verleiher gewinnen können, ist einer sinnvollen Wahrnehmung von Vertretungsaufgaben beim Verleiher hinderlich[884]. In der Verwaltung des Verleihers beschäftigte Arbeitnehmer gehören dem Unternehmen zwar meist dauerhaft an, sind aber regelmäßig nur in geringer Zahl vorhanden und befinden sich aufgrund ihrer Tätigkeit auch nicht in der für Leiharbeitnehmer typischen

879 Olmo Gascón, La representación colectiva en las empresas de trabajo temporal en relación a la reforma introducida por la *Ley* 63/1997, S. 85, 92; Fita Ortega, Tribuna Social Nr. 54 (1995), 18, 19 f.

880 Gemäß Art. 9 Abs. 4 des *Real Decreto* 1844/1994 vom 9.9.1994 werden für die Bestimmung der 200 Tage nicht nur die Tage, an denen tatsächlich gearbeitet wurde, sondern auch in den Beschäftigungszeitraum fallende arbeitsfreie Tage, Feiertage und Jahresurlaub einbezogen.

881 Cruz Villalón, El marco jurídico de las empresas de trabajo temporal, S. 45, 107; López Balaguer, La relación laboral de los trabajadores puestos a disposición, S. 366 mit Nachweisen auch zur Gegenauffassung.

882 Vgl. die Daten in Fn. 534.

883 Cruz Villalón, El marco jurídico de las empresas de trabajo temporal, S. 45, 107.

884 Valdés de la Vega, Las Empresas de Trabajo Temporal, S. 141 f.

Interessenlage. Deshalb werden auch sie vielfach nicht als geeignete Arbeitnehmervertreter in Bezug auf die gesamte Belegschaft eines Verleihunternehmens angesehen[885].

In der Praxis haben diese Umstände zur Konsequenz, dass im Bereich der in Spanien tätigen Verleihunternehmen nur wenige über eine gewählte Arbeitnehmervertretung verfügen[886].

bb) Beim Entleiher

An den Wahlen zur Bildung einer Arbeitnehmervertretung beim Entleiher können die Leiharbeitnehmer nicht teilnehmen, sie sind weder aktiv wahlberechtigt, noch wählbar, da sie, mangels Arbeitsvertrages mit dem Entleiher, nicht als „Arbeitnehmer des Unternehmens oder Betriebes" i.S.d. Art. 69 Abs. 2 ET in Bezug auf den Entleiher qualifiziert werden können[887].

Obwohl die Leiharbeitnehmer zumindest vorübergehend beim Entleiher tätig sind, werden sie auch nicht unter Anwendung von Art. 72 Abs. 2 lit. a) und b) ET[888] bei der Berechnung der Schwellenwerte für die Bildung einer Arbeitnehmervertretung im Entleiherunternehmen einbezogen[889]. Auch Art. 72 Abs. 2 lit. a) und b) ET setzt nämlich für die Einbeziehung in die Schwellenwerte voraus, dass Arbeitnehmer mit dem Unternehmen, in dem Wahlen stattfinden sollen, durch einen Arbeitsvertrag verbunden sind[890]. Leiharbeitnehmer stehen arbeitsvertraglich allein mit dem Verleiher in Beziehung, nicht jedoch mit dem Entleiher, es findet eine bloße Nutzungsüberlassung durch den Verleiher statt. Eine Ausnahme von der Voraussetzung einer arbeitsvertraglichen Verbindung für die Berücksichtigung bei den Schwellenwerten ist nicht vorgesehen. Insbesondere kann der Tatsache, dass Art. 17 Abs. 1 LETT zwar der Arbeitnehmervertretung beim Entleiher die Vertretung auch der Leiharbeitnehmer während ihres Einsat-

---

885 Fuentes Rodríguez/de la Flor Fernández, Algunas consideraciones en torno a la representación de los trabajadores contratados para ser cedidos por las empresas de trabajo temporal, S. 267, 272.

886 Gil Alburquerque, Temporary agency work in Spain, EuroAS 2002, 191, 194.

887 Albiol Montesinos in Sala Franco/Albiol Montesinos, Derecho Sindical, S. 172 f.; García Fernandez, AL 1994, Band 3, Rn. 525, 539; Fuentes Rodríguez y de la Flor Fernández, Algunas consideraciones en torno a la representación de los trabajadores contratados para ser cedidos por las empresas de trabajo temporal, S. 267, 275.

888 Vgl oben S. 253.

889 Sala Franco, La reforma del mercado de trabajo, S. 55 f.; Fuentes Rodríguez/de la Flor Fernández, Algunas consideraciones en torno a la representación de los trabajadores contratados para ser cedidos por las empresas de trabajo temporal, S. 267, 271 Fn. 15.

890 Albiol Montesinos, in: Sala Franco/Albiol Montesinos, Derecho Sindical, S. 264; Olmo Gascón, La representación colectiva en las empresas de trabajo temporal en relación a la reforma introducida por la *Ley* 63/1997, S. 85, 95.

zes zuweist[891], aber eine Erhöhung des für ihre Tätigkeit zur Verfügung stehenden und vom Arbeitgeber regulär zu vergütenden Zeitkontingents nicht vorsieht, der Wille des Gesetzgebers entnommen werden, die Leiharbeitnehmer nicht bei den Schwellenwerten beim Entleiher zu berücksichtigen: Nach Art. 68 lit. e) ET steht die Höhe des Zeitkontingents nämlich grundsätzlich in direkter Beziehung zur Anzahl der Arbeitnehmer, die an der Wahl teilnehmen können, die also bei den Schwellenwerten zu berücksichtigen sind. Findet trotz Anwesenheit von Leiharbeitnehmern beim Entleiher keine Erhöhung des Zeitkontingents statt, spricht dies dafür, dass sie auch nicht bei den Schwellenwerten zu berücksichtigen sind[892].

c) Die Vertretung der Leiharbeitnehmer bei Verleiher und Entleiher

Besondere, über die üblichen Beteiligungsrechte jeder Arbeitnehmervertretung nach dem ET hinausgehende Beteiligungsrechte der Arbeitnehmervertretung beim Verleiher bestehen in Gestalt von Informationsrechten.

So hat der Verleiher gemäß Art. 5 Abs. 1 LETT und Art. 16 RDETT die Erlaubnisbehörde monatlich über abgeschlossene Überlassungsverträge und die ihnen jeweils zugrundeliegenden Überlassungsfälle in Kenntnis zu setzen, welche diese Informationen dann an die Arbeitnehmervertretung beim Verleiher weiterleitet.

Gleiches gilt nach Art. 2 Abs. 5 LETT für den Fall, dass Kriterien für die Zulassung als „Zeitarbeitsunternehmen" vom Verleiher nicht mehr erfüllt werden und in Konsequenz ein behördliches Verfahren eingeleitet wurde. Auf diese Weise soll der Arbeitnehmervertretung die Möglichkeit gegeben werden, Abhilfemaßnahmen einzuleiten. Den Verleiher trifft daneben die allgemeine Pflicht aus Art. 8 Abs. 3 lit. a) ET, wonach neu geschlossene Arbeitsverträge, deren Laufzeit vier Wochen übersteigt und die gemäß Art. 8 Abs. 2 ET der Schriftform bedürfen, der Arbeitnehmervertretung vorzulegen sind. Art. 3 Abs. 5 des R.D. 216/1999 vom 5.2.1999 verpflichtet den Verleiher, gegenüber der Arbeitnehmervertretung nachzuweisen, dass der Leiharbeitnehmer in Bezug auf beim Entleiher drohende Arbeitssicherheitsrisiken geschult wurde und er gesundheitlich zur Erbringung der gestellten Aufgabe in der Lage ist. Eine Verletzung der Informationspflichten durch den Arbeitgeber stellt einen schweren und mit Bußgeld ahndbaren Gesetzesverstoß gemäß Art. 7 Abs. 7 LISOS dar.

---

891 Hierzu sogleich S. 257 f.

892 Olmo Gascón, La representación colectiva en las empresas de trabajo temporal en relación a la reforma introducida por la *Ley* 63/1997, S. 85, 102; Valdés de la Vega, Las Empresas de Trabajo Temporal, S. 153; im Ergebnis auch García Fernandez, AL 1994, Band 3, Rn. 525, 539; a.A. Crespan Echegoyen/Gonzalez Martin/Lopez Parada, Empresas de Trabajo Temporal, Rn. 340.

Darüber hinaus wurde von den Tarifparteien in Art. 51 des IV. CCEETT eine Ausweitung der Informationsrechte der Arbeitnehmervertretung beim Verleiher vorgenommen. Hiernach sind die Arbeitnehmervertreter dreimal jährlich über die „arbeitsbezogenen Aspekte" der vom Verleihunternehmen geschlossenen Überlassungsverträge zu informieren". Insbesondere soll der Arbeitnehmervertretung beim Verleiher die der Tätigkeit eines Leiharbeitnehmers beim jeweiligen Entleiher entsprechende Vergleichsvergütung mitgeteilt werden, damit diese die Einhaltung des Diskriminierungsverbots in Art. 11 Abs. 1 LETT zugunsten der Leiharbeitnehmer prüfen kann.

Dagegen fallen rein handelsrechtliche Punkte, wie z.B. das im Überlassungsvertrag vereinbarte Überlassungsentgelt, nicht unter die Informationspflicht nach Art. 51 lit. a) des IV. CCEETT[893].

Nach Art. 51 lit. b) des IV. CCEETT ist die Arbeitnehmervertretung beim Verleiher darüber hinaus über Pläne und Maßnahmen des Verleihers in Bezug auf Fortbildungsmaßnahmen zugunsten der Leiharbeitnehmer zu informieren. Diese Informationspflicht ergänzt die Pflicht des Verleihers aus Art. 12 Abs. 2 LETT, jährlich ein Prozent der Gehaltssumme in die Weiterbildung der Leiharbeitnehmer zu investieren, und ermöglicht ihre Überwachung[894].

Der Besonderheit, dass die Leiharbeitnehmer ihre Arbeitsleistung beim Entleiher zu verrichten haben, trägt der spanische Gesetzgeber dadurch Rechnung, dass er der Arbeitnehmervertretung beim Entleiher bestimmte Kompetenzen in Bezug auf die Vertretung der Leiharbeitnehmer zuweist.

In Art. 17 Abs. 1 LETT geschieht dies auf zweifache Weise. So sieht Art. 17 Abs. 1 S. 1 LETT für die Leiharbeitnehmer das Recht vor, Beschwerden über ihre Arbeitsbedingungen gegenüber der Arbeitnehmervertretung des Entleihers vorbringen zu können. Zusätzlich weist Art. 17 Abs. 1 S. 2 LETT der Arbeitnehmervertretung beim Entleiher ausdrücklich auch die Aufgabe zu, die Leiharbeitnehmer während ihres Einsatzes beim Entleiher zu vertreten, indem sie Beschwerden in Bezug auf die Arbeitsbedingungen der Leiharbeitnehmer im Entleiherbetrieb gegenüber dem Entleiher vorbringen können. Ihre für Betriebsratsarbeit zur Verfügung stehende und vom Arbeitgeber regulär zu vergütende monatliche Stundenzahl im Sinne des Art. 68 lit. e) ET erhöht sich hierdurch allerdings nicht. Die ausdrückliche Zuweisung des Beschwerderechts an die Arbeitnehmervertretung beim Entleiher erfolgte durch Art. 5 des Reformgesetzes 8/1997 vom 16.5.1997[895] und diente der Klarstellung, dass die Arbeitnehmervertretung beim Entleiher nicht als bloßes Sprachrohr für die Beschwerden der Leiharbeitnehmer anzusehen ist, sondern sie vielmehr auch aus eigener Initiative

---

[893] Calvo Gallego, in: ders., Relaciones laborales y empresas de trabajo temporal, S. 425.

[894] Olmo Gascón, La representación colectiva en las empresas de trabajo temporal en relación a la reforma introducida por la *Ley* 63/1997, S. 85, 99.

[895] B.O.E. vom 17.5.1997.

heraus tätig werden kann[896]. Insbesondere soll durch das Vertretungsrecht der Arbeitnehmervertretung beim Entleiher erreicht werden, dass den Leiharbeitnehmern ähnliche Arbeitsbedingungen zugute kommen wie den übrigen Beschäftigten des Entleihers[897]. In dem gesetzlichen Ausschluss der Erhöhung des zu vergütenden Zeitkontingents der Arbeitnehmervertretung des Entleihers trotz zusätzlicher Vertretungsaufgaben in Bezug auf die Leiharbeitnehmer nach Art. 17 Abs. 1 LETT wird teilweise eine verfassungswidrige Benachteiligung der Leiharbeitnehmer insbesondere gegenüber beim Entleiher befristet Beschäftigten gesehen[898].

Mit der begrenzten Übertragung von Vertretungsaufgaben auf die Arbeitnehmervertretung des Entleihers in Art. 17 Abs. 1 LETT hat der spanische Gesetzgeber eine Spezialregelung für die Vertretung der Leiharbeitnehmer während ihres Einsatzes beim Entleiher geschaffen. In diesem Zusammenhang wurde bewusst von der Anwendung der allgemeinen Regelungen in Art. 61 ff. ET, insbesondere der umfassenden Vertretungsbefugnisse nach Art. 64 ET, aber auch vom Grundsatz, dass Arbeitnehmervertreter von den Vertretenen gewählt werden müssen, abgesehen[899].

Inhaltlich beschränkt sich das Beschwerderecht der Leiharbeitnehmer und das Vertretungsrecht der Arbeitnehmervertretung beim Entleiher auf die Arbeitsbedingungen der Leiharbeitnehmer beim Entleiher. Dagegen fallen Beschwerden eines Leiharbeitnehmers, die sein Verhältnis zum Verleiher betreffen, z.B. Vergütungsfragen, nicht in den Anwendungsbereich des Art. 17 Abs. 1 LETT, für diese Fragen ist allein die Arbeitnehmervertretung beim Verleiher zuständig[900].

Art. 9 LETT erlegt dem Entleiher die Pflicht auf, seine Arbeitnehmervertretung über jeden Überlassungsvertrag und die ihm zugrundeliegende Fallgruppe im Sinne der Art. 6 Abs. 2 LETT i.V.m. Art. 15 ET innerhalb von 10 Tagen nach Vertragsschluss zu informieren. Innerhalb der gleichen Frist muss der Entleiher seiner Arbeitnehmervertretung auch eine „*copia básica*" des Arbeitsvertrages, also eine Kopie, in der alle persönlichen Daten des Leiharbeitnehmers geschwärzt wurden[901], übergeben. Der Verleiher hat dem Entleiher eine solche

---

896 Fuentes Rodríguez/de la Flor Fernández, Algunas consideraciones en torno a la representación de los trabajadores contratados para ser cedidos por las empresas de trabajo temporal, S. 267, 274.

897 Valdés de la Vega, Las Empresas de Trabajo Temporal, S. 151; Rodríguez-Piñero Royo, Las empresas de trabajo temporal en España, S. 140.

898 Zu dieser Frage Olmo Gascón, La representación colectiva en las empresas de trabajo temporal en relación a la reforma introducida por la *Ley* 63/1997, S. 85, 102 f.

899 Valdés de la Vega, Las Empresas de Trabajo Temporal, S. 153.

900 STSJ de Aragón vom 28.2.1996 (AL Nr. 23/1996, S. 1852); Baylos Grau, Las relaciones laborales del trabajador con la Empresa de Trabajo Temporal. La Negociacion colectiva en las Empresas de Trabajo Temporal, S. 169, 179.

901 Pérez Pérez, Empresas de trabajo temporal y relaciones laborales, S. 300.

Kopie zur Verfügung zu stellen (Art. 9 S. 2 LETT). Bei einem Leiharbeitnehmer mit unbefristetem Arbeitsvertrag hat der Entleiher eine Kopie der Arbeitsanweisung für den Leiharbeitnehmer an seine Arbeitnehmervertretung zu übermitteln. Eine Kopie des Überlassungsvertrages zwischen Verleiher und Entleiher kann die Arbeitnehmervertretung beim Entleiher dagegen nicht verlangen[902].

Art. 9 LETT ergänzt zum einen die Pflicht des Entleihers aus Art. 64 Abs. 1 S. 1 ET, seine Arbeitnehmervertretung dreimal im Jahr über die „wahrscheinliche Beschäftigungsentwicklung im Unternehmen“ in Kenntnis zu setzen, da die Inanspruchnahme der Dienste von Leiharbeitnehmern hierauf unmittelbaren Einfluss hat. Zum anderen ermöglicht die Informationspflicht in Art. 9 LETT der Arbeitnehmervertretung beim Entleiher, ihren Vertretungsaufgaben in Bezug auf die Leiharbeitnehmer nach Art. 17 Abs. 1 LETT sowie der Kontrolle der Rechtmäßigkeit der geschlossenen Überlassungsverträge nachzukommen[903]. Erfüllt der Entleiher die Informationspflicht aus Art. 9 LETT gegenüber seiner Arbeitnehmervertretung nicht oder nicht ausreichend, stellt dies einen gemäß Art. 7 Abs. 7 LISOS als schwer qualifizierten Gesetzesverstoß dar, der mit einem Bußgeld bis zu 3.000 € geahndet werden kann (Art. 40 Abs. 1 lit. b) LISOS).

2.) In Deutschland

a) Einführung

Die besondere Situation der Leiharbeit, wonach der Leiharbeitnehmer zwar mit dem Verleiher arbeitsvertraglich verbunden ist, er seine Arbeitsleistung aber beim Entleiher zu erbringen hat, dem für den Überlassungszeitraum bestimmte Arbeitgeberbefugnisse, etwa die Ausübung des Direktionsrechts, übertragen werden, führt zu der Frage, welche betriebsverfassungsrechtliche Stellung Leiharbeitnehmern beim Ver- und Entleiher zukommt. Damit verbunden ist die Frage, welchem Betrieb i.S.d. BetrVG ein Leiharbeitnehmer während des Überlassungszeitraums angehört, dem des Verleihers oder (auch) dem des Entleihers.

Je nach Antwort ergeben sich unterschiedliche Auswirkungen, etwa für den Umfang der Beteiligungsrechte der Arbeitnehmervertretung des Entleihers in Bezug auf dort beschäftigte Leiharbeitnehmer und für die Frage, ob Leiharbeitnehmer bei den Schwellenwerten des BetrVG im Entleiherbetrieb mitzuzählen sind.

Während teilweise von einer doppelten Betriebszugehörigkeit des Leiharbeitnehmers sowohl zum Verleiher wie auch zum Entleiher ausgegangen wird[904],

902 STSJ de Aragón vom 14.5.1997 (AL 1997, Heft 45, S. 3379).

903 López Balaguer, La relación laboral de los trabajadores puestos a disposición, S. 376, 381.

904 So Hamann, in: Schüren, AÜG, § 14 Rn. 22 ff., 29 ff. mit ausführlicher Darstellung des Streitstands; Boemke, AÜG, 14 Rn. 53; Ulber, AÜG, § 14 Rn. 9; Richardi/Thüsing, in: Richardi, BetrVG, § 7 Rn. 9 ff; Trümner, in: DKK, BetrVG, § 5 Rn. 74; Däubler, AuR 2004,

nimmt die wohl überwiegende Auffassung in der Literatur und insbesondere auch das Bundesarbeitsgericht eine alleinige Zugehörigkeit des Leiharbeitnehmers zum Verleiherbetrieb an[905]. Voraussetzung einer Betriebszugehörigkeit im Sinne des BetrVG ist nach dieser letzten Auffassung, dass der Arbeitnehmer nicht nur in die Betriebsorganisation eingegliedert wird, sondern dass er auch mit dem Betriebsinhaber in einem Arbeitsverhältnis steht[906], was zwischen Entleiher und Leiharbeitnehmer nicht der Fall ist. Dagegen ist nach der ersten Auffassung im Interesse eines umfassenden betriebsverfassungsrechtlichen Arbeitnehmerschutzes kein Arbeitsverhältnis erforderlich.

Gemäß § 14 Abs. 1 AÜG bleiben Leiharbeitnehmer auch während der Zeit ihrer Arbeitsleistung bei einem Entleiher Angehörige des Verleihbetriebes. § 14 Abs. 2 S. 2, 3 und Abs. 3 AÜG weisen der Arbeitnehmervertretung beim Entleiher bestimmte Mitwirkungs- und Mitbestimmungsrechte in Bezug auf die Leiharbeitnehmer zu. Nach dem Willen des Gesetzgebers sollen die Leiharbeitnehmer betriebsverfassungsrechtlich nur in gewissem Umfang dem Entleiher angehören[907]. Wären die Leiharbeitnehmer aufgrund ihrer Tätigkeit beim Entleiher grundsätzlich betriebsverfassungsrechtlich (auch) dem Entleiher zuzuordnen, wäre § 14 Abs. 2 S. 2, 3 und Abs. 3 AÜG ohne eigenen Regelungsgehalt und damit nur deklaratorischer Natur[908].

Auch die Einführung des § 7 S. 2 BetrVG und Änderung des § 14 Abs. 2 S. 1 AÜG durch das Gesetz zur Reform des BetrVG vom 23.7.2001[909] führen nicht zu einer betriebsverfassungsrechtlichen Zuordnung des Leiharbeitnehmers auch zum Entleiherbetrieb. Während vor dieser Gesetzesreform der Leiharbeitnehmer im Entleiherbetrieb bei Wahlen zur Arbeitnehmervertretung weder aktiv noch passiv wählbar war (so § 14 Abs. 2 S. 1 AÜG a.F.), gesteht § 7 S. 2 BetrVG n.F. dem Leiharbeitnehmer nach dreimonatigem Einsatz beim Entleiher dort nun ein

---

81 ff.; Brors, NZA 2003, 1380 f., die, im Hinblick auf die Abschaffung der Höchstüberlassungsdauer in § 3 Abs. 1 Nr. 6 AÜG, von der Notwendigkeit einer betriebsverfassungsrechtlichen Einbeziehung von Leiharbeitnehmern in die Belegschaft des Entleihers ausgeht; einschränkend Düwell, in: KasselerHandb, 4.5 Rn. 466; Becker/Wulfgramm, AÜG, Art. 1 § 14 Rn. 6, die nur eine parzielle Zugehörigkeit des Leiharbeitnehmers zum Entleiher annehmen.

905 BAG vom 22.10.2003, Az. 7 ABR 3/03; vom 16.4.2003, AP Nr. 1 zu § 9 BetrVG 2002 = NZA 2003, 1345; vom 22.3.2000, AP Nr. 8 zu § 14 AÜG = NZA 2000, 1119; vom 18.1.1989, AP Nr. 1 zu § 9 BetrVG 1972 = NZA 1989, 724; Sandmann/Marschall, AÜG, Art. 1 § 14 Rn. 3 f.; Becker/Wulfgramm, AÜG, Art. 1 § 14 Rn. 5; Gick, Gewerbsmäßige Arbeitnehmerüberlassung zwischen Verbot und Neugestaltung, S. 129; Wank, in: ErfK, § 14 AÜG, Rn. 3 ff. m.w.N.; Kreutz, in: GK-BetrVG, § 7 Rn.74 ff.; Löwisch, BB 2001, 1734, 1737; Neumann, BB 2002, 510, 514; Lindemann/Simon, NZA 2002, 365, 367.

906 BAG vom 18.1.1989, AP Nr. 1 zu § 9 BetrVG 1972= NZA 1989, 724.

907 BT-Drs. 9/287, S. 8.

908 So auch Raab, ZfA 2003, 389, 433.

909 BGBl. I, S. 1852.

aktives Wahlrecht zu[910]. Jedoch unterscheidet bereits der Wortlaut des § 7 BetrVG n.F. zwischen Arbeitnehmern des Betriebs (§ 7 S. 1 BetrVG n.F.) und Arbeitnehmern eines anderen Arbeitgebers, die zur Arbeitsleistung überlassen werden (§ 7 S. 2 BetrVG n.F.), wodurch klargestellt wird, dass die Leiharbeitnehmer gerade keine Arbeitnehmer des Entleihers sind[911].

Auch die von der Gegenauffassung angeführten Gesetzesmaterialien liefern letztlich keinen eindeutigen Hinweis darauf, dass nach dem Willen des Gesetzgebers Leiharbeitnehmer dem Entleiherbetrieb angehören sollen. Zwar heißt es in der Begründung zu § 14 AÜG a.F., dass die allgemeine Schutzfunktion des Betriebsverfassungsrechts die betriebsverfassungsrechtliche doppelte Zuordnung der Leiharbeitnehmer gebiete[912]. Daneben enthält die Begründung zum Regierungsentwurf des „Gesetzes zur Reform des Betriebsverfassungsgesetzes" die Aussage, § 7 S. 2 BetrVG erkenne die Zugehörigkeit der Leiharbeitnehmer zum Einsatzbetrieb an[913]. Andererseits stellt die zuletzt genannte Begründung zum Regierungsentwurf aber klar, dass Leiharbeitnehmer durch Zuerkennung des aktiven Wahlrechts aus der Randbelegschaft an die Stammbelegschaft herangeführt werden sollen, „ohne sie in rechtlich unzutreffender Weise als Arbeitnehmer des Entleiherbetriebes einzustufen"[914], so dass nicht von einer betriebsverfassungsrechtlichen Zugehörigkeit der Leiharbeitnehmer zum Entleiherbetrieb ausgegangen werden kann.

Hätte der Gesetzgeber im Rahmen der Reform des BetrVG den überlassenen Leiharbeitnehmer betriebsverfassungsrechtlich auch dem Entleiherbetrieb zuordnen wollen, wäre hierfür eine Anpassung des § 5 BetrVG, der den persönlichen Geltungsbereich des BetrVG festlegt und der zur Arbeitsleistung entsandte Leiharbeitnehmer nicht aufzählt, angebracht gewesen, anstatt nur die die Wahlberechtigung regelnde Sondervorschrift des § 7 S. 2 BetrVG zu verändern[915].

Lediglich im Falle der gesetzlichen Fiktion eines Arbeitsverhältnisses zwischen Entleiher und Leiharbeitnehmer wegen Unwirksamkeit des Leiharbeitsvertrages zwischen Verleiher und Leiharbeitnehmer mangels Verleiherlaubnis (§ 10 Abs. 1 S. 1 AÜG) ist der Leiharbeitnehmer betriebsverfassungsrechtlich dem Entleiher zuzuordnen. Geht man in diesem Fall außerdem von einem fehlerhaften Arbeitsverhältnis zwischen Verleiher und Leiharbeitnehmer aus[916], gehört

---

910 Hierzu Löwisch/Kaiser, BetrVG, § 7 Rn. 5 ff.; kritisch Picker, ZfA 2002, 469, 533 ff.

911 So auch BAG vom 22.10.2003, Az. 7 ABR 3/03; vom 16.4.2003, AP Nr. 1 zu § 9 BetrVG 2002 = NZA 2003, 1345; Raab, ZfA 2003, 389, 434.

912 BT-Drs. 9/847, S. 8.

913 BT-Drs. 14/5741, S. 36.

914 BT-Drs. 14/5741, S. 28.

915 Raab, ZfA 2003, 389, 433.

916 Vgl. oben S. 226.

der Leiharbeitnehmer betriebsverfassungsrechtlich dann daneben auch dem Verleiherbetrieb an[917].

b) Die Berücksichtigung der Leiharbeitnehmer bei den Schwellenwerten des Betriebsverfassungsgesetzes

aa) Beim Verleiher

Das BetrVG knüpft die Möglichkeit, bestimmte Organe der Arbeitnehmervertretung zu bilden, sowie die Gewährung bestimmter Beteiligungsrechte der Arbeitnehmervertretung an die Erreichung von Schwellenwerten. So hängen etwa die Betriebsratsfähigkeit eines Betriebes (§ 1 BetrVG), die Zahl der Betriebsratsmitglieder (§ 9 BetrVG), die Zahl der Freistellungen (§ 38 BetrVG), die Mitbestimmung bei personellen Einzelmaßnahmen (§ 99 BetrVG), die Bildung eines Wirtschaftsausschusses (§ 106 BetrVG) und die Beteiligung der Arbeitnehmervertretung bei Betriebsänderungen insbesondere in Bezug auf Interessenausgleich und Sozialplan (§§ 111 ff. BetrVG) von der Erreichung bestimmter Schwellenwerte ab. Gemäß § 14 Abs. 1 AÜG bleiben die Arbeitnehmer auch während der Zeit ihrer Arbeitsleistung bei einem Entleiher Angehörige des Verleiherbetriebes und sind dort nach Maßgabe der §§ 7 S. 1 und 8 BetrVG aktiv und passiv wahlberechtigt. Im Verleiherbetrieb sind die Leiharbeitnehmer damit bei den oben genannten Schwellenwerten, die auf Betriebszugehörigkeit und teilweise auf aktive Wahlberechtigung abstellen, neben dem mit Verwaltungsfunktionen beschäftigten Personal mitzuzählen.

In der Praxis kommt es bei reinen Verleihunternehmen jedoch nur selten zur Bildung von Betriebsräten[918]. Die Beschäftigung der Leiharbeitnehmer in ständig wechselnden Entleiherunternehmen sowie die Tatsache, dass die weit überwiegende Zahl der Leiharbeitsverhältnisse nur für kurze Zeit besteht[919], behindern die Entstehung einer Betriebsgemeinschaft im Verleiherbetrieb[920], insbesondere auch mit dem zahlenmäßig meist nur gering vorhandenen Verwal-

---

917 Schüren, in: Schüren, AÜG, § 10 Rn. 74; Hamann, in: Schüren, AÜG, § 14 Rn. 477 ff.; a.A. BAG vom 10.2.1977, AP Nr.9 zu § 103 BetrVG 1972; Boemke, AÜG, § 10 Rn. 60 f.; differenzierend Becker/Wulfgramm, AÜG, Art. 1 § 14 Rn. 37 sowie Ulber, AÜG, § 14 Rn. 5, die danach unterscheiden, welches Arbeitsverhältnis tatsächlich vollzogen wird.

918 9. Bericht der Bundesregierung über Erfahrungen bei der Anwendung des Arbeitnehmerüberlassungsgesetzes (AÜG) sowie über die Auswirkungen des Gesetzes zur Bekämpfung der illegalen Beschäftigung, BT-Drs. 14/4220, S. 20; Hamann, in: Schüren, AÜG, § 14 Rn. 113.

919 Vgl. die Übersicht bei Jahn/Rudolph, IAB Kurzbericht Nr. 20, Tabelle 3.

920 Hamann, in: Schüren, AÜG, § 14 Rn. 113.

tungspersonal. Anders stellt sich die Situation dagegen regelmäßig bei Mischunternehmen dar, die Arbeitnehmerüberlassung nur als Nebentätigkeit betreiben[921].

bb) Beim Entleiher

Mit der Frage verbunden, ob Leiharbeitnehmer während des Überlassungszeitraums betriebsverfassungsrechtlich auch dem Entleiherbetrieb zuzuordnen sind, ist die Folgefrage, ob Leiharbeitnehmer bei den betriebsverfassungsrechtlichen Schwellenwerten im Entleiherbetrieb mitzählen.

In diesem Zusammenhang wird von denjenigen, die die Leiharbeitnehmer während des Überlassungszeitraums betriebsverfassungsrechtlich auch dem Entleiher zuordnen, ihre Berücksichtigung bei den Schwellenwerten im Entleiherbetrieb teilweise ohne Einschränkung bejaht[922], teilweise aber auch davon abhängig gemacht, dass sie gemäß § 7 S. 2 BetrVG beim Entleiher aktiv wahlberechtigt sind[923]. Von manchen wird auch danach differenziert, ob der Leiharbeitnehmer beim Entleiher zur Vertretung eines Stammarbeitnehmers auf einem Dauerarbeitsplatz oder auf einem nur vorübergehend bestehenden Arbeitsplatz beschäftigt wird[924]. Lehnt man schon den Grundansatz ab, dass der Leiharbeitnehmer während des Überlassungszeitraums betriebsverfassungsrechtlich auch dem Entleiher zuzuordnen ist, folgt daraus auch seine Nichtberücksichtigung bei den Schwellenwerten im Entleiherbetrieb[925].

c) Die Vertretung der Leiharbeitnehmer bei Verleiher und Entleiher

Besondere Vorschriften in Bezug auf die Vertretung von Leiharbeitnehmern sieht das Gesetz nur für die Phase ihres Aufenthalts beim Entleiher vor.

---

921 Hamann, in: Schüren, AÜG, § 14 Rn. 113, 333.

922 ArbG Darmstadt vom 22.10.2002, AuR 2003, 121 m.w.N.; Brors, NZA 2003, 1380 f.

923 So Däubler, AuR 2003, 191; Richardi/Thüsing, in: Richardi, BetrVG, § 9 Rn. 7; Eisenmann, in: ErfK, § 9 BetrVG Rn. 2; vgl. auch die Stellungnahme der Bundesregierung im Rahmen des Reformgesetzgebungsverfahrens, BT-Drs. 14/6352, S. 54.

924 Hamann, in: Schüren, AÜG, § 14 Rn. 109; Ulber, AÜG, § 14 Rn. 49a; Erdlenbruch, Die betriebsverfassungsrechtliche Stellung gewerbsmäßig überlassener Arbeitnehmer, S. 86 ff., 91; Reichold, NZA 2001, 857, 861.

925 BAG vom 22.10.2003, Az. 7 ABR 3/03; vom 16.4.2003, AP Nr. 1 zu § 9 BetrVG 2002 = NZA 2003, 1345; Löwisch, BB 2001, 1734, 1737; Wank, in: ErfK, § 14 AÜG Rn. 6; Raab, ZfA 2003, 389, 434 ff.; zum Sonderfall der konzerninternen Arbeitnehmerüberlassung vgl. LAG Nürnberg vom 18.8.2003, DB 2003, 2604; zur Frage, ob Leiharbeitnehmer bei den Schwellenwerten der Vorschriften über das Wahlverfahren nach §§ 14, 14a BetrVG zu berücksichtigen sind vgl. Nicolai, DB 2003, 2599, 2600.

So sind Leiharbeitnehmer gemäß § 7 S. 2 BetrVG bei Betriebsratswahlen im Entleiherbetrieb aktiv wahlberechtigt, wenn sie dort länger als drei Monate eingesetzt werden[926]. Wegen § 14 Abs. 2 S. 1 AÜG sind sie aber nicht wählbar.

Während des Überlassungszeitraums sind die Leiharbeitnehmer berechtigt, die Sprechstunden der Arbeitnehmervertretung beim Entleiher aufzusuchen und an den Betriebs- und Jugendversammlungen im Entleiherbetrieb teilzunehmen (§ 14 Abs. 2 S. 2 AÜG).

Daneben erklärt das AÜG in § 14 Abs. 2 S. 3 bestimmte betriebsverfassungsrechtliche Rechte und Pflichten ausdrücklich auch im Verhältnis zwischen Entleiher und Leiharbeitnehmer für anwendbar, so die Unterrichtungs- und Erörterungspflicht des Arbeitgebers (§ 81 BetrVG), das Anhörungs- und Erörterungsrecht des Arbeitnehmers (§ 82 Abs. 1 BetrVG) sowie die Regelungen über das Beschwerderecht des Arbeitnehmers (§§ 84-86 BetrVG). § 14 Abs. 3 S. 2 AÜG verpflichtet den Entleiher, seinem Betriebsrat die Erklärung des Verleihers, über eine Verleiherlaubnis zu verfügen, vorzulegen.

Gemäß § 14 Abs. 3 S. 1 AÜG ist der Betriebsrat des Entleihers vor der Übernahme eines Leiharbeitnehmers zur Arbeitsleistung nach Maßgabe des § 99 BetrVG zu beteiligen[927]. So hat der Entleiher seinen Betriebsrat über die geplante Einstellung von Leiharbeitnehmern zu unterrichten und ihm Informationen, etwa zur Anzahl, zur Überlassungsdauer, zu dem zu besetzenden Arbeitsplatz, zur Arbeitszeit sowie zur Person und fachlichen Qualifikation der einzelnen Leiharbeitnehmer mitzuteilen[928]. § 99 BetrVG knüpft das Beteiligungsrecht des Betriebsrats an die „Einstellung“ eines Arbeitnehmers im Sinne seiner tatsächlichen Eingliederung in den Betrieb, nicht dagegen an den Abschluss eines Arbeitsvertrages[929]. In diesem Zusammenhang ist dem Betriebsrat des Entleihers Einblick in den Überlassungsvertrag zu gewähren[930]. Der Leiharbeitsvertrag des Leiharbeitnehmers mit dem Verleiher muss der Arbeitnehmervertretung des Ent-

[926] Am Sinn eines solchen aktiven Wahlrechts des Leiharbeitnehmers wegen des regelmäßig nur kurzen Überlassungszeitraums zu Recht zweifelnd Brors, NZA 2002, 124 (nunmehr anders in NZA 2003, 1380 ff. aufgrund der Abschaffung der Höchstüberlassungsdauer in § 3 Abs. 1 Nr. 6 AÜG).

[927] Streitig ist, ob § 14 Abs. 3 S. 1 AÜG eine Rechtsgrund- oder eine Rechtsfolgenverweisung auf § 99 BetrVG darstellt, ob also die Mindestarbeitnehmerzahl des § 99 Abs. 1 S. 1 BetrVG im Entleiherunternehmen erfüllt sein muss: ausführlich zum Streitstand Hamann, in: Schüren, AÜG, § 14 Rn. 140 ff.; Wank, in: ErfK, § 14 AÜG Rn. 20; Sandmann/Marschall, AÜG, Art. 1 § 14 Rn. 16; Becker/Wulfgramm, AÜG, Art. 1 § 14 Rn. 96; Boemke, AÜG, § 14 Rn. 94; zu möglichen Änderungen in Bezug auf das Beteiligungsrecht des Entleiherbetriebsrats nach § 99 BetrVG vgl. Hamann, NZA 2003, 526, 533.

[928] Ausführlich Boemke, AÜG, § 14 Rn. 94; Hamann, in: Schüren, AÜG, § 14 Rn. 154 ff.

[929] Ausführlich Löwisch/Kaiser, BetrVG, § 99 Rn. 3.

[930] BAG vom 6.6.1978, AP Nr. 6 zu § 99 BetrVG 1972 = DB 1978, 1841; Düwell, in: KasselerHandb, 4.5 Rn. 483; Sandmann/Marschall, AÜG, Art. 1 § 14 Rn. 18.

leihers dagegen nicht vorgelegt werden[931]. Hat der Betriebsrat des Entleihers schon keinen Anspruch nach § 99 Abs. 1 BetrVG auf Einblick in die Arbeitsverträge der dort anzustellenden Arbeitnehmer[932], muss dies erst recht für beim Entleiher zu beschäftigende Arbeitnehmer gelten, die mit dem Entleiher gar keinen Arbeitsvertrag geschlossen haben.

Kommt der Entleiher seiner Unterrichtungspflicht nach § 99 Abs. 1 BetrVG nicht, nicht ausreichend oder nicht rechtzeitig nach, ist die Einstellung des Leiharbeitnehmers betriebsverfassungswidrig. Da die Wirksamkeit des Überlassungsvertrages hiervon unberührt bleibt, gerät der Entleiher in Annahmeverzug und schuldet dem Verleiher die vereinbarte Überlassungsvergütung[933]. Daneben begeht der Entleiher bei unzureichender Unterrichtung seines Betriebsrats eine Ordnungswidrigkeit gemäß § 121 BetrVG, die mit Geldbuße bis zu 10.000 € geahndet werden kann. Neben dem Informationsrecht verfügt der Betriebsrat des Entleihers nach §§ 14 Abs. 3 S. 1 AÜG, 99 BetrVG über ein Zustimmungsverweigerungsrecht in Bezug auf die Übernahme eines Leiharbeitnehmers zur Arbeitsleistung[934].

Die Aufzählung bestimmter Normen des BetrVG in § 14 AÜG regelt die betriebsverfassungsrechtlichen Auswirkungen, die sich aus der Beschäftigung des Leiharbeitnehmers beim Entleiher ergeben, nach dem Willen des Gesetzgebers jedoch nicht abschließend[935]. So hat der Entleiher etwa nach § 92 Abs. 1 S. 1 BetrVG seinen Betriebsrat über einen geplanten Einsatz von Leiharbeitnehmern als Bestandteil der Personalplanung zu informieren[936]. Betrifft der Einsatz von Leiharbeitnehmern in besonderer Weise die Interessen der Belegschaft des Entleihers, etwa wenn eine Personalreserve aufgelöst und künftig auf Leiharbeitnehmer zurückgegriffen werden soll, kann die Beschäftigung von Leiharbeitnehmern auch Gegenstand der Beratungen im Wirtschaftsauschuss des Entleiherunternehmens sein (§ 106 Abs. 2, 3 Nr. 10 BetrVG)[937]. Ein Verstoß des Entleihers gegen die Informationspflichten aus § 92 Abs. 1 S. 1 BetrVG und §

---

931 Vgl. BAG vom 6.6.1978, a.a.O.; Hamann, in: Schüren, AÜG, § 14 Rn. 165 m.w.N.; Boemke, AÜG, § 14 Rn. 100.

932 BAG vom 18.10.1988, AP Nr. 57 zu § 99 BetrVG 1972 = NZA 1989, 355; Löwisch/Kaiser, BetrVG, § 99 Rn. 35.

933 Boemke, AÜG, § 14 Rn. 101; Hamann, in: Schüren, AÜG, § 14 Rn. 174.

934 Zu Einzelheiten vgl. Sandmann/Marschall, AÜG, Art. 1 § 14 Rn. 21; Boemke, AÜG, § 14 Rn. 102 ff.; Hamann, in: Schüren, AÜG, § 14 Rn. 180 ff.; allgemein zum Zustimmungsverweigerungsrecht des Betriebsrats nach § 99 BetrVG vgl. Löwisch/Kaiser, BetrVG, § 99 Rn. 49 ff.

935 BT-Drs. 9/847, S. 9; BAG vom 15.12.1992, AP Nr. 7 zu § 14 AÜG = NZA 1993, 513.

936 Hamann, in: Schüren, AÜG, § 14 Rn.139; Boemke, AÜG, § 14 Rn. 127.

937 Hamann, in: Schüren, AÜG, § 14 Rn.139; Sandmann/Marschall, AÜG, Art. 1 § 14 Rn. 18a; a.A. Boemke, AÜG, § 14 Rn. 139.

106 Abs. 2 BetrVG stellt gemäß § 121 BetrVG eine Ordnungswidrigkeit dar, die mit Geldbuße bis zu 10.000 € geahndet werden kann.

Da der Leiharbeitnehmer während seines Einsatzes beim Entleiher dessen Direktionsrecht und Betriebsordnung unterliegt, betriebsverfassungsrechtlich aber dem Verleiher und einer dort bestehenden Arbeitnehmervertretung zugeordnet bleibt, welcher die Rechte aus dem BetrVG gegen den Verleiher zustehen, müssen die Kompetenzen der Betriebsräte von Verleiher und Entleiher in Bezug auf die Vertretung der Leiharbeitnehmer in diesem Zeitraum abgegrenzt werden:

Insbesondere was Fragen im Zusammenhang mit der Arbeitsleistung der Leiharbeitnehmer, betrieblichen Abläufen sowie der Betriebsordnung beim Entleiher anlangt, scheidet eine Vertretung der Leiharbeitnehmer durch den Betriebsrat des Verleihers, dem es an Kompetenzen gegenüber dem Entleiher fehlt, aus und fällt die Aufgabenwahrnehmung allein dem Entleiherbetriebsrat zu[938].

Der Verleiherbetriebsrat ist dagegen zuständig, wenn Beteiligungsrechte eine arbeitsvertragliche Beziehung, die alleine zum Verleiher besteht, voraussetzen[939]. So ist für Fragen im Zusammenhang mit der Gewährung von Erholungsurlaub für Leiharbeitnehmer der Betriebsrat des Verleihers und nicht der des Entleihers gemäß § 87 Abs. 1 Nr. 5 BetrVG zuständig[940].

Kommt der neu gefasste Gleichbehandlungsgrundsatz nach §§ 3 Abs. 1 Nr. 3, 9 Nr. 2 AÜG in Bezug auf das Arbeitsentgelt zugunsten des Leiharbeitnehmers zum Tragen und richtet sich die Vergleichsvergütung beim Entleiher nach einem kollektiven Vergütungssystem[941], wird das Mitbeurteilungsrecht in Bezug auf eine entsprechende erstmalige Eingruppierung oder spätere Umgruppierung des Leiharbeitnehmers in dieses Vergütungssystem nach § 99 Abs. 1 S. 1 BetrVG ebenfalls vom Betriebsrat des Verleihers wahrgenommen[942]. Zwar weist der Betriebrat des Entleihers für Fragen der beim Entleiher geltenden kollektiven Vergütungsregelungen die größere Sachnähe und Anwendungspraxis auf, jedoch schuldet der Verleiher als Arbeitgeber dem Leiharbeitnehmer die ihm zustehende Vergütung. Diese hat er, mit Hilfe seines Informationsanspruchs gegenüber

---

938 BAG vom 15.12.1992, AP Nr. 7 zu § 14 AÜG = NZA 1993, 513 für Fragen der Arbeitszeitverteilung; anders die Entscheidung vom 19.6.2001, AP Nr. 1 zu § 87 BetrVG 1972 Leiharbeitnehmer = NZA 2001, 1263 (Zuständigkeit Verleiherbetriebsrat bei Anordnung Überstunden gegenüber Leiharbeitnehmern); Raab, ZfA 2003, 389, 439 ff.; Schneider, Handbuch Zeitarbeit, Rn. 529; Hamann, NZA 2003, 526, 530; zu den Rechten des Entleiherbetriebsrats in Bezug auf Leiharbeitnehmer vgl. ausführlich Hamann, in: Schüren, AÜG, § 14 Rn. 137 ff.

939 Hamann, NZA 2003, 526, 530.

940 Ulber, AÜG, § 14 Rn. 118; Rost, NZA 1999, 113, 118 f.; zu den weiteren Beteiligungsrechten des Betriebsrats beim Verleiher in Bezug auf die Leiharbeitnehmer vgl. ausführlich Hamann, in: Schüren, AÜG, § 14 Rn. 332 ff.; Raab, ZfA 2003, 389, 441 ff. für das Mitbestimmungsrecht nach § 87 Abs. 1 Nr. 3 BetrVG.

941 Löwisch/Kaiser, BetrVG, § 99 Rn. 26.

942 Boemke/Lembke, DB 2002, 899; Hamann, NZA 2003, 526, 531 f.

dem Entleiher aus § 12 Abs. 1 S. 3 AÜG in Bezug auf die für einen vergleichbaren Arbeitnehmer dort geltenden Vergütungsbedingungen, nach § 107 GewO auch zu berechnen. Das Mitbeurteilungsrecht für Fragen der Ein- und Umgruppierung nach § 99 Abs. 1 S. 1 BetrVG muss deshalb beim Betriebsrat des Verleihers liegen[943]. Ob der Betriebsrat des Entleihers die Zustimmung zur Einstellung des Leiharbeitnehmers verweigern darf, wenn diesem gegenüber die Gleichbehandlungspflicht vom Verleiher nicht erfüllt wird, ist streitig[944]. Da das Gesetz dem Leiharbeitnehmer in diesem Fall über § 10 Abs. 4 AÜG einen Anspruch auf die Arbeits- und Vergütungsbedingungen beim Entleiher zugesteht und diesen durch einen entsprechenden Auskunftsanspruch gegenüber dem Entleiher absichert (§ 13 AÜG), bedarf es eines solchen Zustimmungsverweigerungsrechts des Entleiherbetriebsrats in Bezug auf die Eingliederung des Leiharbeitnehmers aber nicht.

3.) Inhalt des europäischen Richtlinienentwurfs

In Bezug auf die Vertretung der Leiharbeitnehmer enthält der Richtlinienentwurf zum einen Regelungen zur Frage der Berücksichtigung der Leiharbeitnehmer bei den Schwellenwerten zur Bildung einer Arbeitnehmervertretung beim Verleiher bzw. Entleiher (Art. 7 des 2. RL-Entw.). Zum anderen wird der Entleiher auch verpflichtet, seine Arbeitnehmervertretung über den Einsatz von Leiharbeitnehmern angemessen zu informieren (Art. 8 des 2. RL-Entw.).

a) Die Berücksichtigung von Leiharbeitnehmern im Rahmen der Schwellenwerte zur Bildung einer Arbeitnehmervertretung

aa) Beim Verleiher

Nach Art. 7 Unterabs. 1 des 2. RL-Entw. werden Leiharbeitnehmer „unter Bedingungen, die die Mitgliedstaaten festlegen, im Leiharbeitunternehmen bei der Berechnung des Schwellenwertes für die Einrichtung von Arbeitnehmervertretungen berücksichtigt, die nach Gemeinschaftsrecht und nationalem Recht oder in den Tarifverträgen vorgesehen sind."

bb) Beim Entleiher

Art. 7 Unterabs. 2 des 2. RL-Entw. ermächtigt die Mitgliedstaaten, Regelungen zu treffen, wonach Leiharbeitnehmer bei den Schwellenwerten zur Bildung ei-

---

943 Boemke/Lembke, DB 2002, 899; Hamann, NZA 2003, 526, 531 f; a.A. wohl Grimm/Brock, DB 2003, 1113, 1114 ff.

944 Für ein solches Zustimmungsverweigerungsrecht Reim, ZTR 2003, 106, 111; Grimm/Brock, DB 2003, 1113, 1114 ff.; dagegen Hamann, NZA 2003, 526, 533.

ner, nach Gemeinschaftsrecht, nationalem Recht oder Tarifverträgen vorgesehenen Arbeitnehmervertretung im entleihenden Unternehmen in gleichem Maße wie für die gleiche Zeitdauer unmittelbar beim Entleiher angestellte Arbeitnehmer zu berücksichtigen sind.

Ziel des europäischen Gesetzgebers ist eine wirksame Vertretung der Leiharbeitnehmer[945]. Eine umfassende Gleichstellung von Leiharbeitnehmern mit Beschäftigten des Entleihers in Bezug auf die betriebsverfassungsrechtliche Stellung, wie vom Europäischen Parlament vorgeschlagen[946], fand im geänderten Kommissionsentwurf zwar nicht statt. Zumindest über die Ermächtigung an die Mitgliedstaaten, Leiharbeitnehmer auch bei den Schwellenwerten im Entleiherunternehmen zu berücksichtigen, was insbesondere Auswirkungen auf die Möglichkeit der Bildung einer Arbeitnehmervertretung und die Anzahl der Arbeitnehmervertreter haben kann, soll aber die Vertretung der Leiharbeitnehmer gerade auch während ihres Einsatzes beim Entleiher verbessert werden. Allerdings sind die Mitgliedstaaten zwar ermächtigt, jedoch nicht verpflichtet, Regelungen zur Berücksichtigung von Leiharbeitnehmern bei den Schwellenwerten im Entleiherunternehmen zu erlassen.

b) Pflicht des Entleihers zur Unterrichtung seiner Arbeitnehmervertretung über die Beschäftigung von Leiharbeitnehmern

Art. 8 des geänderten Richtlinienentwurfs begründet eine Verpflichtung des Entleihers, der in seinem Unternehmen bestehenden Arbeitnehmervertretung im Zuge der Unterrichtung über die Beschäftigungslage in dem Unternehmen angemessene Informationen über die Beschäftigung von Leiharbeitnehmern vorzulegen. Regelungsziel des europäischen Gesetzgebers ist es, Vorbehalte und Einwände der Belegschaft des Entleihers zu beantworten und zu mildern, um so mögliche Konflikte und Reibungen, die aus der Beschäftigung von Leiharbeitnehmern erwachsen können, zu vermeiden[947]. Strengere oder speziellere nationale oder gemeinschaftliche Informations- bzw. Konsultationspflichten bleiben durch Art. 8 des 2. RL-Entw. unberührt. Der Richtlinienentwurf will somit nur Mindestbedingungen schaffen.

---

945 Erwägungsgrund Nr.21 zum „Geänderten Vorschlag für eine Richtlinie des Europäischen Parlaments und des Rates über die Arbeitsbedingungen von Leiharbeitnehmern" (KOM[2002] 701 endgültig), S. 8.

946 Vgl. Änderungsantrag Nr. 50 des Ausschusses für Beschäftigung und soziale Angelegenheiten des Europäischen Parlaments zum ersten Richtlinienentwurf (A5-0356/2002, S. 37).

947 Vgl. die Begründung zum ursprünglichen „Vorschlag für eine Richtlinie des Europäischen Parlaments und des Rates über die Arbeitsbedingungen von Leiharbeitnehmern" (KOM[2002] 149 endgültig, S. 40).

4.) Vergleich der Regelungen zur betriebsverfassungsrechtlichen Stellung der Leiharbeitnehmer in Spanien und Deutschland, insbesondere im Hinblick auf den europäischen Richtlinienentwurf

a) Die Berücksichtigung von Leiharbeitnehmern im Rahmen der Schwellenwerte zur Bildung einer Arbeitnehmervertretung

aa) Beim Verleiher

Nach spanischem Recht ist Anknüpfungspunkt für die Frage, ob beim Verleiher eine Arbeitnehmervertretung durch Personaldelegierte oder ein Betriebsratsgremium gebildet werden kann, die Anzahl der beim Verleiher beschäftigten Arbeitnehmer. Grundwahleinheit ist der einzelne Betrieb, dem für die Wahl von Personaldelegierten mindestens sechs und für die Wahl eines Betriebsratsgremiums mindestens 50 in Verwaltungsfunktionen oder als Leiharbeitnehmer Beschäftigte angehören müssen. Darüber hinausgehend kann nach Art. 63 Abs. 2 ET ein Betriebsrat auch dann gewählt werden, wenn der Verleiher in einer Provinz zwei oder mehr Betriebe mit insgesamt mindestens 50 Arbeitnehmern unterhält. Art. 53 Abs. 2 des IV. CCEETT erweitert die Möglichkeit zur Bildung einer Arbeitnehmervertretung bei Verleihern zusätzlich, indem auch für den gesetzlichen Mindestschwellenwert von sechs Arbeitnehmern alle in Verleiherbetrieben innerhalb einer Provinz Beschäftigten zusammengezählt werden. Leiharbeitnehmer sind somit bei den Schwellenwerten zur Bildung einer Arbeitnehmervertretung beim Verleiher in Spanien grundsätzlich zu berücksichtigen. Allerdings macht das spanische Recht die Frage, in welchem Umfang Arbeitnehmer und damit auch Leiharbeitnehmer bei der Berechnung der Schwellenwerte mitzählen, von der Laufzeit des jeweiligen Arbeitsvertrages abhängig (Art. 72 Abs. 2 ET).

Nach deutschem Recht bleiben die Leiharbeitnehmer gemäß § 14 Abs. 1 AÜG auch während der Zeit ihrer Arbeitsleistung bei einem Entleiher Angehörige des Verleiherbetriebes und sind dort nach Maßgabe des § 7 S. 1 BetrVG aktiv wahlberechtigt. Im Verleiherbetrieb sind die Leiharbeitnehmer damit bei den Schwellenwerten zur Bildung einer Arbeitnehmervertretung neben dem mit Verwaltungsfunktionen beschäftigten Personal mitzurechnen.

Sowohl in Deutschland als auch in Spanien werden Leiharbeitnehmer bei den Schwellenwerten zur Bildung einer Arbeitnehmervertretung beim Verleiher also grundsätzlich berücksichtigt. In beiden Ländern stellt der einzelne Betrieb die Grundwahleinheit und damit den Anknüpfungspunkt für die Schwellenwerte dar.

Das spanische Recht differenziert bezüglich des Umfangs der Berücksichtigung bei den Schwellenwerten nach der Dauer des Arbeitsvertrages mit dem Leiharbeitnehmer. Wenn sein Arbeitsvertrag unbefristet oder für mindestens ein

Jahr befristet ist, zählt der Leiharbeitnehmer voll, ansonsten nur anteilig[948]. Auch das deutsche Recht zieht für bestimmte Schwellenwerte des BetrVG, etwa in § 1 oder § 9, nicht die in diesem Zeitpunkt aktuelle Zahl an Arbeitnehmern heran, sondern stellt auf die Anzahl an „in der Regel" beschäftigten Arbeitnehmern ab. Der Berechnung soll so ein Wert zugrunde liegen, der der tatsächlichen Beschäftigungssituation im Betrieb über einen gewissen Zeitraum hinweg gerecht wird. Kurzzeitige Ausschläge in den Arbeitnehmerzahlen nach oben oder unten sollen keine Einflüsse auf langfristig angelegte Arbeitnehmervertretungsstrukturen haben. Die Vorgabe eines konkreten Berechnungsmodells nach spanischem Recht, in welchem Umfang nur vorübergehend im Unternehmen beschäftigte Arbeitnehmer bei den Schwellenwerten Berücksichtigung finden, hat gegenüber der in Deutschland verwendeten Lösung, über den unbestimmten Rechtsbegriff „in der Regel" durchschnittliche Beschäftigtenzahlen zu ermitteln, den Vorzug absoluter Rechtsklarheit und damit Rechtssicherheit[949]. Gewisse Verzerrungen gegenüber den tatsächlichen Verhältnissen im Betrieb ergeben sich im Rahmen des Art. 72 Abs. 2 ET allerdings dadurch, dass allein Arbeitsverhältnisse, die von Anfang an auf eine bestimmte Zeitspanne befristet sind, in der Berechnungsformel Berücksichtigung finden. Wird dagegen ein Arbeitnehmer unbefristet eingestellt und etwa im Rahmen der Probezeit wieder entlassen, findet dieses Arbeitsverhältnis bei der Berechnung des Schwellenwertes zum Stichtag keine Berücksichtigung. Ein genaueres Bild der tatsächlichen Beschäftigtenzahlen im Betrieb als Grundlage für die Berechnung der Schwellenwerte könnte der spanische Gesetzgeber dadurch erhalten, dass er im Rahmen des Art. 72 Abs. 2 ET nicht auf die Befristung von Arbeitsverträgen sondern allgemeiner auf die Laufzeit von Arbeitsverhältnissen abstellt.

Der europäische Richtlinienentwurf enthält in seiner geänderten Fassung die Verpflichtung an die Mitgliedstaaten, Leiharbeitnehmer bei der Berechnung der Schwellenwerte für die nach Gemeinschaftsrecht, nationalem Recht oder Tarifverträgen vorgesehenen Arbeitnehmervertretungen im Verleihunternehmen zu berücksichtigen (Art. 7 Unterabs. 1).

Sowohl das spanische als auch das deutsche Recht stehen mit dieser geplanten europäischen Vorgabe in Einklang. Zwar wählt der europäische Richtlinienentwurf das „Leiharbeitunternehmen" und nicht den einzelnen Betrieb als Anknüpfungspunkt für die Schwellenwerte, wie dies die Regelungen in Deutschland und Spanien vorsehen. Auch der europäische Gesetzgeber unterscheidet grundsätzlich zwischen „Unternehmen" und „Betrieb" als Anknüpfungspunkt für Fragen der Arbeitnehmervertretung, wie dies etwa Art. 1 der Richtlinie 2002/14/EG

948 Vgl. hierzu oben S. 253.

949 Zur Frage, welche Kriterien für die Feststellung der Zahl „in der Regel" beschäftigter Arbeitnehmer heranzuziehen sind, vgl. Löwisch/Kaiser, BetrVG, § 1 Rn. 18 ff.

zeigt[950]. Jedoch trifft er keine Regelung, wie die Arbeitnehmervertretungen national auszugestalten sind. Art. 7 Unterabs. 1 des 2. RL-Entw. bezieht sich auf Arbeitnehmervertretungen, die nach „nationalem Recht oder in Tarifverträgen vorgesehen sind“, und sieht die Berücksichtigung der Leiharbeitnehmer bei der Berechnung des Schwellenwerts für die Errichtung von Arbeitnehmervertretungen „unter Bedingungen, die die Mitgliedstaaten festlegen“, vor. Hiernach bleibt es den nationalen Gesetzgebern bzw. Tarifparteien überlassen, ein System der Arbeitnehmervertretung auszugestalten. In diesen nationalen Ausgestaltungsspielraum fällt es dann auch, den Betrieb und nicht das Unternehmen als Grundeinheit für die Bildung einer Arbeitnehmervertretung zu wählen. Der europäische Gesetzgeber gibt verpflichtend vor, dass Leiharbeitnehmer bei den Schwellenwerten zur Bildung einer Arbeitnehmervertretung beim Verleiher zu berücksichtigen sind, nicht jedoch, wie und wo die Arbeitnehmervertretung zu bilden ist. Hierfür sprechen auch die Regelungen in Art. 1 und 4 der Richtlinie 2002/14/EG, wonach es den Mitgliedstaaten überlassen bleibt, die „geeignete Ebene“ für die Beteiligungsrechte der Arbeitnehmer, also „Betrieb“ oder „Unternehmen“, zu wählen. Potentieller Anpassungsbedarf an die Regelung in Art. 7 Unterabs. 1 des 2. RL-Entw. besteht deshalb für das spanische und deutsche Recht insofern nicht.

Auch die Tatsache, dass das spanische Recht den Umfang der Berücksichtigung bei den Schwellenwerten an die Laufzeit des Arbeitsvertrages knüpft, fällt unter den von Art. 7 Unterabs. 1 des geänderten Richtlinienvorschlages vorgesehenen Ausgestaltungsspielraum des nationalen Gesetzgebers, so dass sich auch insoweit kein potentieller Anpassungsbedarf ergibt.

Die entsprechenden nationalen Regelungen in Spanien und Deutschland stehen mit Art. 7 Unterabs. 1 des 2. RL-Entw. inhaltlich in Einklang.

bb) Beim Entleiher

In Spanien werden Leiharbeitnehmer bei der Berechnung der Schwellenwerte zur Bildung einer Arbeitnehmervertretung beim Entleiher nach Art. 72 Abs. 2 lit. a) und b) ET nicht berücksichtigt, da sie mit dem Unternehmer, in dessen Betrieb gewählt werden soll, nicht durch einen Arbeitsvertrag verbunden sind.

In Deutschland ist die Frage streitig, ob ein Leiharbeitnehmer während seiner Überlassung betriebsverfassungsrechtlich auch dem Entleiher zuzuordnen und in Konsequenz bei den Schwellenwerten zur Bildung einer Arbeitnehmervertretung beim Entleiher mitzuzählen ist. Die wohl überwiegende Auffassung in der

---

950 „Richtlinie 2002/14/EG des Europäischen Parlaments und des Rates vom 11.3.2002 zur Festlegung eines allgemeinen Rahmens für die Unterrichtung und Anhörung der Arbeitnehmer in der europäischen Gemeinschaft – Gemeinsame Erklärung des Europäischen Parlaments, des Rates und der Kommission zur Vertretung der Arbeitnehmer“ (AblEG Nr. L 80 vom 23.3.2002, S. 29).

Literatur und insbesondere auch das Bundesarbeitsgericht nehmen eine alleinige Zugehörigkeit des Leiharbeitnehmers zum Verleiherbetrieb an und lehnen eine Berücksichtigung des Leiharbeitnehmers bei den Schwellenwerten zur Bildung einer Arbeitnehmervertretung beim Entleiher ab[951].

Der geänderte europäische Richtlinienentwurf enthält in Art. 7 Unterabs. 2 eine Ermächtigung an die Mitgliedstaaten, Regelungen zu treffen, wonach Leiharbeitnehmer bei der Berechnung der Schwellenwerte zur Bildung einer Arbeitnehmervertretung beim Entleiher wie Arbeitnehmer, die für die gleiche Dauer beim Entleiher unmittelbar beschäftigt werden oder werden könnten, Berücksichtigung finden. Eine Verpflichtung an die Mitgliedstaaten, eine solche Berücksichtigung vorzuschreiben, enthält die Regelung in Art. 7 Unterabs. 2 des geänderten Richtlinienentwurfs nicht. Weder das spanische noch das deutsche Recht müssen deshalb entsprechende Anpassungsmaßnahmen treffen. Mit der in beiden Ländern herrschenden Grundauffassung, wonach der Verleiher auch während des Überlassungszeitraums Arbeitgeber im Rechtssinne bleibt und der Leiharbeitnehmer betriebsverfassungsrechtlich allein dem Verleiherbetrieb zugehört, wäre eine Berücksichtigung von Leiharbeitnehmern bei den Schwellenwerten im Entleiherbetrieb auch nicht zu vereinbaren. Eine verbindliche Vorgabe der Berücksichtigung von Leiharbeitnehmern bei den Schwellenwerten im Entleiherunternehmen durch den europäischen Gesetzgeber würde dieser Grundauffassung, der die Mehrzahl der europäischen Mitgliedstaaten folgt[952], grundsätzlich widersprechen und sollte deshalb in jedem Fall unterbleiben.

b) Pflicht des Entleihers zur Unterrichtung seiner Arbeitnehmervertretung über die Beschäftigung von Leiharbeitnehmern

Nach spanischem Recht ist der Entleiher verpflichtet, seine Arbeitnehmervertretung über jeden Überlassungsvertrag und die zugrundeliegende Fallgruppe gemäß Art. 6 Abs. 2 LETT i.V.m. Art. 15 ET innerhalb von 10 Tagen nach Vertragsschluss zu informieren (Art. 9 LETT). Innerhalb der gleichen Frist muss der Entleiher seiner Arbeitnehmervertretung auch eine Kopie des Arbeitsvertrages bzw. eine Kopie der Arbeitsanweisung an den Leiharbeitnehmer übermitteln, die ihm vom Verleiher nach Art. 9 LETT zur Verfügung gestellt wurde. Der Arbeitnehmervertretung beim Entleiher soll so ermöglicht werden, ihren Vertretungsaufgaben in Bezug auf die Leiharbeitnehmer nach Art. 17 Abs. 1 LETT nachzukommen sowie die Rechtmäßigkeit der geschlossenen Überlassungsverträge kontrollieren zu können. Eine Verletzung dieser Informationspflicht erfüllt den Bußgeldtatbestand nach Art. 7 Abs. 7 LISOS.

---

951 Vgl. oben S. 263.

952 Vgl. die Begründung zum ursprünglichen „Vorschlag für eine Richtlinie des Europäischen Parlaments und des Rates über die Arbeitsbedingungen von Leiharbeitnehmern“ (KOM[2002] 149 endgültig, S. 5).

Auch nach deutschem Recht trifft den Entleiher eine umfassende Informationspflicht gegenüber seiner Arbeitnehmervertretung in Bezug auf den Einsatz von Leiharbeitnehmern. So hat der Entleiher seinen Betriebsrat gemäß § 92 Abs. 1 BetrVG über die Personalplanung und damit auch über den Einsatz von Leiharbeitnehmern zu informieren. Werden die Interessen der Beschäftigten des Entleihers durch den Einsatz von Leiharbeitnehmern wesentlich berührt, ist der Wirtschaftsausschuss des Entleihers zu beteiligen (§ 106 Abs. 1, 2, 3 Nr. 10 BetrVG). Vor jeder Übernahme eines Leiharbeitnehmers zur Arbeitsleistung trifft den Entleiher zudem eine Informationspflicht nach § 99 Abs. 1 BetrVG gegenüber seinem Betriebsrat in Bezug auf die Zahl der Leiharbeitnehmer, die Überlassungsdauer, die zu besetzenden Arbeitsplätze, die Arbeitszeit sowie zur Person und fachlichen Qualifikation des einzelnen Leiharbeitnehmers. Ein Verstoß erfüllt den Ordnungswidrigkeitstatbestand nach § 121 BetrVG.

Sowohl nach spanischem wie auch nach deutschem Recht besteht also eine grundsätzliche Pflicht des Entleihers, die bei ihm bestehende Arbeitnehmervertretung über die Beschäftigung von Leiharbeitnehmern zu informieren, die inhaltlich auch ähnlich ausgestaltet ist. Beide Rechtsordnungen sehen vor, dass der Arbeitnehmervertretung des Entleihers die Zahl der Leiharbeitnehmer, die Dauer der jeweiligen Überlassung, die zu besetzenden Arbeitsplätze sowie die Arbeitszeit mitzuteilen sind. Anders als in Spanien erhält nach deutschem Recht die Arbeitnehmervertretung beim Entleiher keinen Einblick in den Leiharbeitsvertrag bzw. in die vom Verleiher bzgl. des Arbeitseinsatzes erteilte Arbeitsanweisung.

Mit der Informationspflicht verbundenes gesetzgeberisches Ziel ist es in Spanien, und Deutschland, der Arbeitnehmervertretung beim Entleiher zu ermöglichen, die Interessen der Stammbelegschaft im Zusammenhang mit der Aufnahme neuer Arbeitnehmer effektiv vertreten zu können, Konflikte in Bezug auf die Eingliederung von Leiharbeitnehmern zu vermeiden, aber auch die effektive Vertretung der Leiharbeitnehmer beim Entleiher sicherzustellen.

Art. 8 des 2. RL-Entw. begründet eine Verpflichtung des Entleihers, der in seinem Unternehmen bestehenden Arbeitnehmervertretung im Zuge der Unterrichtung über die Beschäftigungslage in dem Unternehmen angemessene Informationen über die Beschäftigung von Leiharbeitnehmern vorzulegen, wobei strengere oder speziellere nationale oder gemeinschaftliche Informations- bzw. Konsultationspflichten unberührt bleiben. Welche Informationen im Einzelnen der Arbeitnehmervertretung beim Entleiher mitzuteilen sind, lässt der europäische Gesetzgeber offen. Eine gesetzliche Ausformung, welche Informationen „angemessen" sind und damit den vorgesehenen Mindestinformationsanspruch inhaltlich ausgestalten, fehlt.

Mit der Regelung in Art. 8 des 2. RL-Entw. stehen die nationalen Rechtsordnungen in Spanien und Deutschland bereits in Einklang. In der Frage, ob die nach den nationalen Regelungen vorgesehenen Informationen im Einzelnen

„angemessen" im Sinne des Richtlinienentwurfes sind, kommt den nationalen Gesetzgebern mangels Konkretisierung des Begriffs durch den europäischen Gesetzgeber ein weiter Umsetzungsspielraum zu. Betrachtet man die nach spanischem und deutschem Recht der Arbeitnehmervertretung beim Entleiher zu übermittelnden vielfältigen Informationen in Bezug auf die Beschäftigung von Leiharbeitnehmern, ist deshalb kein potentieller Handlungsbedarf der nationalen Gesetzgeber erkennbar.

4. Kapitel: Ergebnisse

1. Gestaltet man die staatliche Verleiherlaubnis wie in Deutschland als Tätigkeitsgenehmigung aus, kann Arbeitnehmerüberlassung auch als Nebenzweck geschäftlich betrieben werden. Gegenüber dem in Spanien verwendeten Modell einer den Status als exklusives Verleihunternehmen begründenden Zulassung ermöglicht die deutsche Regelung umfassendere Einsatzmöglichkeiten für Arbeitnehmerüberlassung. Das Potential der Arbeitnehmerüberlassung, als Mittel zur Beschäftigungsförderung und flexiblen Personalstandssteuerung zu dienen, wird durch das deutsche Modell einer Tätigkeitsgenehmigung stärker ausgeschöpft als durch die in Spanien vorgesehene statusbegründende Zulassung auf Arbeitnehmerüberlassung beschränkter Verleihunternehmen.

2. Nach dem Vorbild des spanischen Rechts sollte der Tatbestand in § 3 Abs. 1 Nr. 2 des deutschen AÜG, wonach die Zulassung zu versagen ist, wenn die Gestaltung der Betriebsorganisation des Antragstellers keine Gewähr für die ordnungsgemäße Erfüllung der üblichen Arbeitgeberpflichten bildet, unter dem Gesichtspunkt der einheitlichen Rechtsanwendung und damit der Rechtssicherheit mit gesetzlichen Regelbeispielen (z.B. dem Erfordernis fester Geschäftsräume), wie bereits in § 3 Abs. 1 Nr. 1 AÜG erfolgt, versehen werden.

3. Die Einführung einer vom Verleiher zu stellenden Sicherheitsleistung als Zulassungsvoraussetzung in das AÜG nach spanischem Vorbild würde zum einen Vergütungsansprüche des Leiharbeitnehmers gegen den Verleiher, für die bei rechtmäßiger Arbeitnehmerüberlassung bislang kein gesetzlicher Schutz besteht, absichern. Zugleich ließe sich auf diesem Wege aber auch die den Entleiher belastende weitreichende Mithaftung für Verpflichtungen des Verleihers in eine Subsidiärhaftung umgestalten und so ohne Nachteile für Gläubiger beschränken.

4. Der Richtlinienvorschlag macht im Zusammenhang mit der Zulassung von Verleihern keine Regelungsvorgaben, sondern überlässt die Ausgestaltung den Mitgliedstaaten, so dass insoweit kein potentieller Anpassungsbedarf nationaler Regelungen besteht.

5. Im Vergleich zum deutschen Recht unterliegt die Möglichkeit zum Abschluss eines Überlassungsvertrages in Spanien durch die Festsetzung enger inhaltlicher und zeitlicher Rahmenbedingungen wesentlich stärkeren gesetzlichen Reglementierungen. Mit den geplanten Vorgaben des europäischen Gesetzgebers, Beschränkungen der Beschäftigung von Leiharbeitnehmern grundsätzlich zu beseitigen, sind diese gesetzlichen Reglementierungen wegen des den nationalen Gesetzgebern gewährten Umsetzungsspielraums dennoch vereinbar.

6. Ebenso wie nach spanischem Recht, findet auch nach dem europäischen Richtlinienentwurf die Überlassung eines Arbeitnehmers an einen Entleiher nur befristet statt. Eine Notwendigkeit für den deutschen Gesetzgeber, die abgeschaffte Höchstüberlassungsdauer wieder einzuführen ergibt sich hieraus jedoch nicht. Die rechtliche Möglichkeit, dauerhaft bei einem Entleiher eingesetzt werden zu können, stellt sich für den Leiharbeitnehmer zumindest dann, wenn ein Verbot der Schlechterstellung mit Beschäftigten des Entleihers besteht, gegenüber einer gesetzlich befristeten Überlassungsmöglichkeit als günstiger dar. Insbesondere wenn die Vergütungsbedingungen beim Entleiher besser sind, als beim Verleiher, ist die Möglichkeit des Leiharbeitnehmers, hiervon zu profitieren, dann nicht zeitlich limitiert. Zudem bleibt dem Leiharbeitnehmer so ein häufigerer Wechsel seines Arbeitsplatzes erspart. Art. 9 des 2. RL-Entw. lässt nationale Regelungen, die von den europäischen Vorgaben abweichen, aber für die Leiharbeitnehmer günstiger sind, zu. Auch unter dem Gesichtspunkt, Arbeitnehmerüberlassung als Mittel der Beschäftigungsförderung zu nutzen, stellt sich eine zeitliche Beschränkung der Überlassungsmöglichkeit an einen Entleiher als kontraproduktiv dar. Der europäische Gesetzgeber sollte deshalb erwägen, die zeitliche Begrenzung der Überlassungsmöglichkeit an einen Entleiher in Art. 3 Abs. 1 lit. b), c), d), e) des 2. RL-Entw. zu beseitigen. Selbst wenn von ihm keine konkrete Höchstüberlassungsdauer vorgegeben wird, setzt der Regelungsentwurf in seiner jetzigen Form zumindest ein falsches Signal an die Mitgliedstaaten. Auch in Spanien könnte eine Absenkung der inhaltlichen und zeitlichen Restriktionen in Bezug auf die Möglichkeit, Überlassungsverträge zu schließen, zu mehr Beschäftigung im Zeitarbeitssektor führen und so ein Mittel zur Bekämpfung der europaweit höchsten Arbeitslosenquote darstellen.

7. Sowohl das spanische (Art. 7 Abs. 3 LETT) wie auch das deutsche Recht (§ 9 Nr. 3 AÜG) enthalten bereits Regelungen, wonach Klauseln im Überlassungsvertrag, welche die Übernahme des Leiharbeitnehmers durch den Entleiher nach Beendigung der Überlassung verbieten, unzulässig sind. Den geplanten Vorgaben des europäischen Gesetzgebers, wonach auch Vertragsklauseln, die einem Einstellungsverbot gleichkommen, unzulässig sind, kann in beiden Rechtsordnungen durch eine gemeinschaftskonforme Auslegung der genannten Normen Rechnung getragen werden. Unter dem Gesichtspunkt der Rechtsklarheit ist eine entsprechende Anpassung des jeweiligen nationalen Gesetzeswortlauts jedoch wünschenswert. Die Vereinbarung einer angemessenen „Ablösesumme“ für den Fall der Übernahme des Leiharbeitnehmers durch den Entleiher, die der europäische Gesetzgeber in Art. 6 Abs. 2 S. 2 des 2. RL-Entw. vom Klauselverbot ausnimmt, ist auch nach geltendem spanischem und deutschen Recht zulässig, sofern die Summe eben „angemessen“ ist, sie also nicht einem Einstellungsverbot gleichkommt.

8. Eine Rechtfertigung der Beschränkung von Arbeitnehmerüberlassung in das Baugewerbe in § 1b AÜG erscheint nach Einführung des Gleichbehandlungsgrundsatzes zunehmend als verfassungsrechtlich problematisch. Zum einen kommt den Leiharbeitnehmern nun grundsätzlich ein vergleichbarer sozialer Schutz wie den übrigen im Baugewerbe Beschäftigten zu. Zum anderen zehrt der Gleichbehandlungsanspruch auch wettbewerbsverzerrende Vorteile bei den Personalkosten auf. Mit dem Inhalt der geplanten europäischen Richtlinie ist die deutsche Regelung jedoch vereinbar.

9. Nach Art. 6 Abs. 2 des 2. RL-Entw. sind Klauseln im Leiharbeitsvertrag, die dem Leiharbeitnehmer einen Wechsel zum Entleiher nach Ende der Überlassung verbieten oder einem Verbot gleichkommen, nichtig. Entsprechende Klauselverbote in Bezug auf Vereinbarungen, die einen Wechsel des Leiharbeitnehmers zum Entleiher ausdrücklich verbieten, bestehen in Deutschland in Gestalt des § 9 Nr. 4 AÜG und in Spanien als tarifvertragliche Regelung in Art. 45 Abs. 1 des IV. CCEETT. Vertragsklauseln, die einem Verbot gleichkommen, sind zwar in der jeweiligen nationalen Regelung nicht ausdrücklich aufgeführt, werden aber trotzdem nach Sinn und Zweck in der Rechtspraxis unter die Regelungen gefasst. Eine entsprechende Anpassung der nationalen Bestimmungen im Wortlaut würde jedoch der Rechtsklarheit dienen.

10. Als besondere Ausprägung des Klauselverbots in Art. 6 Abs. 2 des geänderten Richtlinienentwurfs erklärt der europäische Gesetzgeber in Art. 6 Abs. 3 auch Klauseln im Leiharbeitsvertrag, die den Leiharbeitnehmer zur Zahlung eines Honorars für die Überlassung selbst oder einen späteren Wechsel zum Entleiher verpflichten, für unzulässig. Die spanische Regelung in Art. 12 Abs. 4 LETT, wonach eine Verpflichtung des Leiharbeitnehmers zur Zahlung von Auswahl-, Weiterbildungs- und Vertragskosten ausdrücklich untersagt wird, die nach ihrem Sinn und Zweck aber auch sonstige Ablösesummen erfasst, entspricht bereits diesen geplanten europäischen Vorgaben. Eine Klarstellung im Gesetzestext, dass es sich bei den bislang genannten Zahlungsverpflichtungen um nicht abschließende Regelbeispiele handelt, erscheint allerdings angebracht. Dagegen sieht das deutsche Recht bisher keine Regelung vor, die eine Verpflichtung des Leiharbeitnehmers zur Zahlung eines Überlassungshonorars bzw. einer Ablösesumme ausdrücklich untersagt. Nach Sinn und Zweck des § 9 Nr. 4 AÜG sind zwar sowohl von einem Wechsel zum Entleiher unabhängige Überlassungshonorare, als auch an einen Wechsel geknüpfte Honorare, zumindest wenn sie aufgrund ihrer Höhe „knebelnden" Charakter haben, unwirksam. Im Hinblick auf eine Umsetzung der noch restriktiveren geplanten europäischen Regelungsvorgaben, die die genannten Zahlungsverpflichtungen generell verbieten, sollte der deutsche Gesetzgeber bei Inkrafttreten der Richtlinie in den Wortlaut des Klauselverbots in § 9 Nr. 4 AÜG sowohl die Verpflichtung des Leiharbeitnehmers zur Zahlung einer „Ablösesumme" für den Fall eines Wechsels zum Entleiher, aber auch zur Zahlung eines reinen Überlassungshonorars aufnehmen.

11. Die Befristung von Leiharbeitsverträgen gestaltet sich nach deutschem Recht wesentlich einfacher als nach spanischem Recht. Zum einen ist in Spanien eine Befristung ohne Sachgrund überhaupt nicht möglich, zum anderen sieht das spanische Recht in Art. 15 ET auch wesentlich weniger Befristungsmöglichkeiten vor als das deutsche Recht in § 14 Abs. 1 TzBfG. Anders als in Deutschland gilt in Spanien bei der Befristung von Leiharbeitsverträgen ein Synchronisationsgebot, wonach die Laufzeit eines befristeten Leiharbeitsvertrages mit der des Überlassungsvertrages, der grundsätzlich nur befristet geschlossen werden kann, übereinzustimmen hat. Nach überwiegender Auffassung müssen Leiharbeitsvertrag und Überlassungsvertrag sogar auf dem gleiche Befristungsgrund nach Art. 15 ET basieren. Mangels europäischer Vorgaben besteht in Bezug auf die Befristung von Leiharbeitsverträgen kein potentieller Anpassungsbedarf der nationalen Normen. Der Beschäftigungsförderung als arbeitsmarktpolitischem Leitziel kommen die flexibleren Befristungsmöglichkeiten nach deutschem Recht jedoch eher entgegen als die wesentlich restriktiveren Regelungen in Spanien.

12. Trotz unterschiedlicher Formulierungen ist in Spanien, Deutschland und auf Ebene der Gemeinschaft der vom Leiharbeitnehmer auszufüllende Arbeitsplatz beim Entleiher funktionales Bestimmungskriterium für die Berechnung der Vergleichsvergütung beim Entleiher im Rahmen der Anwendung des Gleichbehandlungsgrundsatzes.

13. Der europäische Gesetzgeber beschränkt sich für die Bestimmung der Vergleichsvergütung aber nicht auf arbeitsplatzbezogene Vergütungsmerkmale, sondern berücksichtigt auch personenbezogene Vergütungsmerkmale, die der Leiharbeitnehmer erfüllt. In Spanien schließt die tarifvertragliche Regelung in Art. 32 Abs. 1 des IV. CCEETT die Berücksichtigung personenbezogener Vergütungsmerkmale ausdrücklich aus, so dass der Umfang des Gleichbehandlungsgrundsatzes zum Nachteil der Leiharbeitnehmer im Vergleich zur geplanten Richtlinie beschränkt wird. Dieser Widerspruch zu den europäischen Vorgaben ist bei Realisierung der Richtlinie durch inhaltliche Anpassung des Art. 32 Abs. 1 des IV. CCEETT aufzulösen, eine gemeinschaftskonforme Auslegung der genannten Norm scheidet wegen ihres eindeutigen Wortlauts aus. Auch der Grundsatz des *„equal pay"* gebietet, auf Leiharbeitnehmer personenbezogene Vergütungsmerkmale, die beim Entleiher zum Einsatz kommen, anzuwenden. Nach den deutschen Regelungen in §§ 3 Abs. 1 Nr. 3, 9 Nr. 2 AÜG ist eine Berücksichtigung auch arbeitnehmerbezogener Vergütungsmerkmale im Rahmen des Gleichbehandlungsgrundsatzes zwar nicht ausdrücklich vorgesehen. Eine entsprechende Auslegung der genannten Vorschriften ist jedoch ohne weiteres möglich.

14. Als formales Kriterium für die Bestimmung der Vergleichsvergütung werden in Spanien, Deutschland und auf europäischer Ebene die kollektivrechtlichen Vergütungsregelungen beim Entleiher herangezogen. Anders als der Wortlaut von Art. 11 Abs. 1 LETT in Spanien und Art. 5 Abs. 1, 3 Abs. 1 lit. f) des geänderten Richtlinienentwurfs lässt die Regelung in §§ 3 Abs. 1 Nr. 3, 9 Nr. 2 AÜG nach ihrem Wortlaut auch die Bezugnahme auf individualrechtliche Vergütungsregelungen beim Entleiher, sollte es an kollektivrechtlichen Regelungen fehlen, zu. Eine solche erweiterte Anwendung des Gleichbehandlungsgrundsatzes in Deutschland steht zu der geplanten europäischen Regelungsvorgabe, die nur Mindestvorschriften enthält und für Leiharbeitnehmer günstigere nationale Regelungen unberührt lässt (Art. 9 Abs. 1 des 2. RL-Entw.), jedenfalls nicht im Widerspruch. Unter dem Gesichtspunkt der Verwirklichung des *„equal pay"*-Grundsatzes wäre eine solche Erweiterung der Vergütungsregel in Art. 11 Abs. 1 LETT nach deutschem Vorbild auch für den spanischen Gesetzgeber überlegenswert. Dagegen ist eine Berücksichtigung individueller Vergütungsregelungen im Rahmen der Anwendung des Diskriminierungsverbots in der Fassung des geänderten Richtlinienentwurfs nicht möglich. Hiernach richtet sich die Vergleichsvergütung beim Entleiher anhand einer hypothetischen Bestimmung der Bedingungen, die für den Leiharbeitnehmer im Falle einer Direkteinstellung gelten würden. Für eine Prognose, welche Vergütung Entleiher und Leiharbeitnehmer bei Direkteinstellung individualvertraglich ausgehandelt hätten, fehlt es aber an verlässlichen Anhaltspunkten. Das sowohl in §§ 3 Abs. 1 Nr. 3, 9 Nr. 2 AÜG als auch im ursprünglichen Richtlinienentwurf enthaltene Modell, wonach für die Bestimmung der Vergütung beim Entleiher auf einen dort beschäftigten vergleichbaren Arbeitnehmer abzustellen ist, trägt der Umsetzung des *„equal pay"*-Grundsatzes insoweit umfassender Rechnung.

15. Sowohl in Spanien wie auch in Deutschland umfasst der Gleichbehandlungsanspruch in Bezug auf die Vergütung nicht nur das Arbeitsentgelt im engeren Sinne, sondern auch über die Entlohnung geleisteter Arbeit hinausgehende Vergütungsbestandteile, das Arbeitsentgelt im weiteren Sinne. Die geplante europäische Regelung steht dem nicht entgegen.

16. Nach dem Wortlaut von Art. 11 Abs. 1 LETT in Spanien und Art. 5 Abs. 1 des geänderten europäischen Richtlinienentwurfs stellt die Vergleichsvergütung beim Entleiher nur einen Mindestanspruch des Leiharbeitnehmers gegen den Verleiher dar. Gestalten sich die entsprechenden individual- oder kollektivrechtlichen Vergütungsbedingungen beim Verleiher für den Leiharbeitnehmer günstiger, bilden diese den Inhalt seines Vergütungsanspruchs. Der Wortlaut der deutschen Regelung in §§ 3 Abs. 1 Nr. 3, 9 Nr. 2 AÜG ist insoweit offen, wird aber bislang einhellig als Mindestgarantie ausgelegt. Die Einfügung des Wortes „mindestens“ in die genannten Normen ist zur Klarstellung jedoch wünschenswert.

17. Der Gleichbehandlungsanspruch der Leiharbeitnehmer beschränkt sich nach den Regelungen in Spanien, Deutschland und auf europäischer Ebene nicht auf die Vergütung, sondern bezieht sich auch auf die sonstigen wesentlichen Arbeitsbedingungen.

18. Anders als in Deutschland findet die Gleichstellung des Leiharbeitnehmers in Spanien bezüglich der sonstigen Arbeitsbedingungen formal nicht durch gesetzliche Regelung, sondern im Rahmen des landesweit geltenden Tarifvertrages IV. CCEETT statt. Die geplante europäische Richtlinie lässt eine Umsetzung durch nationale Tarifverträge jedoch zu (Art. 11 Abs. 1 des 2. RL-Entw.). Aufgrund der Tatsache, dass Tarifverträge in Spanien grundsätzlich für alle Arbeitsverhältnisse im Rahmen ihres Geltungsbereichs unabhängig von doppelter Tarifbindung der Arbeitsvertragsparteien normative Wirkung entfalten, ist die Ausgestaltung durch Tarifvertrag in Spanien insoweit gleich wirksam wie die Ausgestaltung durch Gesetz in Deutschland.

19. Der europäische Gesetzgeber sieht auch die sonstigen wesentlichen Arbeitsbedingungen beim Entleiher als Mindestgarantie zugunsten des Leiharbeitnehmers an, die durch günstigere Arbeitsbedingungen beim Verleiher verdrängt werden. In Spanien erklärt der landesweit für den Sektor der Zeitarbeitsunternehmen geltende Tarifvertrag (IV. CCEETT) bestimmte Arbeitsbedingungen beim Entleiher zu für das Leiharbeitsverhältnis maßgeblichen Arbeitsbedingungen während des Überlassungszeitraums. Günstigkeitsvergleich und Mindestgarantieanspruch scheiden in diesem Zusammenhang aus. Arbeitsbedingungen beim Verleiher und Vergleichsbedingungen beim Entleiher sind für den Leiharbeitnehmer während des Überlassungszeitraums zwangsläufig identisch. Der deutsche Gesetzgeber hat im Rahmen des gesetzlichen Gleichbehandlungsanspruchs in §§ 3 Abs. 1 Nr. 3, 9 Nr. 2 AÜG, wie schon in Bezug auf den Vergütungsanspruch festgestellt, die wesentlichen Arbeitsbedingungen beim Entleiher nicht ausdrücklich als Mindestgarantie zugunsten der Leiharbeitnehmer ausgestaltet. Der Wortlaut der genannten Normen ist offen. Bislang werden §§ 3 Abs. 1 Nr. 3, 9 Nr. 2 AÜG zwar einhellig als Mindestgarantie verstanden. Um Normklarheit zu schaffen, sollte der deutsche Gesetzgeber dies jedoch auch im Wortlaut erkennbar machen.

20. Von der Ermächtigung des europäischen Gesetzgebers, Ausnahmen vom Gleichbehandlungsgrundsatz zuzulassen, hat der spanische Gesetzgeber bislang keinen Gebrauch gemacht. Ausnahmemöglichkeiten vom Gleichbehandlungsgrundsatz ziehen geringere Überlassungskosten mit sich und steigern so die Attraktivität der Leiharbeit. Durch Schaffung von Ausnahmemöglichkeiten vom Gleichbehandlungsgrundsatz könnte das Potential der Leiharbeit als Mittel der Beschäftigungsförderung zu dienen, stärker genutzt werden und so die hohe Arbeitslosigkeit in Spanien effektiver bekämpft werden.

21. Die nach deutschem Recht vorgesehene Ausnahmemöglichkeit von der Gleichbehandlungspflicht des Verleihers in Bezug auf zuvor arbeitslose Leiharbeitnehmer für einen Zeitraum von maximal sechs Wochen ist mit der vom Richtlinienvorschlag vorgesehenen entsprechenden Ausnahmemöglichkeit für einen Zeitraum von maximal sechs Wochen inhaltlich nicht vereinbar. Zum einen lässt das deutsche Recht in diesem Zusammenhang das Abweichen vom Gleichbehandlungsgrundsatz nicht nur in Bezug auf die Vergütung zu, wie im Richtlinienentwurf vorgesehen, sondern bezieht zum Nachteil der Leiharbeitnehmer auch die sonstigen wesentlichen Arbeitsbedingungen in die Ausnahmemöglichkeit ein. Auch wählt der Richtlinienentwurf für die Ausnahmemöglichkeit inhaltlich einen anderen Anknüpfungspunkt, nämlich Tätigkeiten, die aufgrund ihrer Dauer oder Natur sechs Wochen nicht überschreiten. Die deutsche Ausnahmeregelung knüpft dagegen an einen bestimmten Personenkreis an, zuvor Arbeitslose, unabhängig von der von ihnen jetzt zu verrichtenden Tätigkeit. Aufgrund dessen stellt die deutsche Ausnahmeregelung gegenüber der europäischen Vorgabe ein „aliud" dar. Eine inhaltliche Anpassung der Ausnahmeregelung an die europäische Vorgabe durch den deutschen Gesetzgeber ist deshalb bei Inkrafttreten der Richtlinie geboten.
Eine Übernahme der europäischen Ausnahmevorschrift in Art. 5 Abs. 4 in Bezug auf die Gleichbehandlungspflicht gegenüber dem Leiharbeitnehmer im Rahmen der Vergütung anstelle der bislang geltenden Regelung dürfte in Deutschland mehr Anwendungsfälle für Ausnahmen nach sich ziehen, in diesem Zusammenhang eine Senkung der Überlassungskosten ermöglichen und damit die Attraktivität der Leiharbeit steigern.

22. Von der europäischen Ermächtigung in Art. 5 Abs. 3 des 2. RL-Entw., Ausnahmen vom Gleichbehandlungsgrundsatz durch Tarifvertrag zuzulassen, hat Deutschland bereits Gebrauch gemacht. Aus der Tatsache, dass das deutsche Recht die Ausnahme auch durch Bezugnahme auf einen entsprechenden Tarifvertrag durch nichttarifgebundene Arbeitsvertragsparteien zulässt, erwächst kein Widerspruch zum Inhalt des europäischen Richtlinienentwurfs.

23. Der europäische Gesetzgeber sieht als einschränkendes Kriterium in Bezug auf die Abweichung vom Gleichbehandlungsgebot durch Tarifvertrag vor, dass ein „angemessenes Schutzniveau für Leiharbeitnehmer" gewährleistet bleiben muss. Eine solche Einschränkung fehlt im Wortlaut von §§ 3 Abs. 1 Nr. 3, 9 Nr. 2 AÜG. Allerdings kommt insoweit eine gemeinschaftskonforme Auslegung in Betracht. Zudem gewährt Art. 5 Abs. 3 des 2. RL-Entw. dem nationalen Gesetzgeber einen gewissen Umsetzungsspielraum. Nach deutscher Vorstellung ist in Tarifverträgen mit der ihnen innewohnenden Richtigkeitsgewähr regelmäßig ein angemessenes Schutzniveau für die betroffenen Arbeitnehmer gewährleistet, so dass die geplante europäische Regelung insoweit keinen Handlungsbedarf des deutschen Gesetzgebers auslöst.

24. Von der europäischen Ermächtigung, vom Gleichbehandlungsgrundsatz in Bezug auf die Vergütung von Leiharbeitnehmern, die unbefristet bei einem Verleiher unter Vertrag stehen und auch zwischen den Überlassungen bezahlt werden, abzuweichen, hat Deutschland bislang keinen Gebrauch gemacht. Neben der Möglichkeit für Verleiher in §§ 3 Abs. 1 S. 2 und 3, 9 Nr. 2 AÜG durch normativ oder kraft Bezugnahme geltenden Tarifvertrag den Gleichbehandlungsgrundsatz auszuschließen und sich zusätzlich durch zeitliche Synchronisierung von Leiharbeits- und Überlassungsvertrag faktisch auch des Beschäftigungsrisikos zu entledigen, käme der Umsetzung der Ausnahme in Art. 5 Abs. 2 des 2. RL-Entw. in deutsches Recht jedoch wohl nur geringe praktische Relevanz zu.

25. Sowohl nach spanischem wie auch nach deutschem Recht haftet der Entleiher für die während der Überlassung für den Leiharbeitnehmer anfallenden Sozialversicherungsbeiträge neben dem Verleiher subsidiär. Europäische Regelungsvorgaben bestehen nicht. Anders als in Deutschland ist das Haftungsrisiko des Entleihers in Spanien dadurch beschränkt, dass der Verleiher im Zulassungsverfahren eine Sicherheitsleistung zur Abdeckung etwaiger derartiger Verbindlichkeiten hinterlegen muss. Zudem kann der Entleiher in Spanien gegen seine Inanspruchnahme bis zum erfolglosen Versuch der Zwangsvollstreckung gegenüber dem Verleiher durch den Sozialversicherungsträger die Einrede der Vorausklage geltend machen. Dagegen greift in Deutschland die subsidiäre Haftung des Entleihers in Bezug auf den Gesamtsozialversicherungsbeitrag schon nach erfolgloser Mahnung des Verleihers durch die Einzugsstelle ein. Das deutsche Recht orientiert sich insoweit stärker am Gedanken des Gläubigerschutzes.

26. Anders als das deutsche Recht erweitert die spanische LETT die Haftung des Entleihers insoweit, als er auch für Vergütungsansprüche des Leiharbeitnehmers gegen den Verleiher während des Überlassungszeitraums subsidiär einstehen muss. Insbesondere, wenn der Leiharbeitnehmer gegenüber dem Verleiher Vergütungsansprüche nicht realisieren konnte und eine vom Verleiher im Rahmen des Zulassungsverfahrens gestellte Sicherheitsleistung (vgl. Leitsatz 3) aufgezehrt ist, erscheint es nicht als unbillig, den Entleiher als Empfänger der Arbeitsleistung für Vergütungsansprüche des Leiharbeitnehmers mithaften zu lassen. Zwar sieht das deutsche Recht für den Fall der Insolvenz des Arbeitgebers in Gestalt des vom Arbeitsamt zu zahlenden Insolvenzgeldes nach §§ 183 ff. SGB III einen gewissen Vergütungsschutz der Arbeitnehmer vor. Jedoch ist dieser Anspruch auf den Zeitraum von drei Monaten beschränkt. Die Begründung einer subsidiären Haftung des Entleihers für Vergütungsansprüche eines Leiharbeitnehmers, die im Überlassungszeitraum entstehen, würde den Schutz von Leiharbeitnehmern verstärken und erscheint deshalb auch für das deutsche AÜG mit den genannten Maßgaben überlegenswert.

27. Sowohl das spanische wie auch das deutsche Recht enthalten bereits Regelungen, die, wie von Art. 6 Abs. 4 des 2. RL-Entw. auf europäischer Ebene vorgesehen, Leiharbeitnehmern gleichen Zugang zu kollektiven Einrichtungen des Entleihers gewähren. Anders als das spanische Recht, das einen entsprechenden Anspruch der Leiharbeitnehmer gegenüber dem Entleiher begründet, fällt der Zugangsanspruch der Leiharbeitnehmer nach der Vorstellung des deutschen Gesetzgebers in den Rahmen des Gleichbehandlungsgebots aus §§ 3 Abs. 1 Nr. 3, 9 Nr. 2 AÜG. Nach deutschem Recht ist somit der Verleiher als Adressat des Gleichbehandlungsgebots verpflichtet, das Zugangsrecht seiner Leiharbeitnehmer gegenüber dem Entleiher durchzusetzen. Der europäische Richtlinienentwurf steht dieser deutschen Konstruktion zumindest nicht zwingend entgegen. Die spanische Regelung stellt sich aber als insoweit sachnäher dar.

28. Anders als in Spanien sind nach deutschem Recht Ausnahmemöglichkeiten vom Zugangsanspruch der Leiharbeitnehmer zu kollektiven Einrichtungen des Entleihers als Ausprägung des Gleichbehandlungsgrundsatzes in Art. 3 Abs. 1 Nr. 2, 9 Nr. 2 AÜG vorgesehen, wenn diese zuvor arbeitslos waren oder ein Tarifvertrag entsprechende Abweichungen vorsieht. Beide Ausnahmemöglichkeiten passen zum einen inhaltlich kaum auf den Zugangsanspruch der Leiharbeitnehmer und sind zum anderen nicht mit der Ermächtigung in Art. 6 Abs. 4 des 2. RL-Entw. vereinbar. Dieser Artikel lässt Ausnahmen vom Zugangsanspruch zu, wenn dies aus sachlichen Gründen gerechtfertigt ist. Dies gilt insbesondere, wenn einem Leiharbeitnehmer wegen seiner zeitlich beschränkten Tätigkeit Zugang zu kollektiven Einrichtungen des Entleihers, z.B. einer betrieblichen Pensionskasse, gar nicht oder nicht sinnvoll gewährt werden kann. Für den deutschen Gesetzgeber erscheint es deshalb überlegenswert, den Anspruch der Leiharbeitnehmer zu kollektiven Einrichtungen des Entleihers aus dem Gleichbehandlungsgebot auszunehmen, nach spanischem Vorbild als eigenständigen Anspruch gegen den Entleiher zu verankern und die vom europäischen Richtlinienentwurf vorgesehene Ausnahmemöglichkeit anstelle der bisherigen Ausnahmetatbestände in das Gesetz aufzunehmen.

29. Ein Informationsanspruch von Leiharbeitnehmern gegenüber dem Entleiher in Bezug auf offene Stellen im Entleiherunternehmen, wie ihn Art. 6 Abs. 1 des 2. RL-Entw. vorsieht, besteht bislang weder nach spanischem noch nach deutschem Recht. Die Regelungen in Art. 15 Abs. 7 ET bzw. § 18 TzBfG, die beide auf den Vorgaben der Richtlinie 1999/70/EG beruhen und die befristet Beschäftigten einen entsprechenden Informationsanspruch gegen ihren Arbeitgeber gewähren, sind in der Konstellation der Arbeitnehmerüberlassung nicht direkt anwendbar und tragen den Vorgaben in Art. 6 Abs. 1 des 2. RL-Entw. nicht ausreichend Rechnung. Arbeitgeber ist gegenüber dem Leiharbeitnehmer nämlich der Verleiher, nicht der Entleiher. Der Verleiher kann jedoch einen Informationsanspruch des Leiharbeitnehmers in Bezug auf freie Arbeitsplätze beim Entleiher nicht hinreichend effektiv erfüllen, da er sich die Informationen selbst erst beschaffen muss. Im Falle der Verabschiedung der Richtlinie sollten die Gesetzgeber in Spanien und Deutschland einen eigenständigen Informationsanspruch der Leiharbeitnehmer gegenüber dem Entleiher nach dem Vorbild der nationalen Regelungen in Art. 15 Abs. 7 ET bzw. § 18 TzBfG schaffen.

30. Im Falle rechtswidriger Arbeitnehmerüberlassung wegen fehlender Verleiherlaubnis und daraus resultierender Unwirksamkeit des Leiharbeitsvertrages fingiert § 10 Abs. 1 S. 1 AÜG im deutschen Recht ein Arbeitsverhältnis zwischen Entleiher und Leiharbeitnehmer. Das spanische Recht gewährt dem Leiharbeitnehmer bei Rechtswidrigkeit der Arbeitnehmerüberlassung wegen fehlender Verleiherlaubnis ein Wahlrecht, die Stellung eines Arbeitnehmers beim Verleiher oder Entleiher erlangen zu können. Den Interessen des Leiharbeitnehmers trägt die spanische Regelung umfassender Rechnung als das deutsche Recht. Zum einen bekommt der Leiharbeitnehmer nach spanischem Recht nicht den Entleiher als neuen Arbeitgeber aufgezwungen, obwohl seinerseits durchaus ein Interesse bestehen kann, beim Verleiher beschäftigt zu bleiben. Etwa dann, wenn der Verleiher, wie in Deutschland möglich, Arbeitnehmerüberlassung nur als Nebenzweck neben einer florierenden Hauptgeschäftstätigkeit betreibt, die künftige wirtschaftliche Lage beim Entleiher dagegen unsicher erscheint, kann dem Leiharbeitnehmer an einem Verbleib beim Verleiher gelegen sein. Nach dem Vorbild des Art. 43 Abs. 3 ET ist es für den deutschen Gesetzgeber deshalb überlegenswert, anstelle der gesetzlichen Fiktion eines Arbeitsverhältnisses zum Entleiher in § 10 Abs. 1 S. 1 AÜG dem Leiharbeitnehmer ein solches Wahlrecht einzuräumen. Anpassungsbedarf an potentielle europäische Vorgaben besteht in Bezug auf Regelungen zu den Folgen rechtswidriger Arbeitnehmerüberlassung nicht.

31. Im Rahmen der gesetzlichen Fiktion eines Arbeitsverhältnisses zum Entleiher bei rechtswidriger Arbeitnehmerüberlassung wegen fehlender Verleiherlaubnis kann auch die Regelung in § 10 Abs. 1 S. 2 AÜG den Interessen des Leiharbeitnehmers zuwiderlaufen, wonach das fingierte Arbeitsverhältnis zum Entleiher befristet ist, wenn der Einsatz des Leiharbeitnehmers dort nur befristet vorgesehen war und ein Befristungsgrund besteht. Folge dieser gesetzlichen Regelung kann sein, dass der Leiharbeitnehmer ein unbefristetes Arbeitsverhältnis beim Verleiher verliert und er beim Entleiher nur in ein befristetes Arbeitsverhältnis gelangt, sich also als Konsequenz der Rechtswidrigkeit der Arbeitnehmerüberlassung wegen fehlender Verleiherlaubnis die arbeitsvertragliche Absicherung des Leiharbeitnehmers, der eigentlich durch das Arbeitnehmerüberlassungsrecht geschützt werden soll, sogar verschlechtern kann. Nach spanischem Recht erlangt der Leiharbeitnehmer dagegen in diesem Fall immer die Stellung eines unbefristet Beschäftigten, egal ob er eine Beschäftigung beim Entleiher oder Verleiher wählt. Um den Schutzinteressen des Leiharbeitnehmers hinreichend Rechnung zu tragen, sollte das über § 10 Abs. 1 S. 1 AÜG entstehende Arbeitsverhältnis mit dem Entleiher nur dann befristet sein, wenn der Leiharbeitnehmer auch beim Verleiher nur befristet unter Vertrag stand, um seinen bei rechtwidriger Arbeitnehmerüberlassung besonders gebotenen Schutz nicht noch zu schmälern.

32. Im Zusammenhang mit der Begründung eines Arbeitsverhältnisses im Falle mangels Verleiherlaubnis rechtswidriger Arbeitnehmerüberlassung qua lege beim Entleiher bietet das deutsche Recht dem Leiharbeitnehmer insoweit größeren Schutz, als sein Vergütungsanspruch gegenüber dem Entleiher mindestens die Höhe der mit dem Verleiher vereinbarten Vergütung erreichen muss (§ 10 Abs. 1 S. 5 AÜG). In Spanien kann der Vergütungsanspruch des Leiharbeitnehmers, wählt er in diesem Fall nach Art. 43 Abs. 3 ET eine unbefristete Beschäftigung beim Entleiher, sinken, da sich seine Höhe dann allein nach den Vergütungsbedingungen beim Entleiher richtet. Die Mindestvergütungsgarantie in Art. 11 Abs. 1 LETT ist auf diese Situation nicht anwendbar. Soll der Leiharbeitnehmer bei rechtswidriger Arbeitnehmerüberlassung nicht schlechter gestellt werden als bei rechtmäßiger Überlassung, besteht für den spanischen Gesetzgeber die Möglichkeit, nach Vorbild des deutschen § 10 Abs. 1 S. 5 AÜG den Vergütungsanspruch des Leiharbeitnehmers gegen den Entleiher auch in der Konstellation des Art. 43 Abs. 3 LETT, wenn der Leiharbeitnehmer bei rechtswidriger Arbeitnehmerüberlassung eine Beschäftigung beim Entleiher wählt, als Mindestvergütungsanspruch festzuschreiben. Um den Leiharbeitnehmer andererseits auch nicht gegenüber der Situation bei rechtmäßiger Arbeitnehmerüberlassung besser zu stellen, könnte ein solcher Mindestvergütungsanspruch auf den ursprünglich geplanten Überlassungszeitraum beschränkt werden.

33. Eine gesamtschuldnerische Haftung von Verleiher und Entleiher für Sozialversicherungsbeiträge, die für den Leiharbeitnehmer während seiner Überlassung anfallen, ist im Falle rechtswidriger Arbeitnehmerüberlassung sowohl in Spanien (Art. 16 Abs. 3 S. 2 LETT; Art. 43 Abs. 2 ET) als auch in Deutschland (§§ 28e Abs. 2 S. 3 und 4 SGB IV) gesetzlich vorgesehen. In Spanien ist die Mithaftung des Entleihers aber umfassender, da sie nicht nur bei Rechtswidrigkeit der Arbeitnehmerüberlassung wegen fehlender Verleiherlaubnis, sondern auch dann, wenn der Überlassungsvertrag gegen die Vorgaben der Art. 6 und 8 LETT verstößt, zum Tragen kommt. Für die Frage der Vergütung des Leiharbeitnehmers bei rechtswidriger Arbeitnehmerüberlassung wegen fehlender Verleiherlaubnis verfolgen beide nationalen Rechtsordnungen zwar unterschiedliche Grundansätze: In Spanien bleibt der Verleiher aus dem zunächst fortbestehenden Leiharbeitsvertrag zur Vergütung verpflichtet, während in Deutschland den Entleiher aus dem fingierten Arbeitsverhältnis nach § 10 Abs, 1 S. 1 AÜG die Vergütungspflicht trifft. Allerdings wird nach beiden Rechtsordnungen der Vergütungsanspruch des Leiharbeitnehmers im Ergebnis durch eine gesamtschuldnerische Mithaftung von Entleiher bzw. Verleiher abgesichert. Im Hinblick auf das Ziel, die Vergütungsansprüche des Leiharbeitnehmers umfassend zu schützen, stellen sich beide Regelungsmodelle als gleich effektiv dar. Wie in Bezug auf die Sozialversicherungsbeiträge kommt auch die gesamtschuldnerische Haftung für Vergütungsansprüche gemäß Art. 16 Abs. 3 S. 2 LETT in Spanien, anders als in Deutschland, auch in weiteren Fällen rechtswidriger Arbeitnehmerüberlassung, nämlich stets dann, wenn ein Verstoß des Überlassungsvertrages gegen die Vorgaben in Art. 6 und 8 LETT vorliegt, zur Anwendung.

34. Die gesetzliche Anordnung einer gesamtschuldnerischen Mithaftung des Entleihers für Vergütungsansprüche des Leiharbeitnehmers und Sozialversicherungsbeiträge in Art. 16 Abs. 3 S. 2 LETT erscheint in Bezug auf manche der dort erfassten Verstöße gegen die Vorgaben in Art. 6 und 8 LETT als zu weitgehend und unbillig: Inwieweit sich etwa aus der Tatsache, dass im Rahmen des Überlassungsvertrages das Schriftformerfordernis oder der gesetzliche Mindestinhalt nicht entsprechend gewahrt wurden, eine Gefährdung der Vergütungsansprüche des Leiharbeitnehmers bzw. der Ansprüche des Sozialversicherungsträgers gegenüber dem Verleiher ergibt, die durch eine Mithaftung des Entleihers ausgeglichen werden muss, leuchtet nicht ein. Ein Verstoß gegen die genannten Vorgaben hat nach überwiegender Auffassung nicht einmal Einfluß auf die Wirksamkeit des Überlassungsvertrages selbst. Im Falle der genannten Formverstöße dann gesetzlich eine gesamtschuldnerische Haftung für Vergütungsansprüche des Leiharbeitnehmes zu Lasten des Entleihers anzuordnen, erscheint als zu weitreichende und nicht sachgerechte Reaktion. Auch unter dem Gesichtspunkt der Notwendigkeit staatlicher Sanktionierung von Gesetzesverstößen lässt sich Art. 16 Abs. 3 S. 2 LETT insoweit nicht rechtfertigen: Mit Art. 19 Abs. 2 lit. a) LISOS besteht nämlich bereits eine Regelung, wonach die Nichteinhaltung der gesetzlichen Form des Überlassungsvertrages einen mit Bußgeld zu ahndenden schweren Gesetzesverstoß darstellt.

35. Sowohl das spanische wie auch das deutsche Recht sehen Regelungen vor, die die Möglichkeit, Leiharbeitnehmer bei einem bestreikten Entleiher einzusetzen, beschränken. Allerdings unterscheiden sich beide nationalen Normsysteme in der verwendeten Rechtstechnik. Sollen Leiharbeitnehmer streikende Arbeitnehmer beim Entleiher ersetzen, ist ein entsprechender Überlassungsvertrag in Spanien verboten (Art. 8 lit. a) LETT) und nichtig. Nach deutschem Recht steht einem Leiharbeitnehmer, der bei einem unmittelbar bestreikten Entleiher eingesetzt werden soll, ein Leistungsverweigerungsrecht zu (§ 11 Abs. 5 AÜG), ihm bleibt somit ein Handlungsspielraum. Hintergrund dieser verschieden ausgestalteten nationalen Bestimmungen sind die unterschiedlichen gesetzgeberischen Regelungsziele in Spanien und Deutschland. Während Leitmotiv für die spanische Ausgestaltung als Verbotsgrund für den Überlassungsvertrag in Art. 8 lit. a) LETT der Schutz des Streikrechts der streikenden Arbeitnehmer des Entleihers vor Aushöhlung durch Einsatz von Leiharbeitnehmern ist, bezweckt der deutsche Gesetzgeber mit dem Leistungsverweigerungsrecht in § 11 Abs. 5 AÜG den Schutz der Leiharbeitnehmer vor Zwang zu Streikbrucharbeit. Die konkrete Ausgestaltung des Leistungsverweigerungsrechts in § 11 Abs. 5 AÜG geht über diese gesetzgeberische Zielvorstellung aber insoweit hinaus, als das Bestehen des Leistungsverweigerungsrechts allein schon an einen Streik beim Entleiher angeknüpft wird, ohne dass der Leiharbeitnehmer für Tätigkeiten, die tatsächlich Streikbrucharbeit darstellen, vorgesehen sein muss.
Der europäische Richtlinienentwurf lässt nationale Regelungen, die den Einsatz von Leiharbeitnehmern bei einem bestreikten Entleiher beschränken, unberührt.

36. Beteiligen sich Leiharbeitnehmer an einem Streik beim Entleiher zur Durchsetzung eines dann beim Entleiher geltenden Vergütungstarifvertrages, stellt dies einen Sympathiearbeitskampf dar. Ein solcher Sympathiestreik, der nicht gegen den eigenen Arbeitgeber mit dem Ziel, einen normativ wirkenden Tarifvertrag zu erkämpfen, geführt wird, ist nach spanischem und deutschem Recht grundsätzlich unzulässig. Das spanische Recht sieht vom grundsätzlichen Verbot des Sympathiearbeitskampfes eine gesetzliche Ausnahme vor, wenn die aus Sympathie Streikenden ein zumindest mittelbares eigenes berufliches Interesse an der Durchsetzung der Streikforderung haben (Art. 11 lit. b) R.D.L. 17/1977). Die Tatsache, dass der beim Entleiher umkämpfte Vergütungstarifvertrag die Vergütungsansprüche der Leiharbeitnehmer gegenüber dem Verleiher während der Überlassung über die Mindestvergütungsgarantie in Art. 11 Abs. 1 LETT zumindest mittelbar beeinflusst, stellt ein von Art. 11 lit. b) R.D.L. 17/1977 gedecktes Interesse dar, so dass Leiharbeitnehmern in Spanien ein Recht auf Teilnahme an einem Streik beim Entleiher zusteht. Zwar wird auch im deutschen Arbeitskampfrecht der Gedanke mittelbaren Profitierens vom erfolgreichen Abschluss des Arbeitskampfes als Rechtfertigungsgrund für ein Streikrecht außerhalb der üblichen Grenzen, nämlich des Streikrechts tariflicher Außenseiter, herangezogen. Auf die Situation der Teilnahme von Leiharbeitnehmern an einem Streik zur Durchsetzung eines Entleihertarifvertrages lässt sich dies jedoch nicht übertragen, da hier der Verleiher als Arbeitskampfgegner die Streikforderungen der Beschäftigten des Entleihers nach Abschluss eines dort geltenden Vergütungstarifvertrages gar nicht erfüllen kann. Gegen ein Streikrecht der Leiharbeitnehmer beim Entleiher spricht zudem, dass der Gesetzgeber die Situation, dass ein Leiharbeitnehmer bei einem bestreikten Entleiher eingesetzt werden soll, abschließend in § 11 Abs. 5 AÜG geregelt hat und hiernach dem Leiharbeitnehmer eben nur ein Leistungsverweigerungsrecht zukommt. Regelungsvorgaben des europäischen Gesetzgebers zum Streikrecht von Leiharbeitnehmern, sind wegen Art. 139 Abs. 6 EG ausgeschlossen.

37. Bei den Schwellenwerten zur Bildung einer Arbeitnehmervertretung beim Verleiher werden Leiharbeitnehmer sowohl nach spanischem wie auch nach deutschem Recht grundsätzlich mitgezählt, wobei das spanische Recht den Umfang der Berücksichtigung an die Laufzeit des Arbeitsvertrages knüpft. Die Vorgabe eines konkreten Berechnungsmodells nach spanischem Recht, in welchem Umfang nur vorübergehend im Betrieb beschäftigte Arbeitnehmer bei den Schwellenwerten Berücksichtigung finden, hat gegenüber der in Deutschland verwendeten Lösung, wonach auf die Zahl „in der Regel" Beschäftigter abgestellt wird, den Vorzug absoluter Rechtsklarheit und damit Rechtssicherheit. Auslegungsschwierigkeiten werden so vermieden. Gewisse Verzerrungen gegenüber der tatsächlichen Beschäftigungssituation im jeweiligen Betrieb ergeben sich im Rahmen des Art. 72 Abs. 2 ET allerdings dadurch, dass allein Arbeitsverhältnisse, die von Anfang an auf eine bestimmte Zeitspanne befristet sind, in der Berechnungsformel Berücksichtigung finden. Wird dagegen ein Arbeitnehmer unbefristet eingestellt und etwa im Rahmen der Probezeit wieder entlassen, findet dieses Arbeitsverhältnis bei der Berechnung des Schwellenwertes zum Stichtag gar keine Beachtung. Ein genaueres Bild der tatsächlichen Beschäftigtenzahlen im Betrieb als Grundlage für die Berechnung der Schwellenwerte könnte der spanische Gesetzgeber dadurch erhalten, dass er im Rahmen des Art. 72 Abs. 2 ET nicht auf die Befristung von Arbeitsverträgen sondern allgemeiner auf die Laufzeit von Arbeitsverhältnissen anknüpft.

38. Mit den Bestimmungen des europäischen Richtlinienentwurfs, der die Berücksichtigung von Leiharbeitnehmern bei den Schwellenwerten zur Bildung einer Arbeitnehmervertretung beim Verleiher grundsätzlich vorschreibt, den Umfang der Berücksichtigung aber den Einzelstaaten überlässt, stehen die nationalen Regelungen in Spanien und Deutschland in Einklang. Die Tatsache, dass der Richtlinienentwurf in Art. 7 von der Bildung von Arbeitnehmervertretungen im entleihenden „Unternehmen“ ausgeht, löst bei Inkrafttreten der Richtlinie keinen Anpassungsbedarf in Bezug auf die nationalen Regelungen in Spanien und Deutschland aus, obwohl beide an den Betrieb als Grundwahleinheit für die Bildung einer Arbeitnehmervertretung beim Verleiher anknüpfen. Die Ausgestaltung eines Systems der Arbeitnehmervertretung, also insbesondere auch die Entscheidung, anstelle des Unternehmens den einzelnen Betrieb als Bezugspunkt zu wählen, überlässt der europäische Gesetzgeber, wie es auch in der Richtlinie 2002/14/EG vom 11.3.2002 zum Ausdruck kommt, nämlich den Nationalstaaten.

39. Bei den Schwellenwerten zur Bildung einer Arbeitnehmervertretung beim Entleiher werden Leiharbeitnehmer nach geltender Rechtslage in Spanien und überwiegender Auffassung in Rechtsprechung und Lehre in Deutschland nicht berücksichtigt, da sie betriebsverfassungsrechtlich auch während der Überlassung allein dem Verleiherbetrieb angehören. Der europäische Richtlinienentwurf enthält eine Ermächtigung an die Mitgliedstaaten, bei den Schwellenwerten zur Bildung einer Arbeitnehmervertretung Leiharbeitnehmer beim Entleiher wie befristet Beschäftigte zu berücksichtigen. Eine Verpflichtung an Spanien und Deutschland, nach Inkrafttreten der Richtlinie entsprechende Anpassungsmaßnahmen zu treffen, die mit der bislang vorherrschenden Grundposition, wonach Leiharbeitnehmer ausschließlich dem Verleiherbetrieb angehören, in Widerspruch stünden, besteht jedoch nicht. Eine verbindliche Vorgabe der Berücksichtigung von Leiharbeitnehmern bei den Schwellenwerten im Entleiherunternehmen durch den europäischen Gesetzgeber, würde dieser Grundauffassung, auf der die entsprechenden Regelungen der Mehrzahl der europäischen Mitgliedstaaten basieren, grundsätzlich widersprechen und sollte deshalb in jedem Fall unterbleiben.

40. Eine inhaltlich ähnlich ausgestaltete Rechtspflicht des Entleihers, die bei ihm bestehende Arbeitnehmervertretung über die Beschäftigung von Leiharbeitnehmern zu informieren, besteht sowohl in Spanien in Gestalt der spezialgesetzlichen Regelung in Art. 9 LETT, als auch in Deutschland, etwa im Rahmen der allgemeinen Regelungen in §§ 92 Abs. 1, 99 Abs. 1 sowie 106 Abs. 2, 3 Nr. 10 BetrVG. Mit Art. 8 des Richtlinienentwurfes, der den Entleiher zu angemessenen Informationen über die Beschäftigung von Leiharbeitnehmern gegenüber seiner Arbeitnehmervertretung verpflichtet, stehen beide nationalen Regelungssysteme in Einklang. Welcher Umfang erforderlich ist, um Informationen insoweit als „angemessen“ im Sinne von Art. 8 des 2. RL-Entw. einstufen zu können, bleibt dem Umsetzungsspielraum der Einzelstaaten überlassen.

Literaturverzeichnis

Abele, Roland	Neuregelung der Arbeinehmerüberlassung in Spanien, RdA 1996, S. 243 ff.
Adomeit, Klaus / Frühbeck, Guillermo	Einführung in das spanische Recht, 2. Auflage (2001)
Albiol Montesinos, Ignacio	Las empresas de trabajo temporal, Tribuna Social Nr. 43 (1994), S. 116 ff.
Albiol Montesinos, Ignacio / López Gandia, Juan / Camps Ruiz, Luis / Sala Franco, Tómas	Derecho del Trabajo, Band 1, Fuentes y relaciones colectivas, 4. Auflage (2002)
Altes, Bärbel	Grenzüberschreitende Arbeitnehmerüberlassung (1995)
Alzaga Ruiz, Icíar	Contratación laboral temporal: Un estudio jurisprudencial (2000)
Ankersen, Per	Neues AÜG seit 1.3.2003 bundesweit in Kraft, NZA 2003, S. 421 ff.
Annuß, Georg / Thüsing, Gregor	Teilzeit- und Befristungsgesetz, Kommentar (2002) (zit.: Bearbeiter, in: Annuß/Thüsing, TzBfG)
Avila Romero, Manuel	Relaciones laborales del trabajador con la empresa usuaria. La responsabilidad de la empresa usuaria, in: Consejo General del Poder Judicial, Formas y cauces de la contratación. Las agencias no officiales de empleo y las empresas de trabajo temporal (1995), S. 229 ff.
Ballester Pastor, Inmaculada / Vicente Palacio, María Arántzazu	Sobre la naturaleza jurídica de la causa del contrato eventual por circunstancias de la producción: término o condición resolutoria ? Especial consideración de los contratos eventuales suscritos en el marco de empresas de trabajo temporal, Tribuna Social Nr. 101 (1999), S. 25 ff.
Bauer, Jobst-Hubertus / Krets, Jérôme	Gesetze für moderne Dienstleistungen am Arbeitsmarkt, NJW 2003, S. 537 ff.

Baylos Grau, Antonio — Las Relaciones laborales del trabajador con la Empresa de Trabajo Temporal. La negociación colectiva en las Empresas de Trabajo Temporal, in: Consejo General del Poder Judicial, Formas y cauces de la contratación. Las agencias no officiales de empleo y las empresas de trabajo temporal (1995), S. 169 ff.

Becker, Claus — Zum fingierten Arbeitsvertrag nach § 10 Abs. 1 AÜG, BB 1978, S. 363 ff.

Becker, Friedrich — Gemeinschaftsrechtliche, sozialpolitische, arbeitsmarktpolitische und verfassungsrechtliche Aspekte des Verbots der Arbeitnehmerüberlassung im Baugewerbe, DB 1982, S. 2348 ff.

Gesetzliche Regelung der gewerblichen Arbeitnehmerüberlassung (Zeitarbeit), DB 1971, S. 1354 ff.

Die Rechtsbeziehungen bei der Zeitarbeit, NJW 1971, S. 691 f.

Becker, Friedrich / Bader, Peter — Der Vorschlag der EG-Kommission für eine Richtlinie des Rates zur Regelung der Leiharbeitsverhältnisse und befristeten Arbeitsverträge - Darstellung und Kritik, RdA 1983, S. 1 ff.

Becker, Friedrich / Kreikebaum, Hartmut — Zeitarbeit, 2. Auflage (1982)

Becker, Friedrich / Wulfgramm, Jörg — Kommentar zum Arbeitnehmerüberlassungsgesetz, 3. Auflage (1985)

Behrend, Britta — Arbeitnehmerüberlassung bis zu 24 Monaten - Job-AQTIV mit Hindernissen, NZA 2002, S. 372 ff.

Neues zum Scheinwerkvertrag: Die vermutete Arbeitsvermittlng im AÜG, BB 2001, 2641 ff.

Benkert, Daniel — Änderungen im Arbeitnehmerüberlassungsgesetz durch "Hartz III", BB 2004, S. 998 ff.

Bertram, Oliver — Die AÜG-Reform im Spiegel des EG-Richtlinienentwurfs zur Leiharbeit, ZESAR 2003, S. 205 ff.

Bertram, Oliver / Ockenfels, Thomas — Der Schadenersatzanspruch des Leiharbeitnehmers gegen den Verleiher gem. § 10 II AÜG, NZA 1985, S. 552 ff.

Bethge, Dietrich	Die Arbeitsvermittlung im sozialen Rechtsstaat (1962)
Birk, Rolf	Die Rechtmäßigkeit gewerkschaftlicher Unterstützungskampfmaßnahmen (1978)
Blasco Lahoz, José Francisco	La protección de la salud laboral de los trabajadores de las empresas de trabajo temporal, AL 1999, Band 2, Rn. 384 ff.
Bleckmann, Albert	Europarecht, 6. Auflage (1997)
Boecken, Winfried / Theiss, Ursula	Anmerkung zur Entscheidung des EuGH vom 25.10.2001 (C-493/99), SAE 2002, S. 236 ff.
Böhm, Wolfgang	"Billig-Tarifverträge" in der Zeitarbeit - Risiken für die Kunden, DB 2003, S. 2598 ff.
	Gesetzgebung korrigiert Rechtsprechung zur Provision für Arbeitsvermittlung nach Arbeitnehmerüberlassung, DB 2004, S. 1150 ff.
Boemke, Burkhard	Arbeitnehmerüberlassungsgesetz (2002) (zit. Bearbeiter in: Boemke, AÜG)
Boemke, Burkhard / Lembke, Mark	Nachtrag zum Arbeitnehmerüberlassungsgesetz (2003) (zit. Bearbeiter in: Boemke, AÜG [Ergänzungsband])
	Änderungen im Arbeitsrecht durch das "Job-AQTIV-Gesetz", DB 2002, S. 893 ff.
Bothfeld, Silke/ Kaiser, Lutz C.	Befristung und Leiharbeit: Brücken in reguläre Beschäftigung?, WSI Mitteilungen 2003, S. 484 ff.
Brors, Christiane	"Leiharbeitnehmer wählen ohne zu zählen" - Eine kurzlebige Entscheidung, NZA 2003, S. 1380 ff.
	"Fremdpersonaleinsatz" - Wer ist gemäß § 7 Satz 2 BetrVG wahlberechtigt?, NZA 2002, S. 123 ff.
Brox, Hans / Rüthers, Bernd	Arbeitskampfrecht, 2. Auflage (1982)
Buchner, Herbert	Leiharbeit: Ablösung der Verpflichtung zur Gewährung der im Entleiherbetrieb geltenden Arbeitsbedingungen (§ 10 Abs. 4 AÜG) durch Tarifregelungen, DB 2004, S. 1042 ff.
Cabeza Pereiro, Jaime	Las empresas de trabajo temporal tras las reformas de 1999, AL 2000, Band 1, Rn. 301 ff.

Calvo Gallego, Javier / Fernández López, María Fernanda / Rodríguez-Piñero Royo, Miguel	Relaciones laborales y Empresas de Trabajo Temporal: Commentarios al Tercer Convenio Colectivo Estatal de Empresas de Trabajo Temporal (2002) (zit: Bearbeiter, in: Calvo Gallego, Relaciones laborales y Empresas de Trabajo Temporal)
Camps Ruiz, Luis Miguel	Las Empresas de Trabajo Temporal (2001)
Cañizares Planelles, Francisco / Gónzalez Gutiérrez, Francisco	Derecho del Trabajo, Diccionario Básico Jurídico, 4. Auflage (1994)
Castro Argüelles, María Antonia	Régimen jurídico de las empresas de trabajo temporal, Documentación Laboral Nr. 44 (1994), S. 29 ff.
Cebrián, Inmaculada / Felgueroso, Florentino / Moreno, Gloria / Toharia, Luis	Un análisis económico de las Empresas de Trabajo Temporal, in: Escudero Rodríguez, Manuel, Empresas de trabajo temporal, Jornadas de debate sobre las Empresas de Trabajo Temporal, Madrid, 21, 22 y 23 de junio de 2000 (2001), S. 19 ff.
Chacartegui Jávega, Consuelo	Empresas de Trabajo Temporal y Contrato de Trabajo (2000)
	Las Empresas de Trabajo Temporal: una figura de dificil encuadramiento en el ordenamiento laboral español, La Ley 1997, Band 6, S. 1471 ff.
	La contratación a través de Empresas de Trabajo Temporal por parte de la administración pública, Revista de Derecho Social Nr. 6 (1999), Rn. 55 ff.
Coello de Portugal Silva, Carmen	La remuneración del trabajador cedido mediante contrato de puesta a disposición, RTSS Nr. 20 (1995), S. 7 ff.
Crespan Echegoyen, Javier/ Gonzalez Martin, Adrian/ Lopez Parada, Rafael	Empresas de Trabajo Temporal (1998)
Cruz Villalón, Jesús	El marco jurídico de las Empresas de Trabajo Temporal, in: Alarcon Caracuel, La reforma laboral de 1994 (1994), S. 45 ff.

Dahl, Holger	Betriebsbedingte Kündigung eines Leiharbeitsverhältnisses wegen Auftragsrückgangs, DB 2003, S. 1626 ff.
Däubler, Wolfgang	Die neue Leiharbeit, KJ 2003, S. 17 ff.
	Die Entsende-Richtlinie und ihre Umsetzung in das deutsche Recht, EuZW 1997, S. 613 ff.
	Ein Antidumping-Gesetz für die Bauwirtschaft, DB 1995, S. 726 ff.
	Arbeitskampfrecht, 2. Auflage (1987) (zit.: Bearbeiter, in: Däubler, Arbeitskampfrecht)
	Anmerkung zur Entscheidung des ArbG Frankfurt vom 22.5.2002, AuR 2003, S. 191
	Wählen, aber nicht zählen - vermeidbare Rigiditäten im Betriebsverfassungsrecht, AuR 2004, S. 81 ff.
Däubler, Wolfgang / Kittner, Michael / Klebe, Thomas	Betriebsverfassungsgesetz, Kommentar, 8. Auflage (2002)
Debus, Norbert	Leiharbeit - Das Geschäft mit der Ware Arbeitskraft (1982)
De la Villa de la Serna, Luis	El contrato de trabajo entre las Empresas de Trabajo Temporal y el trabajador, in: Escudero Rodríguez, Manuel, Empresas de trabajo temporal, Jornadas de debate sobre las Empresas de Trabajo Temporal, Madrid, 21, 22 y 23 de junio de 2000 (2001), S. 115 ff.
De la Villa Gil, Luis Enrique	Las Empresas de Trabajo Temporal en España. Algunos problemas jurídicos, Revista de Trabajo Nr. 74 (1984), S. 9 ff.
Del Rey Guanter, Salvador	Cesión de trabajadores y Empresas de Trabajo Temporal, REDT Nr. 100 (2000), S. 903 ff.
Del Rey Guanter, Salvador/ Gala Durán, Carolina	Administraciones Públicas y Empresas de Trabajo Temporal, RL 2001, Band 1, S. 15 ff.
Del Rey Guanter, Salvador/ Leal Peralvo, Francesc	La relación entre los supuestos contractuales justificativos del contrato de puesta a disposición y los supuestos contractuales justificativos del contrato de trabajo de cesión temporal de duración determinada, RL 1996, Band 2, S. 117 ff.

Dieterich, Thomas / Hanau, Peter / Schaub, Günther	Erfurter Kommentar zum Arbeitsrecht, 3. Auflage (2004) (zit. Bearbeiter in: ErfK)
Düwell, Franz-Josef	Änderungen im Arbeitsrecht durch das Job-AQTIV-Gesetz, BB 2002, S. 98 ff.
Elordi Dentici, Alberto / Del Rey Guanter, Salvador / Serrano Martínez / Gala Durán, Carolina	Trabajo, Temporalidad y Empresas de Trabajo Temporal en España (2001)
Engelbrecht, Georg	Die Abgrenzung der Arbeitnehmerüberlassung von der Arbeitsvermittlung (1979)
Erdlenbruch, Michael	Die betriebsverfassungsrechtliche Stellung gewerbsmäßig überlassener Arbeitnehmer (1992)
Escudero Rodríguez, Ricado / Mercader Uguina, Jesús R.	La Ley 29/1999, de reforma de la Ley 14/1994, sobre empresas de trabajo temporal: un empeño a medio camino (I), RL 2000, Band 1, S. 633 ff.
Fabricius, Fritz / Thiele, Wolfgang	Betriebsverfassungsgesetz, Gemeinschaftskommentar, 7. Auflage (2002), Band 1 und 2 (zit.: Bearbeiter, in: GK-BetrVG)
Feuerborn, Andreas / Hamann, Wolfgang	Liberalisierung der Arbeitnehmerüberlassung durch das Arbeitsförderungs-Reformgesetz, BB 1997, S. 2530 ff.
Fita Ortega, Fernando	La representación en la empresa de los trabajadores temporales tras el R.D. 1844/1994 de 9 de septiembre, Tribuna Social Nr. 54 (1995), S. 18 ff.
Francis Lefebvre	Memento Práctico, Social 2002 (2002)
Fuentes Rodríguez, Francisca / De la Flor Fernández, María Luisa	Algunas consideraciones en torno a la representación de los trabajadores contratados para ser cedidos por las Empresas de Trabajo Temporal, in: Rodríguez-Piñero Royo, El empleador en el Derecho del Trabajo (1999), S. 267 ff.
Gagel, Alexander	Zeitarbeit, AuR 1983, S. 85 f.
Gala Durán, Carolina	Derechos y obligaciones entre los trabajadores cedidos por las Empresas de Trabajo Temporal y las empresas usuarias (1998)
	Supuestos y consecuencias de la utilización "inadequada" de las empresas de trabajo temporal, RL 1998, Band 2, S. 404 ff.

Gamillscheg, Franz	Kollektives Arbeitsrecht, Ein Lehrbuch, Band I (1997)
García Fernández, Manuel	La contratación de trabajadores a través de Empresas de Trabajo Temporal (Teil I und II), AL 1996, Band 1, Rn. 1 ff., 23 ff.
	Posicion del trabajador ante la empresa de trabajo temporal y ante la empresa cliente: puntos criticos, AL 1994, Band 3, Rn. 525 ff.
García Ninet, J. Ignacio	Derecho del Trabajo (2001)
García-Perrote Escartín, Ignacio	La cesión de trabajadores en el ordenamiento laboral español (II): Tipos de cesiones licitas. Empresas de trabajo temporal, in: Consejo General del Poder Judicial, Cesión de trabajadores. Empresas de Trabajo Temporal. Responsabilidad empresarial en caso de contratos de obras o sevicios. Sucesión de empresas (1994), S.127 ff.
	Dos cuestiones polémicas de la reforma de 1999 de la Ley de Empresas de Trabajo Temporal, Justicia Laboral 2000, S. 33 ff.
Gaul, Björn/ Otto, Björn	Gesetze für moderne Dienstleistungen am Arbeitsmarkt - Umsetzung der Vorschläge der Hartz-Kommission, DB 2002, S. 2486 ff.
Gerken, Lüder / Löwisch, Manfred / Rieble, Volker	Der Entwurf eines Arbeitnehmer-Entsendegesetzes in ökonomischer und rechtlicher Hinsicht, BB 1995, S. 2370 ff.
Gick, Dietmar	Gewerbsmäßige Arbeitnehmerüberlassung zwischen Verbot und Neugestaltung (1984)
Gil Albuquerque, Román	Temporary agency work in Spain, EuroAS 2002, S. 191 ff.
Godino Reyes, Martín / Sagardoy de Simón, Iñigo	Contrata y subcontrata de obras y sevicios. La cesión de trabajadores a través de las empresas de trabajo temporal (1997)
Goerlich Peset, José María	Empresas de servicios, empresas de trabajo temporal y cesión ilegal de trabajadores, AL 2001, Band 1, Rn. 39 ff.
González Velasco, Jesús	Desconcertante relación jurídica entre el trabajador temporal y el empresario cesionario, Proyecto Social Nr. 3 (1995), S. 57 ff.

Grabitz, Eberhard / Hilf, Meinhard	Das Recht der Europäischen Union, Band I, 22. Ergänzungslieferung, Stand August 2003 (zit.: Bearbeiter, in: Grabitz/Hilf)
Grimm, Detlef / Brock, Martin	Das Gleichbehandlungsgebot nach dem Arbeitnehmerüberlassungsgesetz und die Mitbestimmungsrechte des Betriebsrats des Entleiherbetriebs, DB 2002, S. 1113 ff.
Grobys, Marcel / Schmidt, Charlotte / Brocker, Till	Verfassungsmäßigkeit von "Equal Pay"?, NZA 2003, S. 777 ff.
Groeger, Axel	Arbeitsrechtliche Aspekte des neuen Arbeitnehmerüberlassungsgesetzes, DB 1998, S. 470 ff.
Hamann, Wolfgang	Fremdpersonal im Unternehmen (2002)
	Betriebsverfassungsrechtliche Auswirkungen der Reform der Arbeitnehmerüberlassung, NZA 2003, S. 526 ff.
	Erkennungsmerkmale der illegalen Arbeitnehmerüberlassung in Form von Scheindienst- und Scheinwerkverträgen (1995)
Hanau, Hans	Zur Verfassungsmäßigkeit von tarifvertraglichen Betriebsnormen am Beispiel der qualitativen Besetzungsregel, RdA 1996, S. 158 ff.
Hanau, Peter	Das Arbeitnehmer-Entsendegesetz, NJW 1996, S. 1369 ff.
Hartje, Jürgen	Der Sympathiearbeitskampf (1971)
Hennezel de Franco, Constance	Le droit du travail temporaire (1998)
Henssler, Martin / Braun, Axel	Arbeitsrecht in Europa (2003) (zit: Bearbeiter, in: Henssler/Braun)
Hromadka, Wolfgang / Maschmann, Frank	Arbeitsrecht, Band 1, Individualarbeitsrecht, 2. Auflage (2002)
Hümmerich, Klaus / Holthausen, Joachim / Weslau, Dietmar	Arbeitsrechtliches im Ersten Gesetz für moderne Dienstleistungen am Arbeitsmarkt, NZA 2003, S. 7 ff.
Humblet, Patrick	"Leiharbeit in Belgien", EuroAS 2002, S. 183 ff.
Iglesias Cabero, Manuel	La gestión privada del empleo. El papel de las empresas de trabajo temporal, AL 2000, Band 1, Rn. 119 ff.

Jacobs, Matthias	Tarifeinheit und Tarifkonkurrenz (1998)
Jahn, Elke / Rudolph, Helmut	Zeitarbeit - Teil I, Auch für Arbeitslose ein Weg mit Perspektive, IAB Kurzbericht, Ausgabe Nr. 20 vom 28.8.2002, S. 1 ff.
	Zeitarbeit - Teil II, Völlig frei bis streng geregelt: Variantenvielfalt in Europa, in: IAB Kurzbericht, Ausgabe Nr. 21 vom 29.8.2002, S. 1 ff.
Jarass, Hans D. / Pieroth, Bodo	Grundgesetz für die Bunderepublik Deutschland, 6. Auflage (2002)
Junker, Abbo / Wichmann, Julia	Das Arbeitnehmer-Entsendegesetz - Doch ein Verstoß gegen Europäisches Recht ?, NZA 1996, S. 505 ff.
Kadel, Peter / Koppert, Wolfgang	Der Einsatz von Leiharbeitnehmern unter rechtlichen und personalpolitischen Aspekten, BB 1990, S. 2331 ff.
Kaufmann, Stephanie	Arbeitnehmerüberlassung (1998)
Kienle, Thomas / Koch, Alexander	Grenzüberschreitende Arbeitnehmerüberlassung - Probleme und Folgen, DB 2001, S. 922 ff.
Kindereit, Lothar	Probleme der Leiharbeitsverhältnisse, AuR 1971, S. 327 ff.
Kissel, Otto Rudolf	Arbeitskampfrecht – Ein Leitfaden (2002)
Knigge, Arnold	Die Abstellung von Arbeitnehmern an eine baugewerbliche Arbeitsgemeinschaft (1976)
Koberski, Wolfgang / Sahl, Karl-Heinz / Hold, Dieter	Arbeitnehmerentsendegesetz, Kommentar, 2. Auflage (2002)
Koenigs, Folkmar	Rechtsfragen des Arbeitnehmer-Entsendegesetzes und der EG-Entsenderichtlinie, DB 1997, S. 225 ff.
Kokemoor, Axel	Neuregelung der Arbeitnehmerüberlassung durch die Hartz-Umsetzungsgesetze, NZA 2003, S. 238 ff.
Konzen, Horst	Arbeitsrechtliche Drittbeziehungen, ZfA 1982, S. 259 ff.
	Aussperrungstaktik und Organisationspolitik - Zur Unterstützungszahlung von Arbeitgebern an ausgesperrte Außenseiter, in: Gamillscheg, u.a., Festschrift 25 Jahre BAG (1979), S. 273 ff.

Kort, Michael — Die Bedeutung der europarechtlichen Grundfreiheiten für die Arbeitnehmerentsendung und die Arbeitnehmerüberlassung, NZA 2002, S. 1248 ff.

Kossens, Michael — Neuregelung der privaten Arbeitsvermittlung, DB 2002, S. 843 ff.

Krellmann, Martin — Personalleasing (1987)

Krüger, Manfred — Verbot der Leiharbeit (1986)

Leinemann, Wolfgang — Kasseler Handbuch zum Arbeitsrecht, Band 2, 2. Auflage (2000) (zit.: Bearbeiter, in: Kassler-Handb)

Lembke, Mark — Die "Hartz-Reform" des Arbeitnehmerüberlassungsgesetzes, BB 2003, S. 98 ff.

Befristung von Arbeitsverträgen mit Leiharbeitnehmern nach "Hartz I", DB 2003, S. 2702 ff.

Die Arbeitskampfbeteiligung von Außenseitern (2000)

Lieb, Manfred — Arbeitsrecht, 8. Auflage (2003)

Zur Rechtmäßigkeit von Unterstützungsarbeitskämpfen im Druck- und Verlagsbereich, RdA 1991, S. 145 ff.

Anmerkung zu BAG vom 5.3.1985, SAE 1986, S. 64 ff.

Lindemann, Achim / Simon, Oliver — Wahlberechtigung und Ermittlung der Betriebsratsgröße, NZA 2002, S. 365 ff.

Löwisch, Manfred — Arbeitsrecht und wirtschaftlicher Wandel, RdA 1999, S. 69 ff.

Änderungen der Betriebsverfassung durch das Betriebsverfassungs-Reformgesetz, BB 2001, S. 1734 ff.

Gemeinschaftsarbeiten für Bezieher von Arbeitslosengeld und Arbeitslosenhilfe in rechtlicher Sicht, NZS 1993, S. 473 ff.

Das Arbeitnehmer-Entsendegesetz - ein ordnungspolitischer Irrweg, in: Külp, Bernhard, Freiheit und wettbewerbliche Ordnung (2000), S. 221 ff.

	Kommentar zum Kündigungsschutzgesetz, 9. Auflage (2004)
	Arbeitskampf- und Schlichtungsrecht (1997) (zit.: Bearbeiter, in: Löwisch, Arbeitskampfrecht)
	Neuregelungen des Kündigungs- und Befristungsrechts durch das Gesetz zu Reformen am Arbeitsmarkt, BB 2004, 154 ff.
	Schutz der Selbstbestimmung durch Fremdbestimmung, ZfA 1996, S. 293 ff.
	Arbeitsrecht, 7. Auflage (2004)
Löwisch, Manfred / Flüchter, Annedore	Arbeitnehmereinsatz über die Grenzen hinaus, in: Arbeitsrecht und Arbeitsgerichtsbarkeit (1999), S. 103 ff.
Löwisch, Manfred / Rieble, Volker	Tarifvertragsgesetz, Kommentar, 2. Auflage (2004)
López Balaguer, Mercedes	La relación laboral de los trabajadores puestos a disposición: aspectos individuales y colectivos (2001)
	Prevención de riesgos laborales y Empresas de Trabajo Temporal (2000)
	Contrato de trabajo y remuneración en la nueva regulación de las Empresas de Trabajo Temporal (2000)
Lopez Gandia, Juan	Negociacion colectiva y modalidades de contratacion laboral (1997)
López-Roméro González, Maria Piedad	Las Empresas de Trabajo Temporal en el Derecho Communitario e Internacional y su repercusión en España, Revista de Estudios Europeos Nr. 25 (2000), S. 71 ff.
López Sánchez, María Caridad	Régimen retributivo de los trabajadores en misión, AL 2002 (Heft 27), Rn. 541 ff.
Lousada Arochena, José Fernando	El Real Decreto 216/1999 de 5 de febrero, sobre disposiciones minimas de seguridad y salud en el trabajo en el ambito de las Empresas de Trabajo Temporal, La Ley 1999, Band 3, S. 1875 ff.
Marín Correa, José María	La remuneración de los trabajadores de empresas de trabajo temporal "en misión", AL 2003, Heft 3, S. 185 ff.

Martin, Peter	Tarifverträge in der Leiharbeit (Übersicht), AuR 2004, S. 247 ff
Martínez Girón, Jesús	Ampliación y reducción por convenio colectivo de las modalidades y términos de los contratos temporales de trabajo, AL 1998, Band 1, Rn. 87 ff.
Marschner, Andreas	Gesetzliche Neuregelungen im Arbeitsvermittlungsrecht zum 1.1.2004, DB 2004, S. 380 ff.
Mayer-Maly, Theo	Das Leiharbeitsverhältnis, ZfA 1972, S. 1 ff.
	Anmerkung zu BAG vom 12.1.1988, SAE 1988, S. 310 f.
Meinel, Gernod / Heyn, Judith / Herms, Sascha	Teilzeit- und Befristungsgesetz, Kommentar (2002)
Mercader Uguina, Jesús R.	Prevención de riesgos laborales y empresas de trabajo temporal, RL 1999, Band 1, S. 1134 ff.
Mogge, Hildegard	Die verliehene Arbeitskraft (1982)
Mohr, Wolfgang / Pomberg, Thorsten	Die Änderung der Rechtsprechung zu der vermuteten Arbeitsvermittlung nach dem Arbeitnehmerüberlassungsgesetz, DB 2001, S. 590 ff.
Molero Marañon, María Luisa	La responsabilidad empresarial frente al personal de las Empresas de Trabajo Temporal (2001)
	La reforma del contrato de puesta a disposición, RL 2000, Band 1, S. 315 ff.
Molina Navarrete, Cristobál	Nuevas reglas de competencia en el mercado de las Empresas de Trabajo Temporal (2000)
Monereo Pérez, José Luis	Commentario al Estatuto de los Trabajadores (1998) (zit: Bearbeiter, in: Monereo Pérez, Commentario al Estatuto de los Trabajadores)
Monteiro Fernandes, Antonio	Problemas jurídicos del trabajo realizado por mediación de empresas de trabajo temporal, REDT Nr. 18 (1984), S. 173 ff.
Montoya Melgar, Alfredo	Derecho del Trabajo, 23. Aufl. (2002)
Morhard, Thilo	Die Rechtsnatur der Übereinkommen der Internationalen Arbeitsorganisation (1988)
Neumann, Daniela	Europäisches Arbeitsrecht (2003)

Neuregelung des Wahlverfahrens zum Betriebsrat, BB 2002, S. 510 ff.

Nicolai, Andrea — Zum Zählen und Wählen bei Betriebsratswahlen, DB 2003, S. 2599 ff.

Niebler, Michael / Biebl, Josef / Roß, Corinna — Arbeitnehmerüberlassungsgesetz, 2. Auflage (2003)

Nienhüser, Werner / Matiaske, Wenzel — Der "Gleichheitsgrundsatz" bei Leiharbeit - Entlohnung und Arbeitsbedingungen von Leiharbeitern im europäischen Vergleich, WSI- Mitteilungen 2003, S. 466 ff.

Niesel, Klaus — Kasseler Kommentar Sozialversicherungsrecht, Band 1, 42. Ergänzungslieferung, Stand 1.Dezember 2003

Nikisch, Arthur — Arbeitsrecht, Band 1, 3. Auflage (1961)

Olmo Gascón, Ana Marta — Contractualidad laboral y empresas de trabajo temporal, Temas Laborales Nr. 39 (1998), S. 95 ff.

Alteracion sustancial del contrato laboral en el trabajo desarrollado a través de empresas de trabajo temporal, AL 1996, Band 4 (Heft Nr. 46), Rn. 881 ff.

La representación colectiva en las Empresas de Trabajo Temporal en relación a la reforma introducida por la ley 63/1997, in: Universidad de Castilla-La Mancha, Materiales sobre las reformas laborales de 1997 (1998), S. 85 ff.

Oltmanns, Christoph — Personalleasing: Personaleinsatz-, Personalbedarfs-, und Personalstrukturplanung unter besonderer Berücksichtigung des Personalleasing (1977)

Ortega Márquez, Inés — Contribución de las Agencias Privadas para el Empleo (APPE) o Empresas de Trabajo Temporal (ETT) a los desafíos del mercado laboral europeo, Capital Humano 2001, S. 64 ff.

Palandt, Otto — Bürgerliches Gesetzbuch, Kommentar, 63. Auflage (2004) (zit.: Bearbeiter, in: Palandt)

Palomeque López, Manuel Carlos — Empresas de Trabajo Temporal y cesión ilegal de trabajadores, in: Escudero Rodríguez, Reforma de la legislación laboral (1997), S. 33 ff.

Pérez-Espinosa Sánchez, Fernando — Las empresas de trabajo temporal: a medio camino entre la apertura de los sistemas de colocación y la flexibilización de la utilización de la mano de obra, in: Valdés Dal-Ré, La reforma del mercado laboral (1994), S. 101 ff.

Pérez Gil, María Concepción — Las Empresas de Trabajo Temporal: empleo precario y discriminación salarial, AS 1998, Band 5, S. 635 ff.

Pérez Guerrero, María Luisa/ Rodríguez-Piñero Royo, Miguel — Prévencion y nuevos riesgos laborales: el caso de los trabajadores puestos a disposición, Temas Laborales Nr. 50 (2000), S. 105

Pérez Pérez, Manuel — Empresas de trabajo temporal y relaciones laborales, 2. Auflage (2002)

Pérez Yáñez, Rosa — El reparto de poderes empresariales entre Empresa de Trabajo Temporal y Empresa Usuaria respecto a los trabajadores en misión, RL 1998, Band 1, S. 133 ff.

El despido disciplinario de los trabajadores en misión de las ETT, in: Castiñeira Fernández, Presente y futuro de la regulación del despido (1997), S. 481 ff.

Picker, Eduard — Arbeitnehmerüberlassung - Eine moderne Personalwirtschaftsform als Mittel arbeitsrechtlicher Modernisierung, ZfA 2002, S. 469 ff.

Pieroth, Bodo — Arbeitnehmerüberlassung unter dem Grundgesetz (1981)

Pradas Montilla, Ricardo — Sobre el salario del trabajador de la empresa de trabajo temporal cedido a la empresa usuaria, DL Nr. 60 (1999), S. 5 ff.

Raab, Thomas — Europäische und nationale Entwicklungen im Recht der Arbeitnehmerüberlassung, ZfA 2003, S. 389 ff.

Rambach, Peter / Begerau, Björn — "Unechte" Vermittlungsprovisionen aus dem Arbeitnehmerüberlassungsvertrag, BB 2002, S. 937 ff.

Ramm, Thilo — Eine Kritik des Arbeitnehmerüberlassungsgesetzes, DB 1973, S. 1170 ff.

Die Aufspaltung der Arbeitgeberfunktionen, ZfA 1973, S. 263 ff.

Rebmann, Kurt / Säcker, Franz Jürgen / Rixecker, Roland — Münchener Kommentar zum Bürgerlichen Gesetzbuch, Band 1, Allgemeiner Teil, §§ 1-240, 4. Auflage (2001) (zit.: Bearbeiter, in: MünchKom)

Reichold, Hermann — Die reformierte Betriebsverfassung 2001, NZA 2001, S. 857 ff.

Reim, Uwe — Neue Flexibilität bei der Leiharbeit, ZTR 2003, S. 106 ff.

Richardi, Reinhard — Betriebsverfassungsgesetz mit Wahlordnung, Kommentar, 8. Auflage (2002) (zit.: Bearbeiter, in: Richardi, BetrVG)

Richardi, Reinhard / Wlotzke, Otfried — Münchener Handbuch zum Arbeitsrecht, Band 1, Individualarbeitsrecht I, 2. Auflage (2000); Band 2, Individualarbeitsrecht II, 2. Auflage (2000); Band 3, Kollektives Arbeitsrecht, 2. Auflage (2000) (zit.: Bearbeiter, in: MünchArbR)

Rieble, Volker — Anmerkung zu BAG vom 9.4.1991, EzA Nr. 98 zu Art. 9 GG Arbeitskampf, S. 9 ff

Anmerkung zu BAG vom 18.2.2003, EzA Nr. 135 zu Art. 9 GG Arbeitskampf, S. 15 ff.

Arbeitsmarkt und Wettbewerb (1996)

Rieble, Volker / Klebeck, Ulf — Lohngleichheit für Leiharbeit, NZA 2003, S. 23 ff.

Rivero Lamas, Juan — La cesión de trabajadores en el derecho español del trabajo, in: Borrajo Dacruz, La reforma del mercado de trabajo: libertad de empresa y relaciones laborales (1993), S. 437 ff.

Rodríguez-Piñero Royo, Miguel — Las Empresas de Trabajo Temporal en España (1994)

El modelo legal de trabajo temporal en la Ley 14/1994, in: Escudero Rodríguez, Manuel, Empresas de trabajo temporal, Jornadas de debate sobre las Empresas de Trabajo Temporal,Madrid, 21, 22 y 23 de junio de 2000 (2001), S. 67 ff.

La representación de los trabajadores a nivel de empresa, RL 1993, Band 1, S. 1 ff.

Rodríguez-Piñero Royo, Miguel / Calvo Gallego, Javier / González Rendón, Manuel — El impacto de las Empresas de Trabajo Temporal en España: de la legalización a la reforma (2000)

Rodríguez Ramos, José — La cesión ilegal de trabajadores tras la reforma de 1994 (1995)

Rojo Torrecilla, Eduardo — El Derecho de Huelga (1992)

Roloff, Sebastian — Das Beschränkungsverbot des Art. 39 EG (Freizügigkeit) und seine Auswirkungen auf das nationale Arbeitsrecht (2003)

Román de la Torre, María Dolores — La sitación jurídica-laboral de las empresas de trabajo temporal en España, RL 1991, Band 2, S. 432 ff.

Poder de dirección y contrato de trabajo (1992)

Rost, Friedhelm — Arbeitnehmer und arbeitnehmerähnliche Personen im Betriebsverfassungsrecht, NZA 1999, S. 113 ff.

Rüthers, Bernd — Zur Rechtmäßigkeit von Sympathie-Arbeitskämpfen, BB 1964, S. 312 ff.

Rüthers, Bernd / Bakker, Rainer — Arbeitnehmerentsendung und Betriebsinhaberwechsel im Konzern, ZfA 1990, S. 245 ff.

Säcker, Jürgen — Die vermutete Arbeitsvermittlung (§ 1 Abs. 2 AÜG) als gesetzgebungspolitische Fehlleistung, ZfA 2001, S. 117 ff.

Sagardoy Bengoechea, Juan Antonio — Relaciones jurídicas entre la empresa usuaria y el trabajador de la empresa de trabajo temporal, in: Asociación Española de Derecho del Trabajo y de la Seguridad Social, Reforma de la Legislación Laboral (1995), S. 97 ff.

Sala Franco, Tomás — Las Empresas de Trabajo Temporal tras cuatro años de su implementación legal, in: Pedrajas Moreno, Las reformas laborales: análisis y aplicación práctica (1999), S. 89 ff.

La reforma del mercado de trabajo (1994)

Sala Franco, Tomás / Albiol Montesinos, Ignacio — Derecho Sindical, 8. Auflage (2002)

Salzmann-Hennersdorf, Martina	Das Leiharbeitsverbot im Baugewerbe (§ 1b AÜG) (2003)
Sánchez Pego, Javier	La Relación interempresarial de trabajo temporal: el contrato de puesta a disposición, in: Consejo General del Poder Judicial, Formas y cauces de la contratación. Las agencias no officiales de empleo y las empresas de trabajo temporal (1995), S. 131 ff.
Sandmann, Horst / Marschall, Dieter	Arbeitnehmerüberlassungsgesetz (AÜG), Kommentar, 28. Ergänzungslieferung Stand: Mai 2003
Sarriegui, Josep María	De quién son los trabajadores de ETT ?, El País vom 9.3.2003, S. 9
Schaub, Achim	Arbeitnehmerüberlassung (2001)
Schaub, Günter	Arbeitsrechtshandbuch, 10. Auflage (2002)
Schiek, Dagmar	Die Hartz-Gesetze - EU-rechtliche Perspektiven, KJ 2003, S. 35 ff.
Schlachter, Monika	Grenzüberschreitende Dienstleistungen: Die Arbeitnehmerentsendung zwischen Dienstleistungsfreiheit und Verdrängungswettbewerb, NZA 2002, S. 1242 ff.
Schmidt, Karsten	Handelsrecht, 5. Auflage (1999)
Schmidt, Michael	Die Richtlinienvorschläge der Kommission der Europäischen Gemeinschaften zu den atypischen Arbeitsverhältnissen (1992)
Schneider, Tobias	Zeitarbeit, Ergänzungsband, 26. Ergänzungslieferung (Stand Juni 2002)
Schüren, Peter	Arbeitnehmerüberlassungsgesetz, Kommentar (2003)
Schüren, Peter / Behrend, Britta	Arbeitnehmerüberlassung nach der Reform – Risiken der Neuen Freiheit, NZA 2003, S. 521 ff.
Schüren, Peter / Diebold, Annemarie	Sozialversicherung bei Arbeitnehmerüberlassung, NZS 1994, S. 241 ff; 296 ff.
Schüren, Peter / Riederer Frfr. v. Paar, Britta	Risiken nichtiger Tarifverträge in der Leiharbeit, AuR 2004, S. 241 ff.

Selmayr, Martin — Die gemeinschaftsrechtliche Entsendungsfreiheit und das deutsche Entsendungsgesetz, ZfA 1996, S. 615 ff.

Serrano Argüello, Noemí — Límites al la gestión externa de mano de obra y medidas de protección al empleo, RL 1999, Band 2, S. 570 ff.

Staudinger, Johann von — Kommentar zum Bürgerlichen Gesetzbuch mit Einführungsgesetz und Nebengesetzen,
Erstes Buch, Allgemeiner Teil, §§ 134-163, Neubearbeitung 2003;
Zweites Buch, Recht der Schuldverhältnisse, §§ 397-432, 13. Bearbeitung (1999);
§§ 611-615, 13. Bearbeitung (1999)
(zit: Bearbeiter, in: Staudinger)

Storrie, Donald — Temporary agency work in the European Union (2002)

Sturn, Adolf — Das "Ausleihen" von Arbeitskräften, RABl. 1942, Teil V, S. 235 ff.

Thüsing, Gregor — Europäische Impulse im Recht der Arbeitnehmerüberlassung, DB 2002, S. 2218 ff.

Equal Pay bei Leiharbeit, DB 2003, S. 446 ff.

Provisionsvereinbarungen bei Arbeitsvermittlung nach Arbeitnehmerüberlassung, DB 2003, 2122 ff.

Der Außenseiter im Arbeitskampf (1996)

Ulber, Jürgen — AÜG, Arbeitnehmerüberlassungsgesetz und Arbeitnehmer-Entsendegesetz, Kommentar, 2. Auflage (2002)

Personal-Service-Agenturen und Neuregelungen der Arbeitnehmerüberlassung - Änderungen der AÜG durch das Erste Gesetz für moderne Dienstleistungen am Arbeitsmarkt, AuR 2003, S. 7 ff.

Valdés Dal-Ré, Fernando — Las relaciones jurídicas entre empresas de trabajo temporal y la empresa usuaria: el contrato de puesta a disposición, in: Asociación Española de Derecho del Trabajo y de la Seguridad Social, Reforma de la Legislación Laboral (1995), S. 77 ff.

	La garantía de ingresos salariales mínimos en favor de los trabajadores puestos a disposición, RL 2001, Band 1, S. 15 ff.
Valdés Dal-Ré, Fernando/ Casa Baamonde, María Emilia	Empresa de trabajo temporal, empresa usuaria y contrato de puesta a disposición (Teil I und II), RL 1995, Band 1, S. 39 ff.
Valdés de la Véga, Berta	Las Empresas de Trabajo Temporal (2001)
Varela Autrán, Benigno	La cesión de trabajadores considerada licita. Configuración y efectos, in: Consejo General del Poder Judicial, Formas y cauces de la contratación. Las agencias no officiales de empleo y las empresas de trabajo temporal (1995), S. 57 ff.
Von der Groeben, Hans / Schwarze, Jürgen	Kommentar zum Vertrag über die Europäische Union und zur Gründung der Europäischen Gemeinschaft, Band 1, 6. Auflage (2003)
Vor, Rainer	Leiharbeit in Deutschland aus sozialrechtlicher Sicht, EuroAS 2002, S. 175 ff.
Waas, Bernd	Die Neuregelung der Arbeitnehmerüberlassung in Deutschland im Lichte des niederländischen Rechts, RIW 2003, 265 ff.
Walker, Wolf-Dietrich	Rechtsverhältnisse bei der gewerbsmäßigen Arbeitnehmerüberlassung und Schadenersatzansprüche des Entleihers wegen Schlechtleistung, AcP Nr. 194 (1994), S. 295 ff
Walwei, Ulrich	Leiharbeit: Bedeutung für Wirtschaft und Beschäftigung, EuroAS 2002, S. 149 ff.
Wank, Rolf	Neuere Entwicklungen im Arbeitnehmerüberlassungsrecht, RdA 2003, S. 1 ff.
	Der Richtlinienvorschlag der EG-Kommission zur Leiharbeit und das "Erste Gesetz für moderne Dienstleistungen am Arbeitsmarkt", NZA 2003, S. 14 ff.
	Leiharbeit in Deutschland aus arbeitsrechtlicher Sicht, EuroAS 2002, S. 167 ff.
	Atypische Arbeitsverhältnisse, RdA 1992, S. 103 ff.
Westermann, Harm Peter	Erman, Bürgerliches Gesetzbuch, Kommentar, Band 1, 10. Auflage (2000)

Wiedemann, Herbert	Tarifvertragsgesetz, Kommentar, 6. Auflage (1999) (zit.: Bearbeiter, in: Wiedemann)
Witten, Tina	Vertragsgestaltungen und Gesetzesbindung im Recht der Zeitarbeit (2002)
Windbichler, Christine	Arbeitsrecht im Konzern (1989)
Worpenberg, Stephan	Die konzerninterne Arbeitnehmerüberlassung (1993)

Schriften der Deutsch-Spanischen Juristenvereinigung

Band 1 Santiago Gonzáles-Varas: Die Verwaltung in Privatrechtsform in Spanien und Deutschland. 2002.

Band 2 Eva Romanski: Sozialstaatlichkeit und soziale Grundrechte im Grundgesetz der Bundesrepublik Deutschland und in der spanischen Verfassung. 2000.

Band 3 Alexander von Kuhlberg: Änderung und Revision der spanischen Verfassung vom 29. Dezember 1978. 2000.

Band 4 Kai Christian Fischer: Verbraucherschutz im spanischen Vertragsrecht im Lichte der europäischen Rechtsangleichung. Eine Studie mit rechtsvergleichenden Bezügen zum deutschen Recht. 2000.

Band 5 Miguel Félix Rodríguez y Rowinski: Die Haftung für Hilfspersonen im spanischen Recht. 2001.

Band 6 Ole Brühl: Immissionsschutzrechtliche Vorhabengenehmigung in Deutschland und Spanien. Eine rechtsvergleichende Untersuchung unter besonderer Berücksichtigung der Rechtslage in den Autonomen Gemeinschaften Spaniens. 2001.

Band 7 Florian Pagenkemper: Die Mängelhaftung des Bauunternehmers in Spanien nach der *Ley de Ordenación de la Edificación* und dem *Código civil*. Eine Untersuchung der vertraglichen und gesetzlichen Haftung mit rechtsvergleichenden Bemerkungen zum deutschen Recht. 2002.

Band 8 Daniel Friedrich Berg: Die Rückabwicklung gescheiterter Verträge im spanischen und deutschen Recht. Eine rechtsvergleichende Untersuchung unter besonderer Berücksichtigung des Einheitsrechts. 2002.

Band 9 Maria Isabel Haas: Der Durchgriff im deutschen und spanischen Gesellschaftsrecht. Eine rechtsvergleichende Analyse. 2003.

Band 10 Sonja Kohtes: Das Recht der vorformulierten Vertragsbedingungen in Spanien. Die Umsetzung der Richtlinie 93/13/EWG über missbräuchliche Klauseln in Verbraucherverträgen. 2004.

Band 11 Markus Artz: Kollisionsrecht und ausländisches Recht in spanischen und deutschen Zivilverfahren. Eine rechtsvergleichende Untersuchung. 2004.

Band 12 Johannes F.K. Rheinheimer: Arbeitsrechtliche Fragen nationaler und internationaler Telearbeit in der Europäischen Union an den Beispielen Deutschland und Spanien. 2004.

Band 13 Julia B. Spaethe: Spaniens Abstammungsrecht in Geschichte und Gegenwart. Unter besonderer Berücksichtigung der Nichtehelichkeit. 2004.

Band 14 Thomas Reineke: Das Recht der Arbeitnehmerüberlassung in Spanien und Deutschland und sein Verhältnis zu der geplanten europäischen Regelung. 2004.

www.peterlang.de

FSC
www.fsc.org
MIX
Papier | Fördert gute Waldnutzung
FSC® C083411

Kolibri 360 GmbH
Ferdinand-Jühlke-Straße 7
99095 Erfurt, Deutschland
produktsicherheit@kolibri360.de

Druck:
CPI Druckdienstleistungen GmbH
im Auftrag der
Kolibri 360 GmbH
Ferdinand-Jühlke-Str. 7
99095 Erfurt